Christin Kosbab

Hamburg isst gut

Norddeutsch kochen,
altes Küchenwissen neu entdecken und
nebenbei die Welt verbessern

Für Tobi

Hintergrundinfos

- Warum norddeutsche Hausmannskost? _ 4
- Eine Bestandsaufnahme ___ 8
- Das industrielle Ernährungssystem ___ 18
- Die Supermarktkultur ___ 26
- Kartoffeln aus Peru ___ 34
- Tomaten im Winter ___ 70
- Eigenes Gemüse ___ 80
- Adressen in und um Hamburg ___ 86
- Unser täglich Fleisch ___ 120
- Biologische Lebensmittel ___ 164
- Ich und mein Essen ___ 210
- Zum Schluss ___ 218

Warenkunde

- Kartoffeln ___ 44
- Blattgemüse ___ 52
- Kohlgemüse ___ 54
- Kräuter ___ 60
- Gewürze ___ 62
- Heimischer Saisonkalender ___ 74
- Kartoffelanbau ___ 92
- Zwiebelgemüse ___ 94
- Tomate, Kürbis & Gurke ___ 95
- Wurzelgemüse ___ 102
- Hülsenfrüchte ___ 112
- Rind ___ 132
- Schwein ___ 136
- Fisch ___ 152
- Getreide ___ 174
- Beeren- & Steinobst ___ 184
- Kernobst ___ 201

Konservieren

- Milchsäuregärung ___ 68
- Sauer Einlegen ___ 98
- Gemüse überwintern ___ 108
- Räuchern ___ 146
- Einkochen & Einmachen ___ 190
- Dörren ___ 206

Rezepte

- Salzkartoffeln ___ 46
- Kartoffelpüree ___ 47
- Bratkartoffeln ___ 48
- Kartoffelpuffer ___ 49
- Speckkartoffelsalat ___ 50
- Kartoffelsuppe ___ 51
- Grünkohl ___ 56
- Kohlrouladen ___ 58
- Rotkohl ___ 64
- Sauerkraut ___ 66
- Schmorgurken ___ 96
- Saure Gurken ___ 100
- Rote Bete ___ 101
- Gemüsebrühe ___ 106
- Steckrübeneintopf ___ 110
- Milchbohnen ___ 113
- Birnen, Bohnen & Speck ___ 114
- Erbsensuppe ___ 116
- Linsensuppe ___ 117
- Hochzeitssuppe ___ 118
- Grützwurst ___ 140
- Königsberger Klopse ___ 142
- Kassler ___ 144
- Leber ___ 148
- Sonntagsbraten ___ 150
- Labskaus ___ 156
- Matjes nach Hausfrauenart ___ 158
- Scholle ___ 160
- Hamburger Pannfisch ___ 162
- Sauerteig ___ 176
- Krustenbrot ___ 178
- Franzbrötchen ___ 180
- Windbeutel ___ 182
- Obstboden ___ 188
- Erdbeermarmelade ___ 192
- Kirschkompott ___ 193
- Rhabarberkompott ___ 194
- Rote Grütze ___ 196
- Fliederbeersuppe ___ 198
- Heidesandgebäck ___ 200
- Altländer Apfelkuchen ___ 202
- Apfelmus ___ 204
- Pflaumenmus ___ 205
- Butterkuchen ___ 208

Vorweg
Warum norddeutsche Hausmannskost?

Bei den Leserinnen und Lesern dieses Buchs wird der Gedanke an norddeutsche Hausmannskost und die Hamburger Küche ganz unterschiedliche Vorstellungen auslösen. Während manche diese bodenständige Küche vor allem mit Heimat in Verbindung bringen, weil die norddeutsche Hausmannskost viele regionale Eigenarten hat und meist von der Oma oder der Mutter gekocht wurde, denken andere wahrscheinlich sogleich an eine ungesunde deftige, fett- und fleischlastige Küche. Auf dem Kochbuchmarkt haben regionale Themen jedenfalls Konjunktur. Während der Fernsehkoch Tim Mälzer mit seinem Heimat-Kochbuch eine kulinarische Reise durch Deutschland antritt und regionaltypische Rezepte sammelt, um dieses Kulturgut zu bewahren, hat Deutschlands bekanntester veganer Koch Attila Hildmann Kochbücher marktfähig gemacht, die eine gesunde Küche frei von tierischen Produkten fördern und dabei ebenfalls ein Augenmerk auf die Herkunft der verwendeten Produkte legen. Aber welches Verständnis von regionaler Küche und Hausmannskost liegt diesem Kochbuch zugrunde?

Mit dem wirtschaftlichen Aufschwung in der Nachkriegszeit wurde die Lebensmittelversorgung in beiden Teilen Deutschlands langfristig zum ersten Mal in der Geschichte für breite Bevölkerungsteile gesichert. Die Art und Weise, Nahrungsmittel zu produzieren und zu konsumieren, änderte sich in dieser Zeit grundlegend. So stieg der Fleischkonsum rapide an, immer mehr Fertiggerichte kamen auf den Markt, und später erfreuten sich Fastfood-Gerichte wie Burger oder Pizza immer größerer Beliebtheit. Faktoren wie ein wachsendes Gesundheitsbewusstsein einerseits sowie die Veränderung der Gesellschaftsstruktur zugunsten einer sich immer weiter internationalisierenden und von Fertiggerichten sowie Außer-Haus-Verpflegung geprägten Küche andererseits brachten traditionelle Ernährungsgewohnheiten zunehmend zum Verschwinden. Wegen ihres Fettreichtums und der nicht selten zeitaufwendigen Zubereitung gerieten Gerichte der Regionalküche und Hausmannskost immer mehr in schlechten Ruf. Inzwischen dürfte der Ersatz von selbst zubereiteten Gerichten durch industriell hergestelltes Fertigessen einen weitgehenden Verlust des Wissens um traditionelle Zubereitungs- und Konservierungsmöglichkeiten zur Folge haben. Und durch die Abkopplung des Nahrungsangebots von Region und Saison ist außerdem das Bewusstsein über die Herkunft und die Erzeugung von Lebensmitteln geschwunden.

Der eigene Kochlöffel

In der westlichen industrialisierten Welt, in der wir leben, stehen uns Nahrungsmittel zu jeder Zeit und in scheinbar unendlicher Menge für einen günstigen Preis zur Verfügung. Wer nur isst, um die zum Leben nötige Nahrung aufzunehmen, mag sich deshalb fragen: Wieso sollte ich wertvolle Zeit mit Dingen wie der Herstellung von Marmelade oder Sauerkraut verschwenden, wenn es all das auch schon fertig – je nach Angebot sogar günstiger – bereits im Supermarkt gibt? Warum sollte ich mir gar die Mühe machen, meine eigenen Kartoffeln anzubauen oder dreckige, ungeschälte Kartoffeln vom Bauern aus der Nachbarschaft zu kaufen, wenn die im Supermarkt doch gewaschen, geschält oder direkt verarbeitet sind? Weshalb also spielt es eine Rolle zu wissen, wo und wie das Fleisch oder das Gemüse, das man isst, produziert wird? Wieso ist es von Bedeutung, sich Zeit für das Kochen zu nehmen, wenn sogenannte Convenience-Produkte, die mit einem Bequemlichkeitsversprechen ins Haus kommen, doch für die nötige Sättigung sorgen? Häufig lautet das Motto auch beim Essen: *Zeit sparen! Rationalisieren!* Während fast täglich eine neue Erkenntnis über die *richtige* Ernährung in Umlauf gebracht wird und mit ihr zahlreiche Produkte und Diätvorschriften, während ein Wundergerät namens *Thermomix* in die Welt gekommen ist, um – abgesehen vom Geschirrspülen – so gut wie alle Küchenaufgaben zu übernehmen, geht das Wissen unserer Großeltern um traditionelle Anbau- und Ernährungsweisen zugunsten einer hoch technisierten, standardisierten und industrialisierten Nahrungsmittelproduktion verloren, die Nahrung nach den Gesetzmäßigkeiten der industriellen Massenfertigung herstellt: möglichst viel, möglichst schnell, möglichst billig. Aber warum sollte es überhaupt schlimm sein, dass dadurch kulinarische Kenntnisse und Kochkünste verloren gehen? Auch wenn es nicht auf den ersten Blick sichtbar ist, macht es doch einen großen Unterschied, ob man das Essen und seine Zubereitung als notwendiges Übel im Dienste der reinen Sättigung sieht und diese Arbeit an andere abgibt oder das Selberkochen als bereichernde, genussvolle Erfahrung begreift.

Auch ließe sich leicht behaupten, die Beschaffung und die Aufnahme von Nahrung seien ein rein privates Vergnügen – eine rein individuelle Notwendigkeit. Tatsächlich aber bewegt sich Essen in einem beziehungsreichen Feld zwischen Individuum und Gesellschaft. Essen ist eben nicht eine reine Privatangelegenheit, sondern im Zeitalter globaler Verflechtungen – und aufgrund seiner ökonomischen und ökologischen Dimension – ein sehr politischer Gegenstand. Und das wirft weitere Fragen auf: Welche Auswirkungen hat die Art und Weise, wie Lebensmittel produziert werden, auf den Einzelnen, auf die Gesellschaft, auf andere Menschen in anderen Ländern und auf die Umwelt? Entscheiden wir, was wir essen, überhaupt so individuell, wie es den Anschein hat – und falls nicht: Wer bestimmt, was auf die Teller kommt? Warum sollten wir uns mit dem Hunger von Menschen auf der anderen Seite der Welt auseinandersetzen?

Dieses Buch stellt die in Hamburg und Norddeutschland verbreitete Hausmannskost als einfache, traditionelle Küche einer bestimmten Region vor, die ausschließlich die in unmittelbarer Nähe verfügbaren Zutaten verwendet. Dass es sich um die *norddeutsche* Hausmannskost handelt, ist dabei gar nicht so entscheidend. Die Auswahl der Gerichte erfolgte nach subjektiven Kriterien und der Herkunft der Verfasserin. Natürlich könnten sich die Rezepte in diesem Buch auch anderen Regionen widmen, um Ernährungsverhältnisse in Deutschland in ihrem sozioökonomischen Kontext zu betrachten und dabei Lust aufs Selberkochen zu machen. Gezeigt werden soll vielmehr, dass sich die tägliche, vermeintlich individuelle Ernährung in globalen Zusammenhängen bewegt, die von einer einflussreichen Lebensmittelindustrie gelenkt werden. Das Buch soll die Möglichkeit bieten, ein grundlegendes Verständnis darüber zu erlangen, in welchen sozialen, politischen, ökologischen und ökonomischen Bezügen unser tägliches Essen steht und wie diese durch unsere Ernährungsgewohnheiten hergestellt werden. Dabei sollen die besonderen Eigenschaften der Hausmannskost genutzt werden, um zu zeigen, worin die Chancen einer regionalen und saisonalen Küche liegen. Und weiter gedacht: Welche gesellschaftlichen Veränderungen durch die Veränderung des individuellen Essverhaltens angestoßen werden können. Es geht also gerade nicht darum, ein Heimatkochbuch zu schreiben, sondern im Gegenteil: Angelehnt an das Motto *Global denken – lokal handeln!* der Agenda 21, die als Aktionsprogramm der Vereinten Nationen 1992 in Rio de Janeiro auf der Konferenz für Umwelt und Entwicklung beschlossen wurde, soll das Essen unter einem weitreichenden Leitgedanken betrachtet werden: Es geht darum, sich zu fragen, wo die Lebensmittel, die uns täglich ernähren, herkommen und unter welchen Bedingungen sie hergestellt werden. Die Hausmannskost steht für den Erhalt bzw. für die Wiederbelebung traditionellen Küchenwissens, das notwendig ist, um das Ernährungssystem zu begreifen und mit dem Handwerkszeug, das sie bietet, zu verändern. Hilfreich ist dabei, traditionelle Techniken für die Zubereitung und Konservierung zu wahren und sich mit dem einheimischen Nahrungsangebot so zu beschäftigen, dass wir in der Lage sind, mit Blick auf die eigene Ernährung bewusste Entscheidungen zu treffen, die in Summe zu Veränderungen im Ernährungssystem führen können.

Der Aufbau des Buches

Hamburg isst gut ist eine Mischung aus Koch- und Sachbuch und besteht aus zwei großen Bereichen: einem praktischen, kulinarischen Teil rund um die Rezepte und das Kochen von norddeutscher Hausmannskost einerseits, der in Verbindung mit traditionellen Konservierungsmethoden und der Warenkunde die Grundlage und den Nutzen dieses Buches sowie das Handwerkszeug bildet. Andererseits vermitteln neun Texte Hintergrundwissen, schlagen Alternativen zu einem industriell geprägten Ernährungssystem vor und laden dazu ein, die ökologischen und sozialen Folgen der konventionellen Nahrungsmittelproduktion, die Chancen, die sich aus der ökologischen Landwirtschaft ergeben, sowie das Für und Wider des Fleischessens abzuwägen. Die einordnenen Texte, die größere Ernährungszusammenhänge darstellen und sich wie ein roter Faden durch das Buch ziehen, sind keinesfalls losgelöst vom Rest zu betrachten, denn sie stehen in enger Verbindung mit den Rezepten, der Warenkunde und den beschriebenen Konservierungsmethoden. Die Grundlage des Buchs, der sich die anderen Themen zuordnen, liefern die Rezepte. Auf einfache Kartoffel-, Kohl- und Eintopfgerichte folgen Fleisch- und Fischgerichte sowie ein großer Abschnitt, der sich dem Backen und der Zubereitung von Süßspeisen wie Kompott widmet. Die ausgewählten Rezepte liefern Beispiele für typische traditionelle Gerichte, mit einem Querschnitt aus Hamburger und norddeutschen Gerichten, die ausschließlich mit den vorgestellten heimischen Zutaten auskommen. An jeweils passender Stelle ordnen sich die Konservierungsmethoden und die Warenkunde thematisch den Rezepten zu.

Das Buch konzentriert sich ganz auf heimische Zutaten und stellt sie auf den mit einem Körbchen gekennzeichneten Seiten vor. Diese Rubrik soll die Vielfalt heimischer Lebensmittel darstellen und damit den Wert von saisonalen, qualitativ hochwertigen und regional erzeugten Produkten bewusst machen. Wo liegt überhaupt der Unterschied zwischen einer Supermarkttomate und einer selbst angebauten Tomate? Wieso sollte man eher seltener, aber dafür qualitativ hochwertiges Fleisch essen? Die Texte zu den Konservierungsmethoden, mit einem Marmeladenglas gekennzeichnet, erläutern über die reine Zubereitung von Lebensmitteln hinaus, wie Nahrungsmittel auch außerhalb der eigentlichen Saison nutzbar gemacht, energieextensiv gelagert und außerdem Reste sinnvoll verwertet werden können. Die Hintergrundinformationen sind dabei so angeordnet, dass die ersten vier Texte am Anfang des Buches einen Überblick über die ökonomische Struktur der Lebensmittelproduktion vom Acker bis auf den Teller geben und die sozialen und ökologischen Auswirkungen dieses Systems verdeutlichen. In der Mitte des Buchs wird die Bedeutung von Regionalität und Saisonalität anhand von Beispielen und mit Hinweisen auf individuelle Handlungsmöglichkeiten erläutert. Einleitend zu den Fleischrezepten wird hier das Für und Wider des Fleischkonsums in einem Text behandelt, die Warenkunde Fleisch ist unmittelbar zugeordnet. Vor dem letzten großen Abschnitt wird der industriellen Landwirtschaft die ökologische Bewirtschaftungsform mit den ihr innewohnenden Möglichkeiten gegenübergestellt und erläutert, inwiefern sie Alternativen zu den beschriebenen Problemen bietet. Der letzte Text schließt den Kreis mit der Betrachtung von Handlungsmöglichkeiten des Einzelnen und des persönlichen Essverhaltens.

Warum dieses Buch?

Grundidee dieses Buches ist es, durch die Verbindung von Hintergrundinformationen über die Lebensmittelerzeugung mit Warenkunde, Konservierungsmethoden und Rezepten auf die größeren Zusammenhänge des weltweiten Nahrungsgeschehens aufmerksam zu machen und (wieder) ins Bewusstsein zu rufen, dass das Essen nicht auf dem Teller beginnt, sondern komplexe Voraussetzungen und Interessen hinter der Nahrungsmittelproduktion stehen. Gleichzeitig soll der bedeutsame Unterschied zwischen der industriellen Erzeugung von Nahrungsmitteln und der Fähigkeit, eigene Lebensmittel herzustellen, aufgezeigt werden. Zwar stellen vielleicht nicht alle Rezepte für die Fleischgerichte nach der Grundidee dieses Buches Rezepte für den Alltag dar, jedoch vermittelt das Buch ein grundlegendes Wissen für den verantwortungsbewussten Umgang mit den verfügbaren Nahrungsmitteln ganz allgemein. Dass es dabei nicht um die falsche Alternative zwischen täglichem Überfluss und asketischem Verzicht geht, sondern um eine neue Wertschätzung und den Genuss von hochwertigen Zutaten – mit Blick auf das Fleischessen gesprochen: um die Rückkehr zum Sonntagsbraten –, werden die Leserinnen und Leser beim Gebrauch dieses Buchs hoffentlich zu ihrer eigenen Erfahrung machen.

Übrigens: Im gesamten Buch wird ausschließlich im Sinne der Lesbarkeit auf die explizite Nennung beider Geschlechter verzichtet. Jedoch bezieht sich alles ausdrücklich auf jeden Essenden jedes Geschlechts, jedes Alters, jeder Haut- und Haarfarbe sowie jeder Staatsangehörigkeit. Denn Essen verbindet und geht jeden etwas an!

Geschichte und Zahlen
Eine Bestandsaufnahme

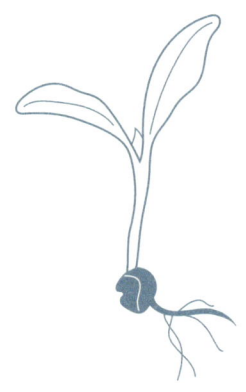

Mehrfelderwirtschaft
und die Nutzung der Fruchtfolge

Vor der Umstellung auf die konstante Feldbewirtschaftung im Zuge der industriellen Revolution wurden die Ackerflächen nach dem Prinzip der Dreifelderwirtschaft bestellt. Dies ist eine Bewirtschaftungsform von Ackerflächen, bei der die Nutzung in einem dreijährigen Wechsel mit einem Brachejahr pro Feld erfolgt, das auch für die Viehhaltung genutzt werden kann. Durch die wechselnde Nutzung wird die Bodenqualität erhalten, da die Mineralstoffe im Boden durch die unterschiedlichen Pflanzen im Wechsel ab- und aufgebaut werden. Mit der wachsenden Bedeutung von Kartoffeln und anderen Hackfrüchten wurde auch die Vierfelderwirtschaft eingeführt, bei der jedes Jahr 75 Prozent der Gesamtfläche bestellt werden können. Sie eignet sich gut für den heimischen Garten. Wichtig ist bei diesem Anbauprinzip, die Fruchtfolge einzuhalten. Der Nährstoffbedarf verschiedener Gemüsearten teilt sich in Stark-, Mittel- und Schwachzehrer, die in den aufeinanderfolgenden Jahren nacheinander angebaut werden.[*1]

Bis weit in das 20. Jahrhundert waren in Deutschland Verzicht und Hunger kein seltenes Phänomen. Während um die Jahrhundertwende der Grundbedarf an Lebensmitteln für immer größere Bevölkerungsteile gesichert war, brachte die Zwischen- und Nachkriegszeit noch einmal gravierende Versorgungsengpässe mit sich, sodass Hunger und Mangel immer wieder an der Tagesordnung waren – bis dann in Westdeutschland die fetten Wirtschaftswunderjahre einsetzten und sich auch in der DDR die Versorgungslage stabilisierte. Aber wie wurde der Wohlstand, in dem die Menschen der westlichen Industriegesellschaften heute leben, überhaupt erreicht? Welche Auswirkungen hat die Industrialisierung der gesamten Lebensmittelproduktion auf die Ernährungsgewohnheiten der Gesellschaft und des Einzelnen? Und welche globalen Bezüge lassen sich herstellen? Diese Bestandsaufnahme soll einen kurzen Überblick über die Entwicklungen der Land- und Lebensmittelwirtschaft von der industriellen Revolution bis heute geben und ordnet die Themen dieses Buchs historisch ein.

Industrialisierung der Landwirtschaft

Mit dem beginnenden 19. Jahrhundert vollzogen sich durch die zunehmende Industrialisierung zunächst in England und später auch in Deutschland weitreichende gesellschaftliche, ökonomische und politische Wandlungen. Kennzeichnend für diese Phase war vor allem eine zunehmende Urbanisierung und der Wandel der landwirtschaftlich geprägten Subsistenzwirtschaft hin zu einer industrialisierten Fremdversorgungswirtschaft. Durch die Abwanderung der Bevölkerung von den Dörfern in die Städte änderte sich die Gesellschaftsstruktur nachhaltig, in den Metropolen entstand eine Arbeiterklasse, und besonders in der Übergangsphase verarmten große Teile der wachsenden Bevölkerung, womit sich auch die soziale

Frage immer dringlicher stellte. Neben der Verbesserung der Arbeits- und Wohnsituation wurde nun auch eine Anpassung der Lebensmittelversorgung an die veränderte Lage notwendig, da eine Selbstversorgung in der Stadt durch landwirtschaftsähnliche Anbauformen nicht oder nur noch sehr eingeschränkt möglich war.[1] Wilhelm Roscher, einer der Begründer der Historischen Schule der Nationalökonomie, beurteilte die zu erwartende Entwicklung in der Landwirtschaft so: »*Die Volkswirthschaft im Ganzen also wird zu den intensiveren Ackerbausystemen, die so viel höhere Produktionskosten verursachen, erst dann übergehen, wenn sie muß: d.h. wenn sich die Bedürfnisse einer dicht gedrängten, durch Bildung und Reichtum luxuriös gewordenen Bevölkerung nicht anders befriedigen lassen.*«[2]

Die Anfänge der Intensivierung der Landwirtschaft, der sogenannten Agrarrevolution, lassen sich in Deutschland bereits ab Mitte des 19. Jahrhunderts feststellen. Maßgeblich dafür ist die räumlich ausgedehnte und intensivierte Nutzung des Bodens durch die Umstellung von der Dreifelderbewirtschaftung auf die konstante Feldbestellung durch Fruchtwechselwirtschaft. Insgesamt wurden die Anbautechniken immer effektiver. Durch gezielte Züchtung konnte die tierische Produktion erhöht werden, und auch die Leistung pro Tier nahm durch effizientere Viehzucht und -haltung zu.[3] Mitverantwortlich für die gesamte Ertragssteigerung der Landwirtschaft waren vor allem die planmäßige Pflanzenzucht und der Einsatz mineralischer Dünger.[4]

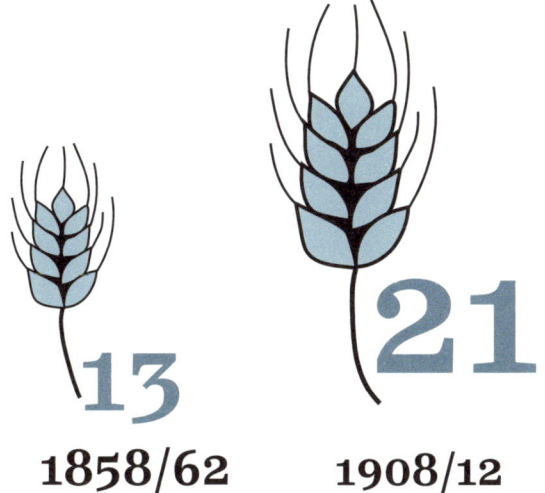

Entwicklung der Weizenerträge in Deutschland in dt/ha (1 dt = 100 kg)*2

Auch das, was heute den Namen Globalisierung trägt, hat seine Wurzeln spätestens im 19. Jahrhundert, als mit der beginnenden Industrialisierung und geebnet durch eine moderne Infrastruktur sowie die europäische Kolonialpolitik der Welthandel und die globale Mobilität zunahmen. Zwar hatte es zuvor bereits internationale Handelsrouten wie die Seidenstraße gegeben und Güter wie Kaffee, Kakao und Gewürze waren auf dem Seeweg aus den Kolonien nach Europa importiert worden, jedoch erlebte der Welthandel im ausgehenden 19. Jahrhundert einen enormen Aufschwung. Durch die Industrialisierung der Landwirtschaft in Kombination mit fortschreitenden Entwicklungen der Handelsbeziehungen und technischen Innovationen wie der Kühltechnik begannen die Ernährungsmöglichkeiten immer unabhängiger vom Lebensraum zu werden. Hatte sich die Ernährung zunächst an dem orientiert, was lokal verfügbar war, vergrößerte sich der Radius, aus dem die Lebensmittel kamen, nun deutlich.[5]

Die bedeutendste Erfindung für die Möglichkeit der landwirtschaftlichen Produktionssteigerung war die Entwicklung der modernen Mineraldüngung durch den deutschen Chemiker Justus von Liebig. Im Jahr 1840 wies Liebig die wachstumsfördernde Wirkung der Elemente Stickstoff, Phosphat und Kalium auf Pflanzen nach. Damit lieferte er die Grundlage für die Entstehung der modernen Agrarchemie, warnte aber gleichzeitig vor einer zu intensiven Anwendung.[6] Mit dem Ende des 19. Jahrhunderts bis zum Ersten Weltkrieg stieg die landwirtschaftliche Produktion abgesehen von den weltkriegsbedingten Einbrüchen kontinuierlich an, sodass sich die vorausgesagte Malthusianische Katastrophe als Fehlprognose erwies. Indem es gelang, die Nahrungsmittelproduktion der demografischen Entwicklung anzupassen, war ein mögliches Hemmnis für weiteres wirtschaftliches Wachstum beseitigt.[7]

Nachkriegsökonomie

In Westdeutschland setzte mit dem Wiederaufbau nach 1945 ein etwa 25 Jahre währender wirtschaftlicher Aufschwung ein, nachdem infolge des Zweiten Weltkriegs zum bisher letzten Mal ein großer Teil der deutschen Bevölkerung gehungert hatte.

Die Versorgung mit Nahrungsmitteln im letzten Kriegsjahr und besonders nach dem vorläufigen Zusammenbruch der Versorgung in den ersten Nachkriegsjahren lag für viele Menschen erheblich unter dem Existenzminimum. Durch die vorangegangene jahrelange Aufrüstung während des Krieges mangelte es zudem an vielen wichtigen Gebrauchsgütern. Um diesen Mangel zu beseitigen, entwickelte die Nachkriegswirtschaft ein vorrangiges Ziel: hohe Produktivität bei der Erzeugung von Wohlstandsgütern sowie in der Nahrungsmittelerzeugung durch die Intensivierung der Landwirtschaft. Ludwig Erhard, der erste Wirtschaftsminister der Bundesrepublik, setzte mit der Sozialen Marktwirtschaft auf *Wohlstand für Alle*. Produkte aus verschiedensten Bereichen schufen ein bisher nie dagewesenes Angebot, und mit dem gestiegenen Angebot nahm auch die Werbung zu. Durch Vollbeschäftigung und ein rasant ansteigendes Wirtschaftswachstum besaßen potenzielle Kunden nun ein gesichertes Einkommen, das wiederum zu einer erhöhten Nachfrage führte. Die Wirtschaft reagierte auf diese Nachfrage mit einem weiter wachsenden Angebot.[8] Auch auf die Essgewohnheiten der Bundesrepublik hatte dieser Wandel von der Produktions- zur Konsumgesellschaft erheblichen Einfluss: Auf die Mangeljahre folgte die sogenannte *Fresswelle*. So stieg z. B. der Verbrauch von Schweinefleisch pro Kopf und Jahr zwischen 1950 und 1960 von 19 auf 30 Kilo, während die Ausgaben für Lebensmittel im Verhältnis sanken.[9]

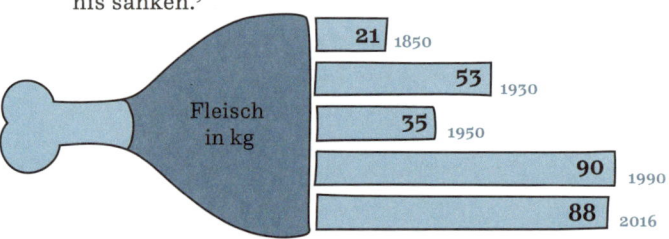

Fleischkonsum in Deutschland (1950 nur BRD) pro Kopf und Jahr in kg[*3]

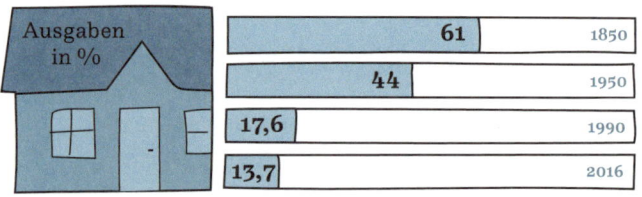

Haushaltsausgaben in Deutschland pro Jahr für Nahrungsmittel, Getränke und Tabakwaren anteilig an den Konsumausgaben in Prozent (1950 nur BRD)[*4]

In Ostdeutschland wurde unmittelbar nach Ende des Zweiten Weltkriegs in der sowjetischen Besatzungszone eine Bodenreform nach sozialistischem Leitbild eingeleitet. Es erfolgte eine Umverteilung des Grundeigentums, bei der kleine Bauern zunächst ihren Besitz behielten, während Betriebe ab 100 Hektar Fläche verstaatlicht wurden. Zu einem Teil wurden die Flächen zur kleinbäuerlichen Nutzung aus dem einfachen Grund umverteilt, weil dadurch die Versorgung möglichst schnell sichergestellt werden konnte. Betriebsmittel wie Saatgut und Technik wurden zentral verteilt und gesteuert. Von 1952 bis 1960 erfolgte schließlich auch die Kollektivierung der bis dahin privaten kleinen Betriebe zu Großbetrieben. Sie wurden in sogenannten Landwirtschaftlichen Produktionsgenossenschaften (LPG) zusammengefasst, die anfänglich noch relativ vielseitig wirtschafteten, bis später eine Spezialisierung erfolgte. 1960 wurden fast 85 Prozent der landwirtschaftlichen Nutzfläche von großen Genossenschaften und rund sechs Prozent von Staatsbetrieben bewirtschaftet.[10] Im Jahr 1984 beschäftigten die LPG im Schnitt 840 Angestellte. Das ist deutlich mehr als die Zahl der Mitarbeiter in den landwirtschaftlichen Betrieben der Bundesrepublik, wo der Durchschnitt 1983 bei 90 Mitarbeitern pro Betrieb lag.[11] Aufgrund dieser historischen Gegebenheiten unterscheidet sich die Struktur der Landwirtschaft in den neuen Bundesländern von jener in den alten Ländern auch heute noch. Als Nachfolger der LPG gründeten sich nach der Wende große landwirtschaftliche Verbünde. So bewirtschaften beispielsweise in Thüringen heute sieben Prozent der Agrarbetriebe mehr als die Hälfte der landwirtschaftlich genutzten Fläche.[12] Die Landwirtschaft der DDR unterstand staatlicher Kontrolle und wurde wie die gesamte Wirtschaft des Landes über die Planwirtschaft in Fünfjahresplänen gelenkt. Dabei wurde auch in der DDR die Intensivierung der Produktionsweise vorangetrieben. In den 1970er Jahren, als sich die nutzbare Fläche aufgrund verringerter Bodenfruchtbarkeit rückläufig zeigte, ordnete die SED auf dem IX. Parteitag eine Intensivierung der Bodennutzung zur Erhöhung der landwirtschaftlichen Produktion an.[13] Da Düngemittel gerade in der Gründungszeit der DDR relativ knapp waren, war die Produktivität der Landwirtschaft deshalb auch deutlich geringer als in der Bundesrepublik. Phosphor und Kalium wurden aufgrund der schwankenden Verfügbarkeit in geringerem Maße als in der Bundesrepublik eingesetzt, jedoch überstieg der Stickstoffeinsatz der DDR den bundesdeutschen Verbrauch deutlich.[14] Insgesamt wurde in den 1980er Jahren eine »*umfassende Chemisierung durch die Bereitstellung von mehr und verbesserten [wirkungsvolleren] Agrochemikalien*« angestrebt. Eine öffentliche Diskussion über Umweltschutz und ökologische Landwirtschaft, wie sie in der Bundesrepublik zu dieser Zeit zunehmend geführt wurde, fand in den offiziellen DDR-Medien nicht statt. Jedoch gründete sich aus der ostdeutschen Umweltbewegung der 1980er Jahre noch vor der Wende mit Gäa 1989 der erste (und einzige) Anbauverband ökologischer Landwirte der DDR.[15] Die Wirtschaft der DDR war geprägt von einer Mangelwirtschaft mit immer wiederkehrenden Versorgungsengpässen sowohl in der landwirtschaftlichen Produktion wie auch besonders im Bereich der Konsumgüter. Waren Grundnahrungsmittel recht günstig, wurden *Waren des gehobenen Anspruchs* entweder sehr teuer angeboten, konnten nur mit Westgeld gekauft werden oder waren gar nicht erhältlich.[16] Während die Versorgung der Bevölkerung über Lebensmittelmarken in Westdeutschland 1950 eingestellt wurde, wurden sie in Ostdeutschland erst 1958 abgeschafft.[17]

Intensivierung der Landwirtschaft 2.0

Die USA begannen ab 1943 gemeinsam mit dem mexikanischen Landwirtschaftsministerium ein Zuchtprogramm zur Verbesserung von Mais- und Getreidesorten zum Anbau in Mexiko mit dem Ziel, die dortige Ernährungslage zu verbessern. Durch züchterische Anpassung US-amerikanischer Hochertragssorten an die mexikanischen Standortbedingungen, Einführung effizienterer Anbaumethoden und die Intensivierung von Düngung, Pestizideinsatz sowie die Bewässerung konnten die Erträge innerhalb von zehn Jahren um das Sechsfache gesteigert werden. Als diese Maßnahme aufgrund ihres großen Erfolgs zu Beginn der 1960er Jahre auch auf andere Länder des globalen Südens – die ehemals sogenannten Entwicklungsländer – in Asien und Afrika ausgeweitet wurde, wuchs der neue Weizen auf 95 Prozent der Weizenanbaufläche. Diese sogenannte *Grüne Revolution* sorgte in den darauffolgenden Jahren nach wiederholten Ernährungskrisen in asiatischen Ländern während der 1950er und 1960er Jahre ebenfalls für größere Erntemengen und trug zur Verbesserung der Ernährungssituation bei. In Indien beispielsweise lag der Hektarertrag von Reis zum Ende der 1960er Jahre bei 1,5 bis 1,6 Tonnen, 1980 bereits bei zwei und steigerte sich bis zur Jahrhundertwende sogar auf drei Tonnen Reis pro Hektar. Wissenschaftlichen Studien zufolge würde der Ertrag ohne die Grüne Revolution heute immer noch bis zu 23 Prozent niedriger ausfallen.[18] Das Ergebnis war also ein historisch einmaliger Anstieg der landwirtschaftlichen Produktivität pro Kopf, obwohl auch die Bevölkerung weiterhin wuchs. Zwischen 1970 und 1995 verdoppelte sich die Weltbevölkerung in dem bisher kürzesten Zeitraum seit der Erfassung, und dennoch sank die Zahl der Hungernden leicht, statt proportional zu dem rasanten Wachstum anzusteigen.[19] Auf den ersten Blick erscheinen die Zahlen insgesamt positiv. Bei näherer Betrachtung zeigt sich jedoch, dass der Versuch, den industrialisierten *High-Input-Landbau* auf Entwicklungsländer zu übertragen, auch zahlreiche negative Konsequenzen nach sich zog, die sich bis heute auswirken. So kam es neben den ökologischen Schäden durch Mineraldünger, Pestizide und intensive Bewässerung aufgrund vereinheitlichter *Hybridzüchtungen* außerdem zu einem Verlust der Artenvielfalt der lokal angepassten Sorten. Da sich dieses hybride Saatgut in der Hand von internationalen Konzernen befindet, die zugleich darauf abgestimmte Dünger und Pestizide entwickeln, geraten die Bauern immer stärker in Abhängigkeit von den Saatgutherstellern. Denn hybrides Saatgut lässt sich nicht vermehren und muss jedes Jahr aufs Neue gekauft werden. Hinzu kommt, dass sich durch die Grüne Revolution die Schere zwischen armen und reichen Produzenten vergrößert hat: Trotz steigender Durchschnittsproduktion verschärften sich die Unterschiede. Wenige Bauern wurden reich, während andere ihre Existenzgrundlage verloren und in ein Abhängigkeitsverhältnis zu den großen Betrieben in Form von Lohnarbeit gerieten. Bestenfalls wurden die zuvor Armen weniger arm. So erwirtschafteten in Mexiko beispielsweise zwischen 1950 und 1960 lediglich vier Prozent der Bauern allein 80 Prozent der beschriebenen Ertragssteigerung. Außerdem lebten 1980 der Grünen Revolution zum Trotz immer noch 83 Prozent der Bauern unter dem Subsistenzniveau. Sechs Jahre später waren 30 Millionen der mexikanischen Bauern und insgesamt 60 Prozent aller Menschen in Mexiko unterernährt.[20]

Integration Ost

Wo ist eigentlich die Lebensmittelwirtschaft der DDR geblieben?

Nach dem Mauerfall im Jahr 1989 wurde im Rahmen der Privatisierung ostdeutscher Unternehmen der überwiegende Teil des Ernährungssektors der DDR von westdeutschen und ausländischen Unternehmen übernommen. Es verblieben nur wenige selbständige Hersteller, die restlichen Betriebe wurden in die Absatzorganisation der westlichen Unternehmen integriert. Diese wurden entweder zu einem unselbständigen Zweigbetrieb eines westlichen Unternehmens oder ein rechtlich selbständiger Zweigbetrieb mit eigener Unternehmensführung. Dabei wurde die Produktion entweder auf westliche Lebensmittel umgestellt oder es wurden weiterhin traditionell ostdeutsche Waren produziert. Nach der Wende hatten diese Unternehmen zwar Umsatzeinbrüche zu verzeichnen, erholten sich durch die Rückbesinnung der Verbraucher auf bekannte Produkte aber bald darauf. Andersherum hatten ostdeutsche Erzeugnisse in den alten Bundesländern nur eine geringe Akzeptanz: Ihr Marktanteil lag 1993 bei vier bis fünf Prozent. Dies lässt sich zum einen auf Vorurteile und bereits ausgebildete Markenbindung zurückführen, zum anderen auch auf den erschwerten Marktzutritt. Supermärkte standen ostdeutschen Produkten skeptisch gegenüber, da sie für die Verbraucher unbekannt waren und zumeist das Marketingbudget dieser Hersteller zu gering war, um auf dem Markt konkurrenzfähig zu bleiben. Insgesamt wurde die Produktion in den neuen Bundesländern relativ schnell der westdeutschen angeglichen. Denn die ostdeutschen Hersteller orientierten sich überwiegend direkt an Rezepturen und Fertigungsverfahren sowie der Produktgestaltung und den Marketingstrategien des Westens.[5]

Industrialisierung der Nahrungsmittelproduktion

Heute wird die pflanzliche Nahrungsmittelproduktion von global agierenden Konzernen beherrscht, die infolge ihres ausgeweiteten Einflusses durch Nahrungsmittelhilfen und die Grüne Revolution seit den 1980er Jahren auch in die Länder des globalen Südens expandiert sind. Die Länder des globalen Südens produzieren dabei vor allem für die Bedürfnisse der Industrieländer, während in ihnen selbst der Hunger nicht abgeschafft ist.[21] Zudem zieht die umfassende Industrialisierung der landwirtschaftlichen Produktionsweisen aber auch eine umfassende Veränderung in der Nahrungsmittelproduktion, des Vertriebs der Nahrungsmittel und schließlich langfristig der Ernährungsgewohnheiten nach sich. In den Wirtschaftswunderjahren nach dem Zweiten Weltkrieg verlangten die neuen Konsumgewohnheiten nach neuen Vertriebsformen: »*Die Entwicklung des quantitativ schnell ansteigenden und sich gleichzeitig qualitativ wandelnden Verbrauchs machte deutlich, dass der Einzelhandel mit einem adäquaten Distributionswesen auf die Ansprüche der Massenproduktion und des sich langsam etablierenden Massenkonsums reagieren musste*«.[22] Die bereits vor und zwischen den Kriegen geebneten ökonomischen Strukturen, die sich in den USA bereits etwa 20 Jahre zuvor herausgebildet hatten, entwickelten sich nun auch in Deutschland weiter.

Warenhausgesellschaft

Bereits um die Jahrhundertwende avancierten die zunächst kleinen, als Spezialgeschäfte gegründeten Unternehmen von Leonhard Tietz (später *Kaufhof*) und seines Neffen Hermann Tietz (später *Hertie*), Rudolf Karstadt (*Karstadt*) und Georg Wertheim (ab 1980er *Hertie*, dann ab Mitte der 1990er *Karstadt*) zu großen Unternehmungen und bildeten später die drei größten Warenhauskonzerne der Bundesrepublik Deutschland. Die Warenhäuser brachten in ihren Gründungsjahren eine Revolution der Handelsmethoden, eine Umstrukturierung des Einzelhandels sowie eine Veränderung von Unternehmensstrategien und händlerischer Praktiken mit sich.[23] Im Unterschied zu traditionellen Läden wurden im Warenhaus Waren verschiedener, nicht verwandter Branchen zu häufig niedrigeren Preisen angeboten. Einstige Luxusgüter wie Porzellan oder Südfrüchte machten

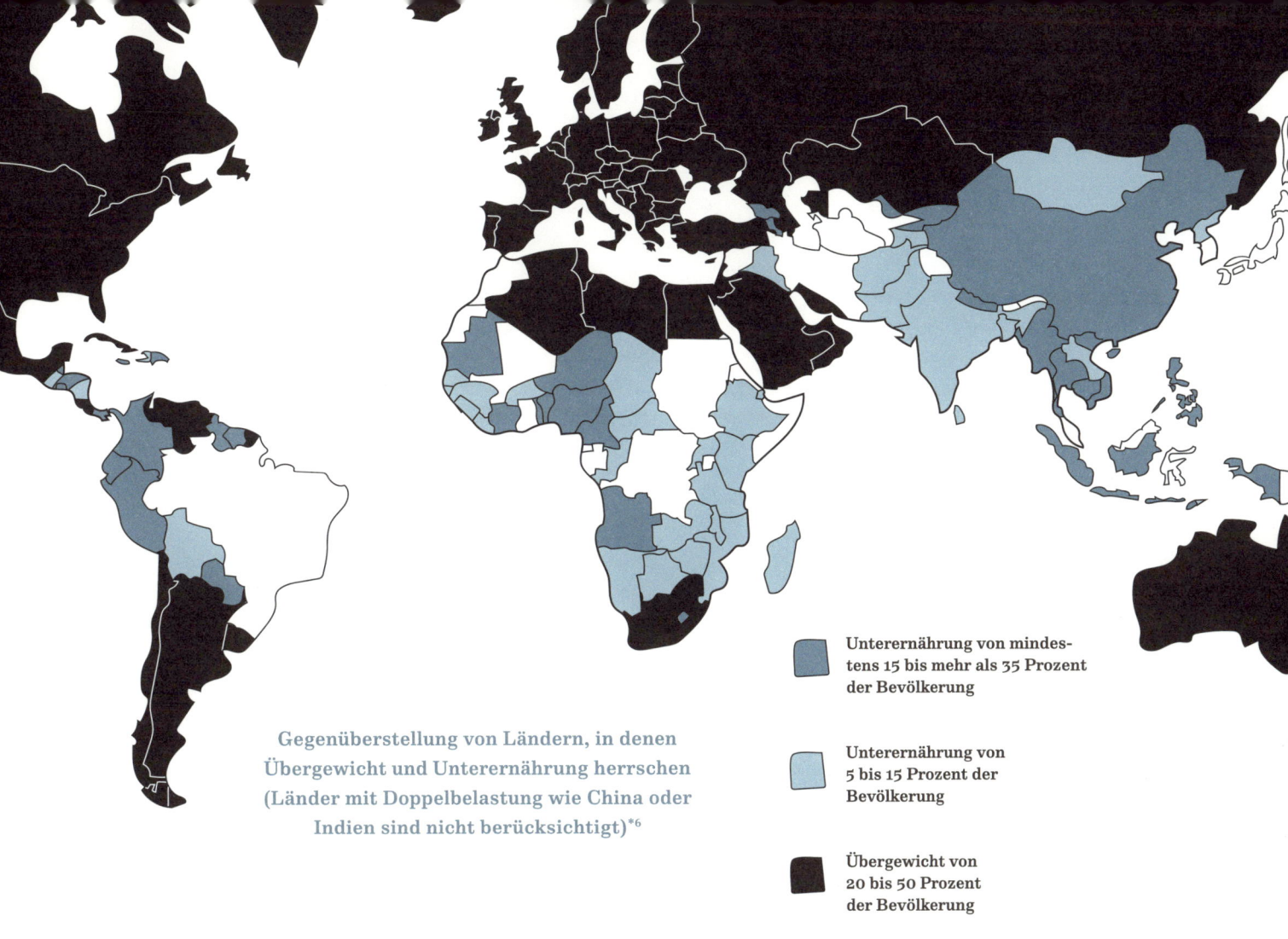

Gegenüberstellung von Ländern, in denen Übergewicht und Unterernährung herrschen (Länder mit Doppelbelastung wie China oder Indien sind nicht berücksichtigt)*6

- Unterernährung von mindestens 15 bis mehr als 35 Prozent der Bevölkerung
- Unterernährung von 5 bis 15 Prozent der Bevölkerung
- Übergewicht von 20 bis 50 Prozent der Bevölkerung

sie zu preiswerten Massenartikeln. Weitere Neuerungen waren der Zutritt zum Geschäft ohne Kaufzwang, feste, nicht mehr verhandelbare Preise, Preisauszeichnungen, Barzahlung und die Umtauschmöglichkeit gekaufter Waren. Auch die repräsentative Inszenierung der Artikel sowie der aktive und vielfältige Einsatz von Werbung nach außen waren neu und verhalfen den Warenhäusern zu einer wirtschaftlichen Machtstellung.[24] Mit ihrem Aufstieg änderten sich die Kaufgewohnheiten stark. Was Fabriken für die Produktion von Massengütern waren, stellten die Warenhäuser für deren Konsum dar: »*In solchen Paradiesen des Angebots werden eher Bedürfnisse geweckt als befriedigt. Der Käufer kommt aus ihnen mit Sachen heraus, die er eigentlich gar nicht hatte erwerben wollen*«.[25] Aus diesen Prinzipien entwickelten sich im Lebensmitteleinzelhandel nach und nach die Supermärkte. In den USA begann die Entwicklung von großen Handelsketten für Lebensmittel bereits seit Mitte des 19. Jahrhunderts. Der erste Supermarkt im heutigen Sinne, der ein kombiniertes Angebot aus Fleisch, Backwaren, Obst und Gemüse bereithielt, aus dem sich die Kundschaft selbst bedienen konnte, eröffnete 1930 in New York City. In Deutschland war es Herbert Eklöh, der in Osnabrück 1938 den ersten Selbstbedienungsladen in Europa nach amerikanischem Vorbild gründete. Massentauglich wurde das Prinzip schließlich einige Jahre später: *Edeka* führte beispielsweise im Jahr 1954 die Selbstbedienung ein.[26] In den darauffolgenden Jahrzehnten verdrängten immer größere und einflussreichere Supermarktketten zunehmend kleine, meist im Familienbetrieb geführte *Tante-Emma-Läden*. Führten die ersten Supermärkte etwa 600 Artikel, findet sich heute in einem Supermarkt eine Fülle von häufig mehr als 10.000 Produkten.[27]

Sozialistischer Konsum

»*Zunehmend werden die politischen Führungen in Europa daran gemessen, in welchem Umfang sie ihren*

Bürgern Konsummöglichkeiten eröffnen können, und nähern sich damit dem amerikanischen Modell an.«[28] Während sich die kapitalistischen Länder schon längst zu Konsumgesellschaften gewandelt hatten, förderten auch die Regierungen der sozialistischen Länder seit den 1970er Jahren den Konsum, gerieten jedoch aufgrund des eingeschränkten Warenangebots zunehmend unter den Druck der Bevölkerung. Der Protest gegen die Mangelwirtschaft wuchs, weil diese durch das Fernsehen stets bestens über die Konsumkultur des Westens informiert war.[29] Trotz der Mangelwirtschaft gab es allerdings auch in der DDR wie in der Bundesrepublik nach dem Krieg eine Fresswelle, die bei großen Bevölkerungsteilen zu Übergewicht führte: 1985 galten 40 Prozent der Frauen und 20 Prozent der Männer in der DDR als übergewichtig.[30] Der Staat reagierte darauf beispielsweise mit der Entwicklung sogenannter optimierter Nahrung, die mit einem »ON« auf den Verpackungen gekennzeichnet wurde.[31] Durch ein fehlendes oder qualitativ minderwertiges Angebot war es in der DDR nicht oder nur sehr schwer möglich, den privaten Konsum nach eigenen Wünschen auszurichten. Neben den staatlichen Angeboten und den offiziellen Intershops, in denen nur gegen Devisen, nicht gegen DDR-Mark, Waren aus dem Westen gekauft werden konnten, entwickelten sich deshalb private Märkte. So spielten in der Nahrungsmittelproduktion Kleingärtner eine große Rolle. Insgesamt war der Anteil an Selbstversorgern hoch, jedoch stellten die privaten Erzeuger auch dem staatlichen Handel Waren in beträchtlichem Ausmaß zur Verfügung. Zwischen 1981 und 1985 beliefen sich die Mengen beispielsweise auf fast eine Million Tonnen Obst, 800.000 Tonnen Gemüse, rund 100.700 Tonnen Kaninchenfleisch, 104.700 Tonnen Honig und fast 10 Millionen Hühnereier. Auch Schweine- und Geflügelfleisch sowie Wolle spielten dabei eine beträchtliche Rolle. Die privaten Produzenten steuerten damit z. B. 98 Prozent des Honigs, 27 Prozent der Wolle und 14 Prozent des Schweinefleischs zum gesamten Angebot in der DDR bei. Auch beschränkte sich das Angebot an Obst und Gemüse im Lebensmitteleinzelhandel zu einem großen Teil auf Einheimisches.[32] Diesen – mit konsumgesellschaftlichen Maßstäben gemessen – scheinbar schwerwiegenden Mangel

Markteinführung von wegweisenden Fertiggerichten in Deutschland*7

1909

Der Brühwürfel wurde 1880 von einem britischen Unternehmen nach dem Vorbild des Fleischextrakts, das auf den deutschen Chemiker Justus Liebig zurückgeht, entwickelt. Maggi brachte die Brühwürfel 1909 auf den Markt.

1867

Erbswurst wurde 1867 in Berlin erfunden und zunächst als gut rationierbares Nahrungsmittel für die preußische Armee verwendet. 1889 übernahm Knorr die Produktion und verkauft die Erbswurst bis heute.

um 1960

Fischstäbchen wurden 1955 in Großbritannien erfunden und kamen Anfang der 1960er Jahre in der Bundesrepublik als erstes Tiefkühlprodukt auf den Markt. In der DDR gab es sie ein Jahrzehnt später.

durch das offensichtliche Versagen des Systems mag man heute angesichts der Auswirkungen globaler Wertschöpfungsketten vielleicht etwas differenzierter bewerten. Wie die Landwirtschaft wurden jedenfalls auch die Lebensmittelproduktion und der -handel der DDR nach der Wende in das westdeutsche System eingegliedert. Dabei handelt es sich um ein Ernährungssystem, das in den westlichen Industrieländern sehr ähnlich ist. Deshalb genügt es, in diesem Buch die gesamtdeutschen Verhältnisse – oder wenn für einen Vergleich beispielsweise mit den USA relevant – die der Bundesrepublik zu beschreiben.

Wandel der Gewohnheiten

Durch die Entstehung der Konsumgesellschaft wurden traditionelle ökonomische Strukturen von modernen mehr und mehr abgelöst.[33] Kennzeichnend für Industriegesellschaften ist dabei die Auslagerung aller Arbeiten, die einem Erwerbszweck dienen oder einen Tauschwert besitzen. Von dieser Arbeitsteilung ausgenommen ist (in der Regel) die Hausarbeit, die für keine andere Person von Nutzen zu sein scheint und der aus diesem Grund ein minderwertiger Charakter zugeschrieben wird.[34] »*Die gesamte häusliche Produktion […] wurde von der Privatsphäre in die öffentliche ökonomische Sphäre der Industrie und des Warenverkehrs hinausverlagert. […] Für die herrschende ökonomische Lehre ist die Tendenz, die Eigenarbeit zur industrialisierten Produktion und auf äußere Dienstleistungen zu transferieren, noch längst in ihrer Dynamik nicht erschöpft.*«[35] Diese Verhältnisse lassen sich leicht auf moderne Essgewohnheiten übertragen. Statt Rohstoffe wie Gemüse selber zu produzieren, zu verarbeiten und zuzubereiten, selbst zu kochen oder Lebensmittel zu konservieren, werden auch diese Tätigkeiten dem Markt überantwortet, sodass die seit der Mitte des 19. Jahrhunderts immer weiter perfektionierte industrialisierte Nahrungsmittelproduktion mehr und mehr standardisierte Fertigprodukte auf den Markt bringen konnte. Der Meilenstein dafür wurde 1954 in den USA gelegt, als das Unternehmen Swanson ein tiefgefrorenes Drei-Komponenten-Menü entwickelte, das als *TV-Dinner* mit einer revolutionären Zeitersparnis für die gestress-

1970

Tiefkühlpizza wurde 1970 in der Bundesrepublik von Dr. Oetker auf den Markt gebracht. Sie wurde in den 1960er Jahren in den USA entwickelt und gelangte über Italien nach Deutschland. In der DDR wurde Pizza ausschließlich selbst gebacken.

1958

Ravioli waren 1958 das erste Nudel-Fertiggericht in der Bundesrepublik, wo sie auch erfunden wurden. Die mit Paniermehl und Schweinefleisch gefüllten Teigtaschen sollten ein mit dem beginnenden Massentourismus nach Italien entstandenes neues Urlaubsgefühl nach Deutschland bringen.

1971

Hamburger wurden in der Bundesrepublik durch *McDonald's* mit der Eröffnung der ersten Filiale in München 1971 populär. Das Pendant aus der DDR hieß *Grilletta*.

te Hausfrau beworben wurde und den erwarteten Absatz von 5.000 Stück im ersten Jahr mit 10 Millionen verkauften Packungen um ein Vielfaches überstieg.[36] Wurden 1978 in Deutschland pro Kopf und Jahr nur knapp 14 Kilogramm Tiefkühlkost* verbraucht, so stieg der Konsum bis zum Jahr 2016 auf mehr als 45 Kilogramm an.[37] Für den Bereich Convenience-Food** liegt der jährliche durchschnittliche Pro-Kopf-Verbrauch 2017 bei rund 14,6 Kilogramm, was einem Gesamtumsatz dieses Bereichs der Lebensmittelindustrie von 4,4 Milliarden Euro entspricht. In Zukunft kann mit einer weiteren Vergrößerung des Marktes gerechnet werden[38], die Zahlen sind zugleich Ursache und Ausdruck einer industrialisierten Esskultur. Entscheidende Faktoren bei der Zubereitung von Essen sind offensichtlich nicht der Genuss oder die Qualität, sondern eine zeit- und arbeitssparende Zubereitung.[39] Was bedeutet es aber für die Gesellschaft, wenn Tätigkeiten wie das Einkaufen und Kochen ausgelagert werden?

Befreiung der »Hausfrau«

Die Mitte des 20. Jahrhunderts noch immer an sehr traditionelle Rollenbilder als *Hausfrau und Mutter* gebundenen Frauen wurden in der DDR und der Bundesrepublik zwar unterschiedlich schnell, aber doch immer weiter von ihren reproduktiven Tätigkeiten im Haus *befreit*. Gleichzeitig werden sie von der Industrie als bevorzugte Marketing-Zielgruppe ins Visier genommen, die als für Konsumentscheidungen verantwortlich betrachtet wird.[40] Einerseits werden also ungeliebte Tätigkeiten im Haushalt zeitsparend durch Konsumgüter und Dienstleistungen ersetzt, während auf der anderen Seite ein Zugewinn an Zeit entsteht.[41] Zeit, die der Sozialphilosoph André Gorz als »*keine produktive Zeit, sondern reine Konsumzeit, Zeit für Annehmlichkeit*«[42] bezeichnet. Er stellt die Frage, ob »*diese Hinausverlagerung bis zur völligen Beseitigung der Eigenarbeit weitergehen kann und soll*«[43]. Denn die Konsequenz sei die »*Hausfrauisierung*« der Gesellschaft, also eine Verschiebung der traditionell der Hausfrau zugeschriebenen Tätigkeiten auf eine »*sozial marginalisiert Masse von Unterprivilegierten*«[44], die eine »*privilegierte Minderheit von ihrer Eigenarbeit [befreit]*«[45]. Insofern stellt die Professionalisierung häuslicher Arbeiten gesellschaftlich betrachtet keineswegs eine Befreiung, sondern ihr Gegenteil dar, insofern die häuslichen Tätigkeiten der Zubereitung von Essen zu »*schlecht bezahlten [...] Dienstleistungen [...] kommerzialisiert*« werden.[46]

Ernährungsgewohnheiten

Eigene, nicht für Erwerbsarbeit verwendete Zeit wird in Deutschland tatsächlich immer weniger in das Kochen und die Zubereitung von Lebensmitteln investiert. Statistisch lag die Zeit, die ein Bundesbürger pro Woche in der Küche verbrachte, 2015 gerade einmal bei 6,4 Stunden.[47] Nur noch 41 Prozent der Bevölkerung kochen täglich, während zwölf Prozent sich nie selber Essen zubereiten. Insgesamt setzt sich der Trend einer abnehmenden Bereitschaft zu kochen weiter fort: 2016 kochten bereits weitere vier Prozent der Deutschen weniger jeden Tag als im Vorjahr.[48] Gleichzeitig nimmt die Bedeutung von Essen außerhalb des Hauses durch veränderte Lebens- und Arbeitsbedingungen zu[49] und macht klassische Essenszeiten sowie das System aus drei Mahlzeiten zunehmend zum Sonderfall.[50] Als Folge dieser fremdbestimmten, ökonomisierten Esskultur, in der rituelle, gemeinsame, im besten Falle selbst gekochte Mahlzeiten zunehmend durch einheitliche, geschmacklich genormte und allein verzehrte Fertigkost ersetzt werden, nehmen kulinarische Kenntnisse und Kochkünste immer weiter ab.[51] Aber warum sollte das überhaupt bedenklich sein?

Gesellschaftliche Auswirkungen

In den beschriebenen Ernährungsgewohnheiten mögen sich viele Leser dieses Buchs nicht wiedererkennen, sie stellen aber eine generelle Entwicklung dar. Inzwischen findet neben dem gestiegenen Konsum von Fertigprodukten aber auch eine vermehrte Auseinandersetzung mit dem Essen statt, und entsprechend scheinen sich gesellschaftliche Gruppen entlang ihrer unterschiedlichen Ernährungsmuster zu formieren.[52] Zudem sind die Anforderungen an das Essen gestiegen. Es soll nicht mehr nur satt – vor allem nicht zu satt – oder gar dick machen, sondern auch zusätzliche Funktionen erfüllen.[53] Funktionale Lebensmittel oder sogenanntes *Superfood* werden mit dem Ziel der Leistungssteigerung genutzt und bewegen sich damit in der Nähe von Pflegeprodukten und Fitnessgeräten.[54] Für viele Menschen wird der Ernährungsstil so zu einem identitätsstiftenden Mittel der Selbstdarstellung, sodass sich die physische und die soziale Funktion der Nahrungsaufnahme immer mehr voneinander entfernen.[55] »*Essen in Gemeinschaft wird zunehmend nach Maßgabe symbolischer Repräsentation genutzt und so zu einer spezifischen Form von Kommunikation.*«[56] Die Ernährungswissenschaftlerin Hanni Rützler etwa bezeichnet die gegenwärtige Rolle von Essen als *neuen Pop*.[57] Durch die vermehrte Präsenz von Essen in den Medien in Gestalt von Fernsehköchen und Foodblogs findet »*eine breite Aufwertung des kulinarischen Handwerks statt*«[58]. Wieso aber nimmt die Medienaufmerksamkeit für das Essen überhaupt so eine große Bedeutung ein, wo die praktischen Fertigkeiten der Konsumenten in der Küche doch abnehmen? Und welche Auswirkungen mögen die ständig wechselnden Ernährungstrends auf den Einzelnen haben? Wieso erscheint es erstrebenswert, sich über die Nahrung zu optimieren?

---

* Tiefkühlkost umfasst neben Pizzen, Tiefkühlgerichten, Backwaren, Beilagen, Snacks und Kartoffelprodukten auch gefrorenes Obst und Gemüse, während Speiseeis ausgenommen ist.

** Der Begriff *Convenience-Food* bedeutet sinngemäß *bequemes Essen* und bezeichnet Lebensmittel, die zum Teil oder vollständig verzehrfertig verkauft werden. In diesem Fall beziehen sich die Daten auf Fertiggerichte und Suppen, die aufguss-, zubereitungs- oder verzehrfertig angeboten werden. Küchen- oder garfertige Produkte sind ausgenommen.

Strukturen und Marktmacht
Das industrielle Ernährungssystem

Wenn von der industriellen Erzeugung unserer Lebensmittel die Rede ist, wird häufig von einer *Agrar- oder Agroindustrie* gesprochen und Begriffe wie *Nahrungsmittelsektor* oder *Lebensmittelsektor* sind in den Medien oft gehörte Begriffe. Wo aber liegt der Unterschied zwischen einem *handwerklich* operierenden Lebensmittelbetrieb, einem *Lebensmittelunternehmen* und einem *Lebensmittelkonzern*? Welches sind überhaupt diese Konzerne? Und wo liegt die Abgrenzung zwischen Agrar- und Nahrungsmittelsektor? Da Definitionen und Grenzziehungen zum Teil unscharf sind, ist ein Überblick über die Struktur der Industrie sicher hilfreich, um etwas Ordnung in die Sache zu bringen. Nach einer kurzen strukturellen Erläuterung liefert dieses Kapitel einen solchen Überblick über die herrschenden Verhältnisse und visualisiert sie auf Seite 24/25 anhand einer Grafik.

Agrobusiness

Agrobusiness oder Agribusiness ist ein zusammengesetzter Anglizismus aus den Begriffen *Agriculture (Landwirtschaft)* und *Business (Unternehmen, Branche)*. Er bezeichnet die gesamte Wertschöpfungskette vom Acker bis zum Teller, umfasst Landwirtschaft wie Lebensmittelwirtschaft und steht für ein industrielles Gesamtsystem, dessen Wertschöpfungskette sich in sieben Wirtschaftssektoren untergliedern lässt. Außerdem gehören zum Agrobusiness vielfältige Dienstleistungen wie z. B. Finanzierungs- und Transportleistungen.[1]

Landwirtschaft

Für landwirtschaftliche Industriebetriebe kenzeichnend ist ein hoher Spezialisierungsgrad, die Verwendung technischer Produktionsverfahren, ein hoher Einsatz von Kapital und Energie, eine hohe Produktivität und eine standardisierte Massenproduktion. Charakteristisch für diese Produktionsweise ist zudem der Aufbau von Kapazitäten zur Überproduktion von Lebensmitteln, indem die technologische Entwicklung zu immer neuen Produktionssteigerungen führt, durch die die Landwirtschaft in eine sogenannte *overproduction trap (Überproduktionsfalle)* gerät.[2] Die *Landwirtschaft* als zweiter Sektor der Wertschöpfungskette mit diversen Produktionsbereichen besitzt selbst einen vor- und einen nachgelagerten Bereich. Der erste, der Landwirtschaft vorgelagerte Sektor umfasst Unternehmen, die beispielsweise Saatgut, Dünge- und Pflanzenschutzmittel herstellen. Der nachgelagerte Bereich, die Erfassungs- und Großhandelsstufe, betreibt Handel mit den hergestellten Rohstoffen.[3] Infolge der landwirtschaftlichen Industrialisierung wurde die Rolle des Landwirts immer mehr auf die eines Rohstofferzeugers reduziert. Heute wird die Produktionskette von ihrem Ende her gesteuert, wo die der Landwirtschaft nachgelagerten Bereiche des Handels und der Lebensmittelwirtschaft deutlich höhere Gewinne erzielen als die Landwirtschaft selbst.[4] Außerdem gerät die Landwirtschaft in ein doppeltes Abhängigkeitsverhältnis zu ihrem vor- und nachgelagerten Bereich. Durch die Marktmacht der Erfassungs- und Großhandelsstufe bindet sich die Landwirtschaft zwangsweise stark an den Großhandel. Auf der anderen Seite entwickeln die Unternehmen des vorgelagerten Sektors Technologiepakete für Pflanzen und Tiere mit angepassten Chemikalien bzw. Futtermitteln, sodass auch hier ein Abhängigkeitsverhältnis entsteht.[5]

1. Sektor
Landwirtschaftliche Betriebsmittel
(vorgelagert)

× Saatzucht
× Herbizide
× Düngemittel
× Land- und Stalltechnik
× Tierzucht
× Futtermittel
× Tiergesundheit

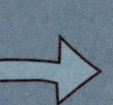
2. Sektor
Landwirtschaftliche Produktion

× Ackerbau
× Anbau von Garten- und Zierpflanzen
× Weinbau
× Tierhaltung
× Fischerei
× Aquakultur

3. Sektor
Erfassungs- und Großhandelsstufe
(nachgelagert)

× Getreidehandel
× Obst- und Gemüsehandel
× Tierhandel
× Import und Export

4. Sektor
Erste Verarbeitungsstufe
(Verarbeitung der Rohstoffe)

× Getreide- und Ölmühlen
× Stärkeverarbeitung
× Schlacht- und Zerlegebetriebe
× Obst- und Gemüseverarbeitung
× Keller- und Mälzereien, Essigherstellung
× Eiverarbeitung
× Fischverarbeitung
× Zuckerfabriken
× Gewürzwerke

5. Sektor
Zweite Verarbeitungsstufe
(Weiterverarbeitung der Rohprodukte)

× Brot und Backwaren
× Nährmittel und Teigwaren
× Fleischwaren
× Süßwaren
× Essigprodukte
× Alkoholfreie und alkoholische Getränke
× Fertiggerichte in unterschiedlichen Produktions- und Erscheinungsformen

Lebensmittelhandwerk

× Bäcker & Konditoren*
× Fleischer*

*Zu diesem Handwerk zählen traditionell einige Spezialbranchen wie Müller, Brauer und Mälzer. Vom Statistischen Bundesamt werden nur noch Bäcker, Konditoren und Fleischer erfasst.

6. Sektor
Lebensmittelhandel

× Lebensmitteleinzelhandel
× Lebensmittelgroßhandel
× Lebensmittelzustellgroßhandel
× Importeure und Exporteure

Kunde

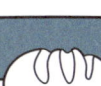
7. Sektor
Lebensmittelzubereitung als Großverbraucher

× Gastronomie
× Systemgastronomie
× Hotellerie
× Gemeinschaftsverpflegung (Mensen)

 Sektoren der Landwirtschaft (Sektor 1–3)

 Sektoren der Lebensmittelwirtschaft (Sektor 4–7)

lokale Wertschöpfungskette des traditionellen Lebensmittelhandwerks

Struktur der globalen Wertschöpfungskette, gegliedert in sieben Sektoren[*1]

Hybridzüchtung
und das Patent auf Leben

Hybride – oder früher auch Bastarde – bezeichnen in der Biologie Pflanzen oder Tiere, die aus einer Kreuzung zwischen zwei Arten oder Unterarten hervorgegangen sind. Das klassische Beispiel in der Tierwelt ist die Kreuzung zwischen Pferd und Esel, wobei die Nachkommen sogenannte »Hybridsterilität« aufweisen, also nicht mehr fortpflanzungsfähig sind. Diese Eigenschaft ist bei Tierhybriden häufiger als bei Pflanzen, aber nicht zwangsläufig.[*2] Die Auswahlzüchtung, bei der bestimmte Eigenschaften durch gezielte Auswahl verstärkt werden, ist kein neues Phänomen und wird angewendet, seit der Mensch Ackerbau betreibt. So wurden beispielsweise aus der Wildform des Gemüsekohls Kulturformen wie Blumenkohl, Kohlrabi oder Weißkohl gezüchtet, deren Merkmalsausprägungen stark voneinander abweichen.[*3] Außerdem war die Anpassung an unterschiedliche Standortverhältnisse durch Züchtung geeigneter Sorten stets ein wichtiges Ziel der Auswahlzüchtung.[*4] Etwa seit Beginn des 20. Jahrhunderts und nochmals verstärkt durch die Grüne Revolution änderte sich der Charakter der Zucht durch eine wissenschaftlich fundierte Kreuzungszüchtung, die gezielt Pflanzen oder Tiere mit neuen Merkmalskombinationen hervorbringt.[*5] Züchtungsziele können dabei beispielsweise die Verbesserung der Resistenz- und Toleranzeigenschaften gegenüber Umwelteinflüssen sowie Standortverträglichkeit, Anpassung an Anbau- und Verarbeitungstechniken sowie die Verbesserung der Lagerfähigkeit und die Steigerung der Ernteerträge sein.[*6] Das Hybridsaatgut, das durch Kreuzungen entsteht, liefert im Vergleich zu konventionellem Saatgut in der Regel eine zehn- bis zwanzigprozentige Steigerung der Ernteerträge.[*7] Allerdings sind die Samen, die aus Hybridpflanzen entstehen, nicht stabil. Durchschnittlich verlieren sie 50 Prozent ihrer Vitalität und »kreuzen aus«, verlieren also die angezüchteten Eigenschaften zum Vorteil anderer, unerwünschter Merkmale wieder. Deshalb kann Saatgut, anders als es zuvor üblich war, nicht mehr aus der Ernte des Vorjahres gewonnen werden, sondern muss aus fremden Quellen bezogen werden. Saatgut ist auf diese Weise zu einer Ware von kommerziellem Interesse geworden, das durch private Saatgutfirmen erzeugt und verkauft wird.[*8] Zudem besitzen hybride Pflanzen eine verminderte Widerstandsfähigkeit gegenüber Krankheitserregern und Schädlingen und haben aufgrund ihrer hohen Wachstumsgeschwindigkeit einen erhöhten Nährstoffbedarf. Die Folge ist ein intensiver Einsatz von Agrarchemikalien, die in Form von auf die jeweilige Pflanze angepassten Pestiziden und Düngemitteln von den gleichen Konzernen mitentwickelt werden und zum großen Teil mit einem Patentschutz ausgestattet sind.[*9] Unternehmen können also ganze Technologiepakete für Pflanzen oder Tiere anbieten, die auf die entsprechende Art angepasst sind. Auf diese Weise entstehen Abhängigkeiten der Landwirte von großen Konzernen mit ihren vereinheitlichten Sorten, die zu einem Verlust von Artenvielfalt führen und vielfältige negative Auswirkungen auf die Umwelt haben.[*10] Durch Patente etwa auf sogenannte Klimagene eröffnet sich außerdem ein neues Tätigkeitsfeld für Saatgut produzierende Unternehmen – Monsanto, Syngenta und DuPont gehören bereits zwei Drittel der Patente in diesem Bereich.[*11] Die Form der Hybridzüchtung findet aber nicht nur bei Pflanzen Anwendung. Auch für die Massentierhaltung werden ertragsoptimierte, standardisierte Embryos entwickelt, die mit angepassten Arzneimitteln, Wachstumshormonen und Futter versorgt werden.[*12] Diese Arten »sind keine traditionellen Rassen mehr, sondern registrierte Marken und Kreuzungen, [die sich] nicht reinrassig reproduzieren«[*13] lassen. Mit diesen Patenten auf Pflanzen oder Tiere entsteht ein »Patenrecht auf Leben«, durch das sich in Europa seit 1992 eine weitere Dimension des Agrobusiness herausgebildet hat. Die Patente werden dabei auf gentechnisch manipulierte Arten oder Arten aus konventioneller Züchtung angewendet. Meist betreffen die Patente auch nicht nur die Pflanze selbst, sondern zugleich einzelne Gene und das Saatgut von Pflanzen oder sogar die daraus gewonnenen Produkte. Seit 1992 wurden allein in Europa 2.800 Patente auf Pflanzen und 1.600 auf Tiere erteilt. Davon betreffen 180 Patente Tiere und 1.400 Pflanzen aus konventioneller Zucht. Der Rest entfällt auf genmanipulierte Arten.[*14] Im Unterschied zur Kreuzungszüchtung werden bei der Gentechnik Erbinformationen gezielt übertragen, was einen verringerten Züchtungsaufwand bedeutet. Das genttechnische Zuchtverfahren eröffnet damit nicht nur eine neue Dimension der Pflanzenzüchtung, sondern wirft neue ethische Fragen auf ganz verschiedenen Ebenen auf.[*15] Denn gerade im Bereich der Nutztiere führt der Einsatz von Gentechnik zu erheblichen gesundheitlichen Problemen.[*16]

Lebensmittelwirtschaft

Die *Lebensmittelwirtschaft* umfasst die Sektoren vier bis sieben mit der ersten und zweiten Verarbeitungsstufe, die Stufe des Lebensmittelhandels sowie die Lebensmittelzubereitung als Großverbraucher, z. B. in der Gastronomie.[6] Die *Lebensmittelindustrie* oder auch Ernährungsindustrie als Teil der Lebensmittelwirtschaft ist als erste und zweite Verarbeitungsstufe zwischen der landwirtschaftlichen Erzeugung von Rohstoffen und dem Handel bzw. der Außer-Haus-Verpflegung angesiedelt. Die Abgrenzung der Lebensmittelindustrie zum *Lebensmittelhandwerk* ist unscharf und erfolgt weniger über die Herstellungsverfahren als über die Mitarbeiterzahl. Im Unterschied zum Handwerk besitzt die Industrie allerdings zumeist keinen direkten Kundenkontakt. Die industrielle Vermarktung erfolgt über den Handel oder Großabnehmer.[7] Der Lebensmitteleinzelhandel versorgt ausschließlich Endkunden, während der Großhandel gewerbliche Handelsunternehmen sowie Großküchen inklusive der Gastronomie bedient.[8]

Lebensmittelwirtschaft und -handel in Deutschland

Im Vergleich mit anderen industriell geprägten Branchen in Deutschland ist die Lebensmittelproduktion »*mit einer Vielzahl von selbständigen Weinbauern, Metzger- und Bäckermeistern [...] einerseits stark handwerklich geprägt und weist auf der anderen Seite hoch industrialisierte Betriebe der Getränke-, Fleisch- und Getreideverarbeitung auf*«[9]. Die Lebensmittelindustrie in Deutschland ist somit eine Industrie von Kleingewerben sowie des Mittelstands auf der einen Seite und mit einigen internationalen und global agierenden Konzernen wie beispielsweise *Nestlé* und *Unilever* auf der anderen Seite.[10] Im Hinblick auf die Struktur des Lebensmitteleinzelhandels ist das Bild ein etwas anderes. Die Branche ist seit Jahrzehnten von Konzentrationsprozessen geprägt, durch die kleinere Läden im Privatbesitz durch große Einzelhandelsunternehmen verdrängt wurden. Letztere besitzen deshalb heute eine große Nachfragemacht gegenüber den Herstellerunternehmen, sodass kleine und mittlere Unternehmen aufgrund höherer Produktionskosten im Vergleich zu den Großen der Branche die Konditionenforderungen häufig nicht erfüllen können.[11] Im Jahr 2015 verteilten sich in Deutschland 70 Prozent der Marktanteile auf vier Einzelhandelsunternehmen: *Edeka*, *Rewe*, *Schwarz (Lidl, Kaufland)* und *Aldi*.[12]

Ein Konzern ist ein Zusammenschluss eines herrschenden und mehrerer abhängiger Unternehmen zu einer wirtschaftlichen Einheit. Die einzelnen Tochterunternehmen geben ihre wirtschaftliche Unabhängigkeit gegenüber dem Mutterunternehmen auf, bleiben rechtlich aber selbständig.[13] *Bei einer weiteren Konzentration von Macht in Form von Fusionen entsteht ein Oligopol, bei dem einer quantitativ hohen Nachfrage nur eine geringe Anzahl an Anbietern gegenübersteht.*[14] *Großkonzerne besitzen Größenvorteile auf verschiedenen Ebenen. Einerseits können sie Kosten durch die Produktion hoher Stückzahlen senken, indem die Fixkosten bei steigender Menge auf mehr Einheiten verteilt werden. Andererseits können die Produktionskosten durch eine größere Auslastung bestehender Kapazitäten gesenkt werden, da ähnliche Produkte auf den gleichen Anlagen hergestellt werden können. Damit diese Vorteile zum Tragen kommen, muss die Anzahl der verkauften Güter der Anzahl der produzierten Güter entsprechen.*[15]

»Eine Branche schrumpft sich groß«[16]

Global betrachtet entfallen 50 Prozent des weltweiten Umsatzes mit der Herstellung von Lebensmitteln auf 50 Firmengruppen. Der Wettbewerb in der Lebensmittelindustrie wird heute von immer weniger, aber dafür immer größeren Konzernen beherrscht. Dabei geraten inzwischen auch die großen Hersteller durch die Macht der ebenfalls international agierenden Supermarktketten unter Druck. Durch Fusionen mit der Konkurrenz werden die Großen noch größer: So entstand z. B. 2015 der sechstgrößte Lebensmittelkonzern der Welt durch den Aufkauf von *Kraft Food* durch den Konkurrenten *Heinz*: die *Kraft Heinz Company*. Eine Begleiterscheinung des Zusammenschlusses: Die Finanzierung der Fusion erfolgte unter anderem durch den Abbau von Arbeitsplätzen.[17] Da allerdings die Struktur des Sektors der verarbeiteten Lebensmittel weiterhin von vielen regionalen Herstellern geprägt ist, ist die Konzentration auf dem Weltmarkt noch nicht so groß wie in der Landwirtschaft.[18] Im der Landwirtschaft vorgelagerten Sektor dominierten zu Beginn des Jahres 2017 gerade einmal sieben Unternehmen den Weltmarkt für Agrarchemikalien und Saatgut: *Syngenta* (Firmensitz in der Schweiz), *Bayer* (Deutschland), *BASF* (Deutschland), *Dow Chemical* (USA), *Monsanto* (USA), *DuPont* (USA) und *Chemchina* (China).[19] Im Laufe des Jahres wandelte sich diese Struktur noch einmal drastisch. Im April wurde von der Kartellbehörde die Fusion von *Syngenta* und *Chemchina* genehmigt[20], im September startete der nun weltgrößte Chemiekonzern *Dow-DuPont* an der Wall Street.[21] Auch die kartellrechtlich bedenkliche Übernahme von *Monsanto* durch *Bayer* ist inzwischen erfolgt. So besteht heute faktisch ein Oligopol aus drei Konzernen, das mehr als 60 Prozent der Märkte für Saatgut und Agrarchemie kontrolliert.[22]

Eine ähnliche Konzentration lässt sich bei den Produzenten für Düngemittel feststellen, wo wenige Hersteller bestimmte geografische Märkte oder Düngersparten dominieren. In allen Herstellerländern, außer in China, kontrollieren die vier großen Firmen *Agrium* (Kanada), *Yara* (Norwegen), *Mosaic* (USA) und *Potash* (Kanada) mehr als die Hälfte dieser Produktion. Seit 1961 hat sich der weltweite Einsatz von Mineraldünger versechsfacht.[23] Betrachtet man den nachgelagerten dritten Sektor, so fällt auf, dass auch im Agrarhandel wenige Konzerne den Welthandel mit landwirtschaftlichen Produkten dominieren. Vor allem Weizen, Mais und Sojabohnen, gefolgt von Zucker, Palmöl und Reis sind wichtige Rohstoffe für den Handel, die je nach Marktlage als Nahrungsmittel, Agrarkraftstoff oder Futtermittel verkauft werden können. Die vier großen Händler dieser Erzeugnisse werden auch als ABCD-Gruppe bezeichnet: *Archer Daniels Midland* (USA), *Bunge* (USA), *Cargill* (USA) und *Louis Dreyfus* (Niederlande), alle zwischen 1818 und 1902 gegründet, besaßen dabei lange einen Weltmarktanteil von 70 Prozent. Seit 2015 schließt der chinesische Staatsbetrieb *Cofco* auf. Zwar ist der Handel ihr traditioneller Schwerpunkt, jedoch spielt für diese Konzerne auch die Weiterverarbeitung von Lebensmitteln eine immer größere Rolle.[24] So sind sie »*nicht nur Teil der Kette – vom Acker bis zur Ladentheke – sondern [...] die Kette selbst*«[25]. Diese Unternehmen besitzen außerdem eigene Investmentgesellschaften, die eine Sonderrolle auf dem Finanzmarkt haben, indem sie nicht nur Anlageprodukte verkaufen, sondern auch landwirtschaftliche Werte ankaufen. Bei der Entscheidung, ob ein Rohstoff gelagert oder verkauft wird, nehmen diese Unternehmen mit ihren Investmentgesellschaften eine Schlüsselstellung ein.[26] Davon abgesehen gewinnen Finanzdienstleister wie z. B. die *Deutsche Bank* mit dem *DB Agrikultur Fund* durch Spekulation mit Rohstoffen zunehmenden Einfluss auf das globale Ernährungssystem: »*Im US-Terminmarkt für Weizen-Futures (Kauf und Verkauf in der Zukunft) ist beispielsweise der Anteil der reinen Spekulation am Handel von 12 Prozent in der Mitte der 1990er Jahre auf 61 Prozent im Jahr 2011 gestiegen. Heute soll er bei 70 Prozent liegen.*«[27]

Weitreichende Konsequenzen

Aber was genau ist an den beschriebenen Entwicklungen überhaupt problematisch? Nicht allein aufgrund von Fusionen sind es die großen Akteure in der Agrar- und Lebensmittelbranche, die ohnehin am schnellsten wachsen und schon auf diese Weise viel Gestaltungsmacht und politischen Einfluss zugunsten der eigenen Interessen gewinnen. Je größer ein Konzern ist, desto weitreichender ist auch seine Lobbymacht und entsprechend sein potenzieller

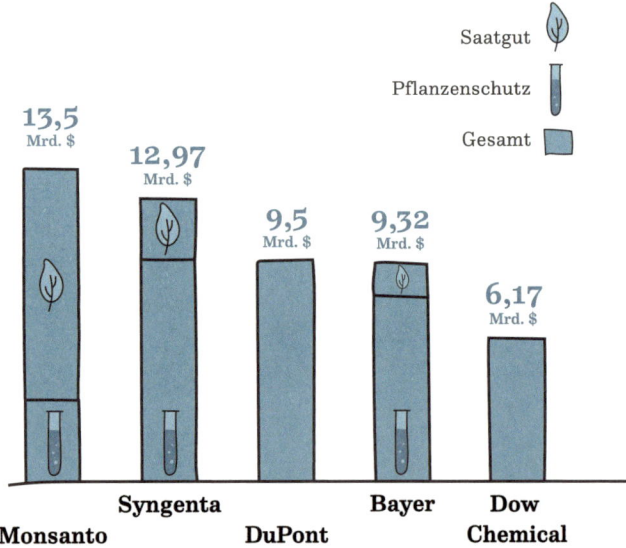

Jahresumsatz (2016) der weltweit führenden Saatgut- und Pflanzenschutzmittelhersteller in Milliarden US-$[*17]

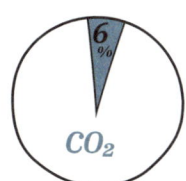

Kohlenstoffdioxid entsteht in der Landwirtschaft vor allem durch Landmaschinen und Bewässerungsanlagen. Hinzugerechnet werden müsste aber eigentlich auch noch die Produktion von Betriebsmitteln, die ausschließlich von der Landwirtschaft genutzt werden. Dies ist beispielsweise bei Pflanzenschutz- und Düngemitteln der Fall.

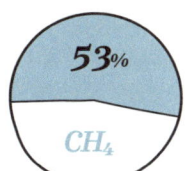

Methan wird besonders durch die Verdauung von Wiederkäuern freigesetzt, bildet sich aber auch bei der Verwendung von organischem Dünger und im Reisanbau auf bewässerten Flächen.

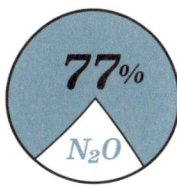

Lachgas entsteht durch die Düngung von Agrarflächen mit Stickstoffdünger. Die Menge vergrößert sich, wenn zu viel Stickstoff ausgebracht wird und dieser durch die Pflanzen nicht aufgenommen werden kann.

Anteil der landwirtschaftlichen Emissionen an den deutschen Treibhausgasemissionen*18

Einfluss auf die Gesetzgebung. Zudem werden andere Anbieter verdrängt oder aufgekauft, wodurch der Wettbewerb beschnitten wird und Angebot und Preise in allen Sektoren der Gefahr von Preisdiktaten ausgesetzt sind.[28] Neben der Züchtung von Pflanzen und Tieren sind vor allem synthetische Dünge- und Pflanzenschutzmittel das Ergebnis der wissenschaftlichen Agrarchemie und spielen bei der Ertragssteigerung der landwirtschaftlichen Produktion im letzten Jahrhundert eine große Rolle.[29] Jedoch sind die ökologischen Folgen dieser für die Welternährung zu begrüßenden Entwicklung weitreichend. Insgesamt zeigt sich, dass die Steigerung der Produktivität im Dienste der Gewinnsicherung oder -maximierung auf allen Ebenen der Wertschöpfungskette im Mittelpunkt steht. Dabei ist der Preisdruck, den der Einzelhandel und die Lebensmittelkonzerne nach oben weitergeben und der sich entlang von globalen Lieferketten bildet und auswirkt, nicht nur eine der Hauptursachen für schlechte Arbeitsbedingungen und Armut auf der ganzen Welt, sondern auch verantwortlich für gravierende Klima- und Umweltprobleme.[30]

Weltklima

Das Agrobusiness als Verursacher von Treibhausgasemissionen

Die Lebensmittelwirtschaft ist entlang ihrer gesamten Wertschöpfungskette ein großer Klimafaktor. Das fängt bei der extrem energieaufwendigen Herstellung von Dünger an und hört mit der Entsorgung der Lebensmittelabfälle auf. Auf die Landwirtschaft entfallen etwa 60 bis 70 Prozent der Emissionen des Agrobusiness. Weltweit ist die Landwirtschaft für 11 bis 14 Prozent aller Treibhausgase verantwortlich. Hinzu kommen Emissionen aus Verarbeitung, Verpackung, Lagerung und Transport, die vor allem aus CO_2-Ausstoß bestehen. Lebensmittel mit besonders hoher Verarbeitungsstufe wie z. B. Pommes, die geschält, frittiert, verpackt und tiefgekühlt werden müssen, sind deutlich treibhausgasintensiver als frische Kartoffeln.[19] *Neben diesen direkten Emissionen entstehen auch noch sogenannte indirekte Emissionen, die in der Landwirtschaft vor allem aus Landnutzungsänderungen hervorgehen. Werden naturbelassene Grün- oder Waldflächen zu Ackerflächen umgewandelt, wird gespeichertes CO_2 freigesetzt, was zu weiteren 10 bis 12 Prozent der globalen Emissionen führt.*[20] *In welchem Maße die Ernährung für die weltweiten Treibhausgasemissionen verantwortlich ist, schwankt je nach den Berechnungsgrundlagen der betreffenden Quellen, jedoch belaufen sich diese Zahlen auf 20 bis 40 Prozent. Davon ist ein gewisses Maß unvermeidlich. Allerdings wirkt sich die Produktion verschiedener Lebensmittel unterschiedlich auf das Klima aus. Grundsätzlich gilt: Pflanzliche Nahrungsmittel besitzen eine deutlich bessere Klimabilanz als tierische, und unverarbeitete Lebensmittel verursachen wesentlich geringere Emissionen als verarbeitete.*[21]

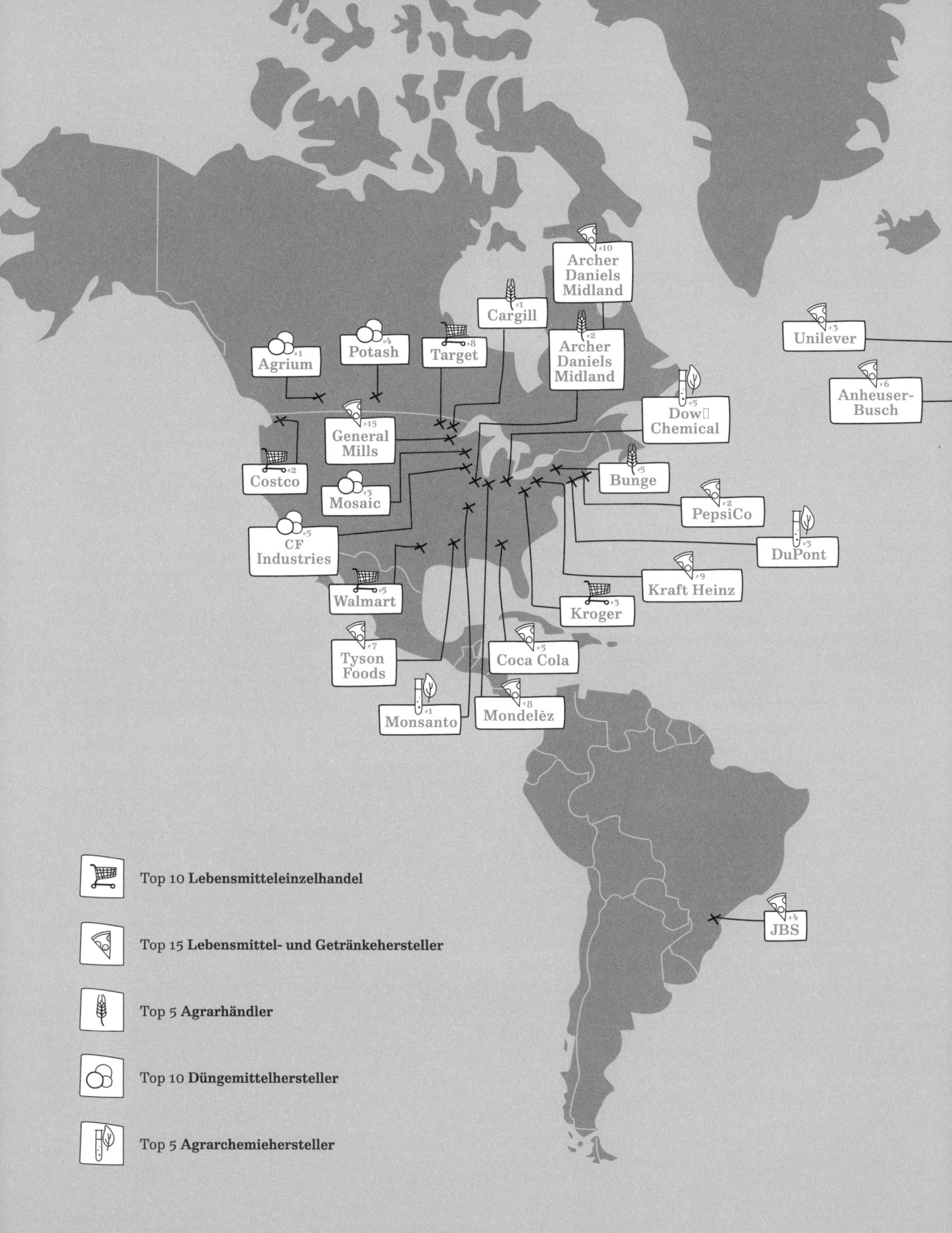

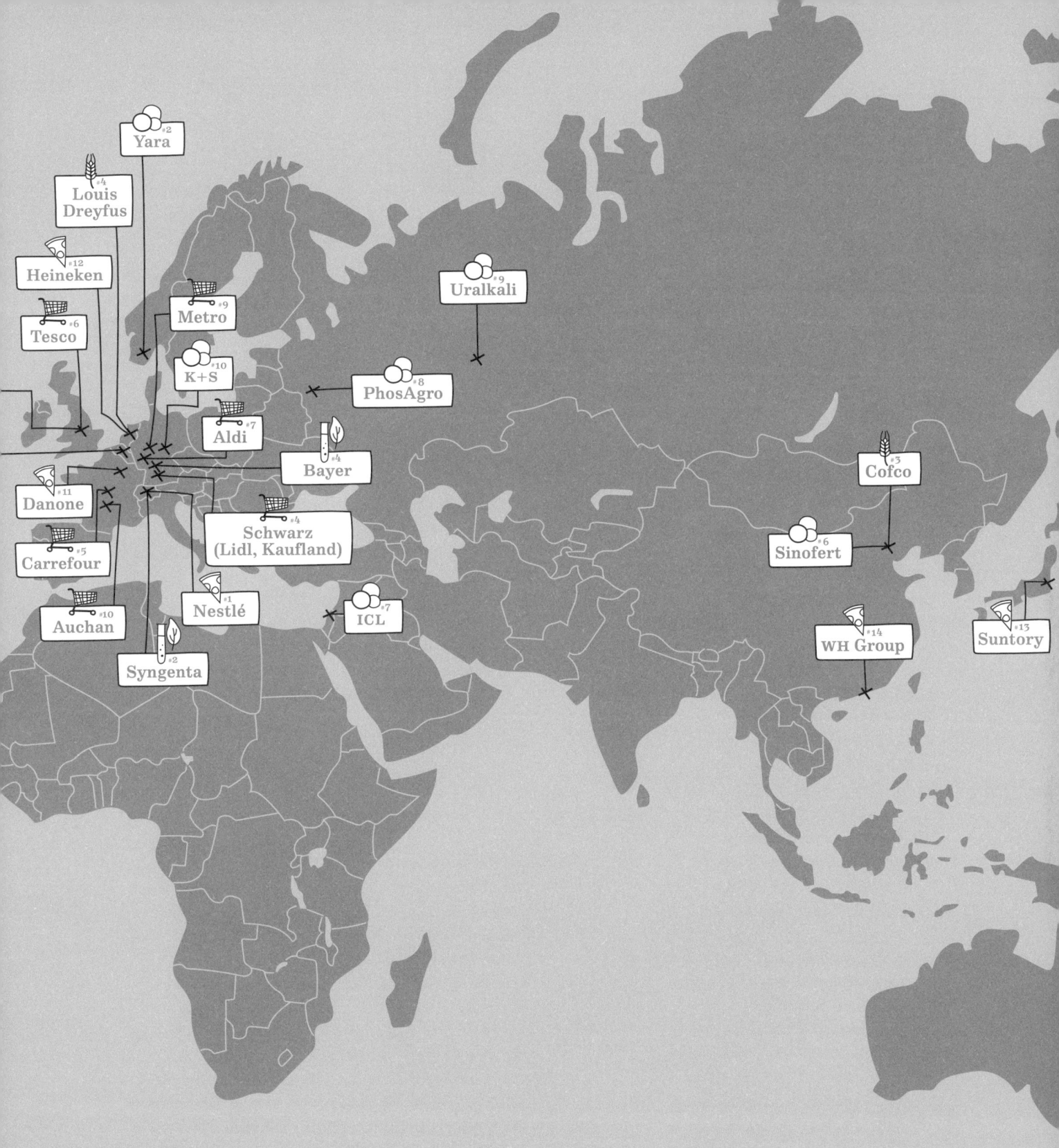

Hauptsitze der weltweit führenden Unternehmen der Agrar- und Lebensmittelindustrie nach Jahresumsatz (2015/16)*22

Konsum und Werbung
Die Supermarktkultur

Schlauraffen Landt
von Hans Sachs (1530)

*»[...] Da hat er Speis und Trank zur Hand;
da sind die Häuser gedeckt mit Fladen,
mit Lebkuchen Tür und Fensterladen.
Um jedes Haus geht rings ein Zaun,
geflochten aus Bratwürsten braun;
vom besten Weine sind die Bronnen,
kommen einem selbst ins Maul geronnen.
An den Tannen hängen süße Krapfen
wie hierzulande die Tannenzapfen;
auf Weidenbäumen Semmeln stehn,
unten Bäche von Milch hergehn;
in diese fallen sie hinab,
daß jedermann zu essen hab.*

*Auch schwimmen Fische in den Lachen,
gesotten, gebraten, gesalzen, gebacken;
die gehen bei dem Gestad so nahe,
daß man sie mit den Händen fahe.
Auch fliegen um, das mögt ihr glauben,
gebratene Hühner, Gäns' und Tauben;
wer sie nicht fängt und ist so faul,
dem fliegen sie selbst in das Maul.
Die Schweine, fett und wohlgeraten,
laufen im Lande umher gebraten.
Jedes hat ein Messer im Rück';
damit schneid't man sich ab ein Stück
und steckt das Messer wieder hinein.
Käse liegen umher wie die Stein. [...]«*[*1]

Supermärkte sind in der Lebenswelt der meisten Menschen in vielen Ländern eine Selbstverständlichkeit und aus ihr nicht mehr wegzudenken. Für den Einkauf von Lebensmitteln und anderen Artikeln des täglichen Bedarfs sind Supermärkte der Knotenpunkt, der durch sein reichhaltiges Angebot Wege in Bäckereien oder Fleischereien überflüssig und so den Einkauf zeitsparend macht. In einer Welt, in der Zeit immer knapp zu sein scheint, ist das ein entscheidender Faktor. Der Supermarkt hat deshalb im Ernährungssystem eine nicht zu unterschätzende Rolle: Er ist häufig die einzige Schnittstelle zwischen der Lebensmittelproduktion und den Verbrauchern. Aber wie wirkt sich die Marktmacht der Supermärkte auf das Angebot aus und welche Rolle spielt dabei die Werbung? Die Nachfrage bestimmt doch das Angebot – oder?

Endstation Schlaraffenland

Die Vorstellung von einem erfüllten, *guten Leben* war über viele Epochen hinweg eng mit dem Wunsch nach ausreichend Essen verknüpft. Der Traum vom Schlaraffenland drückt sich beispielsweise in volkstümlichen metaphorischen Bildern wie dem *Land, in dem Milch und Honig fließen* oder wo *fertig gegrillte Hähnchen den Bewohnern direkt in den Mund fliegen*, aus. In diesen Utopien, wie auch in dem Gedicht auf der linken Seite von Hans Sachs aus dem Jahr 1530, stehen Sättigung und erfülltes Wohlergehen durch reichlich Essen im Mittelpunkt. Überfluss und Wohlstand als Privilegien von wenigen sind abgeschafft.[1] Diese Vorstellungen finden sich von der Antike bis zur Neuzeit, in europäischen Kulturen genauso wie in afrikanischen, babylonischen und indischen Urzeitmythen sowie im altchinesischen Volksdaoismus.[2] Auch in der christlichen Vorstellung vom Paradies spielt die mühelose Sättigung eine zentrale Rolle.³ Bis in das letzte Jahrhundert hinein blieb die Sehnsucht nach dem *Schlaraffenland* eine Utopie. Seitdem ist sie für den durchschnittlichen Einwohner der westlichen Industrieländer aber zur Realität geworden. Essen ist inzwischen zu jeder Zeit in beliebiger Menge und enormer Vielfalt vorhanden, und noch nie in der Geschichte war es für eine so große Zahl an Menschen so erschwinglich, schnell und unkompliziert verfügbar.⁴ Trotzdem leiden laut *World Food Programme* weltweit 795 Millionen Menschen auf der Welt an Hunger. 93 Prozent dieser Menschen leben in Asien oder Afrika.⁵

Von Supermärkten und Marken

Durch den Übergang zum Massenkonsum in der zweiten Hälfte des 20. Jahrhunderts entstand in den westlichen Industriegesellschaften nicht nur ein Massenmarkt für Haushaltsgeräte, Fernseher und Autos, sondern auch für Nahrungsmittel. Essen wurde mehr und mehr zum Konsumgut, und das Angebot an Lebensmitteln wuchs stetig.⁶ Mit dem Konzept des Supermarkts verbreitete sich eine neue Vertriebsform, die den Lebensmitteleinzelhandel grundlegend veränderte und eine neue Form der Massendistribution für Massengüter schuf. Zuerst wurde das Prinzip der Selbstbedienung als neue Verkaufsstrategie in den USA im Jahr 1916 eingeführt und machte es möglich, Waren günstiger anzubieten. Während der Weltwirtschaftskrise eröffnete 1930 dann der erste *King Cullen Store* in Long Island, der damit warb, »*The Worlds Greatest Price Breaker*« (*der weltgrößte Preisbrecher*) zu sein. Das Prinzip Supermarkt, das sich von den alten Selbstbedienungsläden vor allem durch eine größere Verkaufsfläche und ein reichhaltigeres Sortiment unterschied, war geboren. Weil das Vollsortiment neben Obst- und Gemüse auch Back- und Fleischwaren sowie Drogerieartikel bot, setzte sich mit ihm auch das *One-stop-Shopping* durch. In den USA wurden in den 1950er Jahren bereits 50 Prozent des Lebensmitteleinzelhandels durch Supermärkte abgedeckt.⁷ In Deutschland verbreitete sich das neue Supermarktprinzip erst im Laufe der 1950er Jahre flächendeckender. In der ersten Hälfte der 1960er Jahre überholte dann auch hier der Umsatz von Selbstbedienungsläden den von Läden mit traditioneller Bedienung.⁸ Die Selbstbedienung und der Supermarkt veränderten das Einkaufen radikal. Wurden die Waren zuvor von einem Verkäufer in persönlicher Bedienung abgewogen und häufig auch in mitgebrachte Gefäße verpackt, kam durch die Einführung der Selbstbedienung nun der optischen Aufmachung der Verpackung von Artikeln eine ungleich größere Rolle zu als im Bediengeschäft, weil sie es war, die zum Kunden *sprechen* musste. Auch die Rolle von Markenartikeln gewann damit eine zunehmend wichtigere Rolle.⁹

Bereits vor dem Durchbruch der Supermärkte war es durch die von der Industrialisierung geschaffene anonymisierte Beziehung zwischen Konsument und Produzent für einen Kunden schwierig, die Qualität der immer weiträumiger vertriebenen Waren zu beurteilen. Vor allem im Bereich der Lebensmittel wurde die Güte damit zu einer wichtigen Frage. Denn häufig waren industriell hergestellte Produkte verdorben oder durch Zusatzstoffe gesundheitsgefährdend. Als Antwort auf dieses Problem führten Hersteller bereits zum Ende des 19. Jahrhunderts verstärkt Markenzeichen ein, durch die sie mit ihrem Namen für die Qualität der Produkte bürgten und die Beziehung zum Kunden auf eine neue Vertrauensbasis zu stellen versuchten, indem Qualität, Menge und Preis garantiert waren. Die Warenkenntnis des Kunden wurde so zunehmend von der Markenkenntnis abgelöst, und der Zusammenhang von Qualität und Marke setzte sich immer stärker in den Köpfen fest. Um den Vorteil des Markenprodukts herauszustellen, wurde ein umfangreiches Marketing nötig, das über echte oder *vermeintlich echte* Produktvorteile informierte. Marken und Werbung waren also untrennbar gekoppelt,¹⁰ die Entstehung der Werbewirtschaft und die Verbreitung des Markenartikels gingen Hand in Hand. Wurde Werbung zunächst in Zeitungen und Zeitschriften inseriert und an Hauptverkehrsstraßen plakatiert, verbreitete sie sich später zunehmend auch über Radio- und Fernsehspots.¹¹ Die Nachfrage nach den aufwendig beworbenen, teureren Markenprodukten stieg mehr und mehr.¹²

Vom lokalen Kaufmannsladen zum globalen Konzern

Seit Beginn der 1980er Jahre fand ein erneuter tiefgreifender struktureller Wandel des Einzelhandels statt. Große filialisierte Einzelhandelsunternehmen begannen kleine inhabergeführte Unternehmen zunehmend zu verdrängen oder in große Einkaufskooperationen wie z. B. *Edeka* aufzunehmen. Wurden 1980 noch 81 Prozent aller Lebensmittelgeschäfte selbständig geführt, waren es bereits 1993 nur noch 68 Prozent.[13]

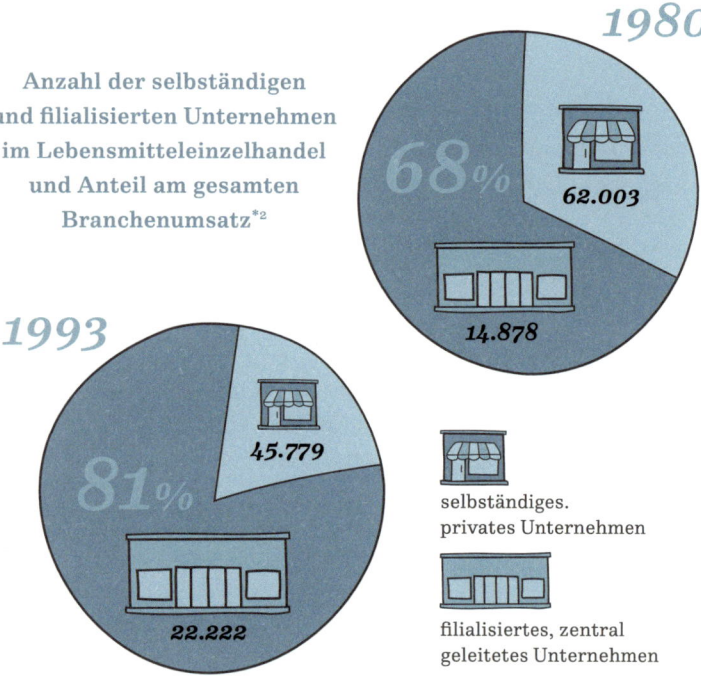

Anzahl der selbständigen und filialisierten Unternehmen im Lebensmitteleinzelhandel und Anteil am gesamten Branchenumsatz[*2]

Diese Filialgeschäfte mit zentraler Systemleitung besitzen gegenüber den kleineren Geschäften einen entscheidenden Größenvorteil, der sich vor allem in der Verhandlungsposition gegenüber den Herstellern bemerkbar macht, die ihre Absatzkonzepte mit der Zeit fast ausschließlich auf die großen Bezugsmengen der Supermärkte ausgerichtet haben. Durch hohe Abnahmemengen ist es großen Einzelhandelsunternehmen nicht nur möglich, Waren zu einem günstigeren Preis zu beziehen, sondern diese auch entsprechend günstig anzubieten, was ihnen einen bedeutenden Wettbewerbsvorteil verschafft.[14] Gleichzeitig führt das Volumen natürlich auch dazu, dass Supermärkte eine Nachfragemacht gegenüber den Herstellern gewinnen. Durch Konzentrationsprozesse in der Supermarktlandschaft auf heute fünf große Unternehmen, die rund 74 Prozent aller Umsätze auf sich vereinen[15], sind die Hersteller auf diese großen Ketten als Abnehmer angewiesen, wobei kleine und mittlere Unternehmen der Nahrungsmittelwirtschaft wiederum eine ungüns-

tigere Verhandlungsposition besitzen als die großen umsatzstarken Markenartikelhersteller, die zudem über umfangreiche Produkt- und Kommunikationsstrategien verfügen.[16] Zwei dieser großen Fünf sind Discounter. Mit der Eröffnung der ersten Filiale der Gebrüder Albrecht im Jahr 1962 wurde durch das *Aldi-Prinzip* der Kampf um den besonders niedrigen Preis im Lebensmitteleinzelhandel eröffnet. Ende der 1980er Jahre besaßen Discounter wie *Aldi* oder *Lidl* einen Marktanteil von 20 Prozent, heute sind es bereits 27 Prozent. Dabei kann *Aldi* inzwischen allein 50 Prozent des gesamten Umsatzes mit Frischfleisch in Deutschland und 15 bis 20 Prozent des Verkaufs von Frischmilch für sich verbuchen.[17] Dementsprechend groß ist der Konkurrenzkampf zwischen den Discountern und anderen Supermärkten. Denn für 70 Prozent der Einkaufenden ist bei der Wahl der Einkaufsstätte der Preis das wichtigste Kriterium. Auf Platz fünf sind bei der Wahl des Supermarkts regelmäßige attraktive Sonderangebote für 58 Prozent der Frauen und 63 Prozent der Männer entscheidend.[18]

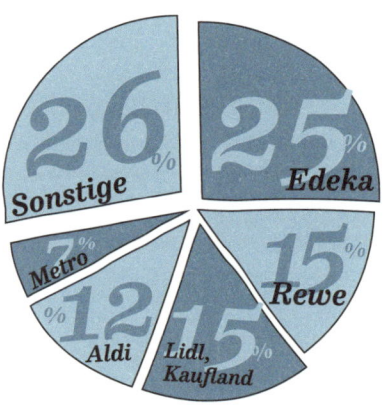

Marktanteile der fünf größten Supermärkte in Deutschland[*3]

Heute ist der Lebensmitteleinzelhandel »*zum einflussreichen Weichensteller geworden*«[19], der entscheidet, welche Lebensmittel welcher Lieferanten in die Regale gelangen. Dabei fällt die Entscheidung meist auf die günstigeren Massenartikel großer Lebensmittelhersteller. Da der Preis eines Lebensmittels sowohl für Hersteller, Einzelhandel als auch für die Konsumenten die entscheidende Rolle spielt, wird entlang der gesamten globalen Wertschöpfungskette (siehe Seite 19) in Richtung der Erzeuger – der Landwirte – ein großer Druck aufgebaut.[20] Aber auch die multinationalen Lebensmittelkonzerne bekommen diesen Druck durch die ebenfalls global agierenden Supermarktketten zu spüren, sodass sie angesichts der eingeschränkten Konkurrenzsituation und bei weitgehend gesättigten Märkten in den westlichen Industrieländern versuchen, neue Absatzmärkte in anderen Länder zu erschließen.[21] Außerdem gelingt es dem Lebensmitteleinzelhandel, durch gezielte Nachfrage zunehmend Einfluss auch auf die Lebensmittelproduktion selbst zu nehmen und seinerseits neue Lieferketten in andere Länder zu etablieren. Bei diesen *anderen* Ländern handelt es sich zumeist um Länder des globalen Südens.[22] Durch die Globalisierung der Produktions- und Vertriebsstrukturen wird heute »*die ganze Welt als Objekt und Ressource [genutzt]. Wegen der in vielen Fällen kaum noch ins Gewicht fallenden niedrigen Transportkosten werden Rohstoffe, Halbfertigprodukte und Konsumgüter um den halben Erdball gehandelt. Global agierende Unternehmen betrachten die Welt als ihre Werkstatt und Verkaufsraum. Von den Feldern und Weiden überall auf der Welt kommend, landet die Nahrung auf den Tischen der Verbraucher.*«[23]

Bunte Markenwelt

Mit dem Markenartikel vollzog sich ein Wandel des Konsums von der Bedarfsdeckung zur Bedarfsweckung. Schließlich stellt ein Markenartikel nicht nur das nachgefragte Produkt bereit, sondern schafft auch Verlockungen, macht das Versprechen einer Bedürfnisbefriedigung durch eine bestimmte Ware und versucht gleichzeitig, weiteren Bedarf auszulösen. Kennzeichnend für Lebensmittelwerbung ist dabei meistens nicht die Herausstellung des Gebrauchswerts einer Ware, sondern vor allem deren Ausstattung mit einem Image.[24] Und nicht selten wird dabei das erzeugte Image, das lediglich zum Zweck des Verkaufs geschaffen wurde und nichts oder nur wenig mit dem tatsächlichen Gebrauchswert zu tun hat, selbst zum Gebrauchswert der Ware.[25] Ein gutes Beispiel dafür sind Frühstücksflocken. In den USA kamen um die Wende zum 20. Jahrhundert unzählige Frühstücksflocken aus Mais- oder Getreidebasis auf den Markt. Vorbild dafür waren die heute noch bekannten *Kellogg's Cornflakes*, die als neuartiges, gesundes Produkt beworben wurden. Bei den aufwendigen Werbekampagnen wie etwa für die *Post's Grape-Nuts* ging es allerdings weniger um Informationen als um bestimmte Vorstellungswelten. Die Grape-Nuts enthielten nämlich weder Weintrauben noch Nüsse, sondern bestanden aus Weizenmehl. Und obwohl solche Frühstücksflocken ausgesprochen zuckerhaltig sind, verwendeten die Unternehmen als Verkaufsargumente »*die Gesundheit ihrer Produkte, durch wenig seriöse Hinweise auf die Herkunft aus dem Sanatorium und angebliche physiologische Wirkungen, die Bequemlichkeit der Zubereitung (Convenience) und deren Hygiene*«[26]. Der Cerealien-Industrie gelang es so, einen Trend zu schaffen: Laut der Statistiken verzehrte jeder zweite US-Amerikaner in den 1950er Jahren beim Frühstück eines dieser Produkte.[27] Die Strategie von damals ist bis heute unverändert geblieben. In einem Supermarkt stehen bis zu 50 verschiedene Frühstücksflocken von einer Handvoll Herstellern, die Auswahl ist scheinbar grenzenlos: Es gibt Cerealien in bunten Farben wie rosa, grün-orange, violett oder verschiedenen Brauntönen und in diversen Formen als Flocken, Kügelchen, Ringe, Kissen oder Kekse, daneben die vermeintlich gesünderen Müslimischungen mit Beeren, Nüssen oder Schokolade, usw. Das Aussehen der Packungen ist dabei allerdings vielfältiger als der Inhalt. Abgesehen von den häufig ebenfalls zuckerhaltigen Müslimischungen handelt es sich bei den Cerealien wahlweise entweder um Mais, Reis oder Weizen versetzt mit Zucker, Glukosesirup und je nach Erscheinungsbild oder Gesundheitsversprechen gewissen Zusatzstoffen wie Farbstoffen, Aromen oder Vitaminen.[28] Das Beispiel der Frühstücksflocken zeigt letztlich zweierlei: Zum einen verdeutlicht es, wie Produkte, die zum größten Teil aus den gleichen Inhaltsstoffen bestehen, ausschließlich durch Marketing einen eigenen Charakter bekommen und auf diese Weise unterschiedliche Zielgruppen ansprechen. Zum anderen wird deutlich, wie aus günstigen Rohstoffen unter Zuhilfenahme von reichlich Zucker, Lebensmitteltechnik und -chemie eine Vielzahl vermeintlich gesunder und natürlicher Produkte geschaffen wird, die durch marketinggetriebene Differenzierung den Markt vergrößern.

Interpretationssache

Für eine industrielle Massenproduktion müssen Waren vor allem drei Kriterien erfüllen: Erstens müssen sie effizient herzustellen sein, was den Einsatz von

Handarbeit in den meisten Fällen ausschließt und die Standardisierung der Ware voraussetzt. Zweitens müssen die Rohstoffe günstig sein und dürfen drittens nur eine kurze Produktionszeit haben.[29] Das hat zwangsläufig Folgen für die optische Erscheinung einer Ware, die wiederum Strategien erforderlich macht, um durch »*zusätzlich produzierten Schein die Veränderung zu überdecken oder zu kompensieren*«[30]. Der verstärkte Einsatz von technisch-industriellen Prozessen bei der Herstellung von Lebensmitteln führte dazu, dass herkömmliche Lebensmittel entweder mit neuen Verfahren hergestellt wurden oder wie im Falle der Frühstücksflocken zunehmend neuartige Produkte auf den Markt kamen. Eine Vielzahl von Zusatzstoffen wie beispielsweise Konservierungs-, Farb- und Aromastoffe, Geschmacksverstärker, Verdickungsmittel, Emulgatoren, Antioxidantien und Geliermittel hielten Einzug und waren zugleich Ursache und Resultat der verwendeten Technik.[31] Im ausgehenden 19. Jahrhundert bestanden nur wenige Vorschriften hinsichtlich der Verwendung solcher zugesetzter Stoffe, sodass auch Stoffe mit gesundheitsschädlicher Wirkung zum Einsatz kamen. Richtlinien für die Hersteller brachten schließlich neue Lebensmittelgesetze: »*Nach dem Reichsgesetz vom 14. Mai 1879 war es verboten, gesundheitsschädliche Nahrungsmittel herzustellen und zu vertreiben, Nahrungsmittel unter dem Vorsatz der Täuschung nachzumachen oder zu verfälschen und schließlich verdorbene, nachgemachte oder verfälschte Nahrungsmittel zu verkaufen.*«[32] Heute besagt Paragraph 11 des Lebensmittel- und Futtermittelgesetzbuchs (LFGB), dass es verboten ist, Lebensmittel unter irreführender Bezeichnung oder Aufmachung gewerbsmäßig in den Verkehr zu bringen.[33] Jedoch nutzen die Hersteller häufig geschickte Formulierungen, um die Gesetze zu ihren Gunsten auszulegen. So werden nicht geschützte Bezeichnungen wie *gesund* und *natürlich* verwendet und geben ein Gesundheitsversprechen, das freilich das Gegenteil auslöst: In zu großer Menge genossen führen die so beworbenen Produkte zu Übergewicht und den dadurch hervorgerufenen Krankheiten. So enthält beispielsweise ein Schokoriegel für Kinder laut Verpackung eine *Extraportion Milch*, womit ein positiver Effekt durch die Aufnahme von Calcium suggeriert wird. Um allerdings den Tagesbedarf an diesem Mineralstoff zu decken, müsste ein Kind 13 Riegel verspeisen, was wiederum dem Verzehr von 38 Stück Würfelzucker und fast eines halben Pakets Butter entspräche.[34] Ebenso irreführend ist die Bezeichnung *natürliches Aroma*. Bei einem Erdbeerjoghurt sollte man annehmen, dass das gewonnene Aroma von frischen Erdbeeren stammt. Jedoch bedeutet die Formulierung lediglich, dass das Aroma aus *irgendeinem* natürlichen Stoff gewonnen wird. Im Falle des Erdbeeraromas wird er aus bestimmten Schimmelpilzen hergestellt, die auf einer gewissen australischen Holzart wachsen.[35]

Diese Beispiele sind nur ein kleiner Ausschnitt aus der kreativen Verwendung von Begriffen im Marketing. Die Liste ließe sich fast endlos weiterführen. Deutlich wird aber, dass Werbung und die industrielle Produktion von Nahrungsmitteln auch an dieser Stelle zusammenfinden: Die geschaffene Bildwelt, das Image rund um das Produkt, das aufgrund seiner Produktionsweise mit dem ursprünglichen Lebensmittel nicht mehr viel gemeinsam hat, wird durch Lebensmittelchemie in eine Form gebracht, die an das herkömmliche Produkt erinnert, und landet dann im Supermarktregal. Dort wirbt es neben zahlreichen gleichartigen Produkten durch seine Verpackung um die Aufmerksamkeit des Kunden. Der eigentliche Produktionskontext oder die Herkunft ist nicht mehr oder nur noch schwer ersichtlich. Denn wer würde schon Milch oder Fleisch aus Massentierhaltung kaufen, wenn die Verpackung etwas von den Umständen der Produktion verriete und nicht ein Landidyll zeigte? Das Motiv der Natur spielt nicht umsonst bereits seit dem späten 19. Jahrhundert die Hauptrolle, wenn es um die Konkurrenz zwischen traditionell-*natürlich* und industriell hergestellten *künstlichen* Produkten geht.[36] Dass natürliches Erdbeeraroma nichts mit Erdbeeren zu tun hat, weiß allerdings nur derjenige, der sich bewusst mit diesen Zusammenhängen auseinandersetzt.

Jetzt neu!

Auf einem mehr oder weniger gesättigten Markt, wie er in den Industrieländern gegeben ist, muss die Nachfrage nach einem bestimmten Produkt durch gezielt eingesetztes Marketing aufrechterhalten oder eine neue Nachfragesituation geschaffen werden. Maßgeblich für die Hersteller von Lebensmitteln sind dafür Konsumforschungen, die gewisse Trends in der Gesellschaft aufgreifen und zu ihren Gunsten

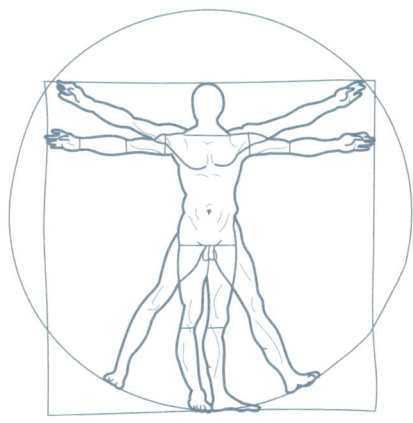

Der Wandel vom Produktionskörper zum Konsumkörper

und die Freiheit zum immer Gleichen

Bis zum Zweiten Weltkrieg war es nur einer Minderheit der deutschen Bevölkerung, die aus Selbständigen, Facharbeitern, Angestellten und Beamten bestand, möglich, in nennenswertem Umfang über die Grundbedürfnisse Ernährung, Bekleidung und Wohnen hinaus Waren zu konsumieren. Vor dem Ersten Weltkrieg belief sich das verfügbare Budget für Konsumausgaben bei Arbeitern gerade einmal auf zwölf Prozent des Einkommens. In der Nachkriegszeit stieg es bis 1975 in der Bundesrepublik auf 40 Prozent an, was vor allem an den stetig sinkenden Ausgaben für Lebensmittel bei gleichzeitig steigenden Reallöhnen lag. Somit stand erstmals eine relevante Menge des Einkommens für Anschaffungen, Freizeit und Bildung auch den Menschen mit geringerem Einkommen zur Verfügung.[*4] Ein wichtiger Faktor für die Ausbildung einer Konsumgesellschaft ist neben dem Einkommen die Freizeit. Durch reduzierte Arbeitszeiten entsteht mehr Freizeit – Zeit für die Teilnahme am Konsum. Lag die Wochenarbeitszeit Mitte der 1950er Jahre noch bei 48 Stunden, reduzierte sie sich bis in die 1980er Jahre auf eine 40-Stunden-Woche.[*5] Zudem wurde nicht nur der Samstag für immer mehr Arbeitnehmer zu einem freien Tag, sondern mit Beginn der 1960er Jahre wurde auch der Anspruch auf bis zu drei Wochen Urlaub jährlich gesetzlich festgehalten.[*6] Steigende Einkommen und Freizeit haben die Struktur des Konsums vollständig umgestaltet, und die Industrialisierung der Nahrungsmittelproduktion hat in Verbindung mit dem Wohlstandswachstum zu einer größeren Vielfalt und zu einer Verbilligung des Konsums geführt. Essen dient heute nicht allein der Beseitigung des Hungers – ein Grundbedürfniss –, sondern ebenso der Befriedigung des Appetits. Bestand bis weit ins 20. Jahrhundert hinein für viele Menschen in den westlichen Ländern noch die Gefahr, den Hungertod zu sterben, so hat sich die Gefahr heute umgekehrt: Nicht wenige Menschen essen sich zu Tode.[*7] Der Preis für das vermeintliche Schlaraffenland ist hoch. Durch Übergewicht verursachte sogenannte Zivilisations- oder Wohlstandskrankheiten wie Diabetes und Herz-Kreislauferkrankungen verbreiten sich in allen »Fast-Foodnationen«[*8]. Aber wie ist diese Entwicklung trotz aller herrschenden Schlankheitsideale zu erklären? Durch den Wandel von einer Produktions- zu einer Konsumgesellschaft »verkörpern die Fettleibigen unserer Zeit nicht die Abweichung von der Norm, sondern ganz im Gegenteil deren Überanpassung: [...] Nur von dem bereitwilligen Selbstopfer, alles zu schlucken, was uns das kapitalistische Schlaraffenland an üppigem Speiseangebot und verzehrfertigen Leckereien vorsetzt, kann sich ein ökonomisches System am Leben erhalten, das vom unersättlichen Konsum der Massen profitiert.«[*9] Der funktionstüchtige, arbeitsame und gefügige Körper als Ideal des 18. und 19. Jahrhunderts, der zu Zeiten der Industrialisierung benötigt wurde,[*10] ist in der Gesellschaft der Überproduktion durch einen gehorsam konsumierenden Körper ersetzt worden.[*11] Im »Konsum als Kennzeichen der Moderne«[*12] wird nicht mehr der Gebrauchswert von Waren erworben, sondern das auf den Verpackungen gegebene Warenversprechen.[*13] Die Kulturkritiker Max Horkheimer und Theodor Adorno stellten in ihrem Aufsatz »Kulturindustrie – Aufklärung als Massenbetrug« in den 1940er Jahren die Diagnose eines durch kommerzielle Massenmedien verursachten ästhetischen Massenkonsums, die sich ebenso auf den Massenkonsum von Lebensmitteln übertragen lässt. Massengüter zeichnen sich durch ihre Standardisierung aus, durch die gleichförmige Bedürfnisse immer wieder geschaffen und von Neuem befriedigt werden.[*14] In diesem »Zirkel von Manipulation und rückwirkendem Bedürfnis«[*15] bleibt dem Konsumenten in der »Freiheit zum Immergleichen«[*16] nur eine scheinbare Auswahl.[*17] Während die Branche einerseits einem großen Innovationsdruck unterliegt, reproduziert sie ihre Güter andererseits doch immer nach denselben Gesetzmäßigkeiten.[*18] Der Werbung kommt dabei als Mittler zwischen Konsument und Unternehmen eine entscheidende Rolle zu. Nur wer sich Werbung leisten kann, kann am Markt teilnehmen und wird wahrgenommen.[*19]

Für die Tonne

Verschwendung als Symptom der Konsumgesellschaft

Charakteristisch für eine Wohlstandsgesellschaft sind sogenannte Wegwerfprodukte. Statt Gebrauchsgegenstände zu reparieren, werden sie entsorgt und durch neue ersetzt. In seinem konsumkritischen Werk »Haben oder Sein« pointierte der Sozialpsychologe Erich Fromm dies 1976 mit der knappen Formel: »Heute kauft man, um wegzuwerfen.«[20] Ein zentrales Element der industriellen Massenproduktion ist Wachstum. Bei weitgehend gesättigten Märkten, wie es sie in den westlichen Industrieländern in vielen Bereichen gibt, kommt es indes schnell zur Überproduktion. Das gilt auch für die Land- und Lebensmittelwirtschaft. Nahrungsmittel werden deshalb in einem kaum vorstellbaren Ausmaß entsorgt. Man unterscheidet dabei zwischen zwei Arten von Nahrungsmittelverlusten: einerseits solchen, die bereits am Beginn der Kette zwischen Landwirt und Verarbeiter bis zum Vermarkter auf der Ebene des Großhandels entstehen. Dazu gehören witterungsbedingte Verluste genauso wie Ernteverluste, Verluste durch unsachgemäße Lagerung sowie solche beim Schlachten und Zerlegen von Tieren. Die andere Art der Nahrungsmittelverluste setzt sich am Ende der Verwertungskette beim Verbraucher fort und beinhaltet solche Verluste, die der Einzelhandel, die Gastronomie und private Haushalte produzieren: also das Wegwerfen von entweder noch verzehrfähigen Lebensmitteln, z. B. wegen eines falsch gedeuteten Mindesthaltbarkeitsdatums oder tatsächlich verdorbene Lebensmittel wegen falschen Einkaufs. Hinzuzurechnen sind selbstverständlich auch verarbeitungsbedingte Abfälle wie Knochen und Schalen. Schätzungen zufolge belaufen sich Nahrungsmittelverluste, die durch den Konsumenten verursacht werden, auf 50 bis 70 Prozent der Produktion. Davon wäre ein Großteil vermeidbar. Jährlich werden so pro Kopf in Deutschland vom Endverbraucher mehr als 80 Kilogramm Lebensmittel weggeworfen.[21]

verstärken. Neben dem Boom von vegetarischen bzw. veganen Lebensmitteln und laktose- oder glutenfreien Produkten wird derzeit auch der Markt für *Functional Food*, das entweder von Natur aus große Mengen eines Inhaltsstoffs besitzt oder mit Nährstoffen angereichert wird und mit dem Hinweis auf einen positiven gesundheitlichen Effekt beworben wird, immer größer. Die erste groß angelegte Kampagne für Functional Food ging Mitte der 1990er Jahre von *Nestlé* aus: Der *LC1 Joghurt* soll sich mit seinen probiotischen Milchsäurebakterien laut der Werbung positiv auf die Darmflora auswirken. Kurz darauf brachte der Konkurrent *Danone* den Trinkjoghurt *Actimel* auf den Markt, der bekanntlich die Abwehrkräfte aktivieren soll. Nachweislich besitzt Actimel keinen größeren Effekt auf die Gesundheit als Naturjoghurt, dafür aber eine große Menge Zucker. Der Preis liegt indes bis zu viermal höher als jener der mit weniger Zusatzstoffen belasteten Alternative. Die zusätzliche Funktion, die funktionale Lebensmittel

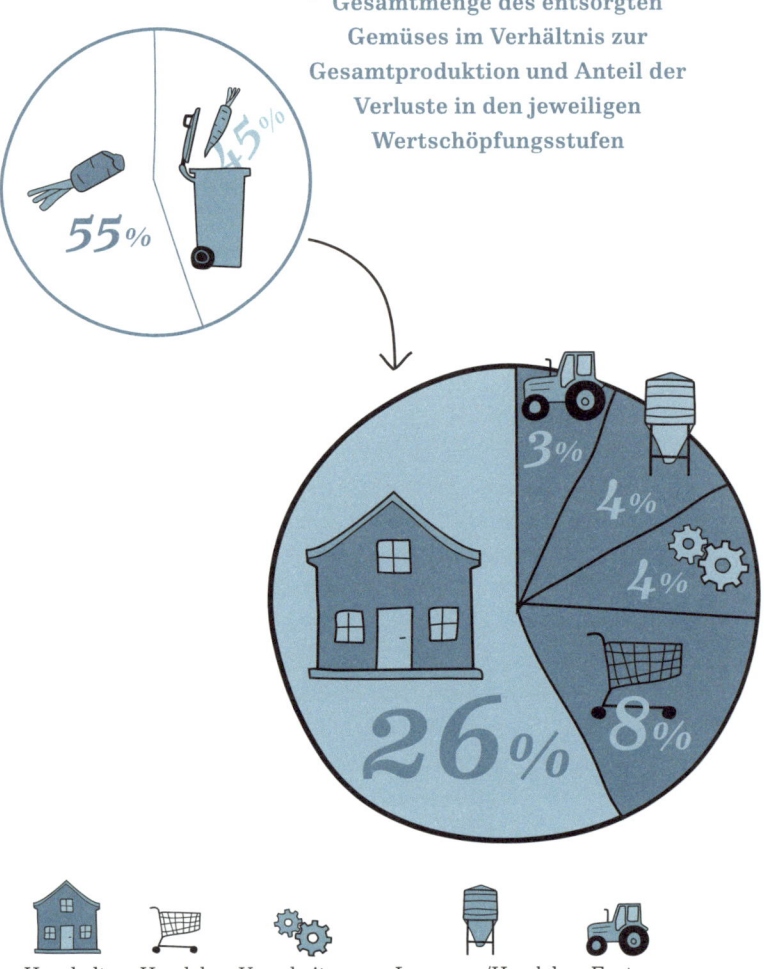

Gesamtmenge des entsorgten Gemüses im Verhältnis zur Gesamtproduktion und Anteil der Verluste in den jeweiligen Wertschöpfungsstufen

Haushalt · Handel · Verarbeitung · Lagerung/Handel · Ernte

besitzen sollen, ist allerdings in den seltensten Fällen wissenschaftlich ausreichend belegt. Weil solche Strategien von den Konsumenten trotzdem angenommen werden, ist Functional Food heute eines der letzten großen Wachstumsfelder im Ernährungsbereich.[37] In den Supermärkten findet sich, ausgelöst durch einen medialen Hype auf allen Kanälen, seit etwa 2014 sogenanntes *Superfood*. Chiasamen beispielsweise, die reich an Calcium sind, verzeichneten im Jahr 2013 mit einem Verkauf von insgesamt 20 Kilogramm einen Umsatz von 520 Euro. 2015, ein Jahr nach Beginn dieses Trends, lag der Umsatz in Deutschland bereits bei 10,9 Millionen Euro für 663,8 verkaufte Tonnen der importieren Samen, die in etwa den gleichen gesundheitlichen Effekt haben wie einheimische Leinsamen.[38]

Macht der Konsumenten

Es hat sich gezeigt, dass Supermärkte das mächtigste Glied in der Wertschöpfungskette bilden. Sie sind in der Lage zu entscheiden, was in ihre Regale, also letztendlich auf die Teller der Verbraucher kommt. Aber der Lebensmitteleinzelhandel besitzt nicht nur eine Angebotsmacht gegenüber den Konsumenten, sondern vor allem auch eine große Nachfragemacht gegenüber den Produzenten. Entsprechend produziert die Industrie Lebensmittel hauptsächlich nach ökonomischen Gesichtspunkten und mit industrieller Technik, was sowohl die Verwendung einer Reihe von Zusatzstoffen notwendig macht, als auch die Herstellung gewisser Produkte ausschließt. Durch Marketing mit einem Image versehen, werden die industriellen Massenwaren dann zum Zweck der Gewinnmaximierung unter die Käufer gebracht. Produktionsfaktoren wie Umweltverträglichkeit, die Arbeitsbedingungen der Produzenten oder gesundheitliche Konsequenzen, die sich für die Konsumenten aus vermeintlich gesunden Lebensmitteln ergeben, spielen dagegen so lange keine Rolle, wie die Käufer der Produkte nicht aktiv und konsequent Veränderungen fordern.

Der Philosoph und Kulturwissenschaftler Harald Lemke, der sich umfassend mit dem Thema *Ernährungsethik* und *Gastrosophie** beschäftigt, bezeichnet den täglichen Einkauf deshalb als politische Aktion. Indem wir uns bewusst für das eine und gegen das andere Produkt entscheiden, können wir auf lange Sicht einen Beitrag leisten, um das bestehende System, das bisher nur unzureichend soziale oder ökologische Fragen zu stellen erlaubt, zu beeinflussen.[39] Dass Konsumenten trotz der großen Macht der Agrar- und Lebensmittelindustrie Einfluss ausüben können, hat das Beispiel der Kennzeichnungspflicht für Eier gezeigt. 2004 führte die EU einen Code ein, der den Ursprung von Eiern und damit die Bedingungen ihrer Produktion nachvollziehbar macht. Seitdem hat sich die Zahl der verkauften Bio-Eier von 2004 rund 270 Millionen Stück auf 565 Millionen verkaufte Bio-Eier im Jahr 2009 mehr als verdoppelt.[40]

---

*Die Gastrosophie vereint verschiedene natur-, kultur- und geisteswissenschaftliche Disziplinen, wobei die kulturwissenschaftliche Erforschung von Ernährung und Gesellschaft entlang der Wertschöpfungskette im Vordergrund steht. Als wissenschaftliches Lehrfach ist sie ein Nischenfach, einer ihrer bekanntesten Vertreter ist Harald Lemke.

Globale Zusammenhänge
Kartoffeln aus Peru

Versteckter Hunger
Satt – und trotzdem nicht ausreichend versorgt

Viele Menschen in den Ländern des globalen Südens ernähren sich überwiegend von Reis, Mais, Hirse oder einem ähnlichen Grundnahrungsmittel. Im besten Fall beziehen sie daraus zwar genügend Nahrungsenergie, jedoch nicht das notwendige Spektrum an Vitaminen, Mineralstoffen und Spurenelementen. Die Folge dieses versteckten Hungers sind langfristige Schäden, da Vitamin- und Mineralstoffmängel die körperliche und geistige Leistungsfähigkeit einschränken. Die vermutlich bekanntesten Formen der Mangelernährung sind der durch einen Mangel an Vitamin C hervorgerufene Skorbut oder die mit Vitamin-D-Mangel verbundene Rachitis. Aber auch ein Defizit an Eisen, Jod und Vitamin A kann schwere Schäden hervorrufen. Durch Eisenmangel kommt es zu Blutarmut. Jod ist ein wichtiger Bestandteil für den Aufbau lebenswichtiger Schilddrüsenhormone und führt bei Mangel zu einem Kropf. Vitamin A wird für den Aufbau von Körpergewebe und somit besonders in der Wachstumsphase benötigt. Auch für das Immunsystem spielt es eine wichtige Rolle. In Ländern, in denen Hunger herrscht, stellt Vitamin-A-Mangel den häufigsten Vitaminmangel dar und ist ein weit verbreitetes Problem.[*1]

Der Hunger, die Unterernährung und die Armut eines großen Teils der Weltbevölkerung stehen im krassen Gegensatz zu der in den Industrieländern wahr gewordenen Schlaraffenlandutopie. Volle Regale, stets günstige Preise und eine schier unendliche, zum Teil überfordernde Auswahl an Lebensmitteln aus allen Teilen der Welt scheinen für die meisten Menschen genauso normal zu sein wie das Wissen, dass in anderen Teilen der Erde, die scheinbar nichts mit uns zu tun haben, täglich 795 Millionen Menschen an Hunger und den Folgen chronischer Unterernährung leiden. Ein ebenso normales Bild ist inzwischen das Übergewicht von mehr als einem Drittel der deutschen Bevölkerung, während auch weltweit die Zahl der Übergewichtigen stetig steigt. Wie kann es sein, dass diese beiden Parallelwelten existieren, wenn theoretisch doch genügend Nahrung produziert wird und die Produktivität der Landwirtschaft mit Beginn der Grünen Revolution seit den 1960er Jahren immerzu gewachsen ist? Wie ist es möglich, dass bis zu 50 Prozent der Nahrungsmittel in den Supermarktnationen weggeworfen werden, ohne dass bisher Lösungen für dieses Problem gefunden wurden? Was läuft da falsch?

Status quo

Bis Mitte der 1990er Jahre war die Zahl der Hungernden trotz einer wachsenden Weltbevölkerung über Jahrzehnte gesunken. Im Jahr 1996 setzten sich die Staatschefs von 185 Ländern auf dem Welternährungsgipfel in Rom das optimistische Ziel, die Zahl der Hungernden bis 2015 weltweit auf 420 Millionen Menschen zu reduzieren – die Hälfte des damaligen Stands.[1] Das Ziel wurde jedoch weit verfehlt: 2017 lag die Zahl der Hungernden bei 795 Millionen Menschen.[2] Zwischen 2007 und 2010 stieg sie aufgrund von höheren Nahrungsmittelpreisen auf dem Weltmarkt auf fast eine Milliarde Menschen – das entspricht dem Stand von 1990. Grund dafür waren vor allem die Energie- und Finanzkrisen dieser Zeit.³

*Der Begriff Hunger beschreibt im eigentlichen Wortsinn das subjektive Empfinden, das Menschen nach einer gewissen Zeit ohne Nahrung feststellen. In diesem Sinn bedeutet Hunger Nahrungsmangel und ein chronisches Kaloriendefizit, also ein Defizit von Nahrungsenergie, die benötigt wird, um den Mindestenergiebedarf des menschlichen Körpers zu decken. Die Folge von Hunger ist Unterernährung. Unterernährung führt wiederum dazu, dass die Aktivität von Stoffwechselprozessen herabgesetzt wird und somit Nährstoffe nicht angemessen verwertet werden. Im Gegensatz wird von Überernährung gesprochen, wenn die Aufnahme von Nahrungsenergie kontinuierlich den entsprechenden Bedarf des Körpers überschreitet. Sowohl Unter- als auch Überernährung werden als Fehlernährung bezeichnet, wenn also im Vergleich zum Bedarf eine zu hohe oder zu niedrige Menge an Nahrungsenergie aufgenommen wird. Gleichzeitig entsteht versteckter Hunger, wenn zwar eine ausreichende Nahrungsversorgung erfolgt, aber durch einseitige Ernährung ein Mikronährstoffdefizit besteht. Diese Möglichkeit ist sowohl bei Unter- als auch bei Überernährung gegeben.*⁴

Das Gesicht des Hungers

Das Bild des Hungers, das uns die Medien vermitteln, zeigt die Armen und die Hungernden dieser Welt häufig als »*nackte Kinder mit aufgedunsenen Bäuchen und traurigen Augen, eine winzige Portion weiße Reiskörner in hageren schwarzen Händen, ausgemergelte Gestalten mit einem um Hilfe flehenden Lächeln, im Hintergrund stets einfache Lehmhütten und dürres Land*«⁵. Doch die Realität ist vielseitiger. Es wäre falsch anzunehmen, dass sich neben den Menschen, die laut Welthungerhilfe an Hunger leiden, alle übrigen Bewohner der Welt an einen reich gedeckten Tisch setzen können. Die Grenzen des Hungers sind fließend, weltweit gibt es über 2,4 Milliarden Menschen, die an der Hungergrenze leben, darunter vermehrt Kleinbauern und/oder Landarbeiter mit geringem Einkommen.⁶ Insgesamt sind es die auf dem Land lebenden Menschen, die von Armut und Hunger am stärksten betroffen oder bedroht sind. Nur 20 Prozent der hungernden Bevölkerung leben in der Stadt, die anderen 80 Prozent auf dem Land. Bei 50 Prozent der Hungernden auf dem Land wiederum handelt es sich um Kleinbauern, die im Durchschnitt nur 1,6 Hektar Land bewirtschaften.⁷

Das Schicksal dieser Menschen erscheint sehr weit weg, rückt aber in das unmittelbare Lebensumfeld, wenn man die Hauptursachen der Armut betrachtet. Natürlich sind die Gründe für Armut und Hunger vielfältig und unterscheiden sich von Land zu Land, jedoch hängt die unzureichende Versorgungslage vieler Bevölkerungen nicht selten direkt oder indirekt mit der Art und Weise zusammen, wie in den und für die westlichen Industrieländer Rohstoffe und Nahrung produziert werden und wie damit Handel getrieben wird.

Die Ressource Land

»*Die Entwicklung der Transport- und Kühltechnik hat die ganze Welt zum Obstgarten, zum Gemüsebeet und zur Viehkoppel des Verbrauchers gemacht. [...] Die Globalisierung des Lebensmittelmarktes hat das Angebot vergrößert, die Preise reduziert und die Versorgungssicherheit [der Industrieländer] erhöht. Frühre Luxusgüter der Reichen – man denke nur an Gewürze, Kakao und Kaffee – sind heute selbstverständliche Bestandteile des täglichen Nahrungsangebots.*«⁸ Dieser Prozess der *Regionalisierung*, *Nationalisierung* und *Globalisierung* der Nahrungsmittelversorgung wurde vorangetrieben von dem Ziel, möglichst günstige Preise entlang der gesamten Wertschöpfungskette zu erzielen. Nahrungsmittel werden auch heute noch vor allem aus Ländern importiert, in denen die natürlichen, aber auch sozialen Bedingungen wie die Arbeitskosten den Anbau begünstigen.⁹

Globale Konzerne produzieren die Nahrungsmittel und die Rohstoffe für den Konsum in den reichen Industrieländern zu einem nicht unerheblichen Teil in den Ländern des globalen Südens, den ehemals sogenannten Entwicklungsländern. Von dem Geld, das ein peruanischer Arbeiter auf einer Kartoffelfarm als Lohn erhält, ist dieser allerdings trotz harter Arbeit häufig nicht in der Lage, sein Überleben zu sichern.[10] Gleichzeitig kommen ihm die erzeugten Nahrungsmittel nicht zugute, da sie nicht für den lokalen Markt bestimmt sind, sondern für den Export. Ein Problem ist außerdem, dass es in den betreffenden Ländern häufig gar nicht so sehr an Land mangelt, sondern am Zugang zu landwirtschaftlich nutzbaren Flächen. Davon sind Bauern und Landarbeiter gleichermaßen betroffen. Auf der einen Seite haben die oft selbst landlosen Landarbeiter aufgrund ihrer finanziellen Situation keinen Zugang zu Ackerland. Abhängig von Lohnarbeit, müssen sie alle Nahrungsmittel käuflich erwerben, jedoch reicht das geringe Einkommen häufig kaum für die Ernährung. Auf der anderen Seite gibt es die Kleinbauern, die der kommerziellen Aneignung ihres Landes durch große Konzerne schutzlos ausgeliefert sind, ihr fruchtbares Land verlieren und auf weniger fruchtbarem Land wirtschaften müssen, wodurch sie gezwungen sind, als gering bezahlte Landarbeiter ihren Lebensunterhalt zu verdienen oder in die Slums der großen Städte abzuwandern, in denen sie häufig ebenfalls in Armut leben.[11]

Durch den global steigenden Bedarf an Lebensmitteln erhöht sich auch der Bedarf an der Ressource Boden. Um diesen zu gewinnen, werden nicht nur Regenwälder für Acker- oder Weideland abgeholzt, sondern es werden auch vermeintlich ungenutzte Böden von internationalen Investoren zum Teil illegitim oder illegal aufgekauft. Dieses Vorgehen bezeichnet man als *Landraub* oder auf Englisch als *Land Grabbing*. Laut der Deutschen Welthungerhilfe handelt es sich bei der Idee vom ungenutzten Land allerdings um einen Mythos, denn faktisch ist jeder fruchtbare Boden erschlossen und bereits landwirtschaftlich nutzbar gemacht worden. Beispielhaft illustrieren lässt sich dieses Problem an Kambodscha. Dort gibt es zwar tatsächlich ungenutztes Land, das sich allerdings an Extremstandorten wie im Hochgebirge befindet. Wenn dort vermeintlich freies Land an ausländische Investoren verpachtet oder verkauft wurde, dann bedeutete das meist nur, dass die Landrechte nicht festgestellt werden konnten oder nicht festgeschrieben waren, weil bei der gewaltsamen Überführung in den Agrarkommunismus in den 1970er Jahren sämtliche die Eigentumsverhältnisse betreffenden Unterlagen vernichtet wurden. Seit den 1990er Jahren wurden dann Landrechte von der Regierung außerhalb des gesetzlichen Rahmens neu vergeben. Von diesem Land wurden 42 Prozent an ausländische Investoren verkauft und im Zuge dessen mehr als ein Drittel der ländlichen Bevölkerung von ihrem Land vertrieben.[12] Auf den neu erworbenen Ländereien entstehen nun riesige Monokulturen der industriellen Landwirtschaft, wo Kleinbauern zuvor ihr Überleben in Subsistenzlandwirtschaft gesichert hatten. Große international agierende Agrarkonzerne besitzen außerdem mit der Kontrolle über enorme Landflächen auch die Kontrolle über günstige Arbeitskräfte.[13] Sobald dieses Land dann verkauft ist, dient die Fläche nicht mehr der Ernährung der lokalen Bevölkerung, sondern der Produktion für den Export in die Staaten der Investoren oder dem Verkauf auf dem Weltmarkt.[14] Und neben dem Problem des Landraubs resultiert aus den entstehenden Monokulturen ein weiteres soziales Problem: Der hohe Grad an Technisierung, mit dem sie bewirtschaftet werden, macht immer weniger Arbeitskräfte notwendig. Allein in Deutschland stieg die Anzahl der Menschen, die durchschnittlich durch einen Landwirt ernährt werden konnten, von 17 im Jahr 1960 auf 155 Menschen im Jahr 2014 an – ein globaler Trend, der Landarbeiter durch Technisierung überflüssig macht, Kosten spart und vor allem in ärmeren Ländern ohne soziales Sicherungssystem dramatische Auswirkungen für die Versorgung von Menschen hat.[15]

Das Erbe der Grünen Revolution

Aber die Probleme, die mit der Ressource Land verbunden sind, sind nicht die einzigen Gründe für die schlechten Zustände bei der Ernährung der Weltbevölkerung. Aus der Entwicklung der industriellen Hochleistungslandwirtschaft ergeben sich eine Reihe weiterer ökologischer und sozialer Probleme.

Im Zuge der Grünen Revolution wurde ab den 1960er Jahren die regional angepasste, kleinbäuerliche Landwirtschaft durch ein vereinheitlichtes industrielles Landwirtschaftsmodell ersetzt. Ausgehend von den USA wurde die Praxis, Hochertragssorten und Agrarchemikalien mit einem hohen Wasserverbrauch zum Zweck der Produktivitätssteigerung und damit der Ernährungsverbesserung einzusetzen, zunehmend in arme Länder exportiert.[16] Diese Art der Land-

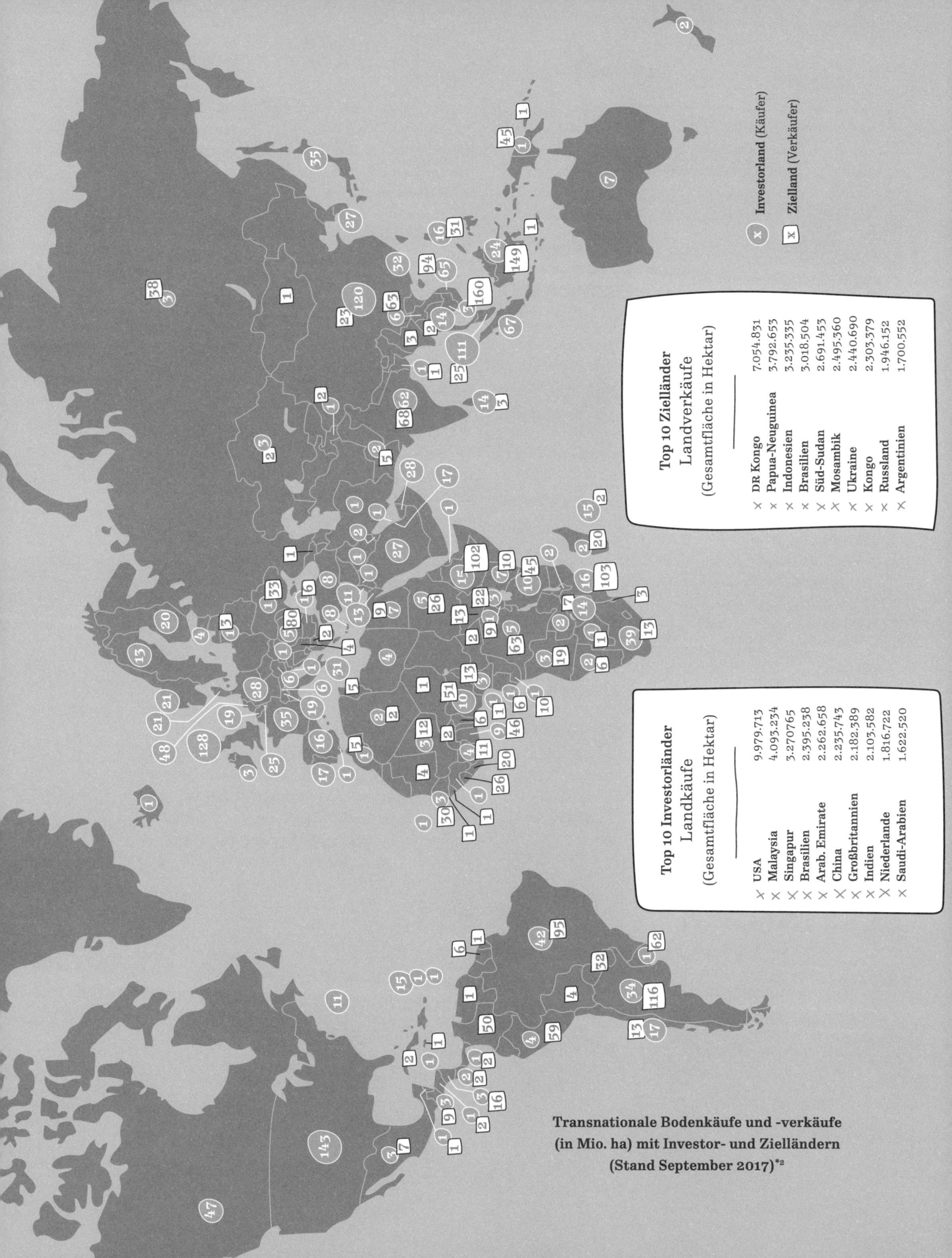

wirtschaft »*hat die Logik natürlicher Systeme verlassen*«[17], weil sie die Bodenfruchtbarkeit zerstört und den Einsatz vieler Chemikalien notwendig macht.[18] Schätzungen zufolge sind zwischen 1950 und 1990 ein Drittel aller fruchtbaren Böden durch *Degradation* als Anbaufläche verloren gegangen.[19]

Bodendegradation, also die dauerhafte und irreversible Veränderung der Bodenbeschaffenheit bis hin zum Verlust der Bodenfruchtbarkeit, hat mehrere Ursachen. Man unterscheidet zwischen physikalischen, chemischen und biologischen Belastungen, die allesamt durch menschliche Einwirkung bedingt sind. Physikalische Bodendegradation entsteht z. B. bei Bodenverdichtung durch Tierherden oder Maschinen. Die chemische Degradation wird u. a. durch den Anbau von Monokulturen und eine intensive Verwendung von Mineraldünger ausgelöst und tritt als Versalzung, Versauerung oder eine Belastung der Böden mit Schwermetallen auf. Die biologische Form, ausgelöst beispielsweise durch die Entkopplung von Zersetzungs- und Produktionsprozessen, kann zu einem Verlust der Artenvielfalt im Boden führen.[20]

Auch die Nutzung von hybridem Saatgut stellt für die Bauern und die Umwelt ein zunehmendes Problem dar (siehe Seite 20). Einheitliche Hochertragssorten verdrängten lokal angepasste Sorten. Das brachte zwar kurzfristig in begrenzten geografischen Räumen eine große Produktionssteigerung, die jedoch aufgrund der Bodendegradation langfristig nicht aufrechterhalten werden konnte. Inzwischen sind die Erträge in etwa einem Drittel der Mais-, Reis-, Weizen- und Sojaanbaugebiete entweder nicht gestiegen oder gesunken.[21] Da Hochertragssorten einen erhöhten Nährstoffbedarf sowie eine gesteigerte Anfälligkeit gegenüber Krankheiten und Schädlingen haben, erfordern sie einen intensiven Einsatz von Agrarchemikalien. Die richtige Anwendung der meist in Kombination angebotenen Technologiepakete erfordert ein umfangreiches Wissen. Durch mangelnde Aufklärung der Bauern jedoch kam es zu schlechten Ernten und gerade in der Anfangsphase immer wieder zu einer starken Überdüngung. Außerdem führt die Anpassung von Schädlingen und Krankheiten an die Pestizide in einen Teufelskreis aus Resistenz und zunehmendem Einsatz von Chemie. Insgesamt resultiert aus dem Einsatz der Chemikalien eine starke Belastung der Gewässer. Durch die Notwendigkeit von intensiver Bewässerung sinkt außerdem der Grundwasserspiegel, da das Wasser schneller verbraucht wird, als es sich regenerieren kann. Das Resultat ist ein zunehmend erschwerter Zugang zu nutzbarem Wasser.[22] Auch in dieser Hinsicht besitzt die Industrie eine starke Lobby. 2008 wurde von der Weltbank beim Weltwirtschaftsforum die *2030 Water Ressources Group* (WRG) ins Leben gerufen. Das Gremium setzt sich vor allem aus Mitgliedern von stark Wasser nutzenden Konzernen wie *Nestlé, PepsiCo, Coca-Cola* und *Dow Chemical* zusammen. Das vorrangige Ziel der WRG ist es – so urteilen Experten –, eine strategische Wasserpolitik in Ländern mit knappen Wasserressourcen wie Bangladesch, Indien, Kenia und Peru zu erreichen, die bei Wasserknappheit die Bewässerung der hoch profitablen Nutzpflanzen bevorzugt. Die Benachteiligung von Kleinbauern, deren

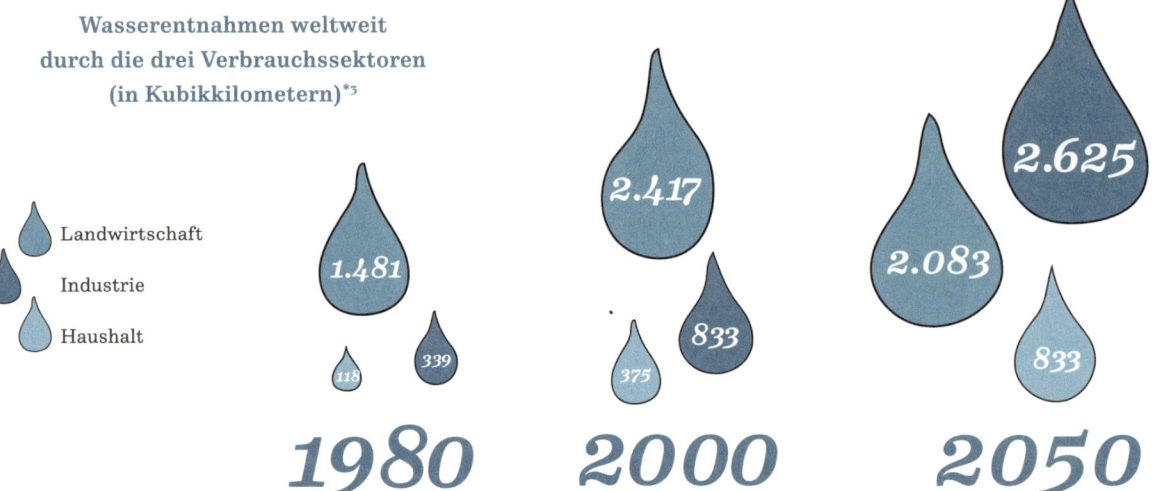

Wasserentnahmen weltweit durch die drei Verbrauchssektoren (in Kubikkilometern)[*3]

Landwirtschaft / Industrie / Haushalt

1980: 1.481 / 339 / 118
2000: 2.417 / 833 / 375
2050: 2.625 / 2.083 / 833

Existenz an der Bewässerung ihrer Felder hängt, liegt auf der Hand.[23]

Neben dem Problem der Verringerung der biologischen Vielfalt, die Auswirkungen auf einzelne Ökosysteme hat, bringt die Verbreitung der Hybridzüchtung Kleinbauern in Abhängigkeit von großen Saatgutkonzernen. Sobald lokal angepasste Sorten gänzlich verloren gehen oder aufgrund veränderter Standortbedingungen nicht mehr angebaut werden können, sind die Bauern gezwungen, ihr Saatgut und die passende Agrarchemie Jahr für Jahr von ebendiesen Konzernen zu beziehen.[24] Verglichen mit dem Preis für Nahrungsmittel ist in den letzten 40 Jahren ein um 250 Prozent höherer Anstieg des Düngerpreises zu verzeichnen. Für kleinbäuerliche Produzenten führt dies häufig in eine Schuldenfalle, weil sie das Geld nicht aus dem Verkauf erwirtschaften können.[25]

Nutzungskonkurrenz

In riesigen Monokulturen werden mit schwerem Gerät wenige ertragreiche Sorten gewinnbringend für den Weltmarkt angebaut. Die dabei eingesetzten Pflanzen wie Mais, Reis und Soja werden daher auch als *Cash Crops (Geld-Pflanzen)* bezeichnet.

Wie die Grafik auf der rechten Seite zeigt, steht der größte Teil der Ernten von landwirtschaftlichen Rohstoffen nicht für die Ernährung zur Verfügung. Von der weltweiten Weizenproduktion etwa werden derzeit nur 35 Prozent als Nahrungsmittel genutzt. Neben der Verwendung von 47 Prozent des Getreides als Tierfutter werden die restlichen 18 Prozent für die industrielle Verwertung verwendet,[26] beispielsweise für Biotreibstoffe. Geeignete Pflanzen dafür sind z. B. Mais, Zuckerrohr und Sojabohnen. Ausgelöst wurde die erweiterte Produktion von Biotreibstoffen durch die Energiepolitik zahlreicher Industrienationen, die auf die Notwendigkeit des Klimaschutzes und die Ölpreiskrise reagierten. Die Folge ist nicht nur eine Nutzungskonkurrenz bei der Verwertung von Pflanzen als Nahrungsmittel, sondern auch der Ressourcenverbrauch in Form von Boden und Wasser. Außerdem befördert die veränderte Landnutzung für Agrartreibstoffe die Entwicklung von Monokulturen und die Abholzung von Regenwäldern.[27] Da die Cash Crops auf dem Weltmarkt gehandelt werden, unterliegen sie starken Preisschwankungen. Für Menschen, die in den Industrienationen 10 bis 12 Prozent ihres Gehalts für Nahrungsmittel ausgeben, macht ein solcher Anstieg einen kaum merklichen Unterschied aus, da sich ihre Ernährung in der Regel nur zu einem kleinen Teil aus unverarbeiteten Rohstoffen speist. Im Wesentlichen konsumieren sie verarbeitete Lebensmittel, an denen der Rohstoffpreis nur einen kleinen Anteil hat. Für Menschen, die am Existenzminimum leben, weil sie z. B. wie in Bangladesch, Ghana oder Pakistan über 70 Prozent ihres Einkommens für Nahrungsmittel ausgeben, hat eine Verteuerung von 50 Prozent dagegen Hunger zur Folge.[28]

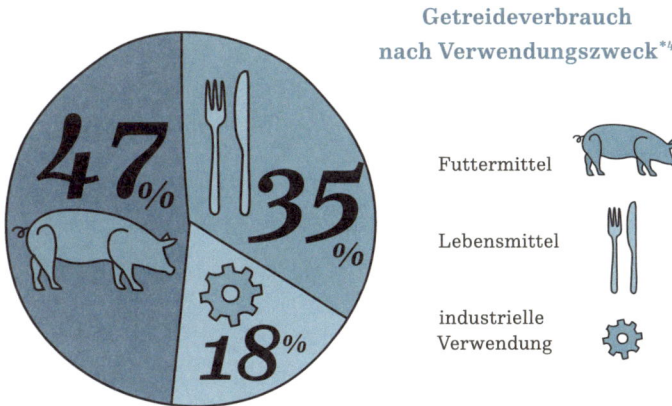

Getreideverbrauch nach Verwendungszweck[*4]

Futtermittel

Lebensmittel

industrielle Verwendung

Politische Schranken

Ob ein Land ausreichend Nahrung für die Ernährung der Bevölkerung zur Verfügung hat, hängt mit verschiedenen Faktoren zusammen. Die Nahrungsmittelverfügbarkeit wird aus verschiedenen Quellen gesichert: aus der Produktion in kleinbäuerlicher Subsistenzwirtschaft oder aus intensiver Landwirtschaft. Sie hängt einerseits davon ab, ob ausschließlich für den Markt produziert wird oder Überschüsse auch in Getreidebanken für Notzeiten gespeichert werden können, und andererseits von kommerziellen Importen oder auch Transferleistungen wie ausländischer Nahrungsmittelhilfe.[29] Viele Länder des globalen Südens sind nicht in der Lage, die Versorgung ihrer Bevölkerung aus eigener Kraft zu decken. Die Gründe dafür sind verschieden und komplex. Neben politischen Krisen, bewaffneten Konflikten oder Kriegen und einer schwachen Infrastruktur hat häufig aber auch die Zinspolitik des Internationalen Währungsfonds einen Einfluss auf die schlechte Versorgungslage der Bevölkerungen vieler Länder. Die Zinsverteuerung seit dem Jahr 1978 brachte weltweit eine massive Einkommensumverteilung zugunsten der reichen *Geberländer* mit sich. Da internationale Kredite sich meist am Marktzins orientieren und viele Staaten ihre Schulden in US-Dollar-Anleihen festschreiben, hat bereits eine Zinserhöhung um ein Prozent massive Auswirkungen. Für Brasilien bedeutete das beispielsweise zu Beginn der 1980er Jahre, dass es rund ein Viertel des Exporterlöses aus seiner Kaffee-Ernte oder den kompletten Ernteerlös des Kakaos ausgeben musste, um die Schulden zu bedienen.[30] Für den Schuldendienst müssen verschuldete Länder also Devisen aufbringen; Devisen, die in vorwiegend agrarisch geprägten Ländern nicht durch Subsistenzlandwirtschaft, sondern mit Cash Crops wie Baumwolle, Kaffee, Kakao und Sojabohnen erwirtschaftet werden. Dafür bekommen die Erzeuger aufgrund der Abhängigkeit von Weltmarktpreisen allerdings nicht nur sehr schlechte Erlöse, sondern es werden wiederum Nahrungsmittelimporte notwendig. Mali beispielsweise musste 2008 72 Prozent seiner Nahrungsmittel importieren.[31] Ein weiteres strukturelles Problem für die Länder des globalen Südens sind die Handelspolitik und die Politik des Protektionismus besonders der EU und der USA. Um inländische Märkte und Industrie vor einem Preisverfall durch günstige ausländische Güter zu schützen, werden einerseits zum Teil hohe Importzölle auf bestimmte Waren erhoben. Das erschwert den Ländern des globalen Südens den Marktzugang. Gleichzeitig zerstören andererseits Nahrungsmittelimporte deren lokale Märkte.[32] Im Rahmen der Gründung der Europäischen Gemeinschaft im Jahr 1957 einigten sich die Mitglieder auch auf eine gemeinsame Agrarpolitik. Die Gemeinsame Agrarpolitik (GAP) sollte Landwirten Preisgarantien für ihre Erzeugnisse geben, die Produktivität steigern und zur Stabilität der Märkte beitragen. Doch die Preis- und Absatzgarantien führten zusammen mit dem technischen und biologischen Fortschritt zu exzessiven Überschüssen, den allbekannten *Butterbergen* und *Milchseen*.[33] Um die Überschüsse der landwirtschaftlichen Produktion abzusetzen, überschwemmen subventionierte Exporte die nationalen Märkte in Asien, Afrika und Lateinamerika. In manchen Fällen sind Nahrungsmittelhilfen selbstverständlich sinnvoll, beispielsweise um durch Katastrophensituationen verursachte Nahrungsmittelengpässe auszugleichen. Jedoch sind Nahrungsmittelimporte aufgrund von Überschüssen reicher Länder nicht selten zum großen Nachteil der Empfänger. So zerstören diese Güter, die günstiger sind als die lokal produzierten, immer wieder einheimische Märkte. In der Republik Kongo beispielsweise wurde der lokale Reisanbau massiv durch einen umfangreichen aus Überschüssen in den USA gespeisten Reisimport gestört.[34] Bis 1996 versorgte sich z. B. Kamerun wiederum eigenständig mit Geflügel, da die lokalen Geflügelhalter den Bedarf deckten. Das Geflügel wurde lebend verkauft, sodass eine geschlossene Kühlkette nicht notwendig war. Dann begann die EU, tiefgefrorene brust- und schenkellose Hühner zu exportieren, weil der einheimische Markt eben nur nach Hähnchenbrust und -schenkeln verlangt. Zu Dumpingpreisen kamen die Geflügelreste in Kamerun auf den Markt und zerstörten die Geschäfte einheimischer Produzenten. Gleichzeitig waren 80 Prozent der Hühner aufgrund unterbrochener Kühlketten für den menschlichen Verzehr kaum mehr geeignet. Bis 2003 hatten die heimischen Produzenten nur noch einen Anteil von 37 Prozent an der Versorgung der Bevölkerung.[35] Diese beiden Beispiele sind nur zwei von vielen. Deutlich machen sie aber, dass solche Exporte langanhaltend die lokalen Märkte in den Importländern zerstören und so den Zugang zu angemessener Ernährung für die Bevölkerung weiter erschweren. Außerdem erhöhen sie langfristig die Abhängigkeit von Importen und somit von den Preisen des Weltmarkts.[36] Durch die protektionistische Weltmarktpolitik zugunsten der reichen Industrieländer gehen den Ländern des globalen Südens Schätzungen zufolge jährlich 700 Milliarden Dollar an potenziellen Exporteinkünften verloren. In Kombination mit der Zinspolitik der Weltbank entsteht so ein Teufelskreis.[37]

Auswirkungen des Handels

Auch wenn Übergewicht immer noch als ein Problem gilt, das vorwiegend die Bevölkerung der Industrieländer betrifft, leben zwei von drei übergewichtigen Menschen in Schwellenländern mit stark wachsenden Volkswirtschaften und einem hohen Bedarf an Nahrungsmitteln und Importgütern wie z. B. China oder Indien.[38] Übergewicht ist für diese Länder,

Wachsender Getreideverbrauch für Tierfutter (in Mio. t pro Jahr) in China durch steigenden Fleischkonsum*5

in denen üblicherweise Unterernährung das größte Problem war, inzwischen zu einer doppelten Last geworden, nämlich einerseits durch den Wandel der Ernährungsgewohnheiten, indem traditionelle Ernährungsgewohnheiten zunehmend durch den Konsum von hochenergiereichen, häufig stark verarbeiteten Lebensmitteln mit einem hohen Fett- und Zuckergehalt ersetzt werden. Mit steigendem Einkommen steigt in der Regel andererseits auch der Anteil tierischer Lebensmittel an der Ernährung.[39] Durch die Globalisierung der Ernährungssysteme werden also westliche Konsummuster auch auf Gesellschaften wie beispielsweise die indische übertragen, wo traditionell fleischarm und gemüsereich gegessen wurde. Übergewicht und die damit verbundenen Krankheiten haben durch die sogenannte *McDonaldisierung* in diesen Ländern in epidemischem Maß zugenommen.[40] Auch die Expansion von Supermärkten in Schwellenländer trägt einen entscheidenden Teil dazu bei. Die vor allem in Europa und den USA stetig wachsenden Einzelhandelsketten haben bereits ärmere Länder als strategische Märkte erschlossen. Diese Entwicklung findet im Moment in weiten Teilen Chinas, Indiens und Ostafrikas statt. In Lateinamerika und Südostasien dauerte es keine 20 Jahre, bis die Anteile der Supermarktumsätze von fünf auf 50 Prozent am gesamten Einzelhandelsumsatz gestiegen waren.[41] Der Prozess der Expansion der Supermärkte geschieht dabei zumeist in drei Stufen: Zunächst werden verpackte Lebensmittel wie Konserven sowie Waren aus dem Trockensortiment wie z. B. Gewürze und Reis angeboten. Danach halten teilweise verarbeitete Lebensmittel wie Milch und verpacktes Frischfleisch Einzug. Zuletzt folgen Obst und Gemüse.[42] Damit verdrängen die Supermärkte sukzessive traditionelle Geschäfte und Märkte. Nachdem die Supermärkte ihre Waren anfangs von lokalen Großmärkten beziehen, wechseln sie zu wenigen Lieferanten, wodurch »allmählich [...] kleine lokale Produzentinnen und Produzenten von ihren Lieferketten [ausgeschlossen werden] und setzen stattdessen auf einheimische und ausländische mittlere und größere Firmen, die die wirtschaftlichen Vorteile der Massenproduktion ausnutzen können«[43]. Je größer der Marktanteil eines Einzelhandelsunternehmens wird, desto mehr Kontrolle über den Vertrieb der Lebensmittel gewinnt es. Gleichzeitig wächst auch der Druck entlang der globalen Lieferkette auf die Zulieferer und vor allem die Erzeuger.[44]

Das Hauptproblem dabei ist, dass die wichtigsten Produktionsfaktoren bei der Herstellung von Lebensmitteln in billigem Land und billiger Arbeit liegen. Durch den Kampf der Supermärkte um Markanteile mittels billiger Preise für die Konsumenten wird dieser Kampf auf Kosten der Erzeuger ausgetragen.[45] Dabei haben Kakaobauern in Guatemala genauso mit Preisverfall zu kämpfen wie deutsche Milchbauern. Auch wenn sich Ausmaß und Konsequenzen für die Betroffenen unterscheiden mögen, handelt es sich doch um denselben Missstand.[46] Ohne eine Lobby stellen die Erzeuger die schwächsten Glieder in der Lieferkette dar, während die Interessen der Behörden, die die Macht der Konzerne regulieren könnten, nicht selten eng mit den Unternehmensinteressen verbunden sind.[47] Besonders die Bauern und Landarbeiter in den Ländern des globalen Südens leiden unter der Missachtung von Arbeitsrechten, und Versuche des organisierten

Anteil, den ein Kakaobauer vom Verkaufspreis einer Tafel Schokolade erhält*6

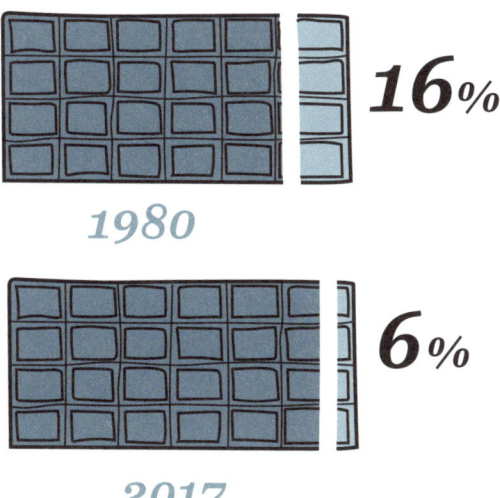

La Vía Campesina

Für Ernährungssouveränität und Agrarökologie

»La Vía Campesina« ist eine internationale Kleinbauern- und Landlosenbewegung. Der Begriff stammt aus dem Spanischen und bedeutet »Der bäuerliche Weg«. Das internationale Netzwerk wurde 1993 gegründet und umfasst etwa 150 Organisationen mit etwa 200 Millionen Mitgliedern aus 69 Ländern. Unter ihnen sind indonesische Reisbauern, Aktivisten der afrikanischen Bewegung der Landlosen, die europäische Bauern-Koordination CPE, eine amerikanische Kleinbauernvereinigung sowie die deutsche Arbeitsgemeinschaft bäuerlicher Landwirtschaft. Gemeinsam kämpfen die Mitglieder für eine kleinbäuerliche Produktionsweise mit einer kleinflächigen, für den Eigenbedarf und für überwiegend lokale Märkte produzierenden ökologischen Landwirtschaft.[47] Der Begriff der Ernährungssouveränität wurde von La Vía Campesina 1996 anlässlich des alternativen Welternährungsgipfels als Reaktion auf ein einschneidendes Freihandelsabkommen der Welthandelsorganisation geprägt. Ernährungssouveränität ist ein politisches Konzept, das sich mit den ökonomischen und handelspolitischen Ursachen des Hungers in der Welt beschäftigt. Es drückt aus, dass jedes Land das Recht besitzt, unabhängig von global agierenden Konzernen eine individuell angepasste Handelspolitik zu formulieren, die das Menschenrecht auf Nahrung wahrt und eine ökologisch nachhaltige Nahrungsproduktion erleichtert. Ernährungssouveränität beschreibt zudem das Recht von Staaten, auf demokratische Weise ihre eigene Agrar- und Ernährungspolitik zu bestimmen. In der Praxis bedeutet das die Entwicklung stabiler lokaler, regionaler und nationaler Märkte für Nahrungs- und Futtermittel sowie den souveränen Zugriff auf eigene Ressourcen wie Fischgründe, Bodenfruchtbarkeit und Biodiversität.[48]

Widerstands werden oft brutal unterdrückt. *Coca-Cola* beispielsweise entließ 2016 aufgrund der sich formierenden gewerkschaftlichen Organisation der Mitarbeiter in Guatemala ein ganzes Team und verlagerte den Vertrieb.[48]

Durch ihre Marktmacht sind Supermarktketten außerdem in der Lage, neue Lieferketten zu erschließen und einen beginnenden Ernährungstrend zu verstärken. Ein Beispiel dafür ist die Avocado. Die *Süddeutsche Zeitung* titelte 2015 über die Frucht: *»Alles im grünen Bereich. Die Avocado ist beliebt wie nie. Ihr Erfolg basiert auf viel Werbung, gutem Timing – und purem Zufall«*. Durch geschicktes Marketing der »Avocado-Lobby« und die plötzliche Präsenz in allen Kanälen startete die Frucht, beflügelt zudem durch eine ohnehin immer gesundheitsbewusstere Supermarktkundschaft, ihren Siegeszug als gesunde Superfrucht.[49] Zuvor fast unbekannt, wurden 2010 rund 28.000 Tonnen Avocados nach Deutschland importiert, sechs Jahre später hatte sich das Importvolumen mit mehr als 58.000 Tonnen bereits mehr als verdoppelt.[50] Sogar vom Vegetarierbund und der Tierrechtsorganisation Peta als vegetarische Alternative zum Fleisch empfohlen, erweist sich dieser Hinweis im Hinblick auf die Ökobilanz allerdings als allzu kurzsichtig. Avocadobäume wachsen in intensiv bewirtschafteten Monokulturen, die nicht nur für die Verhältnisse der ohnehin trockenen Anbaugebiete große Mengen an Wasser verwenden. Zum Vergleich: Die Produktion eines Kilogramms Tomaten benötigt im globalen Durchschnitt etwa 214 Liter Wasser. Die Herstellung eines Kilogramms Avocados – etwa zweieinhalb Stück – verbraucht dagegen 1.000 Liter Wasser. Hinzuzurechnen ist außerdem die Ökobilanz, die aus dem Transport resultiert. Neben dem hohen Wasserverbrauch werden in Mexiko, dem symbolischen Mutterland der Avocado, für den Avocadoanbau Schätzungen zufolge jährlich bis zu 4.000 Hektar Wald illegal gerodet. Aus den tropischen und subtropischen Regionen werden die Früchte schließlich nach Europa verschifft. Während der Überfahrt in einem strombetriebenen Container muss eine Temperatur von sechs Grad sowie eine bestimmte Luftfeuchtigkeit und CO_2-Konzentration gewährleistet sein, um die Frucht nicht vorzeitig reifen zu lassen. Da Avocados ausgesprochen druckempfindlich sind, macht ihr Transport darüber hinaus eine Menge Verpackungsmaterial notwendig.[51]

Hilfe zur Selbsthilfe

Seit Beginn der Grünen Revolution in den 1960er Jahren wird versucht, die Ernährung der Weltbevölkerung vor allem durch eine Steigerung der landwirtschaftlichen Erträge zu verbessern und damit die Produktions- und Ernährungsmuster der westlichen Welt auch auf andere Länder zu übertragen. Exportiert wird damit ein Ernährungssystem, das von Überfluss, Verschwendung und Übergewicht geprägt ist und in dem die hoch industrialisierte Nahrungsmittelproduktion unter enormem Energieverbrauch Lebensmittel von zum Teil geringer Qualität produziert. Dieses System prägt Konsummuster, die die Menschen dazu veranlassen, deutlich mehr Kalorien aufzunehmen, als gesundheitlich verträglich ist, und baut auf einer landwirtschaftlichen Logik auf, die eine Produktionssteigerung durch intensiven Einsatz zugekaufter Betriebsmittel notwendig macht. Die Umwelt wird dadurch nachhaltig zerstört, statt nachhaltig bewirtschaftet zu werden. Das also soll für den Rest der Welt die Lösung des Welthungerproblems sein? Es sieht ganz danach aus, als sei dieses System nicht die Lösung der Krise, sondern ein Teil des Problems.

Lange wurde die Förderung kleinbäuerlicher Landwirtschaft von der internationalen Gemeinschaft vernachlässigt. Stattdessen wurden die Länder mit günstigen Nahrungsmitteln aus Agrarsubventionen versorgt. Der Import dieser günstigen Produkte hatte zur Folge, dass die lokale Lebensmittelproduktion aufgrund höherer Kosten nicht mehr wettbewerbsfähig war und sich zurückbildete. Außerdem veränderten diese Subventionsgüter die traditionellen Ernährungsgewohnheiten zugunsten einer fett- und zuckerhaltigen westlichen Ernährungsweise.[52] Statt allerdings weiteres Wachstum anzustreben, sollte nicht die Produktion gesteigert werden, sondern der Fokus auf die Entwicklung einer nachhaltigen Landwirtschaft gelegt werden. Eine standortspezifische Landwirtschaft ist nötig, die nicht Ressourcen vernichtet, sondern den Umwelt- und Artenschutz ins Zentrum stellt sowie Ressourcen gerecht verteilt und für jeden zugänglich macht. Dafür ist es erforderlich, die kleinbäuerliche Landwirtschaft »*zu professionalisieren und in die Fähigkeit der Bauern zur Organisation zu investieren. Je mehr sie wissen und je besser sie ausgebildet und organisiert sind, desto eher sind sie in der Lage, sich an Entscheidungen über die Wertschöpfungskette [...] ihrer Produkte zu beteiligen und davon zu profitieren.*«[53]

Kartoffeln

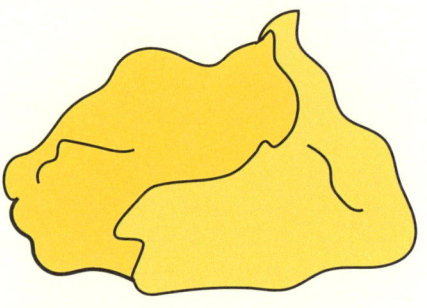

festkochend

Kartoffelsalat und Bratkartoffeln

Festkochende Kartoffeln eignen sich für alle Zubereitungsarten, bei denen die Kartoffel ihre Form behalten soll. Aufgrund des geringen Stärkegehalts haben sie auch nach dem Kochen eine feste Konsistenz, wodurch sie sich gut schneiden lassen.

vorwiegend festkochend

Salz-, Pell- und Bratkartoffeln

Die ideale Kartoffel für die Zubereitung im Ganzen sind vorwiegend festkochende Kartoffeln. Ihre Konsistenz ist etwas weicher als die der festkochenden, jedoch halten sie ebenfalls gut die Form. Die Schale platzt beim Kochen als Pellkartoffel leicht auf.

mehligkochend

Kartoffelpüree, Suppen, Kartoffelpuffer und Backkartoffeln

Für alle zerkleinerten Varianten der Kartoffel ist der mehligkochende Typ ideal. Aufgrund des hohen Stärkegehalts ist die Konsistenz dieser Kartoffel recht trocken, und sie zerfällt von allein.

Die Namen Lina, Laura und Sieglinde hat im Zusammenhang mit Kartoffeln vermutlich jeder schon einmal gehört – sie sind die bekanntesten Sorten. Aber ein Blick über den Tellerrand lohnt sich unbedingt, denn eine Kartoffel muss nicht unbedingt außen hellbraun und innen gelblich sein. Von dieser Standardvorstellung sollten neugierige Hobbyköche sich lösen, denn die farbliche Vielfalt erstreckt sich bei rund 4.000 Sorten von unterschiedlichen Brauntönen über rote und gelbe Schale bis hin zu Violetttönen. Die Form der Kartoffel kann mal rund oder oval sein, aber auch länglich-wurzelähnlich. Wenn man sich ein wenig mit ihr beschäftigt, wird deutlich: Die Kartoffel ist viel mehr als nur eine Sättigungsbeilage. Ihr Geschmack variiert nämlich ebenso wie ihr Aussehen. Aber auch die Erntezeitpunkte der verschiedenen Sorten sind sehr unterschiedlich. Frühe Sorten können schon im Juni zusammen mit dem letzten Spargel geerntet werden, während die späten Sorten erst Ende Oktober reif sind. Es lohnt sich also, unterschiedliche Sorten nebeneinander anzubauen. Neben der Klassifizierung nach Reifezeitpunkt erfolgt die gängigste Einteilung der Kartoffel wie oben dargestellt nach drei unterschiedlichen Kochtypen.

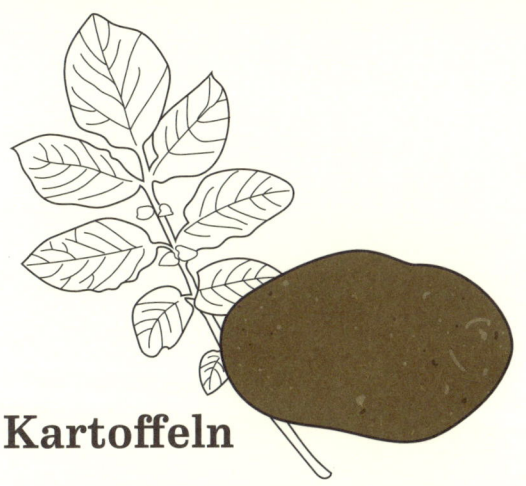

Kartoffeln

Die Deutschen sind weithin als Kartoffelesser bekannt. Kaum eine anderes Lebensmittel ist mit unserer traditionellen Esskultur so eng verbunden wie die Kartoffel – kaum ein Gericht der Hausmannskost kommt ohne sie aus. Da erscheint es fast verwunderlich, dass die Kulturgeschichte der Kartoffel in Europa und in Deutschland erst seit knapp 400 Jahren geschrieben wird. Durch die Spanier bereits Anfang des 16. Jahrhunderts entdeckt, dauerte es über 30 Jahre, bis sie ihren Weg auf einem Schiff nach Spanien schaffte und sich von dort über Italien auf dem europäischen Festland ausbreitete. Zunächst wurde die Kartoffelpflanze wegen ihrer Blüten als Zierpflanze gezüchtet und geriet als Speisepflanze in Verruf, weil fälschlicherweise die grünen oberirdischen Früchte gegessen wurden statt der unterirdischen Knolle. Da die Kartoffel botanisch zur Familie der Nachtschattengewächse gehört, sind alle grünen Teile der Pflanze ungenießbar und führen bei Verzehr zu Vergiftungserscheinungen. Wie genau die Kartoffel in Deutschland letztendlich zur Agrarfrucht wurde, ist nicht eindeutig überliefert. Nachdem sie Mitte des 18. Jahrhunderts vermehrt als Nahrungsmittel angebaut wurde und ihre Vorteile als Nutzpflanze bekannter wurden, erließ der preußische König Friedrich II. im Jahr 1756 die sogenannten Kartoffelbefehle, durch die der Kartoffelanbau vorangetrieben werden sollte. Die Bauern soll er zudem mit einer List dazu gebracht haben, Kartoffeln zu pflanzen, indem er seine Felder von Soldaten bewachen ließ, sodass die Bauern dachten, dort wachse etwas Wertvolles, das zu stehlen sich lohne. In den darauffolgenden Jahrhunderten wurde die Kartoffel in den meisten europäischen Ländern zum wichtigsten Grundnahrungsmittel und verdrängte andere Gemüsesorten wie beispielsweise die Pastinake.

Grundnahrungsmittel

Bedeutung der Kartoffel in Deutschland

Eine gute Kartoffelernte war Anfang des 20. Jahrhunderts in Deutschland überlebenswichtig – und die Ernte harte körperliche Arbeit. Heute ist die Bedeutung der Kartoffel in den Industrieländern gesunken. Seit 1950 geht der Pro-Kopf-Verbrauch in Deutschland nahezu kontinuierlich zurück. 2015/2016 wurden im Vergleich zum Vorjahr 5 kg weniger, nur noch 53,1 kg, verbraucht. Davon entfallen 19,1 kg auf frische Kartoffeln. Die anderen 34 kg werden als industriell verarbeitete Form konsumiert, z.B. als Pommes oder Chips. Die Kartoffel ist neben Weizen, Reis und Mais das wichtigste Grundnahrungsmittel der Welt. Von Bedeutung ist sie für die Ernährung wegen ihres Gehalts an Kohlenhydraten, Ballaststoffen, Vitaminen und Spurenelementen. Neben der Verwendung als Speisekartoffel werden aus Industriekartoffeln z.B. Stärke, Klebstoffe und Alkohol hergestellt.

Pro-Kopf-Verbrauch von Kartoffeln (in kg) pro Jahr in Deutschland

Salzkartoffeln

Kartoffeln sind aus der klassischen norddeutschen Hausmannskost nicht wegzudenken, da sie sehr lagerfähig, günstig und sättigend sind. Die Zubereitungsmöglichkeiten sind vielfältig – Salzkartoffeln jedoch sind die üblichste Beilage zu den meisten Gerichten. Aber auch pur als einfache Pellkartoffel mit etwas Quark ist sie bereits eine schnelle, günstige und gesunde Mahlzeit. Auf den folgenden Seiten werden die klassischen Zubereitungsarten der Knolle beschrieben.

{ *4–5 Kartoffeln pro Person*
Wasser
Salz }

Zubereitung
~

Die Kartoffeln schälen und mit kaltem Wasser aufsetzen. Es genügt, wenn die Kartoffeln knapp bedeckt sind und mit einem Deckel zum Kochen gebracht werden. Sobald das Wasser zu kochen beginnt, 2–3 Tl Salz hinzufügen. Mit gekipptem Deckel je nach Größe 15–25 Minuten kochen und gegebenenfalls die Temperatur herunter regulieren, damit die Kartoffeln nicht überkochen. *Um zu testen, ob sie gar sind, mit einem Messer oder einer Gabel hineinstechen. Sind sie fertig, ist kein Widerstand mehr zu spüren und sie gleiten direkt wieder vom Messer.* Abgießen, servieren oder weiterverarbeiten.

Kartoffelpüree

Zubereitung
~

Die Kartoffeln schälen und 20–30 Minuten in Salzwasser weich kochen. Die Milch auf niedriger Stufe in einem Topf erwärmen (nicht kochen).

Das Wasser abgießen und mit einem Kartoffelstampfer zu Mus verarbeiten. Je nach Geschmack kann das Kartoffelpüree dabei stückiger oder feiner ausfallen. *Wenn kein Kartoffelstampfer zur Hand ist, eine Gabel oder den Boden einer Flasche zum Stampfen verwenden. Auf keinen Fall sollten die Kartoffeln mit einem Pürierstab oder einem Mixer zerkleinert werden, da die Stärke sonst verklebt und eine kleisterartige Konsistenz entsteht.* Während des Stampfens nach und nach die Milch hinzugießen und unterrühren, bis die gewünschte Konsistenz erreicht ist. Die Butter ebenfalls unterrühren und schmelzen lassen. Mit Salz, Pfeffer und geriebener Muskatnuss abschmecken.

{
*500 g mehlig-
kochende Kartoffeln*
250 ml Milch
150 g Butter
Muskatnuss
Salz, Pfeffer
}

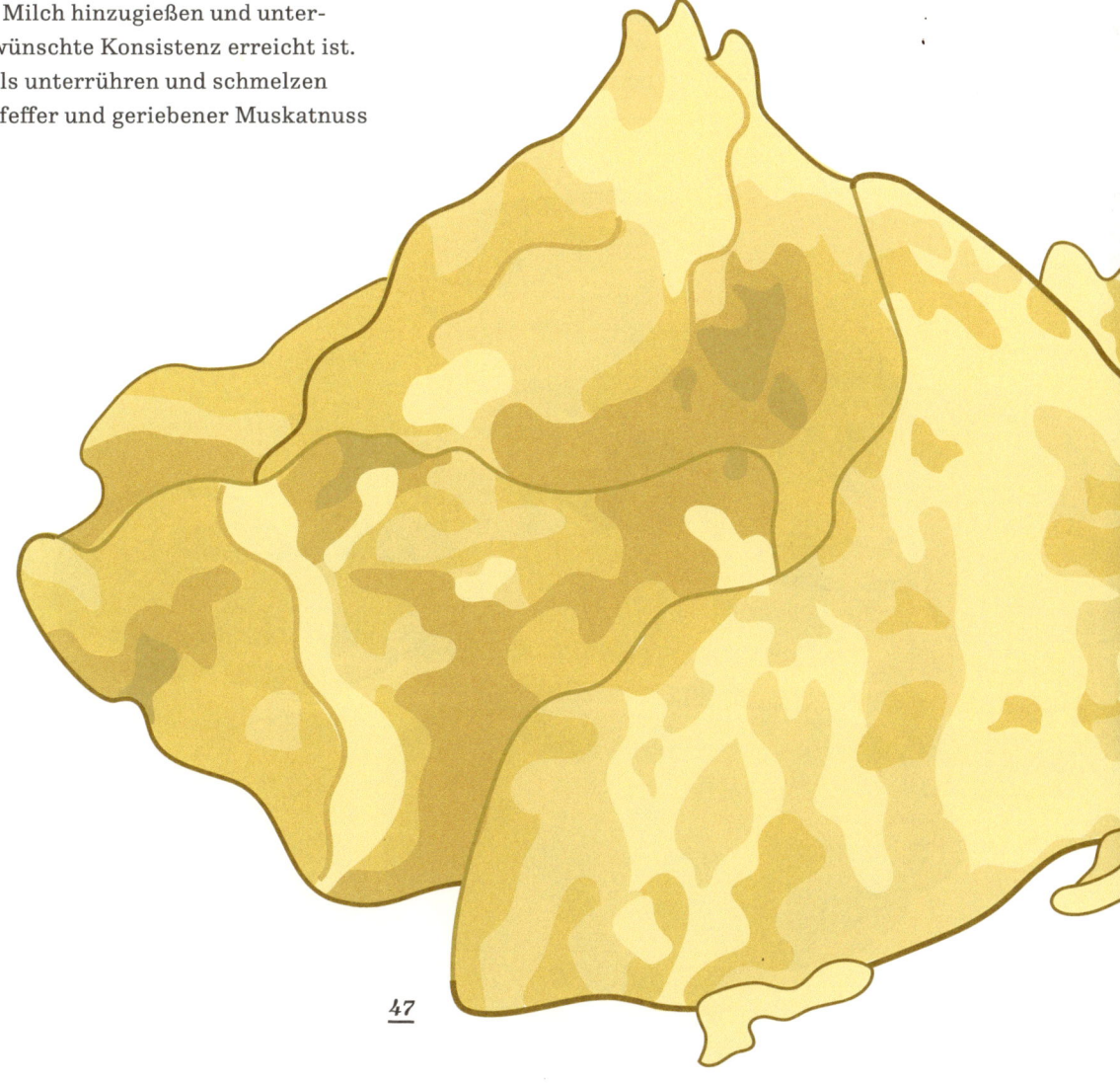

Bratkartoffeln

Zubereitung

Ungekochte Kartoffeln mit Schale knapp mit Wasser bedecken und zum Kochen bringen. Etwa 15 Minuten kochen, sodass beim Hineinstechen noch ein Widerstand zu spüren ist. Bei kleinen oder großen Kartoffeln die Garzeit dementsprechend anpassen. Die Kartoffeln mit kaltem Wasser abschrecken, pellen und kurz abdampfen lassen. Bei Kartoffeln vom Vortag entfällt dieser Schritt.

In der Zwischenzeit den Speck von der Schwarte befreien und in kleine Würfel schneiden. Die Zwiebel ebenfalls fein würfeln. Die Kartoffeln in etwa 5 mm dicke Scheiben schneiden. Eine Pfanne auf mittlerer Temperatur mit etwas Butterschmalz erhitzen und die Zwiebeln bei mäßiger Hitze glasig dünsten, bis sie ein wenig Farbe annehmen. Aus der Pfanne nehmen. Die Temperatur ein wenig erhöhen, den Speck hineingeben und braten, bis er knusprig braun ist. Aus der Pfanne nehmen.

Butterschmalz in der Pfanne zerlassen und nun die Kartoffeln portionsweise bei mittlerer Hitze knusprig braun anbraten. Am besten immer nur so viele Kartoffeln in die Pfanne geben, dass der Boden bedeckt ist. Zum Schluss alles noch einmal gemeinsam in die Pfanne geben und mit Salz und Pfeffer würzen. Je nach Geschmack kann auch etwas Kümmel verwendet werden.

Mit Spiegelei und Gewürzgurke wird ein eigenes Gericht daraus. Meistens werden Bratkartoffeln aber als Beilage zu Fleisch- oder Fischgerichten gereicht (z. B. Seite 160).

> 500 g Kartoffeln
> (ungekocht oder vom Vortag)
> 1 große Zwiebel
> 150 g geräucherter Bauchspeck
> 2 El Butterschmalz
> Salz und Pfeffer

Kartoffelpuffer

> *1 kg Kartoffeln*
> *1 große Zwiebel*
> *2 Eier*
> *2 El Mehl*
> *Salz, Pfeffer*
> *neutrales Öl*

Zubereitung
~

Die Kartoffeln schälen und recht grob reiben. Die Zwiebel pellen und ebenfalls reiben. Mit den Eiern und dem Mehl vermengen und mit Salz und Pfeffer würzen. *Da die Kartoffeln sehr viel Salz aufnehmen, empfiehlt es sich, den ersten Kartoffelpuffer zu probieren und eventuell nachzusalzen.*

In einer Pfanne einen großzügigen Schuss neutrales Öl erwärmen. Dabei darauf achten, dass die Temperatur während des Bratens nicht zu heiß wird, und im Zweifelsfall nach unten regulieren. Die Masse mit den Händen portionieren und etwas von der Flüssigkeit ausdrücken. In die Pfanne geben und flach drücken. Sobald die Kartoffeln an den Rändern Farbe annehmen, wenden. Sind die Kartoffelpuffer goldbraun, herausnehmen. Nacheinander jeweils 3–4 Puffer pro Pfanne ausbacken und jedes Mal etwas Öl in die Pfanne geben.

Traditionell isst man im Norden Zucker und Apfelmus zu den Kartoffelpuffern.

Hamburger Speckkartoffelsalat

Zubereitung

Die Kartoffeln mit Schale aufsetzen und etwa 15–25 Minuten kochen. In der Zwischenzeit den Speck und die Zwiebeln fein würfeln, in einen Topf geben und so viel vom Öl angießen, dass alles knapp bedeckt ist. Zum Kochen bringen und köcheln, bis die Zwiebeln weich sind. Das Öl abgießen. 60 ml Öl, Essig, Wasser, Salz, Pfeffer und Zucker zum Kochen bringen. Gegebenenfalls noch einmal mit etwas mehr Zucker abschmecken.

Die Kartoffeln abgießen und mit kaltem Wasser abschrecken. Etwa ⅔ der Marinade kochend heiß in eine große Schüssel füllen. Die Kartoffeln pellen und sofort heiß in Scheiben geschnitten in die Marinade geben. Die Zwiebeln und den Speck vorsichtig unter die Kartoffeln heben und bei Bedarf noch etwas mehr Marinade zum Salat geben, da Kartoffeln je nach Alter und Sorte unterschiedlich viel Flüssigkeit aufnehmen können. Auskühlen lassen, vorsichtig den gehackten Schnittlauch untermengen und noch einmal abschmecken.

- 1 kg Kartoffeln
- 250 g durchwachsener Speck
- 1 Zwiebel
- ca. ¼ l neutrales Öl
- 30 ml Kräuteressig
- ¼ l Wasser oder Brühe
- 4 El Zucker
- Salz, Pfeffer
- ½ Bund Schnittlauch

Kartoffelsuppe
mit Würstchen

1,5 kg Kartoffeln
1 große Zwiebel
1 Bund Suppengrün
2 l Rinder- oder Gemüsebrühe
Salz, Pfeffer, Muskat
1 Zweig Liebstöckel
frischer Majoran
6 Würstchen

Zubereitung

Die Kartoffeln schälen, waschen und in 2 × 2 cm große Würfel schneiden. Die Zwiebel und das Suppengrün putzen und ebenfalls würfeln.

Alles gemeinsam in einen Topf geben und mit der Brühe oder alternativ mit Wasser knapp bedeckt auffüllen. Den Liebstöckel hinzugeben und mit Salz und Pfeffer würzen. Zum Kochen bringen und etwa 45–60 Minuten auf niedriger Stufe kochen.

Um der Suppe Bindung zu geben, entweder ein wenig pürieren oder eine fein geriebene Kartoffel hinzugeben. Zum Schluss mit Salz, Pfeffer, Muskatnuss und frischem Majoran abschmecken. Die Würstchen in Scheiben schneiden und in der Suppe erwärmen.

Blattgemüse

Mangold

Der Mangold gehört botanisch zur Art der Rüben und zur Familie der Fuchsschwanzgewächse. Er ist mit der Zuckerrübe und der Roten Bete verwandt. Mangold besitzt viel Vitamin K, Vitamin A und E sowie Natrium, Magnesium, Eisen und Kalium. Wie Spinat und Rhabarber enthält Mangold Oxalsäure, die die Aufnahme von Eisen verhindert. Da Blätter und Stiele eine unterschiedlich lange Garzeit besitzen, sollten sie nacheinander zubereitet werden. Insgesamt kann man Mangold wie Spinat behandeln, also auch roh im Salat essen. Es gibt ihn in zwei Kulturformen: Der Stiel- oder Rippenmangold besitzt ausgeprägte Mittelrippen in den Blättern. Er kann als spargelartiges Gemüse gegessen werden. Schnitt- oder Blattmangold entwickelt nach dem Schnitt erneut Blätter. Die Blätter sind stets grün, während die Stiele in unterschiedlichen Farben von weiß, gelb, orange, rot bis rosa vorkommen. Nach der Ernte bzw. dem Kauf sollte Mangold möglichst direkt verzehrt werden, da er schnell an Frische verliert.

Spinat

Die Gattung Spinat gehört zur Familie der Fuchsschwanzgewächse. Die kultivierte Form des Gartenspinats stammt von einer Wildform ab. Seit den 1890er Jahren wurde Spinat – vermutlich wegen eines verrutschten Kommas – ein etwa zehnmal höherer Eisengehalt zugeschrieben, als er eigentlich besitzt. Die im Spinat ebenfalls enthaltene Oxalsäure, die für das gelegentliche stumpfe Gefühl auf den Zähnen nach dem Verzehr verantwortlich ist, hemmt die Aufnahme von Eisen und Calcium. Dennoch ist er reich an Vitamin A, C und E sowie Zink. Seit dem Mittelalter gilt Spinat als Heilpflanze, die z. B. bei Blähungen hilft. Am bekanntesten ist er vermutlich als zerkleinertes Tiefkühlprodukt, das mit Kartoffelpüree und Spiegelei serviert wird. Jedoch steckt geschmacklich viel mehr in ihm, wenn man ihn frisch entweder als Salat verwendet oder nur kurz mitgart. Da Spinat viel Nitrat einlagert, sollte er nicht zu lange bei Raumtemperatur aufbewahrt werden, weil dabei das Nitrat in gesundheitsschädliches Nitrit umgewandelt wird.

Rhabarber

Die Gattung des Rhabarbers gehört zur Familie der Knöterichgewächse. Er ist sehr Vitamin-C-reich und besitzt viel Kalium. Aufgrund seines hohen Gehalts an Oxalsäure sollte er nur gekocht gegessen werden, weil so der Gehalt der calciumzehrenden Substanz verringert wird. Um den Verlust von zu viel Calcium zu verhindern, ist es gut, Rhabarber in Kombination mit Milchprodukten zu essen. Das stumpfe Gefühl auf den Zähnen rührt wie beim Spinat von der Oxalsäure her. Rhabarber zählt zwar botanisch zum Gemüse, jedoch werden die Stangen fast ausschließlich süß zu Kompott, in Gebäck und als Saft verarbeitet. Die Blätter sind nicht essbar. Rhabarber gibt es in unterschiedlichen Sorten mit verschiedenen Farbausprägungen von grün über rot-grün bis hin zu einem intensiven Rot. Die Sorten unterscheiden sich neben der Farbe auch in Länge, Dicke und Erntezeitpunkt. Da der Gehalt von Oxalsäure im Laufe des Sommers steigt, wird Rhabarber tradtitionell nur bis zum Johannistag am 24. Juni geerntet. Eine Besonderheit ist, dass man das Rhabarbergewächs erst im zweiten Jahr nach Pflanzung ernten kann. Nach der Ernte hält er sich gekühlt ein paar Tage, eingekocht lässt er sich sehr gut konservieren.

Spargel

Die Gattung Spargel gehört zur Familie der Spargelgewächse, die etwa 220 Arten umfasst und den Gemüsespargel einschließt. Der Handel unterscheidet meist nur zwischen weißem und grünem Spargel. Spargel, der aufgrund seiner Inhaltsstoffe auch als Heilpflanze gilt, ist wegen seines hohen Kaliumgehalts und der Asparaginsäure stoffwechselanregend. Für Schwangere ist er besonders wertvoll, da er viel Folsäure enthält. Durch Kalium, Magnesium, Zink und Eisen besitzt er eine stärkende Wirkung für Organismus und Herz. Weißer Spargel muss im Gegensatz zu grünem Spargel vor der Zubereitung geschält werden. Klassischerweise wird er mit Schinken und zerlassener Butter oder Sauce Hollandaise gereicht. Er kann aber auch gekocht oder gebraten und als Suppe oder Salat auf vielfältige Art zubereitet werden. Die frisch austreibenden Stängel werden innerhalb eines bestimmten Zeitraums geerntet, um der Pflanze ausreichend Regenerationszeit zu geben. Danach bildet sich das typische Grün. Im alten Ägypten galt Spargel als Speise der Götter, und die Griechen weihten ihn der Liebesgöttin Aphrodite.

Kopfsalat

Der Kopfsalat ist eine Sorte innerhalb der Gartensalate, die zur Gattung der Lattiche gehören. Er ist nicht unbedingt eine Vitaminbombe, besitzt aber recht viel Vitamin A und Kalium. In der klassischen deutschen Küche ist Salat eher eine Beilage als ein Hauptgericht und wird z. B. in Norddeutschland klassisch mit einer süßlich abgeschmeckten Salatsoße gereicht. Er kann aber auch, wie in Frankreich, als Gemüse warm zubereitet werden. Den Kopfsalat gibt es als gelbgrüne, grüne und rotbraune Sorten. Umgangssprachlich werden auch alle Salate, die einen Kopf ausbilden, als Kopfsalat bezeichnet. Blatt- oder Schnittsalate wie der krause Lollo rosso sowie der Römersalat gehören ebenfalls zur Gattung, sind in Deutschland aber eher neuere Sorten, die dem Kopfsalat erst seit Kurzem Konkurrenz machen. Kopfsalat ist sehr druckempfindlich und begrenzt lagerfähig.

Feldsalat

Der Feldsalat bildet eine eigene Gattung innerhalb der Baldriangewächse. Von den weltweit 80 Arten ist der Gewöhnliche Feldsalat der bekannteste. Diesen wiederum gibt es in verschiedenen Sorten, wobei der Handel vor allem zwischen kleinblättrigem und großblättrigem Feldsalat unterscheidet. Nach der Petersilie besitzt Feldsalat unter den Gemüse- und Kräutersorten den höchsten natürlichen Eisengehalt. Unter den Salaten hat er den höchsten Vitamin-C-Gehalt und eine Menge Vitamin A sowie Magnesium, Phosphor und Calcium. Der nussige Feldsalat kann in verschiedenen Salat-Variationen zubereitet werden. Er wird entweder im Ganzen oder als einzelne Blättchen verspeist. Auch die Wurzel kann theoretisch mitgegessen werden. Feldsalat ist im Gegensatz zu anderen Salaten, die einen Kopf ausbilden, bei Temperaturen bis zu − 15 °C sehr frostresistent. Vom Herbst bis zum Frühling liefert er frisches Grün aus dem Freiland.

Blattgemüse ist wie Wurzelgemüse keine botanische, sondern eine Handelsbezeichnung, die Gemüse umfasst, bei dem entweder der Stiel und/oder das Blatt essbar ist. Kennzeichnend für Blattgemüse ist neben der begrenzten Lagerfähigkeit, dass ihr Vertrieb in den Supermärkten immer noch relativ saisonal gebunden ist. Abgesehen vom Feldsalat gibt es Blattgemüse zumeist in den Sommermonaten.

Kohlgemüse

Grünkohl

Der Grünkohl besitzt mehr Betacarotin als Karotten und zählt zu den Vitamin-C-reichsten Lebensmitteln. Darüber hinaus enthält er neben reichlich Eiweiß, Calcium und Eisen relativ viel Vitamin K, das u. a. für die Blutgerinnung nötig ist. Traditionell wird Grünkohl als Eintopf zubereitet, der lange und mehrmals gekocht und mit Wurst- oder Fleischspezialitäten serviert wird. Der Kohl kann aber auch kurz gegart oder als Rohkost verarbeitet werden. Das Grünkohlessen mit den Grünkohlfahrten ist vor allem in Norddeutschland eine verbreitete Tradition. Es gibt zahlreiche regionale Sorten mit unterschiedlichen Blattausprägungen und Wuchshöhen. Der richtige Erntezeitpunkt für den Grünkohl ist nach dem ersten Frost, weil dann durch die Verlangsamung von Stoffwechselvorgängen der Zuckergehalt in der Pflanze steigt und der typische Geschmack entsteht. Der Grünkohl eignet sich hervorragend für eine Überwinterung im Beet bei bis − 10 °C.

Blumenkohl

Der Blumenkohl ist eine Zuchtform des Gemüsekohls und sehr reich an Calcium, Phosphor, Eisen, Vitamin C und K sowie Betacarotin. Blumenkohl kann zwar auch roh zubereitet werden, üblicher ist es aber, ihn entweder im Ganzen oder als Röschen zu kochen. Die zarten Blätter und der Strunk sind ebenso essbar. Blumenkohl gibt es nicht nur in weiß, sondern auch mit grünen, gelben und violetten Röschen. Der Romanesco ist eine Züchtung des Blumenkohls, die den Bruder im Gehalt an Vitamin C übertrifft. Auch der Brokkoli ist eng mit dem Blumenkohl verwandt. Alle drei stellen eine Sonderform des Kohls dar, weil nicht die Blätter verspeist werden, sondern die Blütenstiele und -knospen. Der Brokkoli wurde in Deutschland erst in den 1970er Jahren populär. Weder Blumenkohl, Romaneso noch Brokkoli eignen sich für eine längere Lagerung. Nach der Ernte sollten sie möglichst innerhalb von fünf Tagen verarbeitet werden.

Rosenkohl

Rosenkohl ist reich an Zink, Kalium und den Vitaminen A, C, K und jenen der B-Gruppe. Da er roh schwer verdaulich ist, sollte er kurz vorgegart werden. Neben dem Kochen eignet sich Rosenkohl auch zum Braten. Üblicherweise werden die Röschen der Pflanze verspeist. Bei alten Sorten bildet sich aber auch ein wirsingähnlicher Blattschopf, der eben wie dieser zubereitet werden kann. Neben dem grünen Rosenkohl gibt es auch violette Sorten. Zwar kann Rosenkohl bereits ab September geerntet werden, seinen vollen Geschmack bildet er aber erst durch den ersten Frost aus, durch den der Zuckergehalt im Gemüse steigt, was ihn leichter verdaulich macht. Bis zu Temperaturen von − 10 °C kann Rosenkohl im Beet überwintern. An einer Pflanze können bis zu hundert Röschen wachsen.

Weißkohl

Weißkohl oder Weißkraut ist eine Variante des Kopfkohls. Er enthält viel Vitamin C, E und K, Selen, Magnesium, Kalium und Eisen, ist verdauungsfördernd und zellschützend. Weißkohl kann entweder gekocht als Eintopf und Kohlroulade oder als Rohkost, etwa als Krautsalat zubereitet werden. Eine weitere bekannte Zubereitungsart ist die Verarbeitung zu Sauerkraut (Seite 66). Die Kohlköpfe sind in ihrer Form platt-rund bis rund. Eine dem Weißkohl nahe verwandte Sorte ist der Spitzkohl, der geschmacklich etwas feiner und in der Konsistenz etwas zarter ist. Mit den äußeren Hüllblättern und gegebenenfalls zusätzlich in Packpapier eingeschlagen, lässt sich der Weißkohl an einem kühlen Ort über Monate hinweg einlagern.

Wirsingkohl

Der Wirsingkohl stammt vom Kopfkohl ab und zeichnet sich durch seine krausen Blätter aus. Wirsing ist reich an Eisen, Eiweiß und Magnesium sowie den Vitaminen A, C und jenen der B-Gruppe. Vor allem der hohe Gehalt an Vitamin B6 stärkt Nerven und Abwehrkräfte. Wirsing wird roh oder gekocht verarbeitet. Neben der Verwendung in Salat kann Wirsing ähnlich wie der Weißkohl zubereitet werden. Er ist je nach Sorte runder oder spitzer, grüner oder gelber. Im Gegensatz zu Rot- und Weißkohl ist der krause Wirsing zarter und im Aroma feiner als die Verwandten. Seine Lagerfähigkeit ist begrenzter, jedoch ist er gleichzeitig frostresistenter.

Rotkohl

Rotkohl, Rotkraut oder Blaukraut ist eine Zuchtform des Kopfkohls und wie Kohl im Allgemeinen ein guter Vitamin-C-Lieferant. Daneben sind Vitamin E, K, Eisen, Selen, Magnesium und Kalium enthalten. Dem Rotkohl wird nachgesagt, durch seinen hohen Gehalt an sekundären Pflanzenstoffen eine zellschützende Wirkung zu besitzen. Häufig dient gekochter und mit Gewürzen angereicherter Rotkohl als Beilage zu Fleischgerichten. Aber auch als Rohkost eignet er sich gut, ist ungegart jedoch schwerer verdaulich. Je nach pH-Wert des Bodens färbt sich der Kohl rot bis violett. Auch durch verschiedene Zutaten lässt sich die Farbe beeinflussen: Süße Zutaten färben den Rotkohl violett, während Säure ihn rötlich werden lässt. Rotkohl hat den Vorteil einer guten Lagerfähigkeit. Wie der Weißkohl lässt er sich sehr gut über längere Zeit an einem kühlen Ort einlagern.

Die Bezeichnung Kohl (lat. brassica) ist ein botanischer Gattungsbegriff, der weit mehr als die aufgeführten Gemüsekohlsorten umfasst. So gehören beispielsweise Senf und Raps ebenfalls zu dieser Gattung. Kohlrübe und Kohlrabi, die hier auf Seite 102 dem Wurzelgemüse zugeordnet sind, zählen botanisch zwar ebenfalls zum Kohl, hinsichtlich der kulinarischen Verwendung ihrer Rübe bzw. Knolle ordnen sie sich aber jenem zu. Lange galt der Kohl als streng riechendes Arme-Leute-Essen, jedoch enthält er reichlich Vitamine, Mineral- und Ballaststoffe sowie sekundäre Pflanzenstoffe. Ein weiterer Vorzug ist die sehr gute Lagerfähigkeit der Winterkohlsorten (Grün-, Rosen-, Weiß- und Rotkohl). Das größte geschlossene Kohlanbaugebiet Europas liegt in Norddeutschland – in Dithmarschen. Dort werden jährlich etwa 80 Millionen Kohlköpfe (hauptsächlich Wirsing, Rot- und Weißkohl) geerntet, welche den Bedarf des deutschen Markts zu einem großen Teil decken und größere Importmengen überflüssig machen.

Für den Grünkohl:
1,5 kg Grünkohl
50 g Schweineschmalz
2 Zwiebeln
½ l Brühe
1 El Senf
500 g Kassler-Kotelett
250 g geräucherter Bauch

3 El zarte Haferflocken
1 Kohlwurst und/oder Pinkel pro Person

Für die Kartoffeln:
500 g Kartoffeln
1 El Zucker

Zubereitung
~

Am Vortag den Grünkohl waschen und das Grün entlang der harten Strünke entfernen. Portionsweise jeweils 2 Minuten in kochendem Salzwasser blanchieren, kalt abschrecken abtropfen und in Streifen schneiden. Zwiebeln pellen und würfeln.

Das Schmalz in einem großen Topf zerlassen und die Zwiebeln glasig dünsten. Den Kohl hinzugeben, mit heißer Brühe auffüllen und 15 Minuten auf höchster Stufe kochen lassen. Von 2 Pinkel die Pelle abziehen und klein geschnitten mit dem Bauch sowie 2–3 angepieksten Kohlwürsten in den Topf geben. 2 Stunden bei niedriger Temperatur kochen lassen, den Bauch und die Kohlwurst aus dem Topf nehmen und beiseitestellen. Mit Salz, Pfeffer, Zucker und Senf würzen. Alles abkühlen lassen.

Am nächsten Tag Kartoffeln schälen und garen. Den Kohl unter gelegentlichem Rühren erwärmen. Mit Haferflocken etwas andicken. Nochmals abschmecken. Kurz vor dem Servieren Fleisch und Wurst in den Topf legen und erwärmen. Etwas Butterschmalz in einer Pfanne schmelzen, die Kartoffeln darin anbraten. Auf einer Seite der Pfanne den Zucker schmelzen und die Kartoffeln darin schwenken. Alles anrichten.

Grünkohl
mit Kohlwurst und Kassler

Kohlrouladen
mit Hackfleischfüllung

Für etwa 9 Rouladen:
1 Weißkohl
500 g gemischtes Hack
1 Zwiebel
1 Brötchen vom Vortag
1 Ei
1 Tl Senf
Salz, Pfeffer
Muskat

Für die Soße:
1 Zwiebel
2 El Mehl
2 El saure Sahne

Aus dem Kohl und dem Hackfleisch kann man auch einen schnellen Eintopf kochen: Den Kohl in rechteckige Stücke schneiden und einfach beides mit einer Zwiebel schmoren, bis der Kohl Farbe bekommt. Mit Gemüsebrühe ablöschen, kochen, bis der Kohl weich ist, und mit Salz und reichlich Pfeffer abschmecken.

Zubereitung

Das Brötchen in Wasser einweichen. Die Zwiebel schälen, fein würfeln, in etwas Öl andünsten und etwas abkühlen lassen. Das Brötchen ausdrücken und zusammen mit Hack, Ei, Zwiebel, Senf und den Gewürzen sämig verkneten.

Einen großen Topf mit Wasser zum Kochen bringen. Reichlich salzen und die Temperatur herunterdrehen. Den Strunk trichterförmig aus dem Kohlkopf schneiden und den Kohl in das heiße Wasser geben. Etwa 10 Minuten köcheln lassen, bis sich die äußeren Blätter zu lösen beginnen. Den Kohl aus dem Wasser nehmen und diejenigen Blätter vom Kopf nehmen, die sich ohne Widerstand lösen lassen. Den Kohl erneut in das heiße Wasser geben, einige Minuten warten und die Blätter lösen. Diesen Vorgang so lange wiederholen, bis alle geeigneten Blätter entfernt sind. Restlichen Kohl aufheben.

Während der Kohl wieder im Wasser ist, können die ersten Rouladen gerollt werden. Dafür zwei Kohlblätter versetzt so übereinander legen, dass sich beide Strünke überlappend in der Mitte treffen. Eine Portion Hackfleisch mit etwas Abstand zum Rand auf das untere Drittel der Kohlblätter geben. Die untere Seite des Blattes über das Hack legen, die Seiten links und rechts jeweils nach innen einschlagen. Nun die Roulade vom Hack ausgehend fest aufrollen und zum Schluss mit einem geeigneten Küchengarn wie ein Päckchen mit dem Abschluss des Blattes nach unten zusammenbinden.

Die Zwiebel pellen und würfeln. Den übrigen Kohl grob zerkleinern. Einen Bräter erhitzen, etwas Butterschmalz oder Öl hineingeben und die Rouladen kräftig von allen Seiten anbraten, sodass sie Farbe bekommen. Herausnehmen, die Temperatur herunterdrehen und zuerst die Kohlstücke anbraten, dann die Zwiebel hinzugeben. Mit dem Mehl bestäuben und mit 1 l Wasser ablöschen. Dabei ständig rühren, damit sich keine Klümpchen bilden und die Soße nicht anbrennt. Die Rouladen in den Topf geben, mit einem Deckel abdecken und im vorgeheizten Backofen bei 175 °C für 45–60 Minuten schmoren lassen.

Die Rouladen aus dem Topf nehmen, den Topf auf den Herd stellen, die saure Sahne hineinrühren und mit Salz und Pfeffer abschmecken. Dazu passen Salzkartoffeln.

Kräuter

Petersilie

Die Petersilie aus der Familie der Doldenblütler besitzt je nach Sorte glatte oder krause Blätter und gehört zu den bekanntesten Küchenkräutern. Im Mittelalter wurde die krause Sorte gezüchtet, um eine Verwechslung mit der stark giftigen Hundspetersilie zu vermeiden. Mit der Petersilienwurzel teilt sie die Gattung Petroselinum. Ihre Blätter werden meist roh oder nur kurz erhitzt Gerichten beigegeben. Das typische Petersilienblatt dient der Dekoration. Petersilie besitzt einen hohen Gehalt an Vitamin C. In der Volksmedizin wurde sie beispielsweise als harntreibendes, menstruationsförderndes, geburtsbeschleunigendes Mittel eingesetzt, das zudem als Mittel zur Abtreibung galt.

Dill

Dill gehört zur Familie der Doldenblütler und ist im deutschsprachigen Gebiet neben Petersilie und Schnittlauch eines der meistangebauten Kräuter. Typisch als häufig verwendetes Kraut in Fischgerichten, passt es aber auch sehr gut zu Salat, Gurken, Quark und Joghurt. Seine Blätter und Blütendolden werden als Gewürz für eingelegte Gurken verwendet. Dill besitzt bei stillenden Frauen eine milchfördernde Wirkung und hilft bei Babys gegen Blähungen. Abgesehen von den getrockneten Samen, die immer noch ein intensives Dillaroma besitzen, eignet Dill sich nicht zum Trocknen.

Schnittlauch

Schnittlauch gehört zur Gattung des Lauchs und ist eines der beliebtesten Gartenkräuter. Jede Pflanze besitzt eine kleine Zwiebel, die ein bis zwei runde, röhrenförmige Blätter ausbildet. Typischerweise treten die Pflanzen in einer sehr eng beieinander stehenden Wuchsform auf. Die frischen Blätter des Schnittlauchs können klein geschnitten z. B. für Suppen und Eiergerichte verwendet oder auf einem Butterbrot gegessen werden. Die violetten, ansehnlichen Blüten können entgegen der landläufigen Meinung ebenfalls gegessen werden und sind z. B. in Salaten sehr dekorativ. Schnittlauch besitzt sehr viel Vitamin K, das u. a. für die Blutgerinnung und den Knochenstoffwechsel benötigt wird, sowie Vitamin A, C und E. Auch Kalium und Magnesium sind in größeren Mengen enthalten.

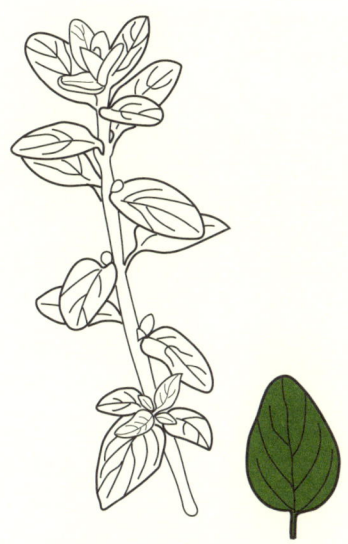

Majoran

Majoran, der eng mit dem Oregano verwandt ist, gehört zur Gattung des Dosts in der Familie der Lippenblütler. Er wird beim Kochen besonders zum Würzen von Kartoffel- und Fleischgerichten sowie für Eintöpfe und in der Wurstherstellung verwendet. Wegen dieser häufigen Verwendung trägt er auch den Beinamen Wurstkraut. Man erntet ihn am besten vor seiner Blüte, jedoch sind die rosa bis violetten Blüten z. B. im Salat ebenfalls sehr dekorativ. Majoran eignet sich sehr gut zum Trocknen. Er besitzt eine antibakterielle, krampflösende, leicht sedative Wirkung. In der griechischen Mythologie galt Majoran als ein Symbol der Glückseligkeit. Der griechische Gott der Hochzeit, Hymenaios, wurde oft mit einem Kranz aus Majoran dargestellt.

Bohnenkraut

Bohnenkräuter sind eine Gattung innerhalb der Lippenblütler. Sie werden hauptsächlich nach den Arten Sommer- und Winter-Bohnenkraut unterschieden, wobei das Sommerbohnenkraut auch Echtes Bohnenkraut genannt wird. Vorrangig wird Bohnenkraut – wie sein Name sagt – zum Würzen von Bohnengerichten verwendet, da es nicht nur aromatisch dazu passt, sondern die Hülsenfrüchte durch seine Inhaltsstoffe auch leichter bekömmlich macht. Es gilt als Hausmittel gegen Blähungen, das eine krampflösende und verdauungsfördernde Wirkung besitzt. Geerntet wird Bohnenkraut im Gegensatz zu den meisten anderen Kräutern kurz vor, aber hauptsächlich während der Blüte. Es eignet sich außerdem sehr gut zum Trocknen.

Liebstöckel

Liebstöckel, der auch als Maggikraut bekannt ist, gehört zur Familie der Doldenblütler. Er sieht der Petersilie recht ähnlich, besitzt aber größere, spitzer zulaufende Blätter. Geschmacklich erinnert er an Sellerie, ist jedoch viel intensiver. Er passt sehr gut zu Pilzgerichten sowie Suppen und kann daher der Gemüsebrühe beigegeben werden. Seinen Namen Maggikraut erhielt der Liebstöckel aufgrund seiner geschmacklichen Ähnlichkeit mit der Maggi-Würze, die jedoch kein Liebstöckel enthält. Er besitzt u. a. eine krampflösende und verdauungsberuhigende Wirkung.

Die hier und auf der vorherigen Seite abgebildeten Gewürze und Kräuter bilden den typischen Würzgeschmack der traditionellen norddeutschen Hausmannskost ab. Erwähnenswert sind auch noch Kerbel, Kresse und Kapuzinerkresse, Borretsch sowie Waldmeister und Minze. Sie werden jedoch nicht so häufig verwendet wie die hier abgebildeten Kräuter. Auch Kräuter aus dem mediterranen Raum wie Lavendel, Salbei, Rosmarin oder Thymian spielen in der klassischen norddeutschen Küche keine Rolle. Während die Gewürze zumeist in getrockneter Form ihren Weg nach Deutschland finden bzw. in der hiesigen Küche so verwendet werden, besitzen die Kräuter – abgesehen von Majoran und Bohnenkraut, die sich zum Trocknen sehr gut eignen – frisch das beste Aroma.

Gewürze

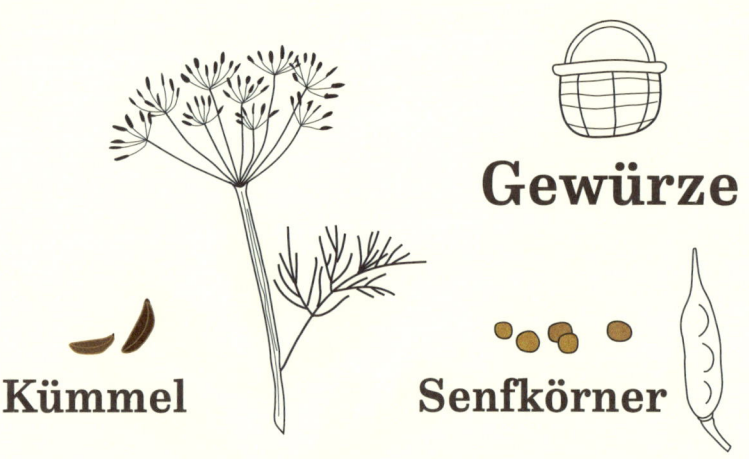

Kümmel

Kümmel gehört zur Familie der Doldenblütler. Er kommt in natürlicher Form als Wiesenkümmel in den Alpen vor, kann aber auch im Garten angebaut werden. Kümmel wird vor allem bei schwerer verdaulichen Gerichten wie z. B. Kohl eingesetzt oder als Tee zubereitet, da er eine verdauungsfördernde und krampflösende Wirkung hat. In Süddeutschland wird er auch in Brot verbacken, in Norddeutschland gibt er dem Köm seinen Geschmack.

Senfkörner

Als Senfkörner werden die Samen aus den Schoten der Gattungen Senf (Weißer Senf mit typischen gelblichen Körnern) und Kohl (Brauner und Schwarzer Senf) bezeichnet. Ganze Senfkörner werden zum Kochen, Braten, Einlegen und zur Wurstherstellung verwendet. In verschiedenen Mischungen und Mahlgraden werden aus ihnen Senfspezialitäten hergestellt. Auch die Blätter sind roh oder gegart essbar.

Lorbeer

Lorbeerblätter stammen vom Baum des Echten Lorbeers. Seine Heimat sind ursprünglich wärmere Gefilde wie der Mittelmeerraum. Geschützt überwintert die bedingt winterharte Pflanze auch in nördlichen Breiten. Frisch oder getrocknet kann Lorbeer in Suppen, Fleisch- oder Fischgerichten und in Essigmarinaden eingesetzt werden. Er gilt als Symbol des Ruhmes, des Sieges und des Friedens.

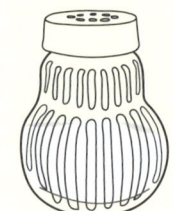

Salz

Salz ist ein Mineral, das entweder durch Verdunstung aus Meerwasser oder in Salzlagerstätten unter Tage abgebaut wird. Neben der Rolle als Geschmacksgeber in nahezu jedem Gericht besitzt es eine konservierende Wirkung und wird in Form von Pökelsalz zur Herstellung von Wurstwaren eingesetzt. Früher wurde die ehemals teure Handelsware als weißes Gold bezeichnet. Salz ist zudem wichtiger Bestandteil der Ernährung. Mehr als die empfohlene Tagesdosis von etwa 5 g (2 Tl) kann sich aber auch schädlich in Form von Bluthochdruck auswirken.

Pfeffer

Die Kletterpflanze vom Pfeffer kann eine Höhe von bis zu zehn Metern erreichen. Seine Heimat ist ursprünglich Indien, heute sind die größten Anbaugebiete Vietnam, Indonesien, Indien, Brasilien und Malaysia. Über verschiedene Handelswege gelangte der Pfeffer nach Europa und wurde zeitweise mit Gold aufgewogen. Grüner, Weißer, Schwarzer und Roter Pfeffer stammen von der gleichen Pflanze, die in unterschiedlichen Reifestadien geerntet wird. Weißer Pfeffer ist zudem geschält. Gemeinsam mit Salz bildet Pfeffer die Hauptwürze der meisten Gerichte.

Muskatnuss

Die Muskatnuss ist der Kern der ockergelben Frucht des Muskatnussbaums. Die Nuss ist mit einem rötlichfleischigen Samenmantel umgeben, der als Macis ebenfalls als Gewürz benutzt wird und in Europa fälschlicherweise für die Blüte gehalten wurde. Lange war die Muskatnuss eine teure Handelsware mit Heimat auf den indonesischen Inseln. Hauptanbaugebiete liegen in Südamerika, Afrika und dem tropischen Asien. Das Gewürz wird hauptsächlich für Kartoffel- oder Kohlgerichte eingesetzt, eignet sich aber auch zum Backen. In größeren Mengen wirkt die Muskatnuss halluzinogen.

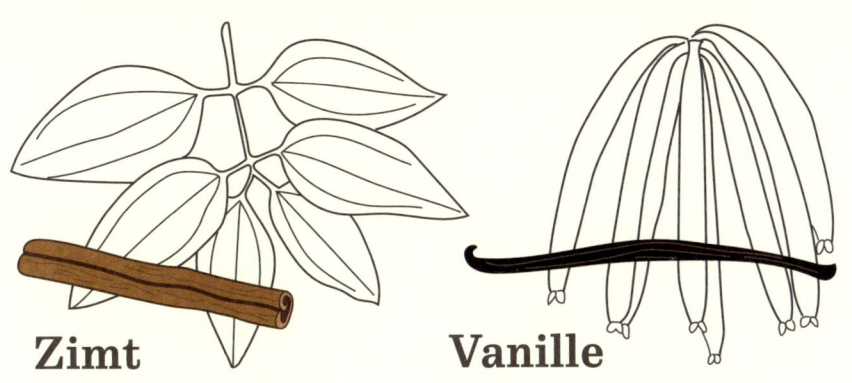

Zimt

Zimtstangen bestehen aus der getrockneten Rinde von Zimtbäumen. Der echte Ceylon-Zimt, dessen Rinde sich komplett in mehreren Schichten einrollt, stammt aus Sri Lanka, Burma oder Bangladesch. Heute werden hauptsächlich billigere Sorten z. B. aus China gehandelt, die sich an beiden Enden einrollen. Zimt ist eines der ältesten Gewürze. Er fördert u. a. Appetit und Verdauung. Das ehemals teure Handelsgut wird in Deutschland vor allem für Süßspeisen in der Weihnachtszeit eingesetzt. Küchen anderer Länder verwenden ihn aber auch für herzhafte Speisen.

Vanille

Vanilleschoten werden aus den fermentierten Kapselfrüchten von 15 Arten der Orchideengattung Vanille gewonnen. Unterschiedliche Sorten werden z. B. als günstigere Tahiti- oder als teurere Bourbon-Vanille gehandelt. Nach der Ernte werden die grünen Schoten blanchiert, in der Sonne getrocknet und in Kisten gereift. Anders als viele andere Gewürze ist Vanille immer noch verhältnismäßig teuer. Sie wird hauptsächlich für Süßspeisen wie Vanillesoße oder zum Backen verwendet. Coca-Cola ist der größte Abnehmer für Vanille weltweit.

Zucker

Weißer Zucker ist ein hauptsächlich aus Zuckerrohr und -rübe gewonnenes, kristallines Lebensmittel. Bis zur industriellen Produktion von Zucker aus Zuckerrüben in Deutschland ab etwa 1850 war er teuer und bestand aus importiertem Zucker aus Zuckerrohr. Zucker wird vor allem für Süßspeisen verwendet und besitzt eine konservierende Wirkung. Es gibt ihn z. B. als Gelier-, Puder- und Vanillezucker mit unterschiedlichen Eigenschaften. Inzwischen ist der Konsum von Zucker aus verschiedenen gesundheitlichen Gründen umstritten.

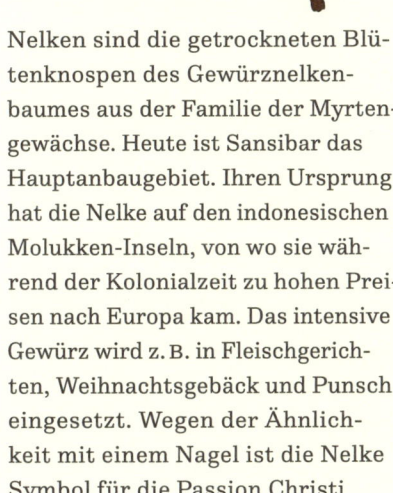

Nelken

Nelken sind die getrockneten Blütenknospen des Gewürznelkenbaumes aus der Familie der Myrtengewächse. Heute ist Sansibar das Hauptanbaugebiet. Ihren Ursprung hat die Nelke auf den indonesischen Molukken-Inseln, von wo sie während der Kolonialzeit zu hohen Preisen nach Europa kam. Das intensive Gewürz wird z. B. in Fleischgerichten, Weihnachtsgebäck und Punsch eingesetzt. Wegen der Ähnlichkeit mit einem Nagel ist die Nelke Symbol für die Passion Christi.

Piment

Piment oder Nelkenpfeffer gehört zur Familie der Myrtengewächse. Das Hauptanbaugebiet des Piments liegt in Jamaika, wo die frischen Blätter des Baumes ebenfalls verwendet werden. Die beerenähnliche Steinfrucht des Piments wird noch grün geerntet und getrocknet. In Deutschland wird Piment meist zur Wurstherstellung und in der Weihnachtsbäckerei verwendet. Geschmacklich erinnert er an Pfeffer, Zimt, Muskat und Nelken.

Wacholderbeeren

Wacholderbeeren sind die Zapfen des Wacholders. Der anpassungsfähige Nadelbaum gehört zur Familie der Zypressengewächse und kommt häufig auf trockenen Böden wie z. B. in der Halbwüste oder der Heide vor. Die Früchte benötigen zwei Jahre, um zu reifen, bevor sie dann getrocknet etwa für Sauerkraut oder geräuchertes Fleisch und Fisch verwendet werden. Auch im Gin sind sie ein wesentlicher Bestandteil. Wacholder fördert die Verdauung und hilft bei Sodbrennen.

Rotkohl

1 großer Rotkohl
1 El Schweineschmalz
3–4 säuerliche Äpfel
1 große Zwiebel
2 Lorbeerblätter
3–4 Nelken
4–5 Wacholderbeeren
1 Tl Piment
1 Tl Pfefferkörner

1 Zimtstange
125 ml Apfelsaft
Salz
ca. 3 El Zucker
ca. 6 El Kräuter- oder Rotweinessig

Außerdem:
Preiselbeerkompott

Zubereitung

Den Rotkohl waschen, halbieren, den Strunk entfernen und in feine Streifen schneiden. Die Zwiebel pellen und würfeln. Die Äpfel waschen, vierteln, das Kerngehäuse entfernen und grob würfeln. Nelken, Wacholderbeeren, Piment und die Pfefferkörner in einer Pfanne ohne Fett kurz anrösten, ein wenig zerdrücken und in ein Teesieb geben.

Einen großen Topf erhitzen und das Schmalz darin zerlassen. Bei mittlerer Temperatur die Zwiebeln glasig dünsten, den Kohl nach und nach hinzugeben und unter Rühren ein wenig anschmoren lassen. Die Gewürze und die Äpfel hinzugeben, mit Apfelsaft ablöschen. Mit Salz und Zucker abschmecken. Auf niedriger Temperatur mit geschlossenem Deckel mindestens 60 Minuten köcheln lassen. Von Zeit zu Zeit umrühren und bei Bedarf noch etwas Wasser angießen, wenn der Kohl zu trocken wird.

Ist der Kohl weich, mit Essig, Salz und Zucker abschmecken. Nochmals aufkochen lassen.
Die Gewürze entfernen und vor dem Servieren Preiselbeeren je nach Geschmack unterrühren.

Rotkohl ist eine klassische Beilage zu vielen Fleischgerichten. Der frische Kohl lässt sich im Spätsommer, wenn die Äpfel reif sind, hervorragend in einer großen Menge auf Vorrat zubereiten. Dafür das Rezept einfach verdoppeln und in Gläser einkochen. Bei Bedarf kann er dann erwärmt und mit Preiselbeerkompott verfeinert werden. Die Bezeichnung Rotkohl ist für Norddeutschland typisch, während er in Süddeutschland eher als Blaukraut bezeichnet wird. Die Farbe des Kohls ist nämlich einerseits vom pH-Wert des Bodens abhängig und kann andererseits durch die Zubereitung beeinflusst werden. Auf alkalischen Böden wird er blauer, auf sauren Böden rötlicher, und die Zugabe von Essig bewirkt ebenfalls, dass der Kohl rot wird.

Sauerkraut

*5 kg Weißkohl
50–75 g Salz
(je nach Geschmack)
Lorbeerblätter, Kümmel
und Wacholderbeeren
nach Geschmack*

Zubereitung
~

Einen passenden Gärtopf aus Steingut oder eine entsprechende Menge großer Gläser mit Schraubverschluss auskochen und an der Luft trocknen lassen.

Die Mengenangaben in diesem Rezept sind Richtwerte und lassen sich leicht an die eigenen Gefäße anpassen. Zur Sauerkrautherstellung eignen sich am besten biologisch angebaute, feste Herbstsorten des Kohls. Zunächst die äußeren Blätter entfernen und beiseitelegen. Den Kohlkopf vierteln und den Strunk herausschneiden. Mit einem großen speziellen Krauthobel, einem Gemüsehobel oder einem Messer den Kohl in feine Streifen schneiden.

Unter der Verwendung von Gläsern den Kohl in einem großen Gefäß mit dem Salz und den Gewürzen mischen. So lange kräftig kneten oder stampfen, bis der Kohl wässert und in seiner eigenen Flüssigkeit steht. Nun fest in die Gläser pressen. Er sollte mindestens fingerbreit mit Flüssigkeit bedeckt sein. Gibt der Kohl nicht ausreichend eigene Flüssigkeit her, mit etwas Salzlake auffüllen (siehe nächste Seite). Mit den äußeren Kohlblättern bedecken und mit einem kleinen Brett und einem Stein beschweren. Mit dem Deckel abdecken, aber nicht vollständig verschließen, damit die entstehenden Gase entweichen können. *Die Gläser am besten in eine passende Schüssel stellen, um austretende Flüssigkeit aufzufangen.*

Bei der Verwendung eines Gärtopfes kann direkt eine geraspelte Schicht Kohl von etwa 10 cm in den Topf gegeben werden. Pro Schicht etwas Salz und Gewürze hinzugeben und mit einem passenden Krautstampfer verdichten. Diesen Vorgang so lange wiederholen, bis der Topf zu $4/5$ gefüllt ist. Etwa 30 Minuten warten. Hat sich nicht genug eigene Flüssigkeit gebildet, mit etwas Salzlake auffüllen, sodass der Kohl 1–2 Fingerbreit bedeckt ist (siehe nächste Seite). Mit ein paar großen Kohlblättern bedecken und mit dem passenden zweiteiligen Stein beschweren. In die Rinne am Rand des Topfes Wasser, aber besser Salzwasser einfüllen und mit dem Deckel abdecken, damit keine Mikroorganismen in das Kraut gelangen können. Während der gesamten Gärphase darauf achten, dass die Rinne mit Wasser gefüllt ist.

Die Gefäße nun je nach Umgebungstemperatur 1–3 Wochen bei Zimmertemperatur stehen lassen, damit die Gärung einsetzt. Danach sollte das Sauerkraut etwa 1–3 Wochen an einem etwas kühleren Ort lagern. Sein Geschmack sollte regelmäßig überprüft werden, da der Säuregehalt bei Raumtemperatur steigt. Hat das Sauerkraut die gewünschte Reife erreicht, in geschlossenen Gläsern im Kühlschrank oder in einem kalten Keller aufbewahren. Das Sauerkraut hält sich so bis zu einem Jahr.

Das Sauerkraut kann verfeinert entweder roh als Salat oder z. B. als Beilage zu Kassler (Seite 144) oder Eisbein zubereitet werden.

Das Prinzip

Bei der Milchsäuregärung bauen Mikroorganismen – vor allem Milchsäurebakterien – Zucker zu Milchsäure ab, sodass der pH-Wert sinkt und ein saures Milieu entsteht. Dieses hemmt schädliche Mikroorganismen stark in ihrer Aktivität oder tötet sie ab. Neben dem Konservierungseffekt hat die Milchsäuregärung außerdem einen positiven Effekt auf die Gesundheit: Im Gegensatz zum Einkochen bleiben die Vitamine und Mineralstoffe im Gemüse nicht nur erhalten, sondern es bilden sich Stoffe, die sich vorteilhaft auf die Darmflora auswirken und dadurch das Immunsystem stärken. Bei der Milchsäuregärung läuft der Prozess der Fermentation ab. Fermentation beschreibt die Umwandlung organischer Stoffe in Säure, Gase oder Alkohole und wird vielfach in der Lebensmittelherstellung eingesetzt. Neben der Konservierung wird die Fermentation auch bei der Verarbeitung von Kaffee, Kakao, Tee und Tabak genutzt, um Gerbstoffe abzubauen und den Lebensmitteln ihr charakteristisches Aroma zu geben. Auch Lebensmittel wie z. B. Joghurt, Käse, Rohwürste, das japanische Kimchi und Sauerteig sind fermentiert.

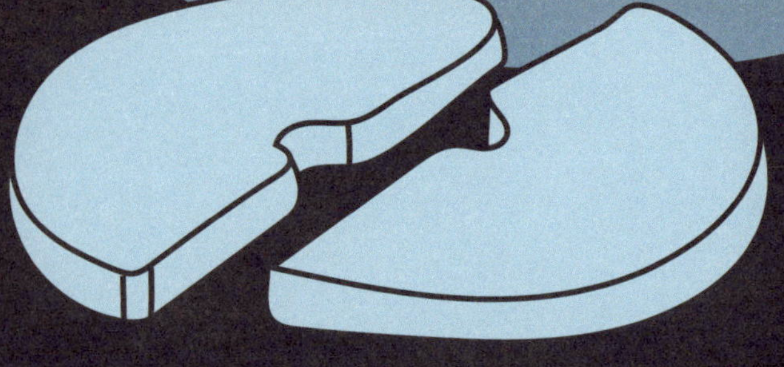

Utensilien

Steinguttöpfe
oder
Gläser mit großer Öffnung und
Bügel- oder Schraubverschluss
oder
spezielle Gärgefäße mit
passendem Gewicht

Steine oder Gewichte
und ein Teller zum Beschweren

Salz

Milchsäuregärung
Geeignet für Gemüse

Milchsäuregärung

Zur Milchsäuregärung benötigt man neben dem Gemüse nur Salz, eventuell Wasser, ein geeignetes Gefäß aus Ton oder Glas mit einer großen Öffnung und ein Gewicht wie z. B. einen Stein zum Beschweren. Zum Vergären eignen sich am besten Gemüsesorten mit einer festen Struktur wie Wurzelgemüse oder Kohl, da im Laufe des Prozesses die Zellstruktur etwas zerfällt und das Gemüse weich wird. Das bekannteste milchsauer vergorene Gemüse ist das Sauerkraut. Auch eignet sich Bio-Gemüse deutlich besser, weil darauf mehr Mikroorganismen leben, die den Prozess begünstigen. Das eingesetzte Salz ist nicht das primäre Konservierungsmittel. Es unterdrückt lediglich die unerwünschten und fördert die gewünschten Bakterien. Für die Konservierung sorgen letztendlich die Milchsäurebakterien, die bis zu einem gewissen Grad salztolerant sind.

- Zu Beginn das Gefäß und alle Arbeitsmaterialien mit kochendem Wasser überbrühen, um eine Kontamination mit Fremdkeimen zu verringern.
- Das Gemüse waschen und in feine Streifen schneiden oder raspeln. Bei Gemüse mit einem hohen eigenen Wassergehalt wie z. B. Weißkohl reicht es je nach Rezept aus, Gewürze und Salz hinzuzufügen (**etwa 15 g Salz pro Kilogramm Gemüse**) und es mit den Händen zu kneten. Dadurch brechen die Zellstrukturen auf, und das Salz fördert zusätzlich den Austritt des Wassers. Besitzt das Gemüse einen geringeren Wassergehalt, ist es sinnvoll, zuvor eine 3-4-prozentige Salzlake anzusetzen. Dafür einen Liter Wasser mit 30–40 g Salz aufkochen, abkühlen lassen und das vorbereitete Gemüse für 8–10 Stunden darin ziehen lassen. Dann gut auspressen und etwas Lake auffangen.
- Das Gemüse nun fest in das Gefäß drücken und mit einem kleinen Teller und einem Gewicht (z. B. einem sauberen Stein) beschweren, sodass es unter Ausschluss von Sauerstoff vollständig mit der Salzlake bedeckt ist. Reicht die eigene Flüssigkeit nicht aus, mit etwas Salzlake, wie vorher beschrieben, auffüllen.
- **Bei Raumtemperatur von 20–22 °C für etwa 7–21 Tage stehen** lassen und gelegentlich den Flüssigkeitsstand überprüfen. Nach etwa zwei Tagen ist die erste Gärphase beendet. Der noch vorhandene Sauerstoff ist nun verbraucht, und die Kohlendioxid-Produktion beginnt. Zu erkennen ist dies an den aufsteigenden Bläschen. **Nun setzt die Milchsäuregärung ein**, in deren Verlauf sich das Aroma entwickelt. Nach 2–3 Wochen ist die Gärung beendet, jedoch benötigen die meisten Gemüsesorten insgesamt 2–6 Wochen bis zur vollen Reife. Wichtig ist, den Deckel nicht vollständig zu schließen, damit entstehende Gase entweichen können. Je nach persönlichem Geschmack sollte – nachdem die erste Gärphase abgeschlossen ist – der Reifegrad regelmäßig überprüft werden, da der Säuregehalt bei Raumtemperatur immer weiter steigt.
- Das fertige Gemüse nun in den Kühlschrank stellen, um die Arbeit der Mikroorganismen zu stoppen bzw. zu verlangsamen.

Saisonalität und Saatgutsouveränität
Tomaten im Winter

Dass sich im Frühjahr die Blätter an den Bäumen langsam grün färben, die Bäume im Sommer in vollem Laub stehen, sich im Herbst verfärben, ihre Blätter verlieren und den Winter über kahl sind, weiß vermutlich jedes Kind. Die natürliche Vegetation ist dem Wandel der Jahreszeiten unterworfen. Aber wenn das so ist, wo wachsen dann der Salat und die Erdbeeren, wenn es draußen kalt ist? Im Oktober, wenn die Saison heimischer Tomaten langsam zu Ende geht, liegen weiterhin frische Tomaten in den Supermarktregalen, als wäre nichts passiert. Wo kommen die her? Auch Gurken, Paprika und Salat – alles ebenfalls Sommergemüse – gibt es das ganze Jahr über zu kaufen. Das Angebot von Obst und Gemüse im Supermarkt hat sich inzwischen fast vollständig von der Saison gelöst. Vor noch gar nicht so langer Zeit war es eher die Ausnahme, dort bereits im Februar Erdbeeren aus Spanien zu finden, inzwischen ist es die Regel. Eine der letzten Gemüsesorten, die relativ saisonal gebunden ist, ist der Spargel, aber auch der kommt, um die heimische Saison zu verlängern, nicht selten vom anderen Ende der Welt. Welche Auswirkungen hat diese Art des Angebots? Und ist Tomate eigentlich gleich Tomate?

Tomaten aus Almería

Die Tomate ist mit einem Pro-Kopf-Verzehr von mehr als 26 Kilogramm im Jahr 2016 mit großem Abstand das beliebteste Gemüse der Deutschen. Karotten belegen mit gerade einmal acht Kilogramm den zweiten Platz.[1] Da der Durchschnittsverbraucher nicht gewillt ist, mehr als zwei Euro pro Kilogramm für Tomaten zu bezahlen, muss der Erzeuger dieses Kilogramm für unter 50 Cent herstellen. Viele der in Deutschland verzehrten Tomaten kommen aus dem spanischen Almería. In dieser Stadt im Süden der Iberischen Halbinsel werden pflanzliche Nahrungsmittel in einem weltweit einmaligen Ausmaß produziert: Die Dichte der Gewächshäuser ist so hoch, dass eine geschätzte Fläche Land von 30.000 bis 40.000 Hektar mit etwa 30.000 Gewächshausquadratmetern bebaut ist – so groß, dass diese auch aus dem Weltraum zu sehen sind. Etwa 110.000 Landarbeiter sind auf dieser Fläche beschäftigt. Davon sind geschätzt 80.000 bis 90.000 Ausländer, etwa 20.000 bis 40.000 von ihnen werden illegal beschäftigt. Diejenigen, die keine Papiere besitzen, werden häufig sehr schlecht bezahlt und leben unter teilweise unwürdigen Bedingungen direkt auf der Plantage, mitunter in unmittelbarer Nähe zu den giftigen, gesundheitsgefährdenden Agrarchemikalien.[2] Almería ist in Europa die Region mit den meisten Sonnenstunden im Jahr, weshalb auf eine Beheizung der Gewächshäuser selbst im Winter zum größten Teil verzichtet werden kann. Allerdings wird für die Bewirtschaftung der Fläche eine Unmenge an Wasser benötigt. Wasser, das dort ein sehr knappes Gut ist. Die Situation ist in verschiedener Hinsicht problematisch. Einerseits ist das Wasser durch die eingesetzten Pestizide stark belastet, andererseits sind die Wasservorräte stark übernutzt, was zu einem Absinken des Grundwasserspiegels geführt hat. Es wird also mehr Wasser entnommen, als sich regenerieren kann.

Almería steht nur stellvertretend für ein globales Problem. Die Landwirtschaft ist im Vergleich mit der Industrie und den privaten Haushalten der größte Wasserverbraucher weltweit. Der WWF schätzt, dass die Landwirtschaft etwa 70 Prozent der Süßwasserressourcen beansprucht – in den Ländern des globalen Südens sogar bis zu 90 Prozent. Dabei entfällt der größte Anteil auf die Bewässerung.[3] Vor allem Monokulturen benötigen eine große Menge Wasser, da sie den Humusabbau vorantreiben und damit auch die Fähigkeit des Bodens, Wasser zu speichern, minimieren. Insgesamt hat die zunehmende Belastung der Wasserressourcen in vielen zuvor fruchtbaren Regionen zur Verknappung oder zum Versiegen dieser Ressourcen geführt – die Grüne Revolution hat entscheidend zur Übernutzung der Wasserressourcen beigetragen.[4] Im Vergleich zu Deutschland liegen viele der landwirtschaftlichen Nutzflächen weltweit in trockenen Regionen. Im Mittelmeerraum beispielsweise ist in allen Gebieten, in denen wirtschaftlich bedeutende Obst- und Gemüsesorten angebaut werden, das Grundwasser in einem größeren Maße beansprucht, als es zur Regeneration in der Lage ist. Obwohl Wasser in Deutschland ausreichend vorhanden ist, stammen nur 47 Prozent des Wassers, das entlang der Produktionskette von Lebensmitteln verbraucht wird, auch aus Deutschland. Die anderen 53 Prozent werden mit den Futter- und Lebensmitteln importiert.

Wasser, das entlang der Produktionskette von Lebensmitteln und nicht nur bei der unmittelbaren Erzeugung verbraucht wird, nennt man auch *virtuelles Wasser*.[5] Durch den Import von Lebensmitteln geht Wasser aus dem lokalen Kreislauf in den produzierenden Ländern verloren. Und das betrifft nicht nur die Landwirtschaft, sondern die gesamte Wertschöpfungskette der Lebensmittelwirtschaft. *Coca-Cola* als eines der wenigen Unternehmen, die ihre Wasserbilanzen veröffentlichen, verbrauchte im Jahr 2015 rund drei Milliarden Liter Wasser. Das entspricht in etwa dem Verbrauch eines Landes mit einer Einwohnerzahl von 26 Millionen Menschen – wie Madagaskar beispielsweise.[6] Große Monokulturen in Gewächshäusern benötigen neben ausreichend Wasser außerdem eine Menge Energie, die für das Beheizen vor allem im Winter aufgewendet werden muss. Zwar ist dieser Aufwand in Almería gering, in anderen Ländern wie den Niederlanden oder Deutschland dagegen ist

= 135 l

Für die Erzeugung und Zucht benötigtes Wasser (in Liter) pro Kilogramm[*1]

der Energiebedarf sehr hoch. Dadurch unterscheidet sich die Klimabilanz von dort angebauten Tomaten häufig nicht von jenen aus Spanien – trotz des hohen Wasserverbrauchs. Auch Bio-Tomaten sind hier nicht der Weisheit letzter Schluss, weil sie ebenso in beheizten Gewächshäusern wachsen und transportiert werden müssen. Von den 30.000 Hektar Gewächshausfläche in Almerìa werden inzwischen etwa 1.000 Hektar nach den EU-Biorichtlinien bewirtschaftet, weil auch im Biosektor Gemüse ganzjährig nachgefragt wird.[7] Um die Tomaten überall in Europa auszuliefern, werden sie auf Lkw verladen und verbringen für die 2.700 Kilometer bis nach Berlin viereinhalb Tage auf der Straße. Die Treibhausgasemissionen, die beim Transport freigesetzt werden, addieren sich noch einmal zu denjenigen, die aus der Gewächshauskultur entstehen. Damit die Tomaten bei ihrer Ankunft im Handel den richtigen Reifegrad haben, werden sie in Almería noch grün geerntet. Sie reifen dann zwar nach, ihr Geschmack verbessert sich aber nicht mehr, wie es bei weiterer Reifung an der Pflanze der Fall wäre.[8]

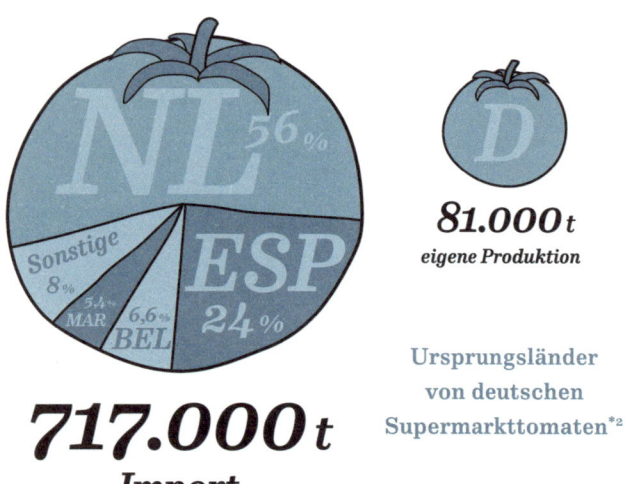

717.000 t Import

81.000 t eigene Produktion

Ursprungsländer von deutschen Supermarkttomaten*2

Die standardisierte Tomate

Wer schon einmal selbst Gemüse angebaut hat, weiß, dass die Sorten- und Geschmacksvielfalt deutlich größer ist als bei Supermarktgemüse. Wer bestimmt, welches Gemüse in die Supermärkte kommt und nach welchem Kriterium? Zu einem nicht geringen Teil entscheidet *Bayer-Monsanto*, der größte Saatguthersteller weltweit, welches Obst und Gemüse gegessen wird. Mit einem Marktanteil von 26 Prozent unter den Saatgut- und Düngemittelherstellern hat das Unternehmen eine enorme Macht, darüber zu entscheiden, wie die Idealtomate aus Produktionssicht schmeckt, und ebenso dabei, andere Sorten aus dem Supermarkt auch wieder verschwinden zu lassen. Zudem hält der umstrittene Konzern 90 Prozent aller Patente für genmanipuliertes Saatgut.[9] Vom Handel werden vor allem robuste Tomaten bevorzugt, die besonders transport- und lagerfähig sind. Deshalb ist die Schale häufig sehr dick und fest, das Fruchtfleisch hart. Auch geht es darum, Tomaten zu züchten, die schnell wachsen und eine gleichmäßige Reife, eine hohe Widerstandskraft gegenüber Krankheitserregern und eine lange Haltbarkeit haben. Diese züchterischen Ziele gehen jedoch auf Kosten des Geschmacks.[10] Außerdem regelt die *EU-Vermarktungsnorm* die Qualität von Obst und Gemüse, das in den Handel kommt. Das ist zwar mit Blick auf die allgemeine Qualitätssicherung sinnvoll, hat jedoch zur Folge, dass auch Gemüse, das allein den optischen Standards beispielsweise hinsichtlich Form, Größe und Farbe nicht entspricht, aussortiert wird. Schätzungen zufolge werden etwa 30 Prozent der Karotten deshalb nicht weiterverarbeitet.[11] Aus diesen Gründen sieht eine Tomate, die in Norddeutschland verkauft wird, auch exakt aus wie die aus einem süddeutschen Supermarkt.

Die standardisierte Supermarkttomate ist meist eine Strauch-, Rispen-, Cherry- und seltener eine Flaschentomate. Aber Tomaten tragen auch so klangvolle Namen wie *Himmelsstürmer, Reinhards Goldkirsche, Ochsenherz* oder *Green Zebra* und kommen in einer schier unendlichen Farben-, Formen- und Geschmacksvielfalt vor. Weltweit existieren etwa 35.000 Sorten.[12] Wo sind die alle? In Garten-Center werden ebenfalls häufig unfruchtbare Hybridsorten (Erklärung auf Seite 20), kenntlich durch die Bezeichnung *F1*, verkauft, aus denen man dann für das folgende Jahr kein eigenes Saatgut gewinnen kann. In Deutschland darf grundsätzlich kein Obst oder Gemüse ohne die Zulassung durch das *Bundessortenamt* verkauft werden. Doch diese Zulassungen sind kostspielig und zeitaufwendig. Ebenfalls ein gutes Beispiel für die Standardisierung sind die Kartoffeln. Das Bundessortenamt entscheidet mit der *Pflanzkartoffelverordnung* darüber, welche Sorten theoretisch in den Handel gelangen können. Von den rund 4.000 weltweit existierenden Arten sind hier in Deutschland gerade einmal knapp über 200 zugelassen, was jedoch nicht bedeutet, dass sie alle im Handel erhältlich sind. Auffällig ist außerdem, dass weniger als zehn Sorten gelistet sind, die vor 1976 eingetragen wurden. Bei einem Großteil handelt es sich um neue Sorten, die seit dem Jahr 2000 gezüchtet wurden.[13] Bei einer solchen Verkleinerung des Genpools durch die Vereinheitlichung der Sorten seitens der großen Saatguthersteller besteht die Gefahr, dass alte Sorten verschwinden und in Vergessenheit geraten – und mit ihnen ein Stück Kulturgut. Dieser Verlust trifft besonders diejenigen, deren Überleben vom Ertrag ihres eigenen Bodens und inzwischen sehr häufig von dem Saatgut großer Konzerne abhängig ist. Doch es gibt zahlreiche Initiativen, die es sich zum Ziel gesetzt haben, durch den Anbau von alten Gemüsesorten die Saat zu bewahren. Eine davon sind die *Tomatenretter*, die in der Nähe von Hamburg einen Bauernhof betreiben und dort ein privates Saatgutarchiv aufbauen.[14] Auf sogenannten *Saatguttauschbörsen*, die regelmäßig stattfinden, werden Saatgut, Setzlinge und Wissen rund um zahlreiche Pflanzen ausgetauscht, sodass jeder Einzelne zum Erhalt der biologischen Vielfalt beitragen kann.[15]

Saisonal, regional, bio?

Nicht nur der Handel mit Saatgut, sondern auch der Großhandel mit Obst und Gemüse ist ein sehr großer internationaler Markt. Neben Tomaten sind beispielsweise Gurken, Äpfel und Erdbeeren lukrative Handelswaren über nationale und kontinentale Grenzen hinweg. Dabei produziert Deutschland nur einen geringen Teil des eigenen Verbrauchs im Inland. Bei Tomaten waren es im Jahr 2015[16] gerade einmal rund 81.000 Tonnen im Vergleich mit einer Gesamteinfuhr von rund 717.000 Tonnen.[17] Das Beispiel der Tomaten steht dabei stellvertretend auch für andere Obst- und Gemüsesorten. Die Gesamteinfuhrmenge von frischem Obst und Gemüse nach Deutschland lag 2015 bei insgesamt rund 5 Millionen Tonnen.[18]

Bezogen auf die Klimabilanz ist allerdings auch der Kauf von Bio- oder regionalen Produkten nicht immer die einzige und beste Alternative. Vergleicht man in dieser Hinsicht deutsche und neuseeländische Äpfel, die im Frühjahr im Supermarkt liegen, fällt die Treibhausgasemission sehr ähnlich aus. Wenn die Äpfel frisch geerntet mit dem Schiff vom anderen Ende der Welt kommen, wurden die deutschen Äpfel bereits ein halbes Jahr in speziellen Lagern eingelagert, wo unter hohem Energieaufwand künstlich ideale Lagerbedingungen geschaffen werden, um ihren Reifeprozess zu verlangsamen.[19] Dieser Vergleich jedoch sollte nicht als Empfehlung zum Kauf von neuseeländischen Äpfeln missverstanden werden, sondern legt vielmehr nahe, Obst und Gemüse dann zu kaufen, wenn sie Saison haben, und traditionelle Konservierungsmethoden zu nutzen, die ohne hohen Energieaufwand auskommen. Bei Äpfeln, Rüben, Kohl und Zwiebelgemüse ist es eine gute Möglichkeit, lagerfähige Sorten anzubauen und diese kühl den Winter über z. B. in einer Erdkammer ohne Energieverbrauch einzulagern. Für andere Lebensmittel eignen sich Konservierungsmethoden wie das Einmachen, saures oder milchsaures Einlegen oder das Trocknen. Ist es also nötig, das ganze Jahr über Tomaten zu essen, auch wenn Supermarkttomaten im Winter noch geschmacksärmer sind als ohnehin, oder sollte man nicht über saisonale Alternativen nachdenken, die es zumindest für einen großen Teil der Zeit gibt?

Heimischer Saisonkalender

— Saison mit Ernte aus dem Freiland oder in ungeheizten Gewächshäusern

--- Verfügbarkeit durch Lagerung (siehe Seite 108)

◯ Anzucht / Kultivierung auf der Fensterbank / an einem frostfreien Ort

⚲ Aussaat / Pflanzung im Freiland

⊙ mehrjährige Pflanzen

	Januar	Februar	März	April	Mai	Juni	Juli	August	September	Oktober	November	Dezember
Rhabarber ⊙			—————	—————	—————	—————	———					
Kopfsalat		◯	⚲	———	—————	—————	—————	—————	————			
Spargel ⊙				⚲	————	————						
Salatgurken		◯	◯	⚲	—————	—————	—————	—————	———			
Blumenkohl		◯	⚲	—————	—————	—————	—————	—————	—————	———		
Radieschen	◯	◯	⚲	—————	—————	—————	—————	—————	—————	————		

	Januar	Februar	März	April	Mai	Juni	Juli	August	September	Oktober	November	Dezember
Lauch												
Spinat												
Erdbeeren												
Kohlrabi												
Weißkohl												
Knoblauch												
Johannisbeere												

Januar	Februar	März	April	Mai	Juni	Juli	August	September	Oktober	November	Dezember

Himbeeren

Kirschen

Einlegegurken

Tomaten

Erbsen

Mangold

Rote Bete

Zwiebeln

Kartoffeln

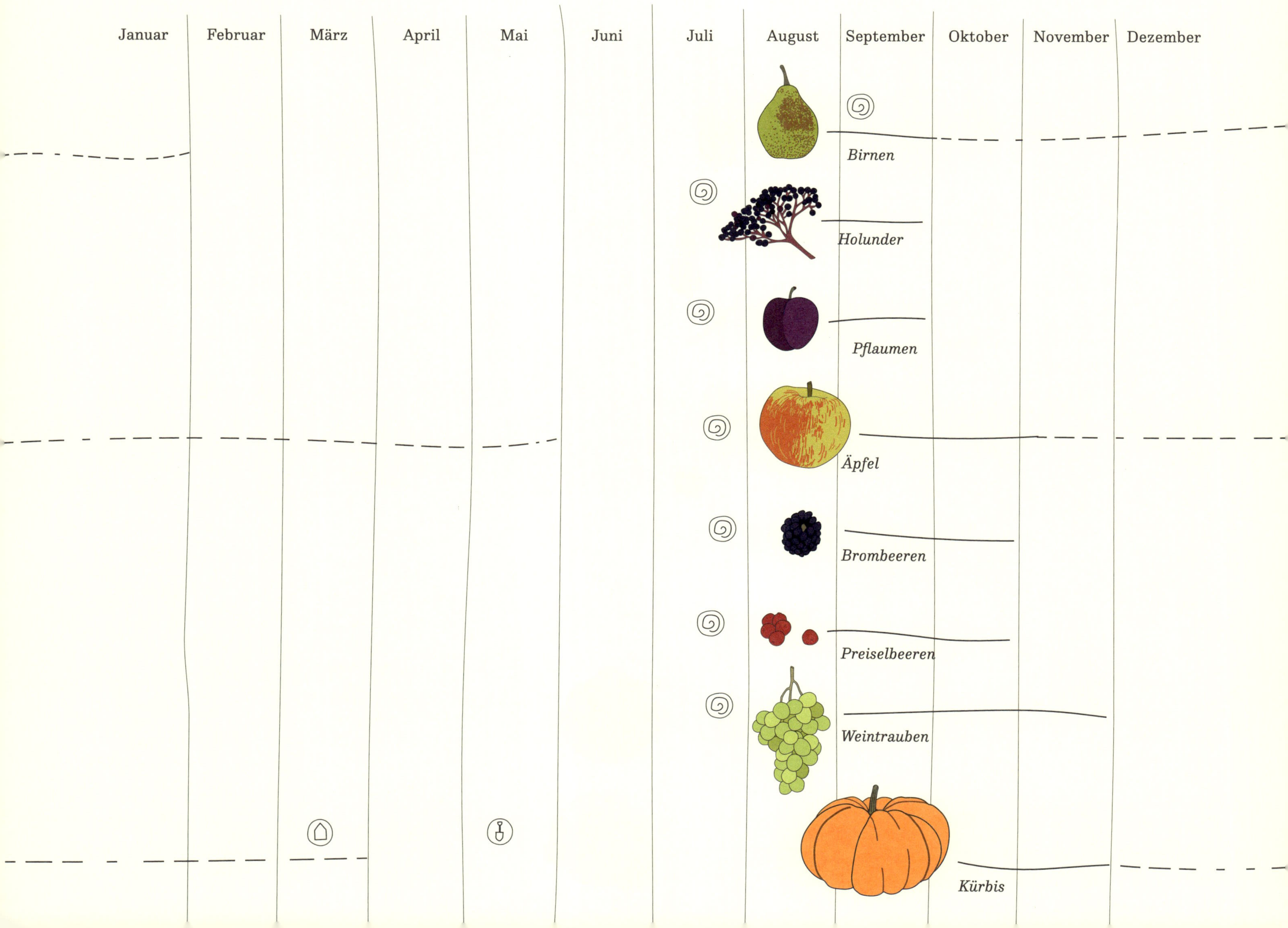

| Januar | Februar | März | April | Mai | Juni | Juli | August | September | Oktober | November | Dezember |

- Birnen
- Holunder
- Pflaumen
- Äpfel
- Brombeeren
- Preiselbeeren
- Weintrauben
- Kürbis

	Januar	Februar	März	April	Mai	Juni	Juli	August	September	Oktober	November	Dezember
Pastinaken												
Petersilienwurzeln												
Schwarzwurzeln												
Steckrüben												
Feldsalat												
Quitten												
Rosenkohl												
Grünkohl												

Regionalität und Partizipation
Eigenes Gemüse

Angesichts der in diesem Buch beschriebenen globalen Macht- und Missverhältnisse in der Agrar- und Lebensmittelindustrie mag es naheliegend erscheinen zu resignieren und schicksalsergeben zu schlucken, was uns die Konzerne auf den Teller legen. Wäre es da nicht Aufgabe der Politik, stärker einzugreifen? Als Einzelner ist man doch schließlich machtlos gegen das Ernährungssystem mit all seinen komplizierten Wechselbeziehungen und Ungerechtigkeiten. Oder nicht? – Am Ende der globalen Nahrungskette steht letztlich der Konsument, der Kunde, der Verbraucher, weshalb die gleichen Konzerne auch von den Kaufentscheidungen eben jener Menschen abhängig sind, denen sie ihre Lebensmitteldiktate aufzuzwingen versuchen. Jeder Einzelne ist also in der Lage, durch Konsumentscheidungen dem System eine bestimmte Richtung zu geben. Oder um es in Harald Lemkes Worten zu sagen: Der alltägliche Einkauf wird »*zu einem wirtschaftsdemokratischen Wahlgang für (oder gegen) globale Gerechtigkeit und zugleich zu einem potenziellen Akt des gesellschaftlichen Widerstandes*«[1]. Aber welche Möglichkeiten gibt es, solange die Verhältnisse zwischen Herstellern und Kunden in den Supermärkten so undurchschaubar sind, für eine selbstbestimmte Versorgung im Alltag? Und ist der eigene Anbau von Gemüse eine Lösung?

Die »neue Bäuerlichkeit«

Das Leben auf dem Land wird besonders für junge Leute in Deutschland aus vielen Gründen immer unattraktiver. Heute leben etwa 75 Prozent der deutschen Bevölkerung in Städten, weltweit sind es mit etwa 54 Prozent mehr als die Hälfte der Menschen. Bis 2030 wird eine steigende Entwicklung prognostiziert: Dann werden 78 Prozent der Deutschen und fast 60 Prozent der Weltbevölkerung Stadtbewohner sein.[2] Für die Ernährung ist diese Entwicklung, die ihre Wurzeln in der Industrialisierung Ende des 19. Jahrhunderts hat, nicht ohne Folgen. Denn mit der zunehmenden Urbanisierung bzw. der Konzentration der gesamten landwirtschaftlichen Produktion in wenigen Händen geht auch eine Entfremdung von der Produktion unserer Lebensmittel und schließlich von den Lebensmitteln selbst für große Bevölkerungsteile einher. Aus einer Selbstversorgung ist eine zum Teil undurchsichtige Fremdversorgung geworden. Folgt man dem Gastrosophen Harald Lemke, dann können nur eine größere Wertschätzung und ein gesteigertes Verständnis von bäuerlicher Arbeit helfen, diese Tendenz umzukehren. Und ein Weg, sich damit praktisch auseinanderzusetzen, ist der Anbau von eigenem Gemüse. Denn eben in der Entfremdung der Bevölkerung von der Landwirtschaft und damit vom Ursprung des Essens liegen wesentliche Ursachen für die Existenz des herrschenden Ernährungssystems.[3] Eine »*neue Bäuerlichkeit*«, wie Lemke die Rückbesinnung bezeichnet, stellt dabei keineswegs eine Rückkehr in vorindustrielle Zeiten dar. Es handelt sich nicht um eine Abkehr von Modernität und Technologie, sondern um »*eine teilweise Wiederbelebung von traditioneller Bauernweisheit und lokalem Ernährungswissen im Zusammenspiel mit neusten Techniken und ökologisch-agronomischen Erkenntnissen*«[4], die die Umwelt respektiert, für eine angemessene Versorgung aller Menschen sorgt und damit soziale Gerechtigkeit begünstigt.

Durch eine Neudefinition des allgemeinen Verständnisses von der Rolle der Landwirtschaft ist es möglich, die Produktionsbedingungen, denen die Lebensmittel heute zum größten Teil unterliegen und aus denen sich eine Reihe ökologischer und sozialer Probleme ergeben, wenigstens teilweise zu verändern.[5]

Landbesitz

Fehlender Zugang zu der Ressource Land ist für die Bevölkerung der Industrieländer normal und bedeutet für die tägliche Versorgung keinen Nachteil. Die Ernährung ist flächendeckend durch Handel und Supermärkte geregelt. Doch für viele Menschen, besonders im globalen Süden, ist der fehlende Zugang zu Land gleichbedeutend mit Hunger. Die Kleinbauern- und Landlosen-Organisation *La Vía Campesina* – übersetzt *der bäuerliche Weg* – setzt sich weltweit für eine kleinbäuerliche Produktionsweise und gegen eine »*kapital- und inputintensive, arbeitsteilige, monokulturelle, großflächige, exportorientierte Agrarindustrie im Dienste der Profitmaximierung einiger Großgrundbesitzer und Agromultis*« ein.[6] Vor dem Hintergrund des immer weiter wachsenden globalen Einflusses des Agrobusiness auf die Ernährung fordert La Vía Campesina *Ernährungssouveränität* ein. Dieses Konzept beschreibt das bäuerliche Recht auf den Zugang zu Produktionsmitteln wie Land, Wasser, Saatgut, Wissen, Märkten und die Garantie fairer Löhne und Preise, um Nahrungsmittel auf sozial gerechte und umweltfreundliche Weise ohne Einschränkungen durch internationale Konzerne für den Eigenbedarf sowie den Verkauf produzieren zu können. In der Konsequenz würde dies sowohl eine gerechte (Um-)Verteilung von Land als auch eine Abkehr vom Kurs der Privatisierung natürlicher Ressourcen bedeuten.[7] Die Forderung nach einer solchen Agrarreform bezweckt eine umfassende Veränderung der landwirtschaftlichen Produktionsverhältnisse und somit der allgemeinen Lebensbedingungen zugunsten selbstwirtschaftender Produzenten überall auf der Welt. Für La Vía Campesina wurzelt diese Forderung in der Erkenntnis, dass nicht eine andere Form der Globalisierung, durch die nur noch die nötige Menge an Nahrungsmitteln produziert würde, die Lösung für die Ernährungsprobleme der Welt ist, sondern ein ausreichendes Einkommen und eine ausreichende Versorgung mit Lebensmitteln die Voraussetzung für die Abschaffung des Hungers darstellen und diese nur durch das Verfügen über eigenes Land und faireren Handel erreicht werden können.[8]

Keim der Veränderung

Wie sieht es aber aus, wenn die Versorgung mit Lebensmitteln mehr als gesichert ist? Wenn die Selbstversorgung durch den eigenen Garten keine Notwendigkeit darstellt, ganz gleich, ob man auf dem Land oder in der Stadt wohnt? Wieso sollte man sich die Hände beim Gärtnern schmutzig machen? Und weshalb hat das urbane Gärtnern in den letzten Jahren immer mehr Zulauf bekommen? Lebensmittel mitten in der Stadt anzubauen scheint auf den ersten Blick ungewöhnlich, ja paradox[9], doch der Trend namens *Community Gardening* – oder bekannter *Urban Gardening* – holt die Gärten wieder zurück in die Städte.[10]

Was in den USA bereits in den 1970er Jahren gemeinsam mit der aufkommenden Umweltbewegung begonnen hat, findet seit einigen Jahren auch in deutschen Städten statt. Die größte Dichte von öffentlichen Gemeinschaftsgärten findet sich in Berlin und in München. Das vermutlich bekannteste Beispiel ist der *Prinzessinnengarten* mitten in Berlin, dessen Gründung im Jahr 2009 häufig auch als der Beginn einer Massenbewegung um das Thema Urban Gardening gesehen wird.[11] Die Motivationen, im urbanen Raum zu gärtnern, sind dabei mindestens so zahlreich wie ihre Ausprägungen als kleine Kiezgärten, Permakultur-Projekte, Nachbarschafts- und Dachgärten, interkulturelle Gärten, Balkon- und Fensterbankanbau oder Guerilla Gardening.[12] Stehen als Anreiz, eigenes Gemüse in der Stadt anzubauen, für einige Menschen gesundheitliche und ökologische Aspekte im Vordergrund[13], besitzt gerade das Guerilla Gardening eine sehr politische Dimension: Neben der Verschönerung des Stadtbilds geht es dabei vor allem um die Aneignung und Belebung von brachliegenden und in öffentlicher Hand befindlichen Grundstücken, also um die Aktivierung von Flächen und darum, diese für die Gemeinschaft zu nutzen.[14] Gemeinschaftsgärten insgesamt sind »*Transmitter, Medium und Plattform für so unterschiedliche Themen wie Local Food, Stadtökologie oder neue Formen der Demokratie«*[15]. Urbanes Gärtnern ist durch seinen partizipativen und gemeinschaftsorientierten Charakter vor allem soziales Gärtnern. Der Garten wird zum Lern- und Begegnungsort.[16]

Die individuellen Gründe dafür, selber zur Harke zu greifen, mögen vielfältig sein. Im Kontext des derzeitigen globalisierten Ernährungssystems lässt sich jedoch jede Form des Gärtnerns, ob in der Stadt oder auf dem Land, im eignen Garten oder in der Gemeinschaft zumindest als politischer Mikroakt, als Bestandteil der Gegenkultur zur herrschenden Supermarktkultur begreifen.[17] Besonders das gemeinschaftliche Gärtnern besitzt das Potenzial der gesellschaftlichen Veränderung: *»Gemüseanbau ist auch Ausgangspunkt politischen Handelns für die, die den ungehinderten und ungenierten Zugriff auf die Ressourcen der Welt in Frage stellen.«*[18] Die Chance, die Gärten als formbare Natur in der Stadt unabhängig von öffentlichen Parks bieten, liegt auch darin, dass sie aktiv zu Orten der Beteiligung und der Aushandlung von umweltethischem Handeln werden.[19]

Da es im Alltag nur für die wenigsten möglich sein dürfte, sich vollständig selbst zu versorgen, kann der Anbau von eigenem Gemüse natürlich nur einen kleinen Teil zur Deckung des gesamten Nahrungsbedarfs beitragen. Jedoch besitzt das Gärtnern mehrere und teils fast noch bedeutsamere Effekte. Einerseits werden auf diesem Weg biologisch erzeugte Lebensmittel auch für diejenigen erschwinglich, die sich diese im Supermarkt nicht leisten könnten.[20] Andererseits stellt der eigene Anbau von Obst und Gemüse die verloren gegangene Verbindung zur Natur und somit auch zu dem, was die Menschheit ernährt, wieder her. Aus der eigenen Praxis erwächst die Erkenntnis, die Natur als Lebensgrundlage zu begreifen, deren Ressourcen nicht in einem unendlichen Maße verfügbar und somit schützenswert sind; dass also eine schonende, nachhaltige Landwirtschaft nicht auf Vernichtung, sondern auf Schonung von Ressourcen beruht, um diese dauerhaft nutzen zu können.[21] Selber Gemüse anzubauen kann aber auch dazu führen, die wahre Vielfalt und den Geschmack von *echtem* Gemüse zu entdecken und schätzen zu lernen. Hinter dem Supermarkthorizont eröffnet sich dadurch eine unglaubliche Obst- und Gemüsevielfalt, von Obst und Gemüse nämlich, das andere Eigenschaften besitzt, als nur besonders transport-, lager- und verarbeitungsfähig zu sein. Gärtnern kann uns vor Augen führen, dass der Ertrag der gleichen Sorte unterschiedliche dicke, dünne, große oder kleine Früchte hervorbringt und keine Qualitätskontrollen notwendig sind, die von der Norm abweichendes, aber sonst einwandfreies Gemüse aussortieren. Und zu guter Letzt erfährt man dabei ganz nebenbei auch, was Saisonalität bedeutet.[22] Wieder Bezug zu den Lebensmitteln zu gewinnen bedeutet für den Alltag, sich bei der Auswahl auf seine Sinne zu verlassen und nicht auf Werbebotschaften.[23] Am Ende kann aus diesem Lernprozess eine Veränderung der Konsumgewohnheiten folgen. Sich dieser Zusammenhänge bewusst zu werden und daraus Konsequenzen für ein anderes Handeln zu ziehen bedeutet auch Ernährungssouveränität für jeden Einzelnen. *»Während das Politische des täglichen Konsums von der individuellen Kaufkraft und der objektiven Warenauswahl abhängt und als tägliche Lebenspraxis lediglich das Einkaufen gehen und Geld ausgeben beinhaltet, umfasst das politische Wesen des Gärtnerns eine einzigartige Fülle an Erlebnissen und Selbsterfahrungen, die für die Souveränität dieses Tuns und dieses Im-Guten-Tätigseins sprechen.«*[24] Was aber können diese Erkenntnisse für den eigenen Alltag, für das eigene Einkaufsverhalten bedeuten? Und wie lassen sich globale Wertschöpfungsketten tatsächlich umgehen?

Weit gereist

Im Jahr 1992 sorgte eine Arbeit der Raumplanerin Stefanie Böge im Auftrag des Wuppertal Instituts für Klima, Umwelt und Energie für Aufsehen. Die Wissenschaftlerin berechnete, wie viele Kilometer Transportweg auf ein einziges in Stuttgart produziertes Glas Erdbeerjoghurt durch seine einzelnen Komponenten inklusive des benötigten Verpackungsmaterials entfallen. Kurz zusammengefasst kommen die Bakterienkulturen für die Joghurtherstellung aus Schleswig-Holstein, die Erdbeeren werden aus Polen über Aachen geliefert, die Milch wird täglich aus der Umgebung von 44 Tanklastzügen zur Joghurtfabrik gefahren, der Zucker wird in Offenau bei Stuttgart gewonnen, die Etiketten, Gläser und Aluminiumdeckel werden auf verschiedene Betriebe verteilt in ganz Bayern hergestellt. Inklusive

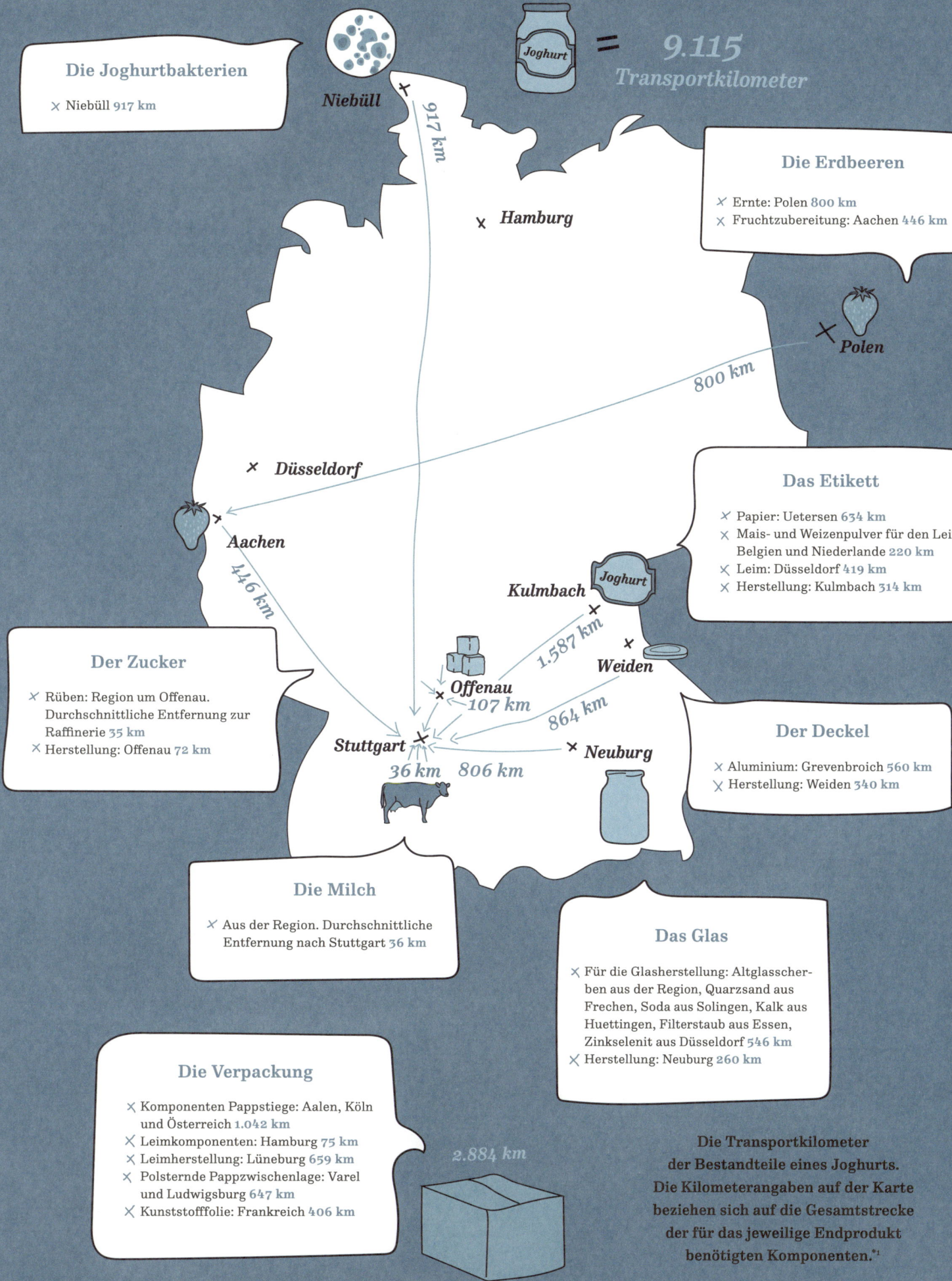

der benötigten Rohstoffe und eines exemplarischen Vertriebswegs von Stuttgart nach Hamburg entfallen auf einen einzigen Joghurtbecher letztlich 9.115 Transportkilometer per Lkw.[25]

Entlang der gesamten Wertschöpfungskette verursachen Lebensmittel Treibhausgasemissionen. Schon der Anbau, die Lagerung und die Weiterverarbeitung produzieren beachtliche Mengen. Doch durch die ausgeprägte Arbeitsteilung und Spezialisierung der gesamten Agrar- und Lebensmittelindustrie werden zwischen jeder Erzeugungs-, Verarbeitungs- und Handelsstufe zusätzliche Transportwege nötig.[26] Auch am Beispiel der industriellen Fleischerzeugung lässt sich dieser Umstand gut illustrieren: Die Spezialisierung beginnt bereits bei der sogenannten *Ferkelproduktion*. Nachdem die Ferkel nach der Geburt von der Sau etwa drei bis vier Wochen gesäugt wurden, beginnt die Aufzucht. Dafür bleiben sie entweder im gleichen Betrieb oder werden in einen zweiten transportiert, wo sie sechs bis sieben Wochen aufgezogen werden. Auch für die anschließende 18-wöchige Mast gibt es spezialisierte Betriebe, die einen erneuten Transport notwendig machen. Im Extremfall, wie vor allem bei der Hybridzucht üblich, hat das Schwein schon vor seiner Schlachtung zweimal den Ort gewechselt. Nach dem Transport zum Schlachthof werden die Schweine dann in einen Zerlegebetrieb gebracht, der die Schweinehälften für die jeweilige Weiterverarbeitung vorbereitet. In einem weiteren spezialisierten Betrieb wird das Fleisch danach beispielsweise zu Wurst verarbeitet oder als Frischfleisch verpackt. Erst jetzt gelangt es in ein Zentrallager, von wo aus es in die Supermärkte geliefert wird. Im Extremfall werden also von der Geburt eines Ferkels bis zu dem Moment, wo es sich der Verbraucher im Supermarkt als Schnitzel in der Plastikschale in den Einkaufswagen legt, acht Transportwege notwendig. Zusätzlich ist nach der Schlachtung eine konstante Kühlkette erforderlich, die ebenfalls viel Energie benötigt und weitere Emissionen verursacht. Eine regionale Ernährung sorgt also für eine Reduzierung der Transportwege. Und weitere Transportkilometer können eingespart werden, wenn – um beim Beispiel Schwein zu bleiben – die Aufzucht und Mast im gleichen Betrieb stattfinden, in dem das Ferkel geboren wurde, und es dann im nächsten Schritt zum Schlachter gebracht wird, der das Tier auch zerlegt und weiterverarbeitet. Ist der Verkauf ebenfalls direkt angeschlossen, wird eine weitere Strecke überflüssig. Statt acht sind dann nur noch ein bis zwei Transportwege notwendig, ehe das Fleisch verkauft ist.[27]

Aber was bedeutet der Begriff *regional*? Der Begriff Region ist weder eindeutig definiert noch gesetzlich geschützt. Häufig richten sich die Grenzen einer Region nach verwaltungstechnischen oder handelsrelevanten Kriterien wie dem betreffenden Bundesland oder dem Umkreis für die Verfügbarkeit der Produkte. Dabei spielt es auch immer eine Rolle, in welchen Bezugsrahmen Regionalität gesetzt wird.[28] Mit Blick auf eine globalisierte Rohstoffproduktion für Nahrungsmittel kann *regional* unter Umständen die Herkunft aus einem ganzen Land oder sogar aus mehreren Ländern bedeuten (z. B. der Mittelmeerregion). Was beispielsweise in Texas als ein regionales Produkt betrachtet wird, kann in Europa schon einen der Strecke von Spanien nach Schweden entsprechenden Transportweg zurückgelegt haben, da die Fläche von Texas um ein Vielfaches größer ist als die der Bundesrepublik Deutschland.[29] Um dennoch eine Orientierung für den Begriff zu geben, wird in Deutschland häufig bei einer Distanz von unter 100 Kilometern von Regionalität gesprochen.[30] Auch wird der Begriff regional nicht selten zu Marketingzwecken benutzt, da sich mit ihm auf besondere Weise Überschaubarkeit, Heimat, und Ländlichkeit verbinden. Dem Verbraucher wird so nahegelegt, dass es sich um eine »*besonders naturnahe Produktion, gesunde, frische und weitgehend von Hand produzierte Erzeugnisse*«[31] handele. Anzumerken ist dabei allerdings, dass es sich bei den so beworbenen Produkten häufig ebenfalls um Industrieprodukte handelt, da tatsächlich handwerklich-ländliche Produkte üblicherweise nur von kleinen Betrieben ohne spezielles Marketingbudget hergestellt werden.[32] Generell ist die Schwierigkeit, Massenprodukte zur Quelle ihrer Herstellung zurückverfolgen zu können, ein Supermarktphänomen. Um das Problem der Herkunftsunsicherheit vieler Nahrungsmittel zu umgehen, schafft nur die Wahl alternativer Einkaufsmöglichkeiten Abhilfe. Für eine wirklich unabhängige, ortsgebundene Ernährung empfiehlt es sich, Netzwerke zu schaffen und sich mit den Möglichkeiten der Versorgung im unmittelbaren eigenen Umkreis auseinanderzusetzen. Gibt es in der Nähe einen Bäcker, der noch handwerklich ohne industrielle Zusatzstoffe backt? Schlachtet der Fleischer um die Ecke noch selber? Hat der kleine Bauernhof im nächsten Ort vielleicht eine Kiste am Straßenrand stehen, in der er die Eier seiner freilaufenden Hühner anbietet? Gibt es ein Projekt der solidarischen Landwirtschaft in der Nähe, wo man durch die Zahlung eines Jahresbeitrags einmal wöchentlich biologisch erzeugtes Gemüse beziehen kann? All dies sind Beispiele für Möglichkeiten, sich regionaler und vor allem nachvollziehbarer zu ernähren.

Neben der individuellen Ernährungssouveränität, die sich aus einem veränderten Konsumverhalten ergibt, bleibt aber noch die Frage, wie es sich mit einer generellen Versorgung im globalen Kontext verhält. Regionale Versorgung, wie sie das Prinzip der Ernährungssouveränität fordert, bedeutet keineswegs das Ende des Welthandels. Es geht nicht darum, Globalisierungsprozesse mit ihren auch nachvollziehbaren Absichten generell rückgängig zu machen, sondern um die Notwendigkeit, die globale Ausweitung der Freihandelspolitik zugunsten des Agrobusiness zurückzudrängen.[33] Eine solche Deglobalisierung bedeutet die Sicherung der lokalen Grundversorgung weltweit[34], dass also diejenigen (Grund-)Nahrungsmittel, die vor Ort produziert werden können, auch dort produziert und verkauft werden, um lange Transportwege genauso überflüssig zu machen wie Handelsbeziehungen, durch die vor allem die Großen profitieren und die Kleinen auf der Strecke bleiben. Zu etablieren wäre ein System, in dessen Logik im Senegal kein Weizen aus Nordamerika benötigt wird, keine Kartoffeln aus Ägypten in deutschen Supermärkten liegen müssen und genauso wenig deutsche Hähnchenteile in afrikanischen Dörfern verkauft werden.[35] Diese Rückbesinnung auf Regionalität würde die globale Arbeitsteilung, ressourcenintensive Monokulturen, die Vereinheitlichung der Lebensmittel als Massenware, den Großgrundbesitz und die Expansion im Bereich des Exports und der Absatzmärkte deutlich eindämmen. Gleichzeitig würde sie eine weniger intensive, kleinflächige ökologische Wirtschaftsweise fördern, mit ihr die biologische Vielfalt – und am Ende auch die Vielfalt auf dem Teller.[36]

Adressen in und um Hamburg
Anders einkaufen und konsumieren

Wo kann ich gut einkaufen, wenn nicht im konventionellen Supermarkt? Wie kann ich selbst die Initiative ergreifen oder mich gar gastrosophisch engagieren? Diese Fragen werden sich die Leserin und der Leser bei der Lektüre dieses Buchs sicherlich häufiger stellen. Neben zahlreichen Reformhäusern und Bio-(Super-)Märkten, die inzwischen überall zahlreich vertreten sind, gibt es noch vielfältige weitere Möglichkeiten des Einkaufs, wobei das Angebot über lediglich biologisch erzeugte Lebensmittel weit hinausgeht. So sind in jeder Nachbarschaft schöne Wochenmärkte zu entdecken, auf denen man Lebensmittel aus der Region finden und häufig auch direkt mit den Erzeugern ins Gespräch kommen kann. Unverpacktläden wie *Stückgut* in St. Pauli und in Ottensen bieten die Möglichkeit, Produkte ohne Einwegverpackungen zu kaufen und so Müll zu reduzieren. Mit diesen und den folgenden Anlaufstellen lässt sich eine nachhaltige, saisonale und regionale Ernährung auch im Alltag realisieren. Beispielhaft sind hier einige Konzepte und Adressen aufgeführt, die zum Entdecken in und um Hamburg anregen.

Bäckereien

Zeit für Brot

Ausgesprochen leckeres Bio-Backwerk gibt es in Ottensen in der Ottensener Hauptstraße 41 bei *Zeit für Brot*. Alle Produkte werden ohne chemische Zusatzstoffe und ausschließlich mit Bioland-Zutaten hergestellt. Die Lieferanten stammen aus der Region, überschüssige Ware wird an Bedürftige gespendet. Neben sehr gutem Brot gibt es saftiges Gebäck wie z. B. Zimtschnecken.

Effenberger

Die Hamburger *Vollkorn-Bäckerei Effenberger* ist mehr als eine Bio-Bäckerei, die ökologisch produzierte Zutaten verwendet und nach traditionellen Methoden ohne Zusatzstoffe backt. Effenberger bezieht das Getreide wöchentlich von Bauern aus der Umgebung Hamburgs, mahlt dieses selbst und arbeitet mit einer langen Teigführung. Darüber hinaus hat sich der Betrieb auch hinsichtlich der Unternehmensführung nachhaltiges, konsequent ökologisches Wirtschaften auf die Fahnen geschrieben: Er vermeidet beispielsweise sehr weitgehend Abfall, wendet in der Backstube ein innovatives Energierückgewinnungskonzept an und betreibt einen Fuhrpark mit Elektrofahrzeugen. Neben dem Stammhaus in Rotherbaum in der Rutschbahn 18 betreibt Effenberger sieben weitere Geschäfte in Hamburg.

Der Holzofenbäcker

Der Holzofenbäcker in der Hauptstraße 30 A in Sauensiek südlich von Hamburg backt nach traditionellem Handwerk ohne Zusatzstoffe mit einem dreistufigen Sauerteig und selbst gemahlenem Getreide zum Teil in Bio-Qualität. Das Besondere an dieser Bäckerei ist aber sein Holzofen. Der Backofen wird vornehmlich mit Eichen- und Buchenholz geheizt, was dem Brot ein besonderes Aroma verleiht. Neben einigen Supermärkten vertreibt der Bäcker sein Brot auch auf mehreren Wochenmärkten in Hamburg.

Tierprodukte

Fleischerjungs

Die Fleischerei *Fleischerjungs* in der Langen Straße 8 in Buxtehude im Süden von Hamburg denkt traditionelles Fleischerhandwerk neu. Der moderne Laden im Herzen der Altstadt hebt sich mit seinem schwerpunktmäßig regionalen Sortiment und frischen Ideen aber nicht nur optisch von den meisten Fleischereien ab: Er bietet verantwortungsvoll produziertes Fleisch und hausgemachte Wurstprodukte, die der Besitzer und Fleischermeister Daniel Röhrs traditionell-handwerklich im Familienbetrieb Röhrs in Jork herstellt.

Fleischerei Röhrs

Die im Familienbetrieb geführte *Fleischerei Röhrs* Am Fleet 2 in Jork im Alten Land vor den Toren Hamburgs ist mit ihrem über 300-jährigen Bestehen nicht nur die zweitälteste Schlachterei Deutschlands, sondern auch im Umkreis die einzige, in der noch selber geschlachtet wird. Die Tiere werden aus kleinflächig wirtschaftenden Betrieben aus der Umgebung bezogen, durch geringe Schlachtzahlen und die interne Weiterverarbeitung ist eine herausragende Qualität gewährleistet. Optimal kurze Wege, natürliche Zutaten und die weitgehend vollständige Verwertung der Tiere machen diesen Laden zu einem rundum vorbildlichen Betrieb.

Bauerngemeinschaft Hamfelder Hof

Die *Bauerngemeinschaft Hamfelder Hof* (hamfelder-hof.de) besteht aus fast 30 familiengeführten Bioland-Milchbetrieben in Schleswig-Holstein, im nördlichen Niedersachen und Mecklenburg, die sich für eine biologisch-regionale Milchwirtschaft einsetzen. Alle Höfe befinden sich im Umkreis von maximal 150 Kilometern der Hamfelder Bauernmeierei in Mühlenrade, in der ausschließlich ihre regionale Bioland-Milch verarbeitet wird. Die Produkte finden sich inzwischen nicht nur auf Wochenmärkten und in Bioläden, sondern auch in vielen Supermärkten im Umkreis.

Kauf 'ne Kuh oder auch ein Schwein

Der Slogan der Crowdbutching Plattformen kaufnekuh.de und kaufeinschwein.de stehen für ein anderes Konzept des Fleischkonsums: Das Tier wird erst geschlachtet, wenn es von verschiedenen Menschen per Online-Kauf vollständig erworben wurde. Nach der Schlachtung wird es dann von der Schnauze bis zum Schwanz komplett verwertet und frei von Zusatzstoffen verarbeitet. Verschiedene Pakete, die gekühlte Lieferung nach Hause sowie die Wahl zwischen konventioneller und biologischer Tierhaltung machen das Angebot flexibel.

Vom Erzeuger

Boomgarden

Das Projekt *Boomgarden* im Alten Land von Eckart Brandt setzt sich für den Erhalt von alten Apfel- und anderen Obstsorten ein. Seit 1985 sammelt der Obstbaumkundler Hunderte alter, vor allem regional typischer Sorten und pflanzt sie auf traditionellen Streuobstwiesen in ökologischer Permakultur, um die traditionellen Hochstamm-Obsthöfe zu erhalten. Angesichts des Verlusts der genetischen Vielfalt durch den Anbau weniger marktüblicher Sorten, die auf nur wenige Ausgangssorten zurückgehen, ist die Rettung des Genpools eine wichtige Aufgabe. Neben verschiedenen Kursen, die auf boomgarden.de zu finden sind, bietet Brandt sein Obst auf zahlreichen Wochenmärkten wie z. B. in Buxtehude an.

Biokiste Hamburg

Anbieter für Biokisten, die eine Auswahl von biologisch erzeugtem Obst und Gemüse in regelmäßigen Abständen nach Hause liefern, gibt es in größerer Zahl. Die biokiste-hamburg.de kombiniert den Versand verschiedener Bio-Kisten mit einem Onlineshop für Bio-Lebensmittel. Um dabei Wege kurz zu halten, bezieht sie Produkte möglichst aus der Region, die im Shop auch als solche gekennzeichnet sind.

Kattendorfer Hof

Die *Solidarische Landwirtschaft Kattendorfer Hof* in der Dorfstraße 1 in Kattendorf betreibt in Schleswig-Holstein nördlich von Hamburg Landwirtschaft nach Demeter-Richtlinien. Die *Solawi* des Hofes ermöglicht es Menschen, einen monatlichen Ernteanteil im Festbezug zu erwerben und den Hof auf diese Weise solide und berechenbar zu finanzieren. Neben dem Gemüse werden Fleisch- und Milchprodukte angeboten. Die Produktion des Kattendorfer Hofs wird an verschiedene Orte in Hamburg – sogenannte *FoodCoops* – verteilt. Dort besteht auch die Möglichkeit, weitere Lebensmittel der Kooperationspartner wie Brot und Eier in Demeterqualität zu erwerben. Zusätzlich betreibt der Kattendorfer Hof drei Hofläden in Hamburg, in denen alle Produkte auch im freien Verkauf erhältlich sind.

Landwirtschaft erleben

Hof Eggers in der Ohe

Auf dem historischen Bauernhof *Hof Eggers* am Kirchwerder Mühlendamm 5 trifft Tradition auf Moderne. Neben der biologischen Landwirtschaft nach Bioland-Kriterien mit Ackerbau und Viehzucht betreibt der Hof auch Gastronomie und ein touristisches Angebot. Die Idee des Betriebs ist es, einen nachhaltigen Kreislauf »*vom Weizenkorn bis zum Kotelett*« zu schaffen, wobei die Produkte auch im eigenen Fleisch-Onlineshop direkt vom Erzeuger bestellt werden können. Der Hof liegt im Südosten Hamburgs bei Kirchwerder in den fruchtbaren Vier- und Marschlanden, die früher als Obst- und Gemüsegarten der Hansestadt galten.

Freilichtmuseum am Kiekeberg

Im Norden Hamburgs in der Nähe von Harburg (Am Kiekeberg 1 in Rosengarten-Ehestorf) liegt das *Freilichtmuseum am Kiekeberg*. Auf dem zwölf Hektar großen Gelände vermitteln historische Gebäude, traditionelle Bauerngärten und alte Nutztierrassen ein Bild des bäuerlichen Lebens in der Zeit von 1600 bis in die 1950er Jahre. Aber nicht nur Landwirtschaft wird hier erlebbar, sondern auch Kultur und Geschichte. Neben dem Museum werden in einigen Handwerksbetrieben wie der Bäckerei und der Imkerei traditionelle Produkte aus der Region hergestellt. Außerdem bietet der museumseigene Laden eine große Auswahl an Lebensmitteln und Handwerksprodukten.

Museumsbauernhof Wennerstorf

Der *Museumsbauernhof Wennerstorf* in der Lindenstraße 4 in Wennerstorf nördlich von Hamburg ist ein Bioland-Betrieb mit einer historischen Hofanlage. Rund um den typischen Hof mit dem Hallenhaus als Hofmuseum wird in integrativer Arbeit mit gehandicapten Menschen Bioland-Anbau betrieben. Neben der Viehhaltung, dem Ackerbau und den Streuobstwiesen kann man in verschiedenen Kursen und an eigenen Thementagen altes Handwerk erleben. Die Produkte werden direkt im historischen *Tante-Emma-Laden* angeboten.

Gärtnern

Herb's Bioland Gärtnerei & Pflanzenversand

Herb's kultiviert Kräuter, Duft- und Aromastauden nach Bioland-Richtlinien. Die Gärtnerei liegt im Stedinger Weg 16 in Dötlingen/Nuttel zwischen Oldenburg und Delmenhorst, bietet online unter herb-s.de einen Pflanzenversand an und ist z. B. auf dem Pflanzenmarkt am Kiekeberg zu finden.

Saatguttauschbörsen

Wo bekommt man nicht-hybrides Saatgut oder alte Sorten für den eigenen Garten? Auf Online-Saatguttauschbörsen wie saatgut-tauschen.de findet sich davon eine große Vielfalt. Auch vor Ort gibt es einige Angebote. Die Tauschbörse *Keimgut* in Wandsbek in der Waldörferstraße 273 beispielsweise bietet die Möglichkeit, Saatgut und Wissen darüber auszutauschen. Projekte wie die tomatenretter.de setzen sich für die Sortenvielfalt der Tomate ein.

Urban Gardening

Wer in der Stadt wohnt und weder Garten noch Balkon besitzt, kann sich in einem der zahlreichen Urban-Gardening-Projekte wie dem *Gartendeck auf St. Pauli* in der Großen Freiheit 62–63 engagieren und selber aktiv werden. Auf dem Dach einer leerstehenden Tiefgarage hat sich eine Gemeinschaft aus Anwohnern, Kindern und Interessierten gegründet, die die Fläche des Daches nutzt, um zu gärtnern. Neben dem Gärtnern steht das gemeinsame Essen der Ernte in regelmäßigen Kochsessions im Mittelpunkt.

Grünanteil

Die Plattform gruenanteil.net setzt sich für biologische Vielfalt, die Ernährungswende und die aktive Gestaltung des urbanen Raums ein. Grünanteil vernetzt grüne Räume (noch) vorwiegend in und um Hamburg und macht sie auf einer Karte sichtbar, in der Projekte eingesehen und eingetragen werden können.

Lebensmittel retten

Foodsharing

Das Konzept von foodsharing.de ist so simpel wie genial: Die Initiative setzt sich gegen Lebensmittelverschwendung und für nachhaltige Umwelt- und Konsumziele ein, indem sie überproduzierte Lebensmittel von kleinen und großen Betrieben sammelt und weiterverteilt. Zugleich wird eine Plattform auch für Privathaushalte angeboten, um überflüssige Nahrungsmittel weiterzugeben. Hinter Foodsharing steht eine Community aus ehrenamtlichen Mitgliedern, die organisiert und nicht-kommerziell Lebensmittel, welche sonst im Müll landen würden, bei Supermärkten, Restaurants, Bäckereien abholt und verteilt.

Too Good To Go

Eine sehr ähnliche Idee wie die von *foodsharing* steht hinter *Too Good To Go*. Über eine App erfährt man, welche Lebensmittelbetriebe wie z. B. Bäckereien in der Umgegend zum Feierabend unverkauftes Essen abzugeben haben. Nachdem über die App ein kleiner Betrag bezahlt wurde, kann um eine bestimmte Uhrzeit eine fertig verpackte Portion abgeholt werden. Das Geld teilen sich Too Good To Go und der Betrieb.

Aktiv werden

Slow Food

Die *Slow Food* Bewegung, die heute eine internationale Organisation mit knapp 80.000 Mitgliedern ist, wurde 1986 in Italien gegründet. Sie sieht sich als Gegenbewegung zur globalisierten Fastfood-Industrie, indem sie sich für genussvolles, bewusstes und regionales Essen einsetzt. Aber Slow Food steht nicht nur für Genuss und Qualität, sondern auch für einen regional angepassten, ökologischen Anbau, nachhaltige, artgerecht und sozial gerechte Produktionsbedingungen, die handwerkliche Produktion von Lebensmitteln, den Erhalt der Biodiversität und verschiedener Esskulturen. Darüber hinaus leistet Slow Food politische Lobbyarbeit für Verbraucherschutz, gegen gentechnisch veränderte Lebensmittel, gegen Pestizideinsatz sowie für den Umweltschutz. Slow Food ist in verschiedenen regionalen *Convivien* wie slowfood-hamburg.de organisiert, in denen man sich an verschiedenen Projekten beteiligen kann.

La Vía Campesina

Wie auf Seite 42 ausführlicher beschrieben, ist *La Vía Campesina* (der bäuerliche Weg) eine internationale Organisation, die sich für Ernährungssouveränität und eine gerechte Landwirtschaft einsetzt. Sie besteht aus verschiedenen Organisationen wie z. B. der *deutschen Arbeitsgemeinschaft für bäuerliche Landwirtschaft* abl-ev.de, die für eine umfassende Reform der Landwirtschaft arbeitet und sich mit Themen wie Agrar-, Handels- und Bodenpolitik, Gentechnik und Saatgut beschäftigt.

Super Märkte

Erdkorn

Ein regional im Norden verankerter Supermarkt, der unter den Bio-Supermärkten hervorsticht, ist *Erdkorn* mit seinen insgesamt elf Filialen, von denen drei in Hamburg zu finden sind. Erdkorn arbeitet vorrangig mit Herstellern und Lieferanten aus der Region zusammen und setzt sich dabei zum Ziel, aktiv nachhaltigen, ökologischen Landbau in Norddeutschland zu fördern. Werden überregionale Marken ins Sortiment genommen, sind diese mit Bedacht ausgewählt und zeichnen sich durch ein verantwortliches-ethisches Wirtschaften aus. Bonus: In den Hamburger Filialen finden sich Unverpackt-Stationen, an denen Lebensmittel verpackungsfrei in eigene Behältnisse gefüllt werden können.

Bio.lose

Im Bio-Laden *Bio.lose* in der Osterstraße 81 in Eimsbüttel werden alle Lebensmittel auf besonders nachvollziehbare Weise aus biologischer, bevorzugt regionaler Herstellung angeboten. Kernkonzept des Ladens ist es, »*einen neuen Weg beim nachhaltigen Einkaufen*« einzuschlagen, weshalb ein Großteil des Sortiments unverpackt vorgehalten wird und die angebotenen Produkte des täglichen Gebrauchs biologische Vorteile aufweisen müssen, die zu einem nachhaltigen Lebensstil beitragen.

Twelve Monkeys – Vegankrams

Das *Twelve Monkeys – Vegankrams* ist ein Supermarkt auf St. Pauli in der Hopfenstraße 15 B, der, wie der Name bereits andeutet, ausschließlich rein pflanzliche Lebensmittel anbietet. Bevorzugt werden Produkte mit Bio- und Fairtrade-Siegel sowie Erzeugnisse aus der Region. Außerdem wird hier möglichst viel verpackungsfrei angeboten, und es werden kleine und regionale Lieferanten aus dem Norden unterstützt. Nicht zuletzt fördert Twelve Monkeys wechselnde soziale Projekte und solche aus den Bereichen Tierrecht und Umweltschutz.

Ohne Gedöns

Ohne Gedöns ist ein Unverpackt-Laden im Kattjahren 1 C in Volksdorf, der nachhaltigen, fairen Konsum fördert, indem er ausschließlich plastikfreie, regionale, saisonale und überwiegend biologische Lebensmittel anbietet. Daneben finden sich ein ausgesuchtes Sortiment an Textilien von einem ökologisch und fair produzierenden Label sowie Hamburger Design-Produkte von Kreativen aus der Region.

Kaufmannsladen

Seinem Namen alle Ehre macht der *Kaufmannsladen* in Ottensen in der Bahrenfelder Straße 203. In dem kleinen Laden stapeln sich nicht nur unverpackte kulinarische Köstlichkeiten wie Gewürze, Tee, Trockenobst und Backwaren, sondern auch allerlei plastikfreie, größtenteils handwerklich hergestellte Haushaltsutensilien.

Stückgut

Das Stückgut in Ottensen und St. Pauli verfolgt ein Konzept, das komplett auf Verpackungsmüll verzichtet und auf kreatives Handeln setzt, wenn kein Weg an einer Umverpackung vorbeiführt. Als erster verpackungsfreier Supermarkt in Hamburg steht Stückgut nicht nur für das Engagement gegen Einwegverpackungen, sondern veranstaltet auch zahlreiche Vorträge, Stammtische und Workshops, um das Bewusstsein für den Umweltschutz zu schärfen.

Regionale Feinkost

Leckerlädchen

Im Karoviertel findet sich in der Marktstraße 1 A das *Leckerlädchen*. Inhaberin Meike hat es sich zur Mission gemacht, mit Liebe und Leidenschaft Produkte von kleinen Herstellern und Manufakturen statt Massenware anzubieten. Wer regionale Feinkost, Spirituosen und schöne Dinge für Tisch und Küche sucht, ist hier an der richtigen Adresse.

Mutterland

Im *Mutterland* bestechen die angebotenen Delikatessen nicht nur durch unglaublich gutes Design, sondern vor allem durch das, was drinsteckt. Denn der Hamburger Einzelhandelspionier für kurze und transparente Lieferketten vertreibt an vier Standorten in der Hansestadt und über den Onlineshop ausschließlich traditionell hergestellte Spezialitäten aus Deutschland, die aus kleinen und mittelgroßen Manufakturen stammen. Die Zutaten in der angeschlossenen Gastronomie orientieren sich zum größten Teil an dem, was Region und Saison zu bieten haben, die Backwaren aus der eigenen Backstube sind täglich frisch und werden ständig neu kreiert. In seiner Wirtschaftsweise setzt Mutterland sich für eine nachhaltige Produktion ein. So werden beispielsweise die Verpackungsmaterialen in Deutschland hergestellt und sind vollständig recyclebar, außerdem gibt es Rabatt auf selbstmitgebrachte To-go-Becher für Heißgetränke.

Hobenköök

Im Oberhafen am Rande der Hafencity in der Stockmeyerstraße 43 findet sich die *Hobenköök*, die sich als »*neuer Ort für regionalen und saisonalen Genuss*« versteht. Als Partner von *Slow Food* wird hier regionale und saisonale Ernährung par excellence gelebt und gekocht. In einem ganzheitlichen Konzept aus Restaurant, Markthalle und Catering bekommen Kunden und Gäste Lebensmittel mit nachvollziehbarer Herkunft von bis zu 200 Produzenten aus der Region – entweder für den Gebrauch in der eigenen Küche oder direkt als köstliches Gericht zubereitet. Die angebotenen norddeutschen Gerichte sollen ein Bewusstsein dafür schaffen, woher die Lebensmittel kommen und wie reich die heimische Vielfalt ist.

Unterwegs

In Guter Gesellschaft

Wer in der Schanze unterwegs ist und guten Gewissens ohne Müll einen leckeren Zwischenstopp auf ein Frühstück oder ein Stück Kuchen einlegen möchte, der ist in der Sternstraße 25 *In Guter Gesellschaft* genau richtig. Die beiden Inhaberinnen Alana und Ina setzen bei ihrem Gastronomie-Konzept konsequent auf Müllvermeidung. Zwar bedeutet *Zero Waste* nicht den vollkommenen Verzicht auf Müll, jedoch beschränkt dieser sich auf maximal einen Liter pro Woche, bestehend aus Papier und kompostierbaren Essensresten. So erhalten Gläser mit Schraubverschluss als Trink- oder Einmachglas ein zweites Leben. Und vieles wird – wie Marmelade, Mandel- und Hafermilch – selbst gemacht oder aus der Region bezogen.

Smutje's Landgang Wochenmarkttouren

Smutje's Landgang Wochenmarkttouren bietet Kochkurse der besonderen Art an, die nicht erst in der Küche, sondern auf dem Wochenmarkt mit dem Einkauf von guten Lebensmitteln beginnen. Nach einem Ausflug beispielsweise auf den *Isemarkt* in Eppendorf und im Anschluss an eine Stadtführung geht es mit Spitzenkoch Thomas Sampl, der zugleich die *Hobenköök* betreibt, in die Küche, wo ein typisches, saisonales Hamburger Gericht gekocht wird.

Perle

Im Kontorhausviertel unweit des Hauptbahnhofs im Hopfensack 26 versteckt sich in einem weißen Haus das Restaurant *Perle*, in dem auch das Brot selbst gebacken wird. In schicker, aber entspannter Atmosphäre serviert der leidenschaftliche Gastronom Mario Tino Neumann, der eigentlich gelernter Grafikdesigner und Fotograf ist, mit seinem Küchenteam zur Mittagszeit typische Hamburger Gerichte und Internationales. Die fein abgestimmten, raffinierten Gerichte sehen nicht nur aus wie gemalt, sondern sind zu einem großen Teil regional, saisonal und vor allem hausgemacht. So kann es passieren, dass man das Glück hat, auf der Tageskarte die selbstgemachte Grützwurst zu erwischen.

Kartoffelanbau

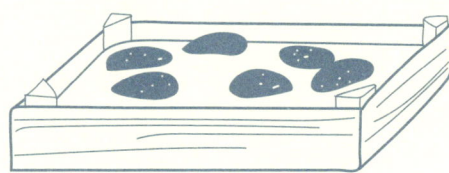

Vorkeimen

Das Vorkeimen der Kartoffeln vor der Pflanzung ist nicht unbedingt nötig, hat jedoch Vorteile

Durch das Vorkeimen kann sich der Ertrag um bis zu 20 Prozent erhöhen, und die Ernte kann bis zu zwei Wochen vorverlegt werden. Außerdem sind vorgekeimte Kartoffeln resistenter gegenüber Schädlingen und Krankheiten und wachsen auch bereits in kälteren Böden. Um Kartoffeln vorzukeimen, etwa vier bis sechs Wochen (Mitte bis Ende Februar) vor dem Pflanztermin flache Obstkisten mit einer lockeren Schicht Erde befüllen. Als Pflanzkartoffeln eignen sich am besten mittelgroße, unbehandelte Knollen, die nun liegend bis zur Hälfte in die Erde gedrückt werden. Da Kartoffeln aus dem Supermarkt oft mit Keimhemmern behandelt werden, sollten spezielle Pflanzkartoffeln gekauft werden, die beispielsweise im Gartencenter oder beim Bauern des Vertrauens zu beziehen sind oder vom Vorjahr aus dem eigenen Garten aufgehoben wurden. Als platzsparende Alternative für große Kisten können auch Eierkartons verwendet werden. Die Kartoffeln bei 12–15 °C an einen hellen Ort stellen und vorkeimen lassen. Werden die Kartoffeln zu trocken, leicht mit Wasser besprühen, zu viel Feuchtigkeit wegen möglicher Schimmelbildung jedoch vermeiden. Vor dem Pflanzen im Freiland alle ungekeimten Kartoffeln aussortieren.

Ab Ende März und im April, sobald die Bodentemperatur 5–7 °C beträgt, können Kartoffeln gepflanzt werden. Da Kartoffeln sogenannte Starkzehrer sind, also zum Wachsen viele Nährstoffe benötigen, sollte der Boden im Vorfeld vorbereitet werden. Entweder wurde dafür bereits im Herbst zuvor Mist in den Boden eingebracht oder der Boden wird beim Pflanzen im Frühjahr mit Kompost oder anderem organischen Dünger angereichert.

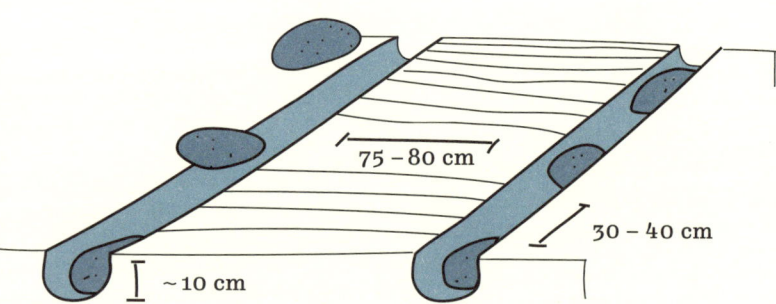

Pflanzung

Kartoffeln werden im Beet in Reihen gepflanzt. Dafür eine schmale Rille mit einer Tiefe von etwa 10 cm ausheben und die Kartoffeln in einem Abstand von 30–40 cm mit dem Austrieb nach oben einlegen, mit Erde bedecken und etwas anhäufeln. Zwischen den Reihen sollten 70–80 cm Platz sein.

Anhäufeln

Um den Ertrag zu steigern und die Produktion ungenießbarer grüner Kartoffeln zu vermeiden, wird ab einer Wuchshöhe der oberirdischen Pflanze von etwa 20 cm *angehäufelt*. Dafür wird zwischen den Reihen die Erde mit einer Schaufel um die Pflanze herum bzw. auf sie gegeben, bis nur noch etwa 10 cm des Grüns aus der Erde schauen. Diesen Vorgang ein- bis zweimal wiederholen.

Auch auf Balkon, Dach und im Hinterhof können Kartoffeln angebaut werden. Platzsparend in Kübeln, Säcken oder direkt in einem Sack Blumenerde lassen sie sich gut pflanzen. Das Gefäß sollte eine Mindesthöhe von 50 cm besitzen, die Anzahl der Kartoffeln sollte sich nach den genannten Maßen richten. Gut geeignet sind Mörtelwannen (Baumarkt), feste Tüten (z. B. von Ikea) oder ein Sack Blumenerde, in den seitlich zwei Löcher hineingeschnitten werden und in den die Kartoffel direkt hineingelegt wird. Bei allen diesen Methoden ist es wichtig, den Wasserabfluss durch ein paar Löcher im Boden zu gewährleisten, um Staunässe zu verhindern.

Lagerung

Der Kühlschrank eignet sich nicht, um Kartoffeln dauerhaft zu lagern, da sich bei niedrigen Temperaturen von 0–4 °C die enthaltene Stärke in Zucker umwandelt und die Kartoffeln mehlig-süß werden. Wenn keine andere Lagerungsmöglichkeit besteht, gekaufte Kartoffeln zeitnah verwenden und beim Kauf möglichst auf Plastiktüten verzichten. Stauwärme und Kondenswasser in der Tüte führen zu Schimmelbildung.

Sind Kartoffeln dem Licht ausgesetzt, werden sie grün und bilden den giftigen Stoff Solanin. Grüne Kartoffeln sollten entsorgt bzw. die betreffende Stelle großzügig weggeschnitten werden.

Optimal für die Lagerung sind Temperaturen von 7–10 °C, z. B. im Keller. Bei Temperaturen über 10 °C beginnen Kartoffeln zu keimen. In Kartoffelkellern, wie sie früher üblich waren, wurden ein bis zwei Zentner Kartoffeln über den Winter bis zum Frühjahr eingelagert. Wer keinen Keller besitzt, aber einen frostfreien Ort zur Verfügung hat, kann sich einen kleinen Kartoffelkeller selber bauen. Dafür ein Loch in die Erde graben und eine Tonne darin einlassen. Die Kartoffeln darin am besten in einem Kartoffelsack lagern und gelegentlich auf Schimmelbefall überprüfen.

Ernte

Um den richtigen Reifezeitpunkt von Kartoffeln zu bestimmen, sollte man sie gut im Blick behalten. Die Blüte der Pflanze ist das Zeichen der beginnenden Knollenbildung. Zu diesem Zeitpunkt können die ersten Kartoffeln als Frühkartoffeln geerntet werden. Sie sind zwar sehr schmackhaft, allerdings durch ihre dünne Schale auch nur bedingt lagerfähig. Sobald die Blätter der Pflanze braun werden, ist es Zeit für die Kartoffelernte:

- Mit einem Spaten oder einer Mistgabel die Pflanze anheben, sodass die Knollen zum Vorschein kommen.
- Nachdem alle Kartoffeln aus der Erde aufgelesen wurden, sollten sie zum Trocknen einige Stunden ausgebreitet in die Sonne gelegt werden. Beschädigte Knollen aussortieren, um Schimmelbildung zu vermeiden.
- Kartoffeln in einem Sack oder Korb an einem dunklen, kühlen, nicht zu trockenen Ort lagern.

Zwiebelgemüse

Zwiebeln

Botanisch gehört die Zwiebel zur Gattung des Lauchs. Der Begriff Zwiebel bezeichnet sowohl die Pflanzenart als auch botanisch ein Speicherorgan, das z. B. auch einige Blumen besitzen. Speisezwiebeln sind reich an Vitamin C und B1 sowie Kalium. Sie haben eine antibakterielle Wirkung und wirken sich positiv auf Blutdruck-, Fett- und Zuckerwerte aus. Es gibt zahlreiche Sorten. Der Handel bezeichnet kleinere braune Zwiebeln oft als Speisezwiebeln, während die großen unter dem Begriff Gemüsezwiebel geführt werden. Neben den braunen gibt es außerdem auch noch rote Zwiebeln, Schalotten und Frühlingszwiebeln, die sich in Farbe, Form und Geschmacksintensität unterscheiden. In vielen Gerichten werden sie roh oder gegart als Gewürzpflanze hinzugegeben. Gerichte, in denen Zwiebeln die Hauptrolle spielen, sind z. B. Zwiebelsuppe oder Zwiebelkuchen. Die kleinen Perl- und Silberzwiebeln eignen sich gut, um sie sauer einzulegen. Auch das junge Grün kann wie Schnittlauch gegessen oder mitgegart werden. Zwiebeln sind sehr gut lagerfähig. Da sie keine Stärke, sondern sogenannte Fruktane enthalten, die das menschliche Verdauungssystem nicht spalten kann, kommt es dort zur Gasbildung als Stoffwechselprodukt von Bakterien.

Lauch

Lauch, der zur gleichnamigen Gattung gehört, wird in Norddeutschland häufig auch als Porree bezeichnet. Er ist reich an Vitamin C, K und Folsäure sowie Kalium, Calcium, Magnesium, Eisen und Mangan. Lauch wird entweder gekocht oder als Salat gegessen. Die üblichste Verwendung ist die als Gewürzgemüse in Suppen als Bestandteil des Suppengrüns. Es kann sowohl der weiße als auch der grüne Teil verwendet werden. Im Verhältnis zur Zwiebel ist der Lauch milder, kann aber bei der Verdauung ebenfalls zu Blähungen führen. Unterschieden wird zwischen dem milderen Sommer- und dem intensiveren Winterlauch. Die Wintersorten sind frostresistent und können im Freiland bei bis zu −10 °C bis in den Frühling überwintern.

Knoblauch

Knoblauch gehört zur Gattung des Lauchs. Die verschiedenen Sorten unterscheiden sich in Färbung, Form und Geschmack. Auch die Anzahl der in einer Zwiebel enthaltenen Knoblauchzehen variiert. Wegen seiner Inhaltsstoffe gilt Knoblauch als Heilpflanze. Er ist sehr reich an Vitaminen der B-Gruppe und den Vitaminen A, C, E und H. Enthaltene Mineralien und Spurenelemente sind Kalium, Kupfer, Selen und Jod. Außerdem besitzt Knoblauch eine antibakterielle Wirkung. Studien legen nahe, dass er die Blutfett- und Cholesterinwerte senken kann. Knoblauch wird meist als Gewürzpflanze genutzt und häufig zusammen mit Zwiebeln verwendet. Er kann inklusive des Grüns roh oder gegart verzehrt werden. Im Gegensatz zur Zwiebel ist Knoblauch winterhart. Es empfiehlt sich, ihn bereits im Herbst zu setzen, um den Ertrag zu steigern. An einem trockenen Ort ist er sehr lagerfähig. Schon bei den alten Ägyptern, Griechen und Römern sowie im Mittelalter war Knoblauch als Heilpflanze sehr beliebt. Ihm wurde eine schützende Wirkung gegen die Pest sowie gegen Dämonen, Geister und Vampire nachgesagt.

Tomate, Kürbis & Gurke

Tomate

Die Tomate gehört zur Gattung der Nachtschattengewächse und ist botanisch eine Beere, kein Gemüse. Wie bei allen Pflanzen dieser Gattung sind die grünen Teile giftig. Die Art der Tomaten umfasst unzählige Sorten, wobei der Handel zwischen Strauch-, Rispen- und Kirschtomaten unterscheidet. Allerdings ist die Farb-, Formen- und Geschmacksvielfalt der Tomate ungleich größer, als das Angebot vermuten lässt. Farblich können Tomaten von grün über gelb, orange und rot bis hin zu violett und fast schwarz sein. Sie enthalten die Vitamine A, C, E und jene der B-Gruppe sowie viel Kalium. Auf einige Krebsarten und Herzkrankheiten können sie vorbeugend wirken. Neben der frischen Zubereitung als Salat oder Gemüse werden Tomaten häufig gekocht in Soßen oder Suppen eingesetzt. Industriell wird die Tomate z. B. zu Ketchup verarbeitet. Sie wurde im 17. und 18. Jahrhundert in Europa als Zierpflanze kultiviert, dann um 1900 in Deutschland als Lebensmittel bekannt und setzte sich erst in den 1950er Jahren langsam in deutschen Küchen durch. Wie Äpfel geben Tomaten das Reifegas Ethylen ab und sollten von anderem Obst und Gemüse getrennt gelagert werden.

Kürbis

Aus der Gattung der Kürbisse werden Arten wie Riesen- und Gartenkürbis kultiviert, wovon die Zucchini ebenfalls eine Unterart ist. Kürbisse werden als Panzerbeeren bezeichnet und gehören zu den größten Früchten. Neben den großen Sorten gibt es aber auch sehr kleine. In Form und Farbe zeigen sich Kürbisse ganz unterschiedlich: Sie können länglich bis rund sein und von weiß, grün über gelb und orange die verschiedensten Farben haben. Die Früchte sind reich an Kalium, Calcium, Magnesium und Vitamin C. Aus den Samen wird Öl gewonnen, das viel Vitamin E, Spurenelemente und seltene Aminosäuren wie das wurmwirksame Cucurbitin enthält. Kürbis wird meist gekocht als Gemüse oder Suppe zubereitet oder süß-sauer eingekocht. Die tropische Kürbispflanze kann bei länger anhaltenden Temperaturen ab unter +10 °C erfrieren. Winterkürbisse sind kühl bis zu einem halben Jahr lagerfähig.

Gurke

Die Gattung der Gurken gehört botanisch zu den Kürbisgewächsen. Vom Handel werden vorrangig zwei Sortengruppen unterschieden: die Salatgurke und die Einlege- oder Gewürzgurke. Die langen, glatten Salatgurken gibt es in verschiedenen Sorten, die sich vor allem in ihrer Größe unterscheiden. Sie werden als oder im Salat gegessen. Schmorgurken enthalten weniger Wasser und werden zum Kochen benutzt. Gurkensorten, die durch Einlegen zu verschiedenen Spezialitäten verarbeitet werden, sind deutlich kleiner und besitzen eine glatte oder gestachelte Schale. Gurken bestehen aus bis zu 97 Prozent Wasser. Sie enthalten Vitamine der B-Gruppe und Vitamin C sowie Kalium, die sich zum größten Teil in der Schale befinden. Die Haltbarkeit von Gurken ist sehr begrenzt. Da sie keine Kälte mögen, sollten sie nicht im Kühlschrank aufbewahrt werden. Obwohl sich die Saison im Freiland in Deutschland auf ein paar Monate beschränkt, gibt es Gurken im Supermarkt das ganze Jahr über. Sie werden meistens im Treibhaus angebaut und zählen zu den wirtschaftlich bedeutendsten Gemüsesorten.

Schmorgurken
mit Hackfüllung

Für die Gurken:
2 Schmorgurken
250 g gemischtes Hackfleisch
1 Zwiebel
1 Knoblauchzehe
1 Brötchen vom Vortag
1 Ei
1 Tl Senf
Salz, Pfeffer, Muskat
250 ml Gemüsebrühe

Für die Soße:
1 El Butter
1 El Mehl
1 Handvoll Dill
2 El saure Sahne
½ Zitrone

Zubereitung

Die Gurken schälen, halbieren und das Kerngehäuse mit einem Löffel entfernen.

Das Brötchen in Wasser einweichen. Die Zwiebel pellen, fein würfeln, den Knoblauch schälen und hacken. Beides in einer Pfanne mit wenig Fett glasig dünsten. Kurz abkühlen lassen. Das Brötchen ausdrücken und mit den restlichen Zutaten zu einer glatten Hackmasse vermengen.

Den Ofen auf 175 °C vorheizen. Jeweils eine Hälfte der Gurke in eine ofenfeste Form legen und mit dem Hack füllen. Die andere Hälfte auf das Hack legen. Die Brühe in die Form geben und im heißen Ofen 30–45 Minuten garen.

Die Gurken aus der Form nehmen, warm stellen und die Flüssigkeit auffangen. Den Dill hacken. Für die Soße die Zwiebel pellen und würfeln. In einem Topf die Butter schmelzen, glasig dünsten und mit Mehl bestäuben. Mit der Brühe unter Rühren zum Kochen bringen. Die saure Sahne einrühren. Mit Salz, Pfeffer, Zitronensaft und einer Prise Zucker abschmecken. Den gehackten Dill unterrühren. Die Gurken zusammen mit der Soße und Salzkartoffeln servieren.

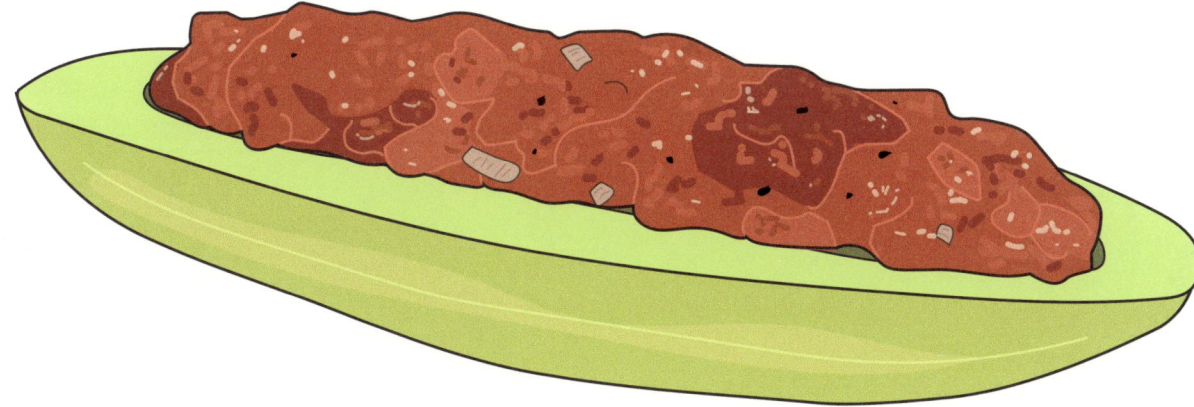

Das Prinzip

Beim Einlegen wird ein aus Essig und Wasser bestehender Sud über das Einlegegut gegossen. Dadurch wird das Wachstum von Mikroorganismen verhindert, die zum Verderb führen würden. Im Unterschied zur Milchsäuregärung (Seite 69), bei der es sich um eine kontrollierte Vergärung durch gewünschte Mikroorganismen handelt, die schädlichen Mikroben wiederum die Lebensgrundlage entziehen, soll der Verwesungsprozess gestoppt werden. Das saure Einlegen eignet sich auch sehr gut, um Gemüsereste zu verwerten und sie nicht wegschmeißen zu müssen. Der Vorteil des sauren Einlegens ist außerdem, dass bei ungekochtem Gemüse die Inhaltsstoffe erhalten bleiben.

Utensilien

Gesammelte Gläser mit Schraub- oder Bügelverschluss

Essig mit mindestens 5 Prozent Säure

Salz oder Meersalz ohne Jod
(Jodsalz lässt das Gemüse schnell zu weich werden)

Extra:
Wellenmesser oder Spiralschneider

Sauer Einlegen
Geeignet für Gemüse und Fisch

Sauer Einlegen

Ähnlich wie beim Einkochen oder Einmachen wird das Gemüse in verschlossenen Gläsern haltbar gemacht, die ohne eine Kühlung gelagert werden können. Da die Konservierung vorrangig durch die Säure des Essigs erfolgt, kann, muss das Einlegegut aber nicht notwendigerweise erhitzt werden. Auch für Fisch wird bei der Herstellung z. B. von Rollmöpsen oder Bratheringen ein Sud angesetzt, der ein saures Milieu schafft, welches sonst leicht verderbliche Lebensmittel konserviert. **Alternativ zum Essigsud kann auch Salzlake, Öl oder Alkohol verwendet werden**, um Lebensmittel haltbar zu machen, ohne sie notwendigerweise zu kochen. Wichtig ist in allen Fällen jedoch eine größtmögliche Hygiene bei der Zubereitung, um die Kontamination durch Fremdkeime so gering wie möglich zu halten.

- Vor Beginn das Gefäß und alle Arbeitsmaterialien mit kochendem Wasser überbrühen, um eine Kontamination mit Fremdkeimen zu verringern. Dafür am besten in einem großen Kochtopf Wasser aufkochen, die Gläser inklusive der Deckel und Gummiringe hineingeben und mindestens 10 Minuten darin stehen lassen. Danach sollte man darauf achten, die Gläser am Rand oder innen nicht mehr zu berühren.
- Das Gemüse oder den Fisch je nach Rezept vorbereiten. Wichtig ist dabei, Gemüse wie Bohnen, die nicht roh verzehrt werden sollten, vorher kurz zu garen. Zum Einlegen eignen sich am besten stark wasserhaltige Gemüsesorten, jedoch klappt es beispielsweise auch mit Karotten, wenn sie vorgegart werden.
- Einige Rezepte sehen vor, das Gemüse für 12–24 Stunden roh einzusalzen oder in Salzwasser einzulegen und anschließend abzuspülen.
- Der Sud variiert je nach Rezept. Beim Improvisieren kann man sich aber etwa an dieses Verhältnis halten: **250 ml Essig und 500 ml Wasser mit 2 El Salz und 2 Tl Zucker** aufkochen. Je nach Geschmack können außerdem weitere Gewürze hinzugefügt werden. Die Flüssigkeit wird in den meisten Fällen heiß über das Gemüse gegossen. Bei Rollmöpsen z. B. muss darauf verzichtet werden, damit sie nicht garen. Auch wenn der Biss erhalten bleiben soll, kann der Sud kalt hinzugegeben werden.
- Das Einlegegut in die vorbereiteten Gläser füllen und mit dem Sud übergießen. Sofort verschließen und an einem dunklen, kühlen Ort mindestens 4–6 Wochen vor dem Öffnen ziehen lassen.
- **Die Haltbarkeit von sauer Eingelegtem beträgt einige Monate.** Quasi unbegrenzt haltbar wird es jedoch, wenn man die Gläser nach dem Verschließen bei etwa 120 °C sterilisiert. Das folgt dem Prinzip des Einkochens auf Seite 190.

Saure Gurken

1 kg Einlegegurken
50 g Salz
10 Pfefferkörner
1 Tl Senfkörner
100 g Zucker
2 Stängel Dill mit Dolden
1 Zwiebel
750 ml Kräuteressig

Zubereitung

Die Gurken kräftig mit einer kleinen Bürste schrubben. Die Stile und Blütenansätze abschneiden. Mit einer Nadel mehrmals einstechen, in eine Schüssel geben, mit 2 El Salz bestreuen und mit Wasser übergießen. Nach 24 Stunden das Wasser abgießen und die Gurken unter fließendem Wasser abspülen.

Ein großes Gefäß aus Glas oder Steingut mit etwa 5 Litern Fassungsvermögen – oder mehrere kleine Gläser – auskochen.

Die Zwiebel schälen und in dicke Ringe schneiden. Die Gurken zusammen mit den Zwiebelringen und dem Dill in das Gefäß geben.

In einem Topf 1 ½ l Wasser gemeinsam mit dem Essig und den übrigen Gewürzen zum Kochen bringen. Noch heiß über die Gurken gießen. Die Gurken müssen vollständig mit Flüssigkeit bedeckt sein. Deshalb am besten mit einem kleinen Brett und einem sauberen Stein beschweren. Die Gläser verschließen. Bei Zimmertemperatur etwa 10 Tage ruhen lassen und danach an einem dunklen, kühlen Ort aufbewahren. *Die Flüssigkeit wird dabei milchig.*

1 kg Rote Bete
2 Zwiebeln
10 Pfefferkörner
4 Nelken
1 Lorbeerblatt
5 Pimentkörner
750 ml Weinessig
80 g Zucker
Salz

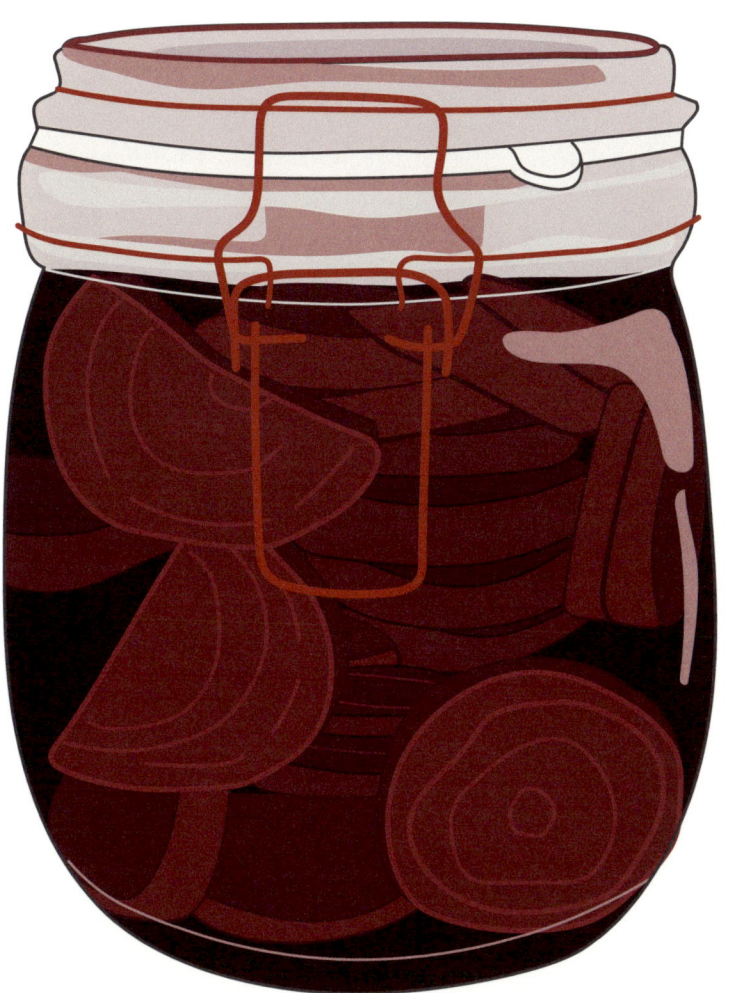

Zubereitung

Die Rote Bete mit der Wurzel und dem Stilansatz in einen Topf mit kaltem Wasser geben. Zum Kochen bringen und je nach Größe der Knollen 45–60 Minuten kochen.

4–6 Gläser auskochen. Die Rote Bete abschrecken und pellen. Mit einem geriffelten Messer in Scheiben schneiden. Die Zwiebel pellen und in Ringe schneiden. Die Rote Bete mit der Zwiebel gleichmäßig auf die Gläser verteilen.

500 ml Wasser, Essig, Salz und Zucker zusammen mit den Gewürzen aufkochen. Noch heiß in die Gläser füllen und sofort verschließen.

Ein geschnittener Apfel verleiht der Roten Bete eine fruchtige Note.

Wurzelgemüse

Karotte

Karotten, auch Möhren oder Wurzeln genannt, sind reich an Ballaststoffen, Mineralstoffen sowie Vitamin A, das u. a. die Sehkraft und die Zellerneuerung fördert. Karotten sollte man zusammen mit Fett verzehren, da das Betacarotin, aus dem der Körper Vitamin A gewinnt, fettlöslich ist. Neben dem Verzehr als Rohkost können Karotten gebraten, gekocht oder zum Backen verwendet werden. Auch das Grün der Karotte ist, beispielsweise in einem Salat, essbar und sehr nährstoffreich. Karotten kommen nicht nur in orange, sondern in verschiedenen Farbvarianten vor: von weiß über gelb bis hin zu dunkelviolett. Die heute übliche orangene Farbe wurde ihnen erst etwa im 18. Jahrhundert als Kreuzung aus verschiedenen Sorten vermutlich in den Niederlanden angezüchtet.

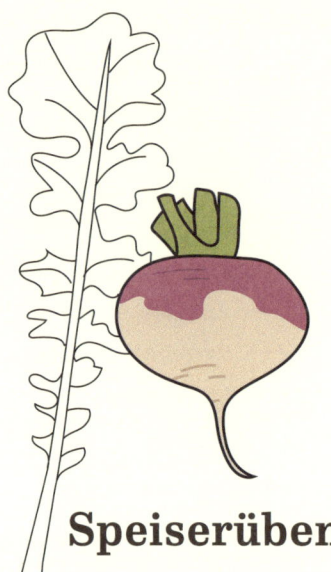

Speiserüben

Die Speiserübe gehört botanisch wie die Steckrübe zur Gattung des Kohls, ist mit dieser jedoch nicht verwandt. Zu den Speiserüben zählen unter anderem die Mairübe, das Teltower Rübchen und die Herbstrübe. Die Speiserübe wird roh und gegart verwendet oder sauer eingelegt. Auch als Viehfutter findet sie Verwendung. Die jungen Blätter vom Mairübchen können wie Spinat zubereitet werden. Sie sind reich an B-Vitaminen, Folsäure, Zink und Eisen. Speiserüben können in Sand eingelagert einige Wochen überdauern. Die späteren Sorten überstehen leichten Frost im Beet. Durch die Bezeichnung *Rübe* lässt sich nicht zwangsläufig auf eine botanische Verwandtschaft schließen, denn es handelt sich ganz allgemein um die botanische Bezeichnung für ein meist unterirdisch wachsendes Speicherorgan einer Pflanze (z. B. Karotten, Rettich).

Kohlrabi

Der Kohlrabi gehört botanisch zur Gattung des Kohls, jedoch wird statt der Blätter die verdickte, oberirdisch wachsende Sprossknolle verspeist. Kohlrabi ist reich an Magnesium, Selen und Calcium sowie an Vitamin C, B-Vitaminen und Folsäure. Er kann sowohl roh als auch gekocht gegessen werden. Die zarten Herzblätter sind ebenfalls wie Blattgemüse essbar und besitzen außerdem einen höheren Gehalt an Vitamin C, Carotin, Calcium und Eisen als die Knolle. Diese kann kugelig, plattrund oder oval wachsen, mit einer Schale, die sich weißlich, weiß-grün, kräftig grün, rötlich oder violett ausbildet. Während frühe Sorten zeitnah verzehrt werden sollten, lässt sich Herbstkohlrabi ohne Laub über mehrere Monate in Sand lagern.

Steckrübe

Steckrüben oder Kohlrüben gehören botanisch zur Gattung des Kohls und sind eine Unterart des Rapses. Eine Verwandtschaft zur Speiserübe besteht nicht. Sie enthalten relativ viel Traubenzucker, sind sehr vitaminhaltig (B und C) und mineralstoffreich (Kalium, Calcium und Magnesium). Steckrüben werden zumeist gekocht als Eintopf, Suppe oder Püree zubereitet. Man unterscheidet die runden Rüben in milde weiße Futter- und intensivere gelbe Speiserüben. Ihre feste Schale ist grün, gelblich bzw. rot-violett. Die Steckrübe weist eine sehr gute Lagerfähigkeit auf. In Verruf geriet die Steckrübe durch den sogenannten Kohlrübenwinter 1916/17, wo Steckrüben, die eigentlich als Schweinefutter angebaut wurden, zum Hauptnahrungsmittel wurden. Einer der Gründe war eine Kartoffelmissernte. Im Gegensatz zu Kartoffeln sind Steckrüben aufgrund ihres geringen Kohlenhydratanteils allerdings weniger sättigend.

Sellerie

Zur Gattung des Selleries gehören etwa 30 Arten. Die bekanntesten sind Knollen- und Staudensellerie. Sellerie ist reich an Kalium, Calcium, Eisen, Vitamin C, Betacarotin und sekundären Pflanzenstoffen, die eine antioxidative Wirkung besitzen. Er hat eine positive Wirkung bei rheumatischen Beschwerden, Gicht, Verdauungsproblemen und Bluthochdruck. Die Knolle kann als Püree oder Suppe, gebraten, gekocht, gerieben für Salate oder als Bestandteil des Suppengrüns in Suppen zubereitet werden. Der mildere Staudensellerie lässt sich roh oder gekocht verzehren. Während Knollensellerie unterirdisch eine große runde, platte oder kegelförmige Knolle mit heller, fester, derber grün-bräunlicher Schale ausbildet, besitzt Staudensellerie eine sehr kleine Knolle, dafür aber kräftige, fleischige Blattstiele mit kleinen Blättern an den Enden. Für die helle Färbung werden die Stiele mit Erde oder Papier bedeckt. Neuere Züchtungen sind selbstbleichend. Knollensellerie kann vom Grün befreit in Sand über mehrere Monate gelagert werden. Staudensellerie sollte nach der Ernte möglichst zeitnah verzehrt werden.

Rote Bete

Die Rote Be(e)te oder Rote Rübe gehört zur Gattung der Rüben und ist verwandt mit Mangold und Zuckerrübe. Sie ist sehr reich an B-Vitaminen, Kalium, Eisen und Folsäure. Allerdings lagert sie relativ viel Nitrat ein, das zwar einen blutdrucksenkenden Effekt besitzt, sich bei zu warmer Lagerung jedoch in schädliches Nitrit umwandelt. Die geschmacklich erdige Rote Bete wird meist sauer eingelegt oder gekocht zubereitet, besitzt aber roh ein eher süßliches Aroma. Die Blätter können in gegarter Form ebenfalls verzehrt werden. Die Rote Bete stammt von der Wildbete ab. Ihre gleichmäßig rote Farbe ist ein Resultat von Züchtung. Neben der roten gibt es auch weiße, gelbe und geringelte Sorten. Nach der Ernte kann die Rübe von ihrem Grün befreit noch einige Zeit frostfrei in Sand gelagert werden. Ihr Betanin wird als Naturfarbstoff zum Färben von Lebensmitteln eingesetzt. Es ist aber außerdem entzündungshemmend und stärkt das Immunsystem.

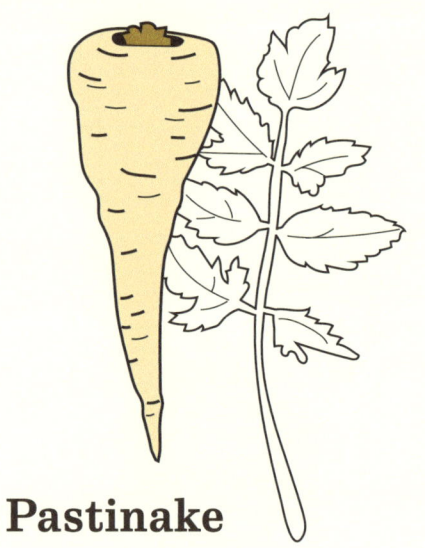

Pastinake

Die verbreitetste Kulturform in der Gattung der Pastinaken ist die Gemüse-Pastinake. Im Vergleich zur Karotte hat sie einen viermal so hohen Gehalt an Kalium, Proteinen und Vitamin C und außerdem einen hohen Stärkegehalt. Pastinaken sind ein sehr nitratarmes Gemüse. Sie können gekocht als Beilage, zu Suppen oder Pürees verarbeitet und roh im Salat verzehrt werden. Auch die Blätter sind ähnlich wie Petersilie als Würzkraut sehr schmackhaft. Das Wintergemüse ist frosthart und kann entweder bis −10 °C im Beet überwintert oder in Sand gelagert werden. Aufgrund der optischen Ähnlichkeit – beide sind gelblich-weiße Rüben – wird die Pastinake häufig mit der Petersilienwurzel verwechselt. Neben dem nussigen Aroma erkennt man eine Pastinake an dem eingesunkenen Blattansatz. Die Pastinake, die den Beinamen Pestnacke trägt, wurde in Form von Saft als Heilmittel während der Pestepidemie im 14. Jahrhundert eingesetzt. Bis zur Kultivierung der Kartoffel im 18. Jahrhundert war sie eines der wichtigsten Grundnahrungsmittel, geriet in Deutschland danach aber für lange Zeit in Vergessenheit.

Petersilienwurzel

Die Petersilienwurzel oder Wurzelpetersilie ist eine Unterart der Petersilie. Sie besitzt eine der Karotte ähnliche Rübe. Die Blätter ähneln in ihrer Form der glatten Schnittpetersilie, sind jedoch größer. Neben B-Vitaminen enthalten Petersilienwurzeln viel Eiweiß, Calcium, Eisen und Vitamin C. Sie können genau wie Pastinaken sowohl gekocht als Beilage, zu Suppen oder Pürees verarbeitet wie auch roh im Salat verzehrt werden. Die jungen Blätter sind genauso verwendbar wie Petersilie. Auch die Petersilienwurzel ist ein Wintergemüse, das bei bis zu −10 °C im Beet überwintert oder in Sand eingelagert werden kann. Das Aroma der Petersilienwurzel ist sehr würzig und schmeckt stark nach Petersilie. Die gelblich-weiße Rübe ist der Pastinake optisch sehr ähnlich, hat aber im Gegensatz zu dieser einen nach oben gewölbten Blattansatz.

Schwarzwurzel

Die Garten-Schwarzwurzel, die bekannteste in der Gattung der Schwarzwurzeln, gilt als leicht verdaulich. Neben einem sehr hohen Gehalt an Calcium, Kalium und Phosphor enthält sie Inulin, das besonders für Diabetiker geeignet ist, da es den Blutzuckerspiegel nicht beeinflusst. Sie kann gekocht als Gemüsebeilage oder in Suppen verwendet werden. Bei der Verarbeitung kann es durch den enthaltenen Milchsaft zu bräunlichen Verfärbungen der Haut kommen. Kurz blanchiert lässt sich die Schwarzwurzel am besten schälen. Namensgebend ist ihre schwarze Schale. Da sie nach dem Schälen allerdings schneeweiß ist, trägt sie den Beinamen Winterspargel. Schwarzwurzeln lassen sich bei Temperaturen bis −10 °C sehr gut im Beet überwintern. Nach der Ernte halten sie sich entweder 1–2 Wochen im Kühlschrank oder mehrere Monate in Sand.

Radieschen

Radieschen gehören zur Gattung der Rettiche. Neben einer Menge Vitamin C besitzen sie die Vitamine A, B1, B2 und C sowie die Mineralstoffe Folsäure, Eisen, Kalium, Calcium und Phosphor. Die enthaltenen Senföle, die für die Schärfe des Radieschens sorgen, haben eine antibakterielle und verdauungsfördernde Wirkung. Radieschen isst man meist roh in Salaten oder auf Brot. Neben der Knolle ist auch das Grün im Salat oder gekocht wie Spinat essbar. Die unterschiedlichen Sorten sind rund oder zylindrisch, ihre Farben erstrecken sich von weiß über weiß-rot, rot-weiß, violett bis hin zu gelb. Im Gegensatz zu vielen anderen Wurzelgemüsen sind Radieschen nur bedingt lagerfähig. Optimalerweise sollten sie in etwas Wasser ohne Blätter, aber mit Wurzel im Kühlschrank aufbewahrt werden.

Rettiche

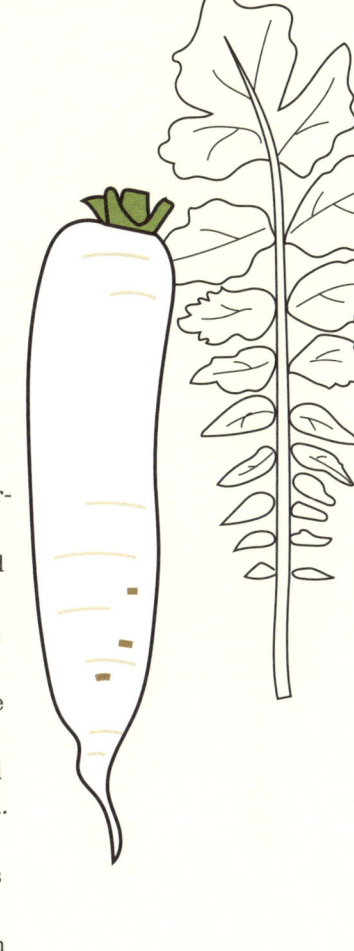

Zur Gattung der Rettiche gehören abgesehen vom Radieschen diverse weitere Arten. Neben dem weißen, roten oder braunen Sommerrettich gibt es eine Wintersorte mit schwarzer Schale. Die Formenvielfalt reicht von rund bis länglich. Für die Schärfe des Rettichs sind die enthaltenen Senföle verantwortlich, die eine positive Wirkung auf Leber, Galle und die Verdauung haben. Außerdem gilt der Rettich als Heilmittel gegen Gicht, Rheuma und Husten. Er wird vor allem roh als Snack oder im Salat verzehrt. Besonders in Bayern, wo er Radi genannt wird, ist er sehr populär. Abgesehen vom schwarzen Winterrettich, der mit seiner festen Schale in Sand gelagert werden kann, sind Rettiche nur bedingt lagerfähig.

Der Begriff »Wurzelgemüse« stammt nicht aus der Botanik, sondern ist umgangssprachlich geprägt. Er umfasst Rüben, Wurzeln und Knollen, die unterirdisch fleischig-verdickte und nährstoffreiche Pflanzenteile (das sogenannte Rhizom) ausbilden. Wurzelgemüse galt lange als Nahrung für arme Leute und wurde zum Sinnbild für Hunger und Entbehrung. Besonders während und nach den Weltkriegen im 20. Jahrhundert waren Wurzelgemüse wie Steckrüben und Kartoffeln, um die es auf Seite 44/45 genauer geht, die Hauptnahrungsquelle. Wurzelgemüse ist reich an Vitaminen, Mineralstoffen und Spurenelementen wie Kalium, Calcium, Phosphor, Natrium und Magnesium. Damit ist es sogar gesünder als das meiste Blatt- und Sommergemüse wie beispielsweise Spinat oder Tomaten. Meist handelt es sich beim Wurzelgemüse um zweijährige Pflanzen, die im ersten Jahr die Knolle und im zweiten die Blüten bzw. Samen ausbilden. Für die richtige Lagerung ist es sinnvoll, direkt nach Kauf oder Ernte die Blätter abzutrennen, da diese der Wurzel Wasser entziehen. Auf Seite 108/109 finden sich weitere Informationen zur richtigen Lagerung. Abgesehen von wenigen Ausnahmen ist seine lange Lagerfähigkeit ein großer Vorzug dieses Wurzelgemüses.

Am Anfang ist die Brühe. Eine gute Gemüse- oder Fleischbrühe ist Grundlage und Geschmacksgeber für viele Suppen, Eintöpfe und Soßen. Und das nicht nur in der traditionellen Küche. Aus Zeitgründen ist es naheliegend, einen Brühwürfel oder Suppenpulver zu verwenden. Das erspart neben Arbeit und Zeit jedoch auch ein Geschmackserlebnis. Gegen den industriellen Einheitsgeschmack ist eine selbst gemachte Brühe klar im Vorteil, deren frische Zubereitung mit geringem Zeitaufwand verbunden ist und sich problemlos auf Vorrat zubereiten lässt. Die fertige Brühe kann nämlich einfach kochend heiß in ausgekochte Gläser gefüllt werden und hält sich dann einige Monate. Außerdem eignet sich eine Brühe auch hervorragend, um Reste zu verwerten: Aus gesammelten und bei Gelegenheit eingefrorenen Fleischresten, Gemüeschalen und -abschnitten kann noch das Letzte herausgeholt werden.

Gemüsebrühe

Zubereitung

Einen großen Topf (10–15 Liter) erhitzen, die Zwiebel halbieren (ebenfalls nicht schälen), mit der Schnittfläche nach unten in den Topf legen und so lange mutig rösten, bis sie schwarz wird. Das sorgt für ein gutes Aroma und später für eine schöne braune Farbe der Brühe. Das Gemüse, die Petersilie und die Gewürze in den Topf geben und mit so viel kaltem Wasser aufgießen, dass alles vollständig bedeckt ist. Großzügig mit Salz abschmecken.

Alles zum Kochen bringen und etwa zwei Stunden bei geringer Hitze mit gekipptem Deckel kochen lassen. Um möglichst wenig vom ausgekochten Gemüse zu verschwenden, die Gewürze entfernen, die Brühe etwas abkühlen lassen und durch ein sauberes Geschirrtuch seihen. Anschließend das Gemüse mit den Händen ausdrücken.

Wird nicht die ganze Brühe auf Anhieb verbraucht, die Brühe nochmals aufkochen und heiß in eine passende Anzahl abgekochter Gläser mit Schraubverschluss füllen. *Eine Portionierung in verschiedene Größen (z. B. 250 ml, 500 ml und 1.000 ml) ist für unterschiedliche Verwendungen praktisch.*

Für eine kräftige Fleischbrühe einfach Suppenknochen und eventuell ein gutes Stück Suppenfleisch mitkochen.

3 große Möhren
2 Petersilienwurzeln
1 Stange Lauch
1 kleiner Sellerie
1 Zwiebel
1 Bund Petersilie
3 Lorbeerblätter
1 Tl Wacholderbeeren
1 Tl Piment
1 El Pfeffer

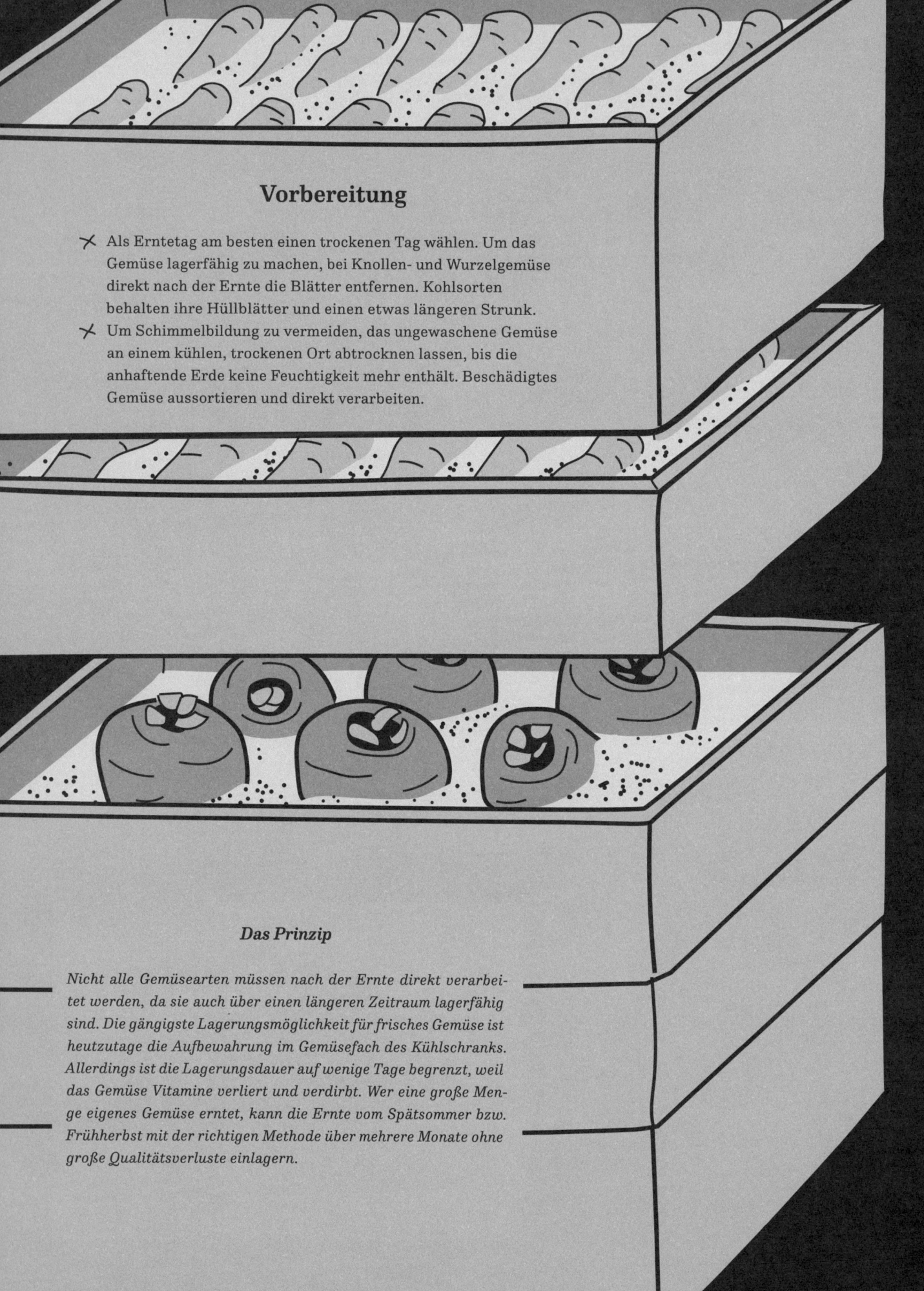

Vorbereitung

✕ Als Erntetag am besten einen trockenen Tag wählen. Um das Gemüse lagerfähig zu machen, bei Knollen- und Wurzelgemüse direkt nach der Ernte die Blätter entfernen. Kohlsorten behalten ihre Hüllblätter und einen etwas längeren Strunk.

✕ Um Schimmelbildung zu vermeiden, das ungewaschene Gemüse an einem kühlen, trockenen Ort abtrocknen lassen, bis die anhaftende Erde keine Feuchtigkeit mehr enthält. Beschädigtes Gemüse aussortieren und direkt verarbeiten.

Das Prinzip

Nicht alle Gemüsearten müssen nach der Ernte direkt verarbeitet werden, da sie auch über einen längeren Zeitraum lagerfähig sind. Die gängigste Lagerungsmöglichkeit für frisches Gemüse ist heutzutage die Aufbewahrung im Gemüsefach des Kühlschranks. Allerdings ist die Lagerungsdauer auf wenige Tage begrenzt, weil das Gemüse Vitamine verliert und verdirbt. Wer eine große Menge eigenes Gemüse erntet, kann die Ernte vom Spätsommer bzw. Frühherbst mit der richtigen Methode über mehrere Monate ohne große Qualitätsverluste einlagern.

Gemüse überwintern
Geeignet für Wurzelgemüse, Kohl, Kartoffeln, Kürbisse, Zwiebeln und Knoblauch

Mit Sand in Kisten

Es gibt zwei Arten, Gemüse in Sand einzulagern. In einem alten Haus mit einem kühlen Keller kann das Gemüse in Kisten mit Sand bedeckt geschichtet werden. Bei Temperaturen von 5–10 °C und einer Luftfeuchtigkeit von mindestens 80 Prozent kommen Stoffwechselvorgänge weitgehend zum Erliegen, das Gemüse bleibt mehrere Monate frisch.

In Sand unterirdisch

Ohne passenden Keller kann das Gemüse auch in Erdkammern im Boden gelagert werden. Praktisch sind ausgediente Trommeln von Toplader-Waschmaschinen, da sie aus rostfreiem Stahl bestehen und durch die zahlreichen Löcher ein guter Luftaustausch stattfindet. Andere große, rostfreie Behälter müssen daher unter dem Rand und im Boden mit Löchern versehen werden. Den Behälter bis knapp unter die Löcher eingraben. Für eine gute Drainage 10 cm Blähton auf den Boden geben und dann das Gemüse mit etwas Sand zwischen den Lagen hineinschichten. Mit einem Deckel sowie mit Tannenzweigen oder Laub abdecken.

Trocken lagern

An einem kühlen, frostfreien Ort bis 10 °C lassen sich Kohl, Kürbis, Kartoffeln, Zwiebeln und Knoblauch ganz unkompliziert überwintern. Wichtig ist, gelegentlich die Schimmelbildung zu überprüfen.

- Kohl: Am besten die Kohlköpfe mit den schützenden Hüllblättern einzeln in Packpapier einschlagen und nebeneinander in Kisten stellen.
- Kürbis: Nebeneinander stehend in Regalen lagern.
- Kartoffeln: Gut durchlüftet in Stoffsäcken oder Kisten lagern, einschlagen und nebeneinander in Kisten stellen.
- Zwiebeln und Knoblauch: An einer Schnur mit dem Grün zum Zopf geflochten hängend oder bereits getrocknet in Kisten lagern.

Überwinterung im Beet

Einige Gemüsesorten können auch den ganzen Winter über im Beet gelassen werden und erst bei Bedarf geerntet werden:

- Brokkoli, Sellerie, Kohlrabi und Rettich vertragen Frost bis −5 °C. Bei tieferen Temperaturen sollten sie mit einem Vlies abgedeckt werden.
- Grünkohl, Rosenkohl, Spinat, Feldsalat, Lauch, Schwarzwurzeln, Petersilienwurzeln, Pastinaken und Mangold benötigen erst ab Temperaturen kälter als −10 °C einen Frostschutz.

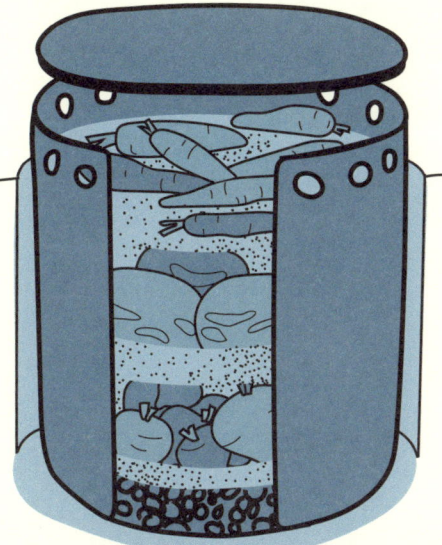

Steckrübeneintopf
mit Möhren

Für zwei Tage:
2 Steckrüben
500 g Karotten
1 Zwiebel
1 Bund Petersilie
2 l Gemüsebrühe
300 g geräucherter, durchwachsener Speck
300 g frischer Bauchspeck
je 1 Kohlwurst pro Person pro Tag

Zubereitung

Die Steckrüben schälen, waschen und in etwa 2 cm große Würfel schneiden. Die Karotten schälen, waschen und in 2 cm dicke Scheiben schneiden. Die Zwiebel pellen und grob würfeln. Von der Petersilie die Blätter abzupfen und beiseitestellen.

Steckrüben, Karotten, Zwiebel und Petersilienstiele in einen großen Topf geben. Das Fleisch bis auf die Kohlwurst auf das Gemüse legen. Mit Wasser oder Gemüsebrühe so weit auffüllen, bis alles knapp bedeckt ist. Zum Kochen bringen und bei niedriger Temperatur etwa eine Stunde köcheln lassen.

Am Ende der Garzeit mit Salz und Pfeffer abschmecken. Die Kohlwurst in dem Topf erwärmen. Kurz vor dem Servieren mit grob gehackter Petersilie bestreuen und mit Salzkartoffeln anrichten.

In den Steckrübeneintopf können verschiedene Fleischsorten gegeben werden. Beispielsweise kann der ungeräucherte Schweinebauch durch ein Stück Eisbein ersetzt werden. Die Kochzeit verlängert sich dann entsprechend. Wichtig ist aber eine geräucherte Komponente als Geschmacksgeber. Typisch ist auch die Kohlwurst, die in Niedersachsen eine grobe, geräucherte Mettwurst, dem Pinkel ähnlich, ist.

Hülsenfrüchte

Bohnen

Linsen

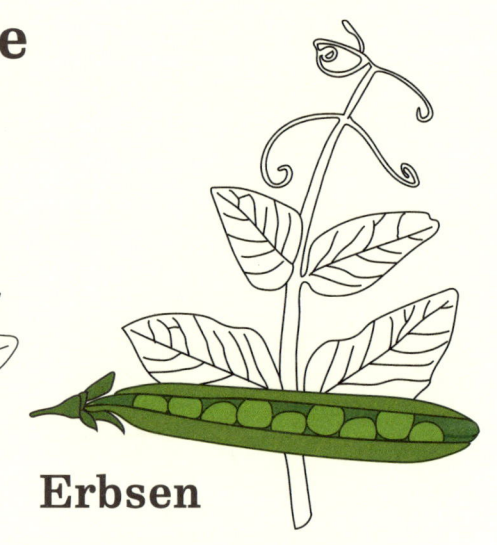

Erbsen

Die Gartenbohne oder Grüne Bohne, die zur Familie der Hülsenfrüchte gehört, umfasst zahlreiche Arten. Der Begriff Bohne bezeichnet sowohl diejenigen Gattungen, deren Samen inklusive der Hülse wie bei der Grünen Bohne gegessen werden, als auch die runden bis länglichen Samen ohne Hülse, die u. a. als getrocknete Bohnen angeboten werden. In Deutschland werden meist gelbe oder grüne Gartenbohnen gegessen. Eine andere Art, die Ackerbohne (Sau- oder Dicke Bohne), ist eine beliebte Kernbohne. Getrocknete Bohnen, die es in vielen Farben von weiß über rot und violett bis hin zu schwarz oder geflecht gibt, besitzen aufgrund ihres hohen Proteingehalts, der guten Lagerfähigkeit und des günstigen Preises in vielen Ländern eine große Bedeutung als Grundnahrungsmittel. Neben reichlich Proteinen enthalten sie Mineralstoffe wie Calcium, Kalium, Magnesium und Eisen, daneben die Vitamine A, B2, B6, C und E. Grüne Bohnen werden eingekocht haltbar gemacht oder gekocht zu Salat, als Beilage oder Eintopf verarbeitet. Roh sind sie nicht genießbar, da sie erst durch Erhitzen auf mehr als 70 °C das Gift Lektin verlieren.

Linsen gehören zur Familie der Hülsenfrüchtler. Sie sind sehr reich an Ballaststoffen und Proteinen. Mit B-Vitaminen, Zink und Magnesium kurbeln sie die Fettverbrennung an und senken den Cholesterinspiegel, wodurch sie vor Herz-und Kreislauferkrankungen schützen. Linsen werden meist zu Eintopf verarbeitet. Die Verwendungsmöglichkeiten sind jedoch vielfältiger: Linsen eignen sich z. B. für Püree oder als Brotaufstrich. Die Garzeiten der Sorten variieren. Während rote und gelbe Linsen innerhalb von 10 Minuten gar sind, benötigen die schwarzen Beluga-Linsen etwa 20 Minuten. Grüne und braune Tellerlinsen müssen nach einer Einweichzeit von drei bis vier Stunden etwa 45 Minuten kochen. Da Säure wie z. B. Essig das Weichwerden verhindert, sollte sie erst am Ende der Garzeit hinzugefügt werden. Linsen werden in Mitteleuropa kaum noch angebaut. Ein großer Teil der Produktion stammt aus Spanien, Russland, Chile und Vorderasien. Von der Pflanze werden nur die Samen verzehrt. Im Vergleich mit Erbsen und Bohnen sind Linsen leichter verdaulich. Getrocknet sind sie nahezu unbegrenzt haltbar.

Erbsen gehören zur Familie der Hülsenfrüchtler. Es gibt zahlreiche Arten, die je nach Sorte eine grüne, gelbe, bräunliche Färbung haben. Die bekanntesten Sorten sind die grüne Zuckererbse, die mit ihrer Hülse gegessen werden kann, die Markererbse für den Frischverzehr und die Schalerbse mit einem höheren Kohlenhydratanteil, aus der getrocknete Erbsen hergestellt werden. Sie alle sind reich an pflanzlichem Eiweiß, Phosphor, Calcium, Magnesium, Eisen und Vitaminen. Erbsen besitzen viele verdauungsfördernde Ballaststoffe. Für den Frischverzehr werden sie jung geerntet, solange sie noch zart und süß sind. Sie enthalten dann etwa fünf Prozent Eiweiß und zehn Prozent Kohlenhydrate. Vollreife Erbsen enthalten viermal mehr Eiweiß und die zehnfache Menge Kohlenhydrate. Während frische Erbsen gekocht als Püree oder als Suppe zubereitet werden, werden getrocknete Erbsen vor allem für Eintöpfe benutzt. Im Gegensatz zu getrockneten Erbsen sind frische Erbsen nur kurzzeitig lagerfähig.

Milchbohnen
und Frikadellen

Für die Frikadellen:
500 g gemischtes Hackfleisch
1 Brötchen vom Vortag
1 Ei
1 kleine Zwiebel
1 Tl Senf
Salz, Pfeffer, Muskatnuss

Für die Soße:
500 g grüne Bohnen
1 kleine Zwiebel
1 El Butter
1 El Mehl
500 ml Milch
frische Petersilie

Zubereitung

Von den Bohnen den Stielansatz und die Blüte entfernen. Waschen und im kochenden Salzwasser etwa 5 Minuten blanchieren. Kalt abschrecken und beiseitestellen.

Für die Soße die Zwiebel pellen und würfeln. Die Butter in einem Topf schmelzen und die Zwiebelwürfel glasig dünsten. Mit Mehl bestäuben und mit der Milch ablöschen. Etwa 5 Minuten unter Rühren köcheln lassen. Mit Muskat, Salz und Pfeffer abschmecken. *Ein Spritzer Zitronensaft hebt den Geschmack.* Unter gelegentlichem Rühren auf kleinster Stufe 15 Minuten kochen.

Für die Frikadellen das Brötchen in Wasser einweichen. Die Zwiebel pellen und fein würfeln. In einer Pfanne mit etwas Öl glasig dünsten und etwas erkalten lassen. In der Zwischenzeit das Hack mit Ei, Senf, dem ausgedrückten Brötchen und den Gewürzen in eine Schale geben. Zusammen mit der Zwiebel zu einer glatten Masse vermengen. Etwa 6–9 Frikadellen formen.

Die Bohnen in die Soße geben und bis zur gewünschten Konsistenz ziehen lassen. Die Petersilie hacken. In einer Pfanne mit Öl die Frikadellen ausbraten. Alles gemeinsam mit Salzkartoffeln und reichlich Petersilie servieren.

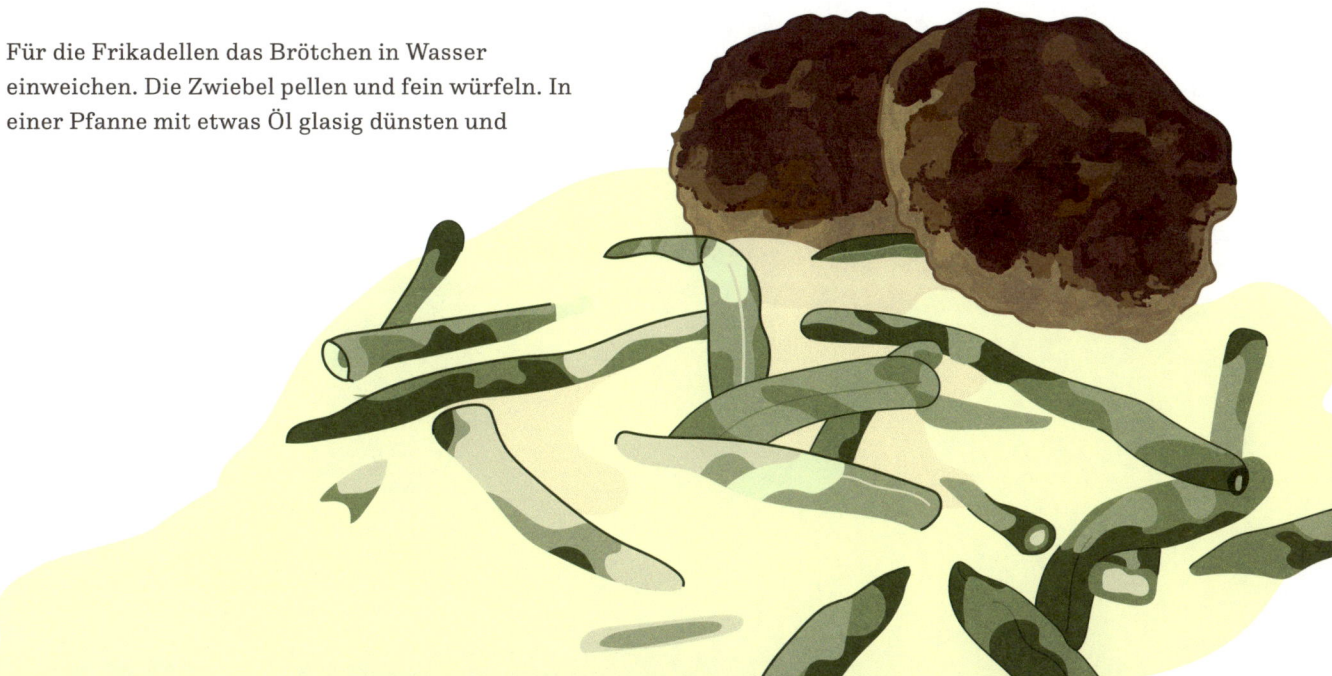

Birnen, Bohnen und Speck
ein Spätsommer-Gericht

> 750 g geräucherter Bauchspeck
> 4 Kohlwürste
> 1 Zwiebel
> 500 grüne Bohnen
> 4–8 Kochbirnen
> (oder sehr harte, kleine Birnen)
> 1 l Wasser oder Gemüsebrühe
> 1 El Mehl
> 1 Tl Bohnenkraut (frisch oder getrocknet)
> frische Petersilie

Zubereitung

Die Zwiebel pellen und würfeln, den Speck in fingerdicke Stücke schneiden. Beides mit der Flüssigkeit in einem großen Topf aufsetzen und etwa 20 Minuten bei mittlerer Hitze kochen lassen.

In der Zwischenzeit die Bohnen putzen. Sind sie zu groß, in mundgerechte Stücke schneiden. Nun die Bohnen mit dem Bohnenkraut in den Topf geben und weitere 15 Minuten kochen.

Von den Birnen nur die Blüte entfernen, Schale und Stiel bleiben dran, damit sie während des Kochens nicht zerfallen. Oben auf den Eintopf legen und nochmals 15 Minuten garen, bis sie weich sind.

Zum Schluss das Mehl mit etwas kaltem Wasser verquirlen und unter Rühren die Brühe binden. Nochmals 5 Minuten kochen. Die Kohlwurst kurz vor dem servieren hinzugeben und erwärmen. Von allem etwas auf einem Teller anrichten und Salzkartoffeln dazu reichen. Mit gehackter Petersilie bestreuen. *Das Gericht lässt sich sehr gut in der doppelten Menge für mehrere Tage kochen.*

Diese traditionelle Zubereitung lässt sich auch gut etwas abwandeln. Wer die Birnen so nicht mag, kann sie auch separat zubereiten. Dafür 1 l Wasser mit 3 El Zucker und einer Zimtstange aufkochen. Die Birnen schälen, vierteln, vom Kerngehäuse befreien und in der heißen Flüssigkeit etwa 20 Minuten bissfest garziehen lassen. Die süßen Birnen und der Sud schmecken sehr gut zu dem deftigen Eintopf und kommen zusammen mit ihm auf den Teller.

Erbsensuppe

Zubereitung

Die Erbsen über Nacht in reichlich Wasser einweichen. Am Kochtag das Wasser weggießen.

Das Gemüse waschen, schälen, klein schneiden und in einen großen Topf geben. Das Fleisch bis auf die Würstchen dazugeben und mit 2–3 l Wasser knapp bedecken und salzen. Zum Kochen bringen und auf kleiner Stufe etwa 2½–3 Stunden kochen.

Am Ende der Garzeit das Fleisch aus dem Topf nehmen und die Suppe leicht anpürieren, sodass sie sämig wird. Mit Majoran, Salz und Pfeffer abschmecken. Je nach Geschmack die Würstchen im Ganzen dazu reichen oder in Scheiben geschnitten in die Suppe geben. Mit dem Fleisch zusammen servieren.

Für zwei Tage:
500 g getrocknete Erbsen (geschält)
½ Sellerie
5 Karotten
1 Stange Lauch
250 g Kartoffeln
250 g geräucherter Speck
1 frisches Eisbein oder
250 g frischer Schweinebauch
1 Würstchen pro Person
frischer Majoran

Linsensuppe

Für zwei Tage:
500 g Tellerlinsen
375 g geräucherter Speck
1 Zwiebel
½ Knolle Sellerie
3–4 Karotten
1 Stange Lauch
250 g Kartoffeln
1 Lorberblatt

Zubereitung

Die Linsen über Nacht in reichlich Wasser einweichen und am nächsten Tag abgießen.

Das Gemüse waschen, schälen und würfeln. Die Zwiebel schälen und würfeln. Den Speck würfeln. In einem großen Topf etwas Öl erhitzen und Zwiebeln und Speck darin andünsten. Das Gemüse hinzugeben, kurz mitdünsten und mit 2–3 l Wasser aufgießen, salzen und zum Kochen bringen. Auf kleiner Stufe 1½–2 Stunden kochen.

Für eine sämige Konsistenz einen Teil des Eintopfs vor dem Servieren ein wenig pürieren.

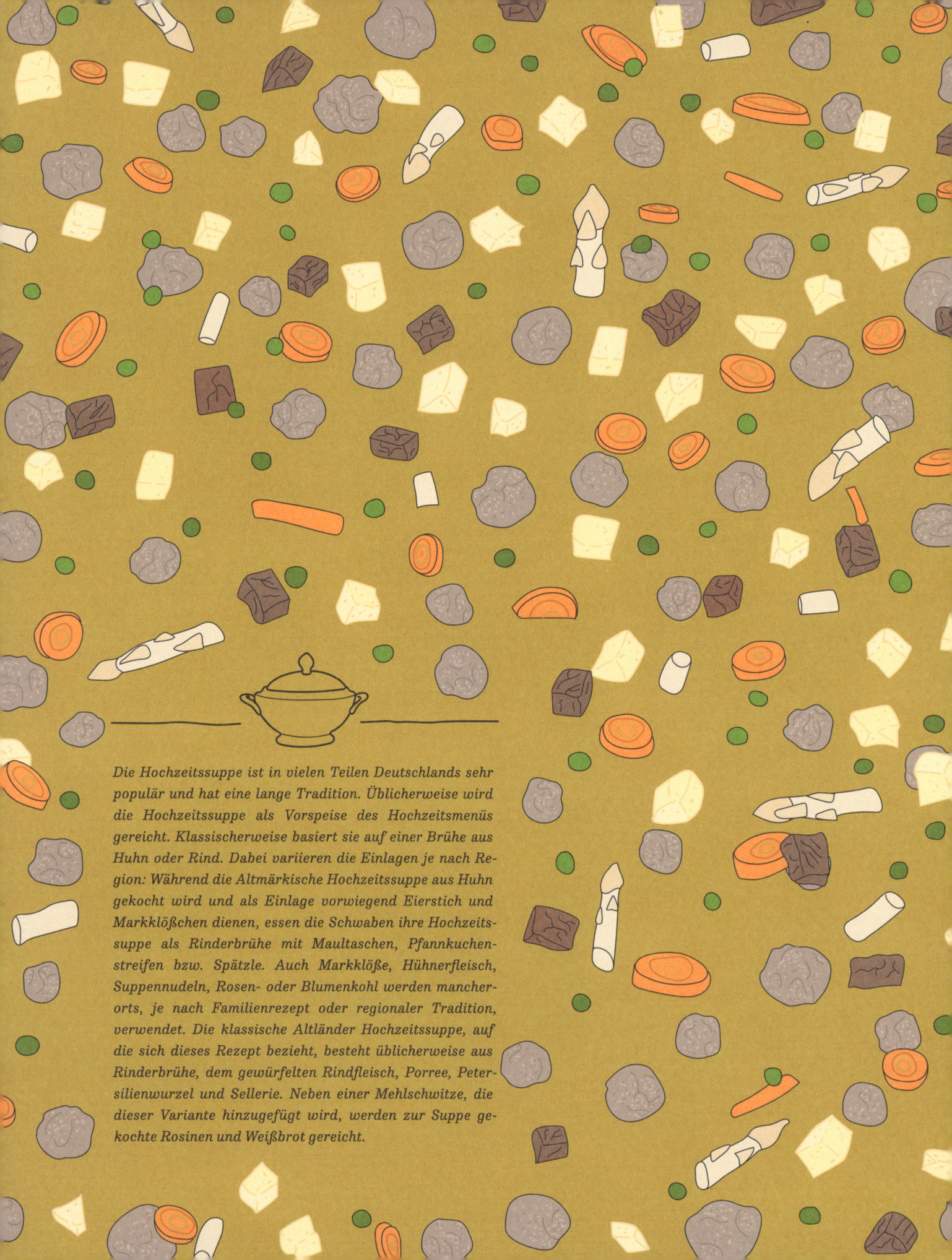

Die Hochzeitssuppe ist in vielen Teilen Deutschlands sehr populär und hat eine lange Tradition. Üblicherweise wird die Hochzeitssuppe als Vorspeise des Hochzeitsmenüs gereicht. Klassischerweise basiert sie auf einer Brühe aus Huhn oder Rind. Dabei variieren die Einlagen je nach Region: Während die Altmärkische Hochzeitssuppe aus Huhn gekocht wird und als Einlage vorwiegend Eierstich und Markklößchen dienen, essen die Schwaben ihre Hochzeitssuppe als Rinderbrühe mit Maultaschen, Pfannkuchenstreifen bzw. Spätzle. Auch Markklöße, Hühnerfleisch, Suppennudeln, Rosen- oder Blumenkohl werden mancherorts, je nach Familienrezept oder regionaler Tradition, verwendet. Die klassische Altländer Hochzeitssuppe, auf die sich dieses Rezept bezieht, besteht üblicherweise aus Rinderbrühe, dem gewürfelten Rindfleisch, Porree, Petersilienwurzel und Sellerie. Neben einer Mehlschwitze, die dieser Variante hinzugefügt wird, werden zur Suppe gekochte Rosinen und Weißbrot gereicht.

Hochzeitssuppe
mit Hackklößen und Eierstich

Für die Brühe:
500 g Suppenfleisch vom Rind
(siehe Seite 132–135)
1 Suppenknochen vom Rind
1 Bund Suppengrün
1 Zwiebel
1 Petersilienwurzel
2 Lorbeerblätter
1 El Pfefferkörner
1 kleines Bund Petersilie

Für die Klöße:
250 g gemischestes Hack
2 kleine Zwiebeln
½ trockenes Brötchen
1 Ei
Muskatnuss
Salz, Pfeffer
1 Tl Pimentkörner
3 Lorbeerblätter

Für den Eierstich:
2 Eier
⅛ l Milch
Muskatnuss, Salz

Für die Einlage
3 Karotten
200 g Erbsen
500 g Spargel
Petersilie

Zubereitung

Für die Rinderbrühe das Gemüse waschen und in grobe Stücke schneiden. Das Fleisch und den Knochen mit kaltem Wasser abspülen. Pfeffer und die Lorbeerblätter in einen Teebeutel geben und gut verschließen. Einen großen Topf erhitzen, die Zwiebel halbieren und anrösten, bis sie schwarz ist. Das Gemüse dazugeben und alles sofort mit 4–5 l kaltem Wasser aufgießen. Das Suppenfleisch, die Petersilie und die Gewürze in den Topf geben und zum Kochen bringen. Bei mittlerer Hitze und gekipptem Topfdeckel 2–3 Stunden kochen. Dabei den Schaum von der Oberfläche abschöpfen.

In der Zwischenzeit kann die Einlage vorbereitet werden. Für die Klöße das Brötchen in Wasser einweichen. Eine Zwiebel sehr fein würfeln und in Butter in einer Pfanne glasig dünsten. Das Hack mit Ei, dem ausgedrückten Brötchen, Zwiebeln, Salz, Pfeffer und Muskatnuss zu einem glatten, sehr feinen Teig verkneten. Für das Kochwasser 2 l Wasser mit Pimentkörnern, Lorbeerblättern, geschälter und geviertelter Zwiebel und 2 Tl Salz aufkochen. Mit feuchten Händen kleine Portionen vom Hack abnehmen und zu Klößen rollen. Ins heiße, nicht kochende Wasser geben und so lange ziehen lassen, bis sie an der Oberfläche schwimmen.

Für den Eierstich Eier, Milch, 1 Prise Salz und geriebene Muskatnuss verquirlen. Einen kleinen Topf zu etwa ⅓ mit Wasser füllen, zum Kochen bringen und die Temperatur herunterdrehen. Die Eiermilch in einen Gefrierbeutel geben und gut verknoten. Einen kleinen Teller in den Topf stellen, den Beutel hineinlegen, sodass er etwa zu ⅔ bedeckt ist, und 30–35 Minuten stocken lassen. Dabei die Temperatur so regulieren, dass das Wasser nicht zu kochen beginnt.

Die Karotten schälen, in Scheiben schneiden. Den Spargel schälen und in etwa 3 cm lange Stücke schneiden. Die Erbsen aus der Hülse befreien und alles waschen.

Das Fleisch aus der Suppe nehmen und in Würfel schneiden. Den Knochen und die Gewürze entfernen. Die Brühe durch ein Küchenhandtuch filtern und das Gemüse ausdrücken.

Die Rinderbrühe erneut aufkochen, die Karotten, den Spargel und die Erbsen nacheinander hinzufügen und garen. Gewürfelten Eierstich, Fleisch und Klöße zum Schluss zur Suppe geben und mit gehackter Petersilie servieren.

Für und Wider
Unser täglich Fleisch

Vermutlich wird über kein anderes Lebensmittel derzeit so sehr gestritten wie über Fleisch. Zur gleichen Zeit ist der Markt für Fleischersatzprodukte in den letzten Jahren genau rasant gewachsen wie der Trend zum Burgerladen. Immer neue Lebensmittelskandale, angefangen mit der Rinderseuche BSE, haben seit den 1990er Jahren zu einer großen Verunsicherung der Verbraucher hinsichtlich der Qualität von industriell hergestelltem Fleisch geführt. Als die Partei Bündnis 90/Die Grünen im Wahlkampf zur Bundestagswahl 2013 einen *Veggietag* forderte, wurde sie zur Lachnummer. Die Grabenkämpfe zwischen überzeugten Fleischverweigerern und häufig noch überzeugteren Fleischessern für oder gegen eine vegetarische Lebensweise werden mit allen Verbohrtheiten einer weltanschaulichen Auseinandersetzung geführt und gipfeln gelegentlich in absurden Aussagen wie *Vegetarier essen meinem Essen das Essen weg*. Genauso wie alle anderen Lebensmittel ist Fleisch, ob es im Supermarkt liegt, bereits verarbeitet im Restaurant auf den Teller kommt oder als Snack zwischendurch konsumiert wird, in unbegrenzter Menge und Auswahl verfügbar. Für die meisten Menschen ist der tägliche Konsum von Fleisch selbstverständlich. Dabei ist der erste Berührungspunkt mit diesem Lebensmittel in den meisten Fällen eine Plastikschale aus dem Kühlregal im Supermarkt, deren Inhalt von dem Lebewesen, dem Tier, das dieser einmal war, in Form von Hackfleisch oder eines Schnitzels möglichst weit entfernt ist. Den Kunden wird es leicht gemacht, Fleisch nicht mehr als das Produkt eines Tieres zu betrachten. Und durch die Weiterverarbeitung zu Wurst oder in Teigwaren wie Ravioli rückt die Erinnerung an das Lebewesen, das man da verzehrt, noch weiter weg. Zwar ist der Fleischkonsum in Deutschland in den letzten Jahren insgesamt gesunken, jedoch ist der Fleischverbrauch immer noch enorm hoch. Aber welche Auswirkungen hat ein so fleischhaltiges Ernährungsverhalten auf die Gesundheit, und ist Fleisch per se schlecht? Warum ist Fleisch so ein beliebtes Nahrungsmittel, das in so großer Menge verzehrt wird? Welche Auswirkungen hat die industrielle Massentierhaltung, und gibt es ernst zu nehmende Alternativen? Welche Chancen birgt der (teilweise) Fleischverzicht?

Warum so viel Fleisch?

Mit dem späten 18. Jahrhundert, im Kontext der Verwissenschaftlichung und Technisierung im Zuge der industriellen Revolution, wurde auch die Ernährung unter wissenschaftlich-technischen Gesichtspunkten betrachtet: Ernährung wurde »*ein chemischer Prozess der Aufnahme, Umwandlung und Ausscheidung von stofflichen Bestandteilen*«[1]. Der Chemiker Justus von Liebig differenzierte erstmals zwischen energiegebenden Fetten und Kohlenhydraten sowie Körper- und Muskelmasse aufbauenden Eiweißen. Daran anschließend entwickelte die Münchener physiologische Schule das *Voitsche Kostmaß*, das seit den 1870er Jahren die Idealzusammensetzung der Nahrungsbestandteile bestimmt. Ausreichender Fleischkonsum wurde dabei als nötig angesehen, um die Leistungsfähigkeit des menschlichen Körpers zu garantieren und zu steigern. Angesichts der fortschreitenden Industrialisierung waren Menschen mit einem leistungsfähigen *Produktionskörper* gefragt (siehe dazu Seite 31)[2], was u. a. eine Technisierung des Verständnisses vom menschlichen Körper zur Folge hatte. Unter dem Einfluss der Thermodynamik

Vegetarismus
Zahlen, Daten, Fakten

Der Fleischverbrauch in Deutschland ist im Moment rückläufig. Seit 1991 ist der Pro-Kopf-Fleischkonsum von rund 95 kg jährlich auf knapp 88 kg im Jahr 2016 gesunken. Nach Abzug der Herstellung von Tierfutter, industrieller Verwertung und Verlusten hat jeder Deutsche 2016 im Durchschnitt davon 60 kg Fleisch verzehrt. 1991 waren es pro Kopf noch vier Kilogramm mehr.[*1] *Im ersten Halbjahr 2017 wurden laut Statistischem Bundesamt im Vergleich zum Vorjahr nochmals knapp zwei Prozent weniger Tiere geschlachtet.*[*2] *Die Zahl der Menschen, die sich in Deutschland vegetarisch ernähren, schwankt je nach Schätzung und Jahr zwischen fünf und acht Millionen. Hinzu kommen etwa eine Million Veganer.*[*3] *Im Jahr 2016 bezeichneten sich die Angehörigen von mehr als einem Drittel der deutschen Haushalte als Flexitarier. Damit sind Menschen gemeint, die zwar nicht ganz auf Fleisch verzichten, aber ihren Konsum stark einschränken möchten. Für den Einzelhandel bedeuteten diese Entwicklungen einen Umsatzrückgang von 20 Prozent bei Fleisch und 18 Prozent bei den Wurstwaren, während mit Fleischersatzprodukten im Vergleich zum Vorjahr ein Umsatzplus von 400 Prozent erzielt werden konnte.*[*4] *Die Motivationen für eine fleischlose Ernährung sind vielfältig. Sie reichen von ethischen über gesundheitliche bis zu ökologischen Gründen. Mehrheitlich sind Menschen, die regelmäßig oder ganz auf Fleisch verzichten, jünger als der Durchschnitt der Bevölkerung, höher gebildet und Stadtbewohner. Damit hat sich auch ein sozialer Bedeutungswandel des Fleischkonsums vollzogen: Zum ersten Mal in der Geschichte der Menschheit essen die Menschen höherer sozialer Schichten weniger Fleisch als die der unteren und ist Fleischverzicht zu einem Statusmerkmal der Mittelschicht geworden.*[*5] *Der Vegetarismus als strikte Form der Ablehnung von Fleisch ist jedoch kein modernes Phänomen. Bereits in der Antike wurde der tierethische Vegetarismus z. B. von Pythagoras vertreten, sodass sich bis in die zweite Hälfte des 19. Jahrhunderts bekennende Vegetarier wie Friedrich Nietzsche als Pythagoreer bezeichneten.*[*6] *Gruppierungen wie der 1867 gegründete »Verein für natürliche Lebensweise«, der sich explizit auf Pythagoras und andere antike Philosophen berief, die sich für eine moralische Verurteilung des Tötens von Tieren aussprachen, waren Ausdruck einer neuen Alternativbewegung in Deutschland.*[*7] *Um die Wende zum 20. Jahrhundert trat die sogenannte Lebensreformbewegung auf den Plan. Sie gründete sich als eine Gegenbewegung zu den aus der industriellen Revolution resultierenden Veränderungen der Lebensumstände und den damit verbundenen gesundheitlichen Belastungen. Die Lebensreformbewegung »bündelte die Kritik an den konsumistischen, individualistischen und technischen Veränderungen«*[*8] *und betrachtete den Übergang von einer produktivistischen zu einer konsumistischen Gesellschaft sowie die Entfremdung von der Natur durch Industrialisierung und Urbanisierung kritisch. Mit Blick auf die Ernährung wurde die fleischlastige Ernährung der Stadtbevölkerung als ein Zeichen von fehlgeleiteter Zivilisation angesehen, die »zur Überernährung, Verfettung, Schwächung und Degeneration«*[*9] *führe. Das Programm umfasste neben Naturheilkunde, ganzheitlicher Medizin, der Reform von Kleidung und Sexualität sowie der Körper- und Nacktkultur auch Themen wie Tierrechte bzw. Vegetarismus und stellte nicht zuletzt die Frage nach einer gesunden Ernährung.*[*10] *Bereits um 1900 grenzten sich einige Menschen aus besserverdienenden Kreisen von den fleischessenden Arbeitern ab*[*11]*, während ein ausgiebiger Fleischkonsum von breiten Bevölkerungsschichten noch lange als Zeichen von Wohlstand gesehen wurde und zum Teil bis heute wird. Mit steigender Bildung nimmt die Konsummenge von Fleisch inzwischen signifikant ab.*[*12]

wurde der Körper als eine Maschine begriffen, die Energie in Form von Kalorien verbrennt und dadurch in der Lage ist, Arbeit zu verrichten.³ Indem Liebig so auch den Stoffwechsel in die mechanische Vorstellung von Kraft und Widerstand integrierte, wurde die Vorstellung populär, dass durch Arbeit Energie verbraucht wird, die durch Nahrung ersetzt werden muss.⁴ Da laut Liebig die optimale Nahrung für die Krafterzeugung Fleisch ist, entwickelte er eine Fleischbrühe, die die Leistungsfähigkeit wiederherstellen bzw. steigern sollte.⁵ Zur pflanzlichen Nahrung hingegen äußerte er: »*Die Erfahrung zeigt, daß mit einer energetischen Arbeit, daß mit einer Arbeitsleistung in kürzester Zeit, eine rein vegetabilische Diät sich nicht verträgt.*«⁶ Auch der niederländische Arzt und Physiologe Jakob Moleschott setzte Nahrungsmittel und Kraft in einen engen Zusammenhang. Im herrschenden Verständnis der Unterteilung von Mann und Frau in Produktions- und Reproduktionssphäre benötigte ein Mann demnach eine besonders eiweißhaltige Nahrung auf Fleischbasis, wourch sich die Assoziation von Männlichkeit und Fleischkonsum sowie von Vitalität und Arbeitsfähigkeit verstärkte.⁷ Letztendlich bedingte »*das Deutungsmonopol der Physiologie auf die richtige Ernährung*«⁸ die Ansicht, dass tierisches Eiweiß gegenüber dem pflanzlichen wertvoller sei und Fett gegenüber den Kohlenhydraten bevorzugt werden solle. Als logische Konsequenz aus diesem Paradigma wurde die Fleischproduktion stark ausgeweitet und die Ausbeutung von natürlichen Ressourcen durch die Landwirtschaft legitimiert.⁹ Die Ursache dafür, dass Fleisch aber überhaupt als ein so männliches Nahrungsmittel angesehen wird, ist in der christlichen Religion zu suchen. Bereits in der Antike wurde der Körper als vergängliches Gefängnis des unsterblichen Geistes betrachtet, der durch die Hingabe an irdische Genüsse bedroht ist und durch Mäßigung kontrolliert werden muss. Das Christentum erweiterte dieses Verständnis des Körpers noch um den Gedanken, dass das Leibliche zugleich das Böse verkörpere. Essen stellt neben der Sexualität das größte Einfallstor zur Sünde dar, weshalb der Körper durch Maßhalten diszipliniert werden muss, damit er sich nicht den fleischlichen, irdischen Begierden hingibt. Fleisch ist dabei Synonym für Sexualität, wird als Lebensmittel angesehen, das die sexuelle Potenz fördert, und ist gemeinhin männlich konnotiert. Wer dagegen auf Fleisch verzichtet, demonstriert seine Fähigkeit zur Selbstkontrolle und Reinheit – Attribute, die mit dem Weiblichen gleichgesetzt werden.¹⁰

Fleisch und Wohlstand

Als Indikator für die verbesserten Lebensbedingungen durch die fortschreitende Industrialisierung der Landwirtschaft im 19. Jahrhundert gilt – neben dem Ersatz von günstigerem und deshalb minderwertigem Vollkornbrot durch teureres und deshalb hochwertigeres helles Brot – die Zunahme der verfügbaren Fleischrationen. An dieser Entwicklung partizipierten die unterschiedlichen sozialen Schichten aufgrund des verfügbaren Einkommens jedoch in unterschiedlichem Tempo und Umfang. Während zahlreiche Arbeiter im Zuge der industriellen Revolution verarmten, stand Fleisch bei der reicheren Stadtbevölkerung auch häufiger auf dem Tisch als bei den Menschen auf dem Land, weil das dort produzierte Fleisch in die Stadt verkauft werden musste. Dennoch stieg der Fleischkonsum insgesamt bis zum Ersten Weltkrieg kontinuierlich an. Nach England mit einem durchschnittlichen Verbrauch von 60,2 kg pro Kopf und Jahr lag Deutschland zu dieser Zeit in Europa auf dem zweiten Platz, gefolgt von der Schweiz. Zunächst unterschied sich auch die Art des von den sozialen Schichten konsumierten Fleisches. Während in der Stadt mehrheitlich Rind- oder Schweinefleisch vom Schlachter bezogen wurde, wurden auf dem Land eher Hühner und Kaninchen gegessen. Und während sich Facharbeiter teurere Fleischstücke leisten konnten, aßen Heimarbeiter oder Ungelernte eher Innereien und günstigere Stücke.¹¹ Nach dem Zweiten Weltkrieg, mit steigendem Einkommen und bei gleichzeitiger Vergünstigung der Nahrungsmittel (u. a. durch die industrielle Produktion in Massentierhaltung) stieg in Deutschland der Fleischverbrauch wie auch in den USA seit den 1960er Jahren bis in die 1990er Jahre stetig an. Allerdings wurde in Deutschland nicht das US-amerikanische Niveau erreicht und mehr Schweinefleisch verzehrt, weil dieses in Deutschland traditionell eine bedeutendere Rolle spielt als Rindfleisch.¹² Musste in Deutschland ein durchschnittlicher Industriearbeiter 1970 etwa 72 Minuten für ein Kilogramm Rindfleisch arbeiten, so waren es im Jahr 2005 nur noch 24 Minuten.¹³

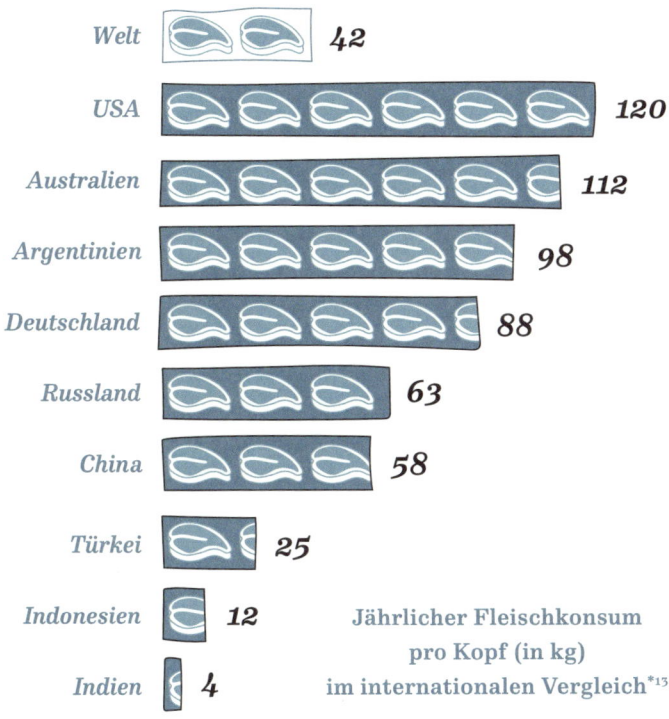

Jährlicher Fleischkonsum pro Kopf (in kg) im internationalen Vergleich*13

Fleisch und Gesundheit

Aus gesundheitlicher Perspektive wird der Konsum von Fleisch seit einiger Zeit kritisch betrachtet. Laut einer groß angelegten Studie der Harvard School of Public Health und der Weltgesundheitsorganisation WHO ist ein hoher Fleischkonsum mitverantwortlich für die Entstehung sogenannter Zivilisationskrankheiten. Dazu zählen unter anderem Diabetes, Herz-Kreislauf-Krankheiten, Gicht und Krebs. Besonders bedenklich seien verarbeitete Fleischwaren auch aufgrund ihrer Zusatzstoffe.[14] Jedoch ist Fleischkonsum nicht per se schädlich. Es kommt auf das richtige Maß an. Die Deutsche Gesellschaft für Ernährung (DGE) empfiehlt derzeit, pro Woche nicht mehr als 300 bis 600 Gramm Fleisch zu verzehren.[15] Ein durchschnittlicher Erwachsener in Deutschland konsumiert im Schnitt pro Tag allerdings bereits 120 Gramm Fleisch.[16] In Maßen genossen leistet Fleisch sogar einen Beitrag zu einer vollwertigen Ernährung. Mit einem Eiweißanteil von rund 20 Prozent ist es ein sehr guter Proteinlieferant. Denn während Fette und Kohlenhydrate überwiegend Energie liefern, dienen Proteine besonders als Baustoff für Muskeln, Knochen, Haut, Leber, Darm und Bindegewebe. Jedes Eiweiß besteht zu einem bestimmten Anteil aus Aminosäuren, die beim Aufbau eigener Eiweißmoleküle für den menschlichen Körper von unterschiedlichem Nutzen sind. Je höher der Anteil von Aminosäuren in einem Lebensmittel ist, die der menschliche Körper für den Aufbau seiner eigenen Eiweißmoleküle nutzen kann, desto weniger wird von dem jeweiligen Lebensmittel benötigt. Zwar enthalten einige Pflanzen wie Hülsenfrüchte ebenfalls einen hohen Proteinanteil, jedoch ist diese Zusammensetzung in Fleisch für den menschlichen Körper besonders günstig, sodass sich schon durch den Verzehr einer geringen Menge der Eiweißbedarf vollständig decken lässt. Im Umkehrschluss bedeutet das, dass für die Umwandlung in die gleiche Menge Körpereiweiß aus pflanzlicher Nahrung eine höhere Menge Nahrungseiweiß benötigt wird, als dies bei tierischer Kost der Fall ist. Neben Proteinen besitzt Fleisch zudem viel Eisen und Zink. Eisen ist unverzichtbar für die Bildung roter Blutkörperchen, die für den Sauerstofftransport im Körper verantwortlich sind. Bei einem Eisenmangel sinkt die geistige und körperliche Leistungsfähigkeit. Das in Fleisch enthaltende Häm-Eisen besitzt für den menschlichen Körper eine besonders günstige Zusammensetzung, sodass es zwei- bis dreimal so gut aufgenommen wird wie Eisen aus pflanzlichen Lebensmitteln. Jedoch genügt schon eine geringe Menge an Eisen aus tierischen Produkten, um die Verwertung von pflanzlichem Eisen zu verbessern. Ähnlich verhält es sich bei Zink. Dies ist nach Eisen das zweithäufigste im menschlichen Körper vorkommende Mineral und ist im Fleisch ebenfalls in gut verwertbarer Form vorhanden. Zink wird für die Insulinregulation sowie für die Funktion des Immunsystems und den Aufbau der Erbsubstanz benötigt. Ein Mangel führt beispielsweise zu einer erhöhten Anfälligkeit für Infektionskrankheiten und Durchfall. Darüber hinaus ist Fleisch ein wichtiger Vitaminlieferant. Während der Bedarf an den Vitaminen A, D und B_6 allerdings auch unproblematisch durch pflanzliche Kost ersetzt werden kann, kommt das Vitamin B_{12} gar nicht in Pflanzen vor. Jedoch ist es unter anderem essenziell für die Zellteilung und die Blutbildung.[17]

Für einen gesunden Körper ist eine ausgewogene Ernährung wichtig. Besonders Kinder und Schwangere haben einen erhöhten Bedarf an Nährstoffen. Ein Mangel kann dauerhafte Schäden hervorrufen, wes-

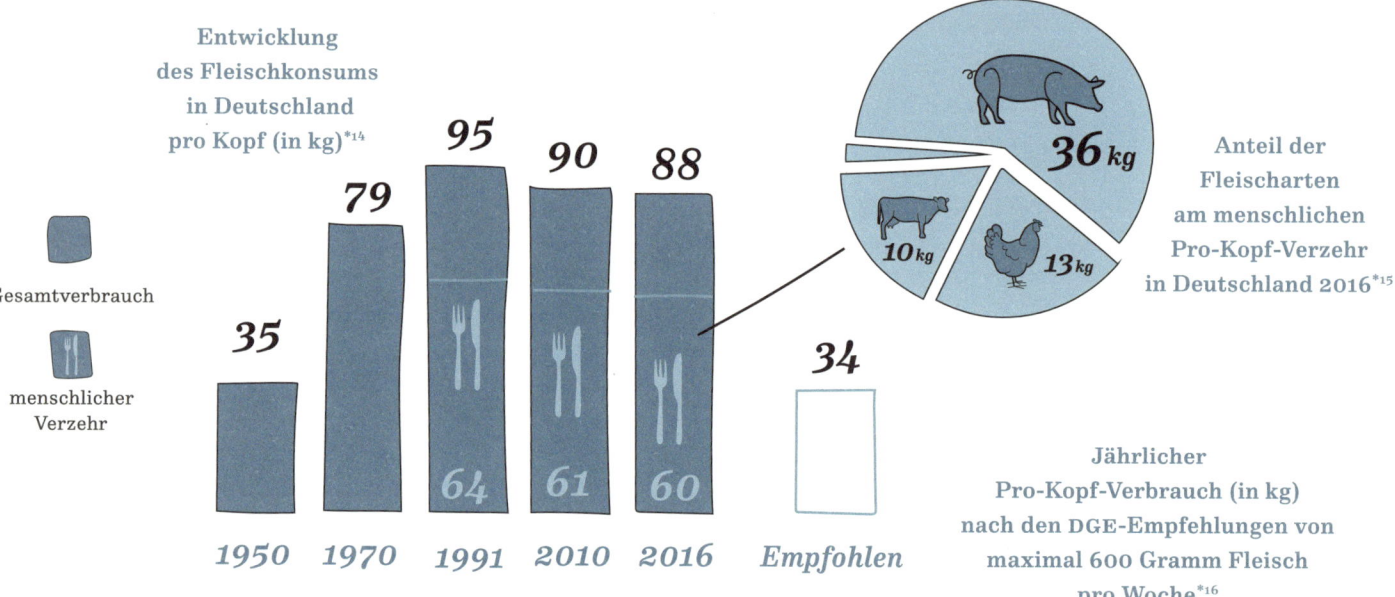

halb gerade bei dieser Gruppe Verzicht auf Fleisch oder auf tierische Produkte besondere Aufmerksamkeit hinsichtlich der Lebensmittelzusammenstellung erfordert. Umgekehrt gilt allerdings auch, dass es durch eine fleischlastige, einseitige Ernährung genauso zu einem Nährstoffdefizit kommen kann. Lange Zeit war umstritten, ob eine fleischlose Ernährung in der Lage ist, Nährstoffe in ausreichender Form zu liefern. Besonders verbreitet war die Vorstellung, dass Vegetarier oder Veganer unter Eisenmangel leiden, weil der menschliche Körper eben Eisen aus tierischen Produkten besser verwerten kann. Jedoch kommt Eisenmangel bei Vegetariern oder Veganern nicht häufiger vor als bei Fleischessern. Durch die pflanzliche Kost sind Menschen, die auf Fleisch verzichten, im Durchschnitt sogar besser mit Magnesium, Folsäure sowie Vitamin C und E versorgt.[18] Da bei solchen Vergleichen allerdings stets nur einige Kriterien miteinander in Beziehung gesetzt werden können, sind allgemeingültige Aussagen schwierig. Denn nicht nur die Ernährung, sondern auch die Lebensumstände sowie genetische Veranlagungen spielen bei der Bewertung eines gesunden Lebensstils und der Anfälligkeit für gewisse Erkrankungen eine große Rolle. Eine allgemeine Aussage darüber, ob Fleischesser oder Vegetarier prinzipiell gesünder leben, lässt sich also nicht treffen. Vielmehr kommt es wohl auf ein gesundes Maß und die sonstige Ernährung an. Ein Verzicht auf Fleisch bei einer ansonsten hauptsächlich auf Fertiggerichten basierenden Ernährung macht diesen Ernährungsstil jedenfalls noch nicht zu einem gesünderen Essverhalten.[19] Letztlich ist es wichtig, den derzeit hohen Fleischkonsum mit anderen Faktoren in Beziehung zu setzen, statt das Fleischessen allein nach seinem Nutzen oder Schaden für die Gesundheit zu beurteilen.

Fleisch und Welternährung

Eine hohe Nachfrage nach Fleisch kann nur durch eine dementsprechend hohe Tierproduktion gedeckt werden, die wiederum mit einem hohen Verbrauch an Futtermitteln verbunden ist. Als Futtermittel werden größtenteils Getreidesorten wie Weizen und Mais, gefolgt von Ölsaaten wie Raps und Soja sowie zuletzt Grünfutter in Form von Gras und Silomais verwendet. Was das Grünfutter anbelangt, deckt die einheimische Erzeugung in Deutschland fast den gesamten Bedarf. Dafür werden allerdings auch etwa 7,2 Millionen Hektar der insgesamt 17 Millionen Hektar umfassenden Anbaufläche des Landes genutzt. Der aus dem Ausland importierte Anteil an Futtermitteln liegt bei etwa 17 Prozent, wobei besonders der Anteil der Ölsaaten, zumeist Soja, am höchsten ist. Bei industriell hergestelltem Kraftfutter beläuft sich der Anteil, der aus dem Ausland bezogen wird, auf etwa ein Viertel. Dieses sogenannte Kraft- oder Mischfutter besteht zu jeweils etwa einem Viertel aus Weizen, anderen Getreidesorten und Soja. Das letzte Viertel teilt sich auf in Raps, Mais und andere Ölsaaten.[20] Ausgehend von einem Fleischverbrauch von rund 88 Kilogramm pro Kopf und Jahr nimmt jeder Deutsche durchschnittlich rund tausend Quadratmeter landwirtschaftlich genutzter Fläche allein für die Fleischproduktion in Anspruch. Auf 82 Millionen Bürger entfallen also mehr als 8 Millionen Hektar Fläche. Zum Vergleich: Für den jährlichen Pro-Kopf-Verbrauch von Weizen und Kartoffeln zusammen wird nicht einmal die Hälfte der Fläche benötigt, die allein pro Kopf mit 351 Quadratmetern auf die Produktion von Rindfleisch entfällt.[21] Insgesamt wird für die Herstellung von tierischen Lebensmitteln ein Vielfaches mehr an Fläche benötigt, als pflanzliche Lebensmittel beanspruchen. Das beginnt beim Gras- und Ackerland und hört bei den Flächen für die Tierhaltung auf. Bereits etwa ein Drittel der gesamten globalen Landfläche wird in irgendeiner Form für die Tierhaltung genutzt.[22] Im Hinblick auf die Welternährung ergeben sich daraus zwei große Problemfelder: das des Landhandels und das der Nutzungskonkurrenz von Nahrungsmittelpflanzen zwischen Tieren und Menschen.

Die Sojabohne als eine der wichtigsten Futterpflanzen in der Tiermast bevorzugt eigentlich wärmere Gefilde. In Deutschland kann sie zwar in Form von temperaturresistenten Sorten angebaut werden, jedoch können die heimischen Ernten nicht mit den Preisen und Erträgen von importiertem Soja konkurrieren. Insgesamt ist der Flächenverbrauch durch den Fleischkonsum in Europa so groß, dass er auf andere Kontinente wie Südamerika ausgelagert wird. Etwa 30 Millionen Hektar Land, so viel wie die Fläche Ungarns, Portugals, Dänemarks und der Niederlande zusammen, werden von der EU außerhalb des eigenen Territoriums für die Produktion von Fleisch genutzt. Allein Deutschland ist mit einer Fläche von sieben Millionen Hektar, also etwa der Fläche Bayerns, beteiligt.[23] Die Hauptlieferanten für in Deutschland verwendetes Soja sind Argentinien, Brasilien und die USA. Besonders in den südamerikanischen Ländern hat der Export von auf dem Weltmarkt gehandelten Agrarrohstoffen problematische Folgen für die dort lebenden Menschen. Die große Nachfrage nach sogenannten *Cash Crops (Geldpflanzen)*, zu denen auch Weizen und Mais zählen, sorgt nicht nur für einen starken Anstieg der Bodenpreise, sondern auch für den Verlust von für die Versorgung der lokalen Bevölkerung genutzten Flächen zugunsten von großen umweltschädigenden Monokulturen. Man spricht dabei von *virtuellem Landhandel*, weil Flächen von anderen Ländern für ihre Zwecke belegt werden und deshalb nicht für die Nutzung der einheimischen Bevölkerung zur Verfügung stehen. Ein weiteres Problem, das sich aus dem Sojaanbau ergibt, ist die Rodung des Regenwaldes für Acker- oder Weideland.[24] Durch sogenannte *Landnutzungsänderungen*, also die Umwandlung von natürlichen oder naturnahen Flächen in Ackerland, wird außerdem CO_2 freigesetzt, das zuvor im Boden gebunden war. Diese indirekten Treibhausgasemissionen erhöhen die Emissionsbilanz der Nahrungsmittelproduktion noch einmal um 20 Prozent.[25]

Durchschnittlich benötigte Getreidemenge für je 1 kg Fleisch*[17]

Bei der Nahrungsmittelherstellung aus tierischen Proteinen muss ein Vielfaches an pflanzlichen Kalorien eingesetzt werden, um dieselbe Menge tierischer Kalorien zu erzeugen. Je nachdem, um welche Art des Futters und um welche Tierart es sich handelt, liegt das Verhältnis in der Umwandlung zwischen 1 : 3 und 1 : 8. Dieser Umstand erweist sich so lange als unproblematisch, wie es sich bei den eingesetzten Futtermitteln um Grünland oder pflanzliche Abfälle handelt, die ohnehin nicht für den menschlichen Verzehr geeignet sind. Da es sich bei etwa 70 Prozent der weltweiten Agrarfläche um Grünland handelt, stellt der Umweg, den die Nahrungsmittelerzeugung über das Tier nimmt, sogar eine Nahrungsergänzung dar. Sobald jedoch pflanzliche Rohstoffe verfüttert werden, die auch direkt vom Menschen verzehrt werden könnten, wird das Tier zum Nahrungskonkurrenten. Durch das ungünstigere Umwandlungsverhältnis von Kalorien-Input zu Kalorien-Output verstärkt sich dieser Effekt noch um ein Vielfaches. In dem Umfang, in dem die Industriegesellschaften Fleisch produzieren, ist diese Nahrungskonkurrenz eher die Regel als eine Ausnahme, da beispielsweise mit Weizen, Mais und Soja zum größten Teil Rohstoffe verfüttert werden, die auch der menschlichen Ernährung dienen könnten. Angesichts von fast 800 Millionen Hungernden und noch mehr an der Grenze zum Hunger lebenden Menschen sowie der Landnutzungspolitik in den Industrieländern kann man diese Art der Fleischproduktion nur als untragbar bezeichnen.²⁶

Bezogen auf den im Kraftfutter enthaltenen Sojamehlanteil wird für die Produktion eines Kilogramms Geflügelfleisch fast allein ein Kilogramm Soja zuzüglich der anderen Futtermittel benötigt. Soja, der – um es noch einmal zu erwähnen – zumeist aus Südamerika stammt und häufig auch auf Flächen von gerodetem Regenwald wächst.²⁷ Während für Geflügel und Schweine Getreide und Eiweißpflanzen ein ihrer Art entsprechendes Futter darstellen, ist der Verdauungsapparat von Wiederkäuern wie Rindern gar nicht für Soja und Getreide, sondern für Grünfutter gemacht. Doch der entsprechende Anteil ist auch bei dem Kraftfutter, das für die Rindermast eingesetzt wird, nur gering, wohingegen es zu fast zwei Dritteln aus Getreide und Ölsaaten besteht, weil so eine schnelle Gewichtszunahme erzielt werden kann.²⁸

Fleisch und Umwelt

Intensive, industrielle Massentierhaltung hat erhebliche Auswirkungen auf die Boden-, Wasser- und Luftqualität. Das wirkt sich in Deutschland vor allem in den Ballungsgebieten der Tierhaltung in Nordrhein-Westfalen und Niedersachsen aus. In Nordrhein-Westfalen beispielsweise sind die Süßwasserressourcen durch den Eintrag von überschüssigen Nährstoffen aus einem Überschuss an Gülle massiv verunreinigt. Etwa 40 Prozent des Grundwassers gelten als in einem bedenklichen Maße mit Schadstoffen belastet.²⁹ Allein in der Schweinemast- und Sauenanlage in der Nähe von Bad Kleinen in Mecklenburg-Vorpommern, die mit 34.400 Schweinen zu den größten in Deutschland zählt, fallen beispielsweise jährlich bis zu 100 Millionen Liter Gülle an; Gülle, die in großer Menge auf die Felder gebracht wird. Außerdem kommt es zu verstärkten Ammoniak- und Stickstoffemissionen, die sich negativ auf das Klima auswirken.³⁰ Global betrachtet entfallen etwa 11 bis 14 Prozent aller Treibhausgasemissionen auf die Landwirtschaft. In Deutschland werden fast

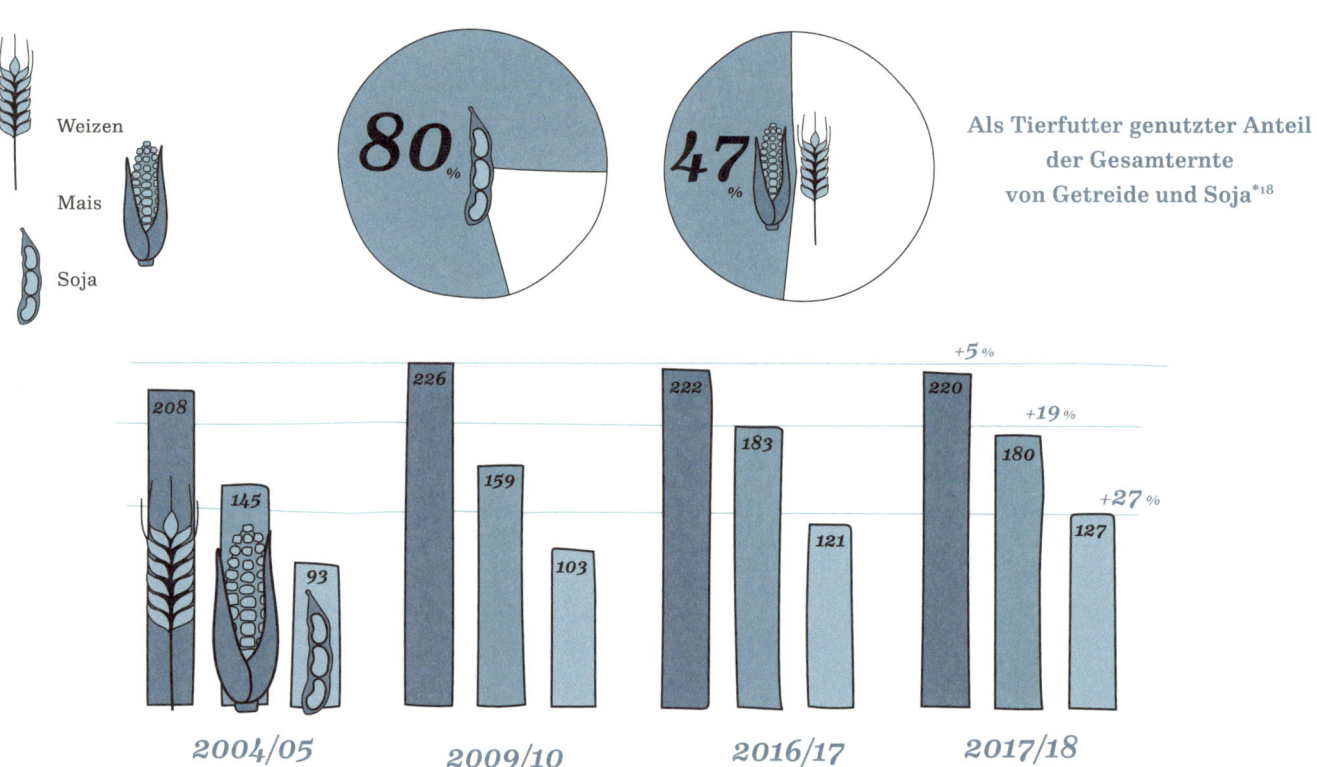

Als Tierfutter genutzter Anteil der Gesamternte von Getreide und Soja*¹⁸

Zuwachs der globalen Anbauflächen im Zeitraum 2004/05 bis 2017/18 (in Mio. ha)*¹⁹

70 Prozent der Emissionen, die der Nahrungsmittelproduktion zuzurechnen sind, durch die Tierproduktion verursacht. Die anderen 30 Prozent entstehen durch pflanzliche Produkte.[31]

Symptome der Massentierhaltung

Wie in der gesamten Agrar- und Lebensmittelbranche findet auch im Bereich der Tiermast eine gewaltige Konzentration statt. Immer mehr kleine oder mittlere Betriebe geben die Tierhaltung auf, während sich weitere Großbetriebe etablieren. Politik und Fleischindustrie setzen trotz des stagnierenden, tendenziell eher sinkenden Fleischkonsums im Inland auf eine Ausweitung der Fleischproduktion. Dass die Produktion weiter gesteigert wird, erklärt sich mit einer starken Exportorientierung für den Weltmarkt, dessen Fleischhunger stetig wächst.[32] Die Tierhaltung ist heute in Deutschland der lukrativste Produktionszweig der Landwirtschaft. Durch die Technisierung der Produktion etwa in Form von Melkmaschinen, automatischer Fütterung und Ställen mit Spaltböden, die ein Ausmisten überflüssig machen, können inzwischen mit viel weniger Personal viel mehr Tiere versorgt werden, als dies früher der Fall war. Gleichzeitig steigt durch gezielte Züchtung und intensive Fütterung die Fleischmenge, die pro Tier gewonnen werden kann. Durch das Erfordernis großer, sehr tierspezifischer Investitionen hat die Massentierhaltung zu einer umfassenden Spezialisierung der Betriebe auf nur eine Tierart geführt. Meist sind diese Investitionen zudem notwendig, um wettbewerbsfähig zu bleiben. Der Preis- und Leistungsdruck führt dazu, dass kleine und mittlere Betriebe zur Aufgabe gezwungen werden. Immer noch ist die Zahl der Betriebe bei steigender Produktion rückläufig.[33]
In diesem industriellen System werden Tiere weniger als Lebewesen begriffen, sondern vielmehr als *Produktionsfaktor*, der bei höherem Ertrag pro Fläche auch einen höheren Gewinn erwirtschaftet. Entsprechend müssen sie eine möglichst hohe *Leistung* in Form von Fleisch, Milch und Eiern erbringen. Um gegenseitige Verletzungen der Zuchttiere zu vermeiden, werden diese durch das betäubungsfreie Entfernen oder Kürzen von Schnäbeln, Zähnen oder Schwänzen an die Massentierhaltung angepasst, statt die Haltungsformen an das tierliche Verhalten anzupassen. Die brutale Nutzenoptimierung ist damit aber noch nicht zu Ende. Durch gezielte Zucht wird die Leistung der Tiere gesteigert. Das führt bei Masthähnchen beispielsweise dazu, dass diese nicht viel länger als 45 Tage lebensfähig sind, weil sich ihre Füße unter dem eigenen Gewicht nach außen spreizen und die Gelenke so weit deformiert werden, dass die Hühner nicht mehr laufen können.[34]

Die Zucht solcher *Hochleistungstiere* findet ebenfalls nur in einigen wenigen Konzernen statt. So stammen 90 Prozent aller Züchtungen von Legehennen weltweit von gerade einmal zwei Konzernen – der deutschen Firmengruppe *EW Group* und dem niederländischen Unternehmen *Hendrix Genetics*. Bei Schweinen und Rindern ist es ähnlich. Das bekannte *Holstein-Rind* hat einen Anteil von 90 Prozent an den weltweit gehandelten Milchkühen. Das erhöht neben einer Verengung des Genpools auch die Gefahr der Verbreitung von spezialisierten Krankheitserregern.[35] Bei der Haltung von einigen Tausend Tieren auf engem Raum ist das Risiko der Ausbreitung von Krankheiten, die den gesamten Bestand gefährden können, stets vorhanden. Damit Tiere nicht krank werden und auf diese Weise Kosten verursachen, werden Antibiotika schon präventiv eingesetzt. Auch der Einsatz von anderen Medikamenten und Hormonen, die das Wachstum fördern sollen, ist üblich. Dabei haben bereits geringe Mengen der Antibiotika, die über das Fleisch in den menschlichen Körper gelangen, erhebliche Auswirkungen auf den Menschen, indem sie zu Antibiotika-Resistenzen führen, was bei einer Erkrankung lebensgefährlich werden kann.[36]

Aber nicht nur in der Tiermast, sondern auch in der Schlachtung kommt es zu einer immer größeren Konzentration von Unternehmen. Die traditionelle handwerkliche Schlachtung wird zunehmend durch industrielle Schlachtverfahren in großen Schlachthöfen ersetzt. Dazu hat auch die EU-Hygieneverordnung für Schlachträume im Jahr 2004 beigetragen, die durch höhere Investitionserfordernisse dazu geführt hat, dass kleine, traditionelle Fleischerbetriebe sich die entsprechenden Ausrüstungen nicht leisten konnten und die Hausschlachtung einstellen mussten. Die Zentralisierung der Schlachtung in großen Schlachthöfen und die Verringerung der Hausschlachtung bleiben nicht ohne Folgen für das traditionelle Fleischerhandwerk und schon gar nicht für die Tiere. Aufgrund der Konzentration der Schlachthöfe haben die Anzahl und die Streckenentfernungen der Tiertransporte deutlich zugenommen. Und der Transportweg setzt das Leid aus der meist wenig artgerechten Haltung fort: Häufig kommt es zu gesetzlichen Verstößen hinsichtlich der erlaubten Tieranzahl, der Transportzeit und der vorgeschriebenen Wasserversorgung. Allein ein mittelgroßer Schlachthof schlachtet beispielsweise 300 Rinder am Tag, ein großer sogar 70 in der Stunde. Dafür werden die Tiere zunächst betäubt und wird die Halsschlagader mit einem Messer geöffnet, sodass der Körper ausblutet. Bei einer solchen Frequenz, wie sie auf großen Schlachthöfen üblich ist, liegt die – nüchtern ausgedrückt – *Fehlerquote* bei neun bis zwölf Prozent. In der Realität bedeutet das letztlich, dass Hunderttausende Tiere bei vollem Bewusstsein gestochen werden und verbluten. Der enorme Stress, dem die Tiere bei der gesamten Schlachtprozedur ausgesetzt sind, wirkt sich durch die ausgeschütteten Stresshormone zudem negativ auf die Fleischqualität aus.[37] Die Folgen, die die inzwischen auch in dieser Branche vorherrschende Arbeitsteilung für das Fleischerhandwerk hat, sind enorm. Das Berufsbild des Fleischers, der die Bearbeitung des Tieres von der Tötung bis zum Angebot im Verkaufstresen beherrscht, hat sich stark verändert bzw. stirbt langsam aus. Inzwischen erfolgt während der Ausbildung im zweiten Lehrjahr eine Spezialisierung in eine von fünf Fachrichtungen, sodass es nicht mehr notwendig ist, das Schlachten zu lernen bzw. den ganzen Prozess zu beherrschen. Das führt einerseits zum Sterben kleiner Betriebe aufgrund akuten Nachwuchsmangels, andererseits aber auch zu Qualitätsverlusten der Ware durch die vielen zusätzlichen Transportwege zwischen Mastbetrieb, Schlachthof, Zerlegung, Weiterverarbeitung und Verkauf.[38]

Wie im Text über die Supermarktkultur beschrieben (Seite 26), wird durch die herrschende Praxis des Ernährungssystems entlang der gesamten Wertschöpfungskette eine unglaubliche Menge an Lebensmitteln weggeworfen. Allein auf die deutschen Schlachttierzahlen umgerechnet, hätten etwa 45 Millionen Hühner, 4,1 Millionen Schweine und 230.000 Rinder nicht aufgezogen und geschlachtet werden müssen.[39] Ein Großteil der Fleischabfälle geht zwar, wie die Grafik rechts zeigt, auf die industrielle Produktion zurück, jedoch ist vor allem auf Konsumentenebene ein Großteil der Nahrungsmittelverluste vermeidbar: Im Vergleich zu allen anderen Lebensmitteln ist der Anteil von Nahrungsmittelverlusten bei tierischen Produkten wiederum relativ gering, jedoch lassen sich diese auch im gleichen oder noch größeren Maße vermeiden. So werden im Durchschnitt etwa 23 Prozent aller Getreideerzeugnisse, 26 Prozent aller Kartoffelerzeugnisse und jeweils 29 Prozent aller Obst- und Gemüsewaren entsorgt. Von diesem Anteil wäre die Entsorgung allerdings sogar bei 88,67 der Getreideerzeugnisse und jeweils 45 Prozent der Kartoffelerzeugnisse sowie der Obst- und Gemüsewaren nicht nötig. Betrachtet man nun Fleisch, so werden etwa 16 Prozent aller gekauften fleischhaltigen Lebensmittel entsorgt, von denen allerdings 48 Prozent durch einen besser geplanten Einkauf gar nicht erst gekauft worden wären. Was die Verluste bei Eiern und Milch anbelangt, ließen sich sogar jeweils 91 Prozent vermeiden.[40] Welche Teile eines Tieres bevorzugt verzehrt werden, ist von Kultur zu Kultur unterschiedlich. Wenn Nahrungsmittel aber nicht in quasi unendlicher Menge zur Verfügung stehen, war und ist es für viele Menschen überlebensnotwendig, ein geschlachtetes Tier vollständig zu verwerten, also beispielsweise auch Blut und Innereien zu essen. In Industrieländern werden dagegen heute fast nur noch die *edlen* Fleischteile wie Kotelett, Schnitzel und Filet nachgefragt, während alle anderen Fleischprodukte als *eklig* gelten. Noch 1984 wurden in Westdeutschland pro Kopf im Durchschnitt 1,5 Kilogramm Innereien verzehrt. Diese Zahl sank für die gesamte Bevölkerung in Deutschland bis im Jahr 2.000 auf 650 Gramm und fiel bis 2013 ein weiteres Mal um 400 Gramm auf gerade einmal 150 Gramm. Dabei entfällt von den 40 bis 55 Prozent, die von einem Tier für den menschlichen Verzehr geeignet sind, gerade einmal etwa ein Drittel auf die edlen Fleischteile. Der Rest wird exportiert, an Haustiere verfüttert, entsorgt oder in der chemischen Industrie verwendet.[41]

Bewusster Fleischeinkauf

Der deutsche Fleischkonsum ist derzeit etwa doppelt so hoch wie von der Deutschen Gesellschaft für Ernährung empfohlen. Eine ausgewogene Ernährung, die überwiegend aus Gemüse und Getreidepro-

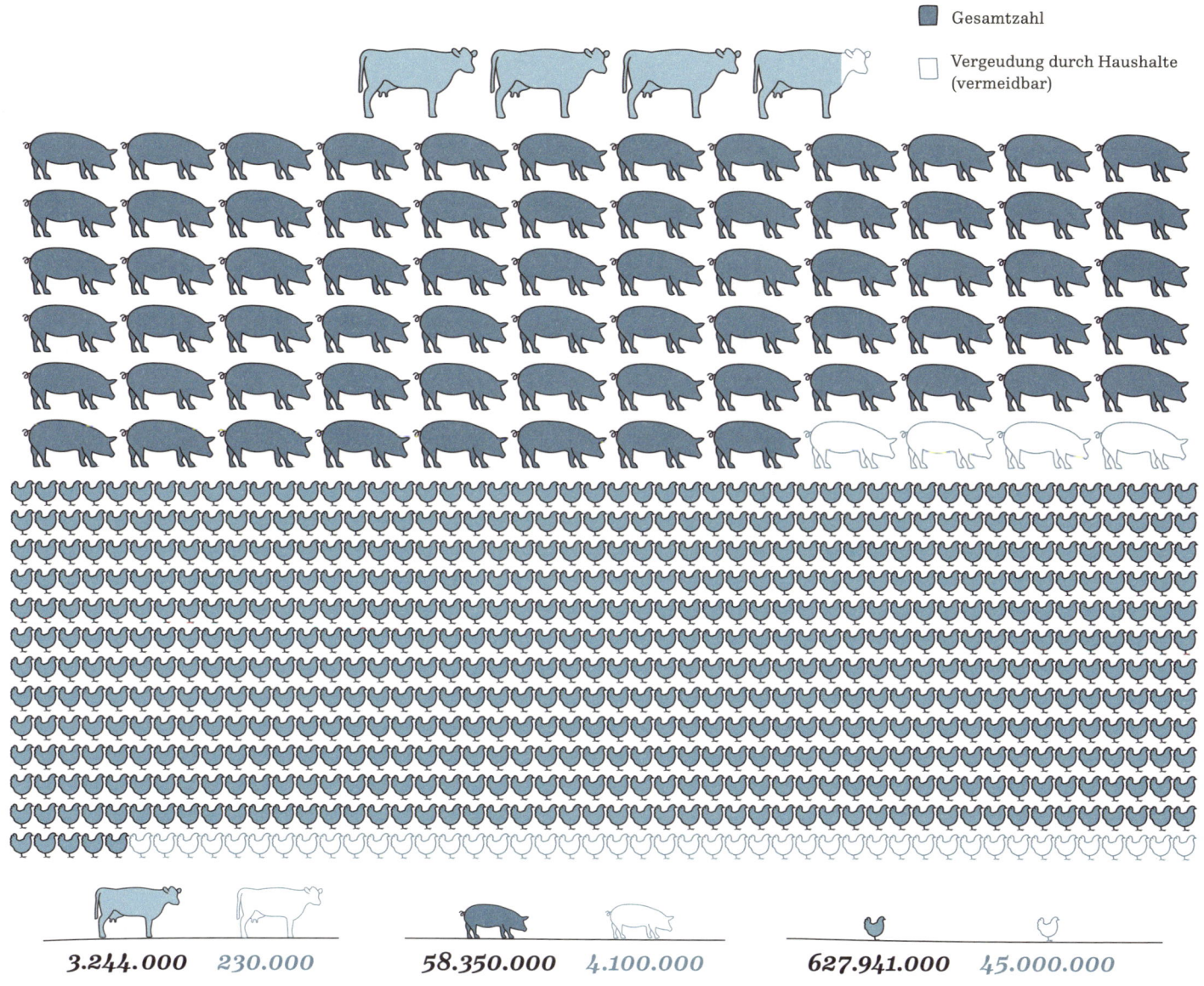

Schlachtungen in Deutschland (2012) und Tiere, die als Abfall in Privathaushalten entsorgt wurden (1 Symbol = 1 Mio. Tiere)[20]

dukten besteht, kommt sowohl der individuellen Gesundheit, den Haltungsbedingungen der Tiere als auch der Umwelt zugute. Selbst wenn jeder Deutsche durchschnittlich nur *einmal* pro Woche auf Fleisch verzichten würde, hätte das schon beträchtliche Auswirkungen. So würden auf diese Weise beispielsweise rund neun Millionen Tonnen Treibhausgas-Emissionen eingespart, welche etwa der Umweltbelastung von 75 Milliarden Pkw-Kilometern entsprechen. Im Hinblick auf die Flächennutzung in anderen Ländern würden so weltweit mehr als 1,8 Millionen Hektar Land frei werden, das für andere Zwecke genutzt werden könnte.[42] Und eine Verringerung des Konsums bedeutet ja nicht zwangsläufig Verzicht. Auch finanzielle Hindernisse, die sich für einige Menschen angesichts der Verteuerung durch Änderung der Haltungsbedingungen ergeben könnten, sollten einer Veränderung des Konsums nicht im Wege stehen.

Die Rechnung dazu ist so simpel wie naheliegend: Durch eine Verringerung des Fleischkonsums um etwa die Hälfte auf die von der DGE empfohlene Menge würde Geld gespart, das wiederum in teureres, aber dafür unter ethischen Gesichtspunkten besser produziertes Fleisch investiert werden könnte. Was aber ist besseres Fleisch? In der Regel belastet

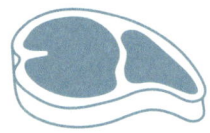

Fleischqualität

Und was haben Schutzatmosphäre und Crowd-Butching damit zu tun?

Industriell erzeugtes Schweinefleisch ist häufig PSE-Fleisch, also Fleisch, das blass (pale), weich (soft) und wässrig (exudative) ist. Dieser Qualitätsmangel macht das Schweinefleisch zwar nicht ungeeignet für den menschlichen Verzehr, jedoch verliert dieses Fleisch beim Erhitzen eine große Menge Wasser, sodass es zäh und trocken wird. Außerdem ist es weniger aromatisch. Bedingt wird der PSE-Effekt, der bei einer bestimmten Schweinerasse auftritt, die ein sehr hohes Fleischbildungsvermögen besitzt, durch Züchtung. Nach der Schlachtung kommt es bei diesen Tieren durch den Abbau des Kohlenhydrats Glykogen zu einer erhöhten Milchsäureproduktion, wodurch der pH-Wert des Fleisches rapide abfällt. Ähnlich verhält es sich bei Rindfleisch, das Pendant zum PSE-Fleisch heißt DFB-Fleisch und ist dunkel (dark), fest (firm) und trocken (dry).[21] *Im Supermarkt wird Frischfleisch im Selbstbedienungsbereich zu 90 Prozent in Plastikschalen verkauft, die unter sogenannter Schutzatmosphäre verpackt wurden. Die Schutzatmosphäre ist eine Konservierungsmethode, die die Vermehrung von Mikroorganismen durch eine mittels Anreicherung von Kohlenstoffdioxid, Sauerstoff und Stickstoff bewirkte Veränderung der Zusammensetzung der natürlichen Atmosphärengase stark verlangsamt oder sie abtötet. Vollkornprodukte beispielsweise werden unter Zugabe von Stickstoff und Kohlenstoffdioxid verpackt. Fleisch hingegen wird mit einer hohen Sauerstoffkonzentration behandelt, damit es seine rote Farbe behält; und zwar auch dann, wenn es unter normalen Bedingungen bereits grau oder braun – also nicht mehr frisch – wäre. Gleichzeitig lässt der erhöhte Sauerstoffanteil das Fleisch unter Umständen schneller reifen und verderben als herkömmlich gelagertes Fleisch, da das Fett oxidiert und ranzig wird. Optisch lässt sich dies vor dem Kauf feststellen. Alternativ könnte das Fleisch auch ebenso gut plastiksparender vakuumiert werden, was jedoch die rote Farbe nicht schützt.*[22] *Warum ist es nötig, nur um des Fleischessens willen täglich günstiges, aber qualitativ schlechtes Fleisch zu essen, wenn es möglich ist, durch eine Reduzierung des Konsums geschmacklich deutlich bessere Qualität zu essen und gleichzeitig einen Beitrag für die Umwelt und für das Tierwohl zu leisten? Eine Möglichkeit, hochwertiges Fleisch zu bekommen, ist der Einkauf in einem Fleischereifachgeschäft, in dem im besten Fall selber geschlachtet und das Fleisch von Betrieben aus der Region bezogen wird, die vielleicht sogar traditionelle Rassen halten. Schlachter, die nach diesen Prinzipien arbeiten, sind beispielsweise Kumpel & Keule in Berlin, Beisser in Hamburg oder die Fleischerei Röhrs in Jork im Alten Land bei Hamburg, die zudem die älteste Schlachterei Norddeutschlands ist und im Familienbetrieb geführt wird. Eine weitere Option, ethisch unbedenkliches und hochwertiges Fleisch unabhängig von lokalen Geschäften zu beziehen, ist das noch relativ junge Geschäftsmodell des Crowd-Butchings. Die Anbieter Kaufnekuh.de oder Kaufeinschwein.de beispielsweise arbeiten mit einigen konventionell arbeitenden und mit einigen Bio-Landwirten zusammen, deren Tiere aus artgerechter Haltung über eine Online-Plattform vertrieben werden. Das Tier wird erst dann geschlachtet, wenn es zuvor von mehreren Leuten gemeinsam in Form von Fleischpaketen gekauft worden ist. Außerdem wird dabei das ganze Tier »von der Schnauze bis zum Schwanz« verwertet. Das Fleisch für eine Mahlzeit aus dem Biopaket beläuft sich dabei auf gerade einmal 2,49 Euro.*[23]

Fleisch, das aus ökologischem Landbau stammt, aufgrund der geringeren Tierzahlen die Umwelt weniger als solches aus konventioneller Massentierhaltung. Einerseits fällt durch eine Verringerung der Tiere pro Quadratmeter eine geringere Güllemenge an. Andererseits wird durch den Verzicht auf Futtermittelimporte kein Boden in andern Ländern beansprucht, wodurch auch dort der Anbau von umweltbelastenden Monokulturen verringert bzw. extensiviert werden kann. Weiter gedacht wird so Land frei, das zur Versorgung der lokalen Bevölkerung beiträgt und für die Bekämpfung von Hunger zur Verfügung steht. Insgesamt erfolgt die Futtermittelerzeugung in der ökologischen Landwirtschaft durch den Verzicht auf synthetische Stickstoffdünger und Pflanzenschutzmittel mit einer geringeren Umweltbelastung. Achtet man beim Fleischeinkauf zusätzlich auf die Auszeichnung *Weidehaltung*, so unterstützt man damit Viehhaltung, bei der das Fleisch von Tieren stammt, die viel Zeit auf der Weide verbracht haben und deren Futter zu einem großen Teil aus Grünfutter besteht. Auch aus tierethischer Sicht hat die ökologische Tierhaltung Vorteile: Zwar handelt es sich ebenfalls um eine Form der Massentierhaltung, jedoch sind die Haltungsbedingungen etwa durch mehr Platz, den Verzicht auf Vollspaltböden und umfangreichere Beschäftigungsmöglichkeiten artgerechter. Außerdem wird auf das Abkneifen oder Abschneiden von Schnäbeln, Schwänzen und Zähnen verzichtet. Eingriffe an Tieren werden, wenn überhaupt, nur unter Betäubung und mit Schmerzbehandlung vorgenommen. Der Einsatz herkömmlicher Medikamente ist nur in Ausnahmefällen erlaubt, während Antibiotika als Masthilfe oder zur Prävention verboten sind. Auch der Einsatz von wachstums- oder produktionsfördernden Substanzen ist nicht erlaubt. Zudem überschreitet der Lebendtransport von Nutztieren, der mit großem Stress für die Tiere verbunden ist, einen Zeitraum von vier Stunden nicht. Insgesamt sollten beim Fleischeinkauf die Bio-Siegel beachtet werden (ein Überblick dazu auf Seite 170/171). Die EU-Richtlinien machen hier bereits klare Vorgaben, jedoch sind die Regelungen der Anbauverbände häufig strenger. *Bioland* beispielsweise legt besonderen Wert auf Regionalität und limitiert daher den Lebendtransport vom Stall zum Schlachthof auf maximal zwei Stunden.[43] Darüber hinaus lohnt die Auseinanderzusetzung mit der Frage, von welcher Art das Fleisch des Tieres ist, das man verzehrt, und aus welcher Region es stammt. Denn nicht nur aus Gründen der ökologischen Vielfalt ist es sinnvoll, sich beim Kauf für alte Rassen zu entscheiden. Auch geschmacklich hat qualitativ hochwertigeres Fleisch mehr zu bieten als sogenanntes *PSE-Fleisch*, das in Turbomast entstanden ist (siehe linke Seite).

Bei der Frage um das Maß des Fleischkonsums geht es nicht um »*das als weltanschaulicher Meinungsstreit geführte Für oder Gegen den Vegetarismus*«[44] und auch nicht nur darum, ob es aus tierethischer Sicht vertretbar ist, Tiere zum Verzehr zu töten. Die Entscheidung, den persönlichen Fleischkonsum einzuschränken oder aufzugeben, bedeutet, um es in den Worten des Gastrosophen Harald Lemke zu sagen, sich »*weniger oder gar nicht an Dingen zu beteiligen, deren Auswirkungen in vielerlei Hinsicht nachweislich schlecht sind und die sich im Prinzip auch vermeiden lassen*«[45]. Dabei ist die Lösung nicht im Verzicht allein zu suchen, sondern darin, sich nach Alternativen umzusehen, die sich in Form von *gutem* Fleisch oder eben der Entdeckung der Vielseitigkeit einer vegetarischen Küche genussvoller darstellen. Ein verantwortungsvoller Fleischkonsum ist nötig, der den artgemäßen Ansprüchen der Tiere, den physiologischen Bedürfnissen des Menschen und den Ressourcen der Erde entspricht. Je weniger Fleisch also gegessen wird, desto besser ist dies für die Umwelt und die Schaffung globaler sozialer Gerechtigkeit. Und quasi ganz nebenbei müssen weniger Tiere durch schlechte Haltungsbedingungen leiden und am Ende sterben.[46]

Rind

Rindfleisch wird in Deutschland im Gegensatz zu anderen Ländern traditionell deutlich weniger gegessen als Schweinefleisch. In konventioneller Tierhaltung wird unterschieden zwischen Fleischrindern und Milchkühen. Rind ist dabei der Oberbegriff für die Tiere beider Geschlechts. Bullen oder Stiere sind geschlechtsreife männliche Rinder. Ochsen dagegen kastrierte männliche Rinder. Letztere besitzen einen kräftigeren Fettansatz und eine feinere Marmorierung des Fleischs. Als Färse bezeichnet man weibliche Rinder, die noch nicht gekalbt haben. Danach werden sie als Kuh bezeichnet. Kälber sind Rinder bis zu einem Alter von fünf Monaten. Nach der Schlachtung wird das Rind in Hälften zerlegt, die bei einem ausgewachsenen Tier durchschnittlich 150 Kilogramm wiegen. Im Gegensatz zu Schweinefleisch muss Rindfleisch je nach Stück bis zu sechs Wochen reifen, damit es seinen vollen Geschmack entwickelt.

Filet

Das Filet ist das zarteste und edelste Stück vom Rind, das in der Regel deutlich teurer ist als Schweinefilet. Es befindet sich rechts und links neben der Wirbelsäule unterhalb des Roastbeefs. Das Filet als gering beanspruchter Muskel besitzt kaum Fett, ist kurzfaserig und somit sehr zart. Es eignet sich zum Kurzbraten im Ganzen oder für Medaillons und wird meist rosa serviert.

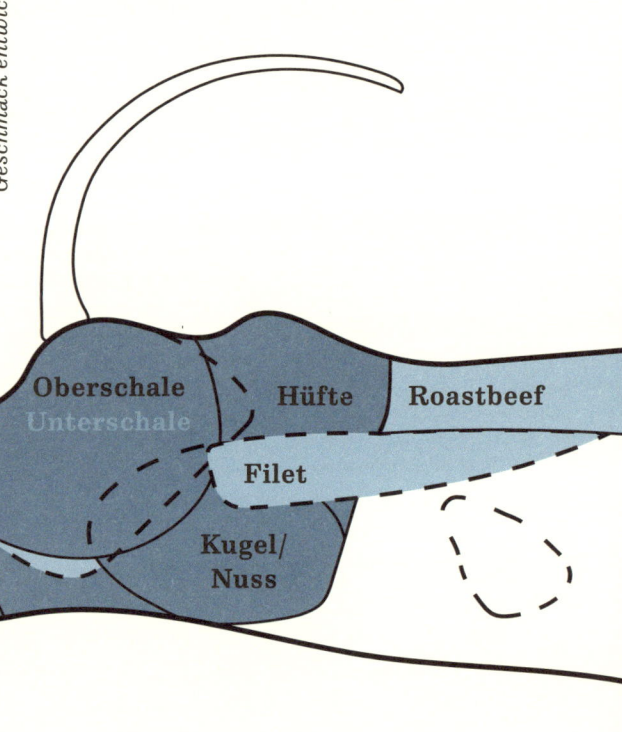

Keule

Die Rinderkeule besitzt insgesamt ein feinfaseriges, zartes Fleisch, weshalb sie zu den Edelteilen gehört. Sie kann im Ganzen auch geräuchert und zu Schinken verarbeitet werden, was in Deutschland aber anders als etwa in Italien nicht verbreitet ist. Die Keule teilt sich in verschiedene Teile:

Die Oberschale liegt auf der Innenseite des Oberschenkels und ist wegen der vielseitigen Verwendungsmöglichkeiten ein beliebtes Fleischstück. Im Ganzen eignet sie sich zum Braten oder Schmoren. In Würfel geschnitten wird sie zu Gulasch, in Scheiben zu Steaks. Die Oberschale ist aber vor allem das klassische Rouladenfleisch. Bündnerfleisch, ein Trockenfleisch, wird ebenfalls aus der Oberschale hergestellt.

Die Unterschale, die direkt unter der Oberschale liegt, ist etwas fester, eignet sich aber ebenfalls für Rinderbraten und für die Herstellung von Rouladen.

Roastbeef

Das Roastbeef, auch Lendenbraten genannt, ist neben dem Filet das zarteste und begehrteste Stück des Rinds. Es wird **im Ganzen** mit oder ohne Knochen bzw. in Scheiben geschnitten angeboten und üblicherweise rosa serviert. Es teilt sich in das an die Hochrippe angrenzende runde und das an die Hüfte und das Filet angrenzende **flache Roastbeef**. Daraus lassen sich zahlreiche Steaks schneiden: Das **Rib-Eye-Steak** stammt aus dem runden Roastbeef und besitzt das typische namensgebende Fettauge. Aus den übrigen zwei Dritteln werden dann **Rumpsteaks** geschnitten, die eigentlich aus der Rinderhüfte stammen. Beide Steaks besitzen keinen Knochen. Zwei Steak-Varianten mit Knochen sind das Porterhouse- und das T-Bone-Steak. Beide werden aus dem flachen Roastbeef geschnitten und haben einen Filetanteil. Beim **T-Bone- Steak** ist der Roastbeefanteil größer und der Filetanteil kleiner. Es hat üblicherweise eine Stärke von vier Zentimetern und ein Gewicht von 600 bis 700 Gramm. Beim **Porterhouse-Steak** ist das Roastbeef/Filet-Verhältnis genau umgekehrt, und es besitzt eine Stärke von sechs Zentimetern sowie ein Gewicht von 700 bis 1.000 Gramm. Wegen seiner Beschaffenheit eignet sich das Fleisch besonders gut zum Kurzbraten und Grillen. Roastbeef als Braten wird auch häufig kalt in dünne Scheiben geschnitten serviert.

Schulter

Die Rinderschulter oder der Bug sitzt am Vorderlauf des Tieres. Die Schulter im Ganzen ist wenig bis mäßig mit Fett durchwachsen, aber recht langfaserig und fest. Daher eignet sie sich für lange, langsame Zubereitungsarten wie Schmoren oder Kochen. Sie teilt sich in drei Teile: Das **Bugstück** ist ein guter Braten und eignet sich zerkleinert als Geschnetzeltes. Von den Stücken aus der Schulter hat das Bugstück das zarteste Fleisch. Das flache mit vielen Sehnen durchzogene **Schaufelstück** eignet sich z. B. für Sauerbraten. Das **falsche Filet** ist fester als das Bugstück und hat seinen Namen nur wegen der Ähnlichkeit mit der Form des Filets. Daraus lassen sich etwa Schmorbraten, Ragouts und Eintöpfe herstellen.

Die **Kugel oder Nuss** ist ausgesprochen zart und feinfaserig. Sie liegt neben der Oberschale und unterhalb der Hüfte. Sie eignet sich für Braten genauso wie für Steaks zum Kurzbraten. In Streifen geschnitten, wird sie zu zartem Rindergeschnetzeltem. Oberhalb der Kugel befindet sich außerdem das Bürgermeister- oder Pastorenstück, das besonders zart ist.

Die **Hüfte** des Rinds ist annähernd so zart wie das angrenzende Roastbeef, aber etwas preiswerter. Sie kann im Ganzen als Braten verwendet werden, eignet sich aber durch die kurzfaserige und mit feinen Fettadern durchzogene Fleischstruktur zu **Hüft- oder Rumpsteaks** geschnitten auch zum Kurzbraten. Außerdem lassen sich besonders zarte Rouladen aus der Hüfte schneiden. Insgesamt lässt sie sich genauso wie das Roastbeef zubereiten. Am Ende der Hüfte an den Schwanz angrenzend liegt außerdem der dreieckige **Tafelspitz**, der vor allem zum Kochen verwendet wird und aus der Wiener Küche bekannt ist.

Beine

Die Schenkel der Vorder- und Hinterbeine des Rinds werden auch als Hesse bezeichnet. Die Hinterbeine sind zwar fleischiger, jedoch werden beide Seiten in gleicher Weise verwendet. Sie werden in Scheiben zu Rinderbeinscheiben gesägt und dienen dann als **Suppenfleisch**. Aus dem enthaltenen Knochenmark lassen sich außerdem Markknochen herstellen. Vom Knochen befreites Fleisch kann auch für Gulasch und Ragouts verwendet werden.

Schwanz

Unabhängig vom Geschlecht des Tieres nennt man den Schwanz **Ochsenschwanz**. Er besteht aus wenig Muskelfleisch, eignet sich in Scheiben geschnitten aber sehr gut zur Herstellung von **Suppen** und Soßen, denen er einen kräftigen Geschmack und eine braune Farbe verleiht. Das Fleisch ist nach mehrstündigem Kochen oder Schmoren sehr zart.

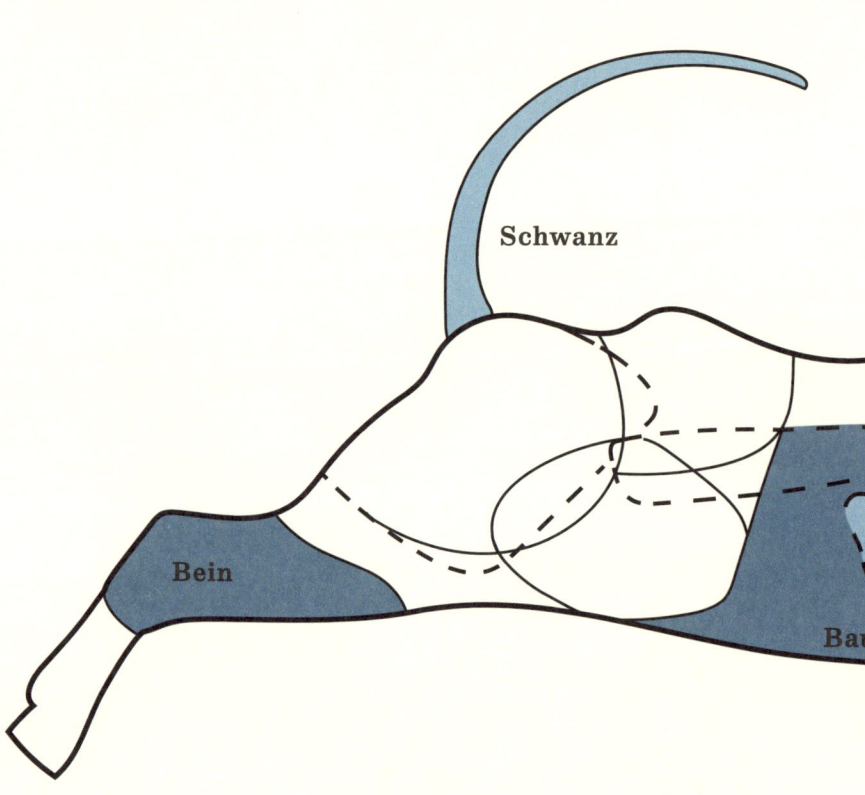

Bauchlappen

Der Bauchlappen ist eines der günstigsten Teile vom Rind. Es ist stark von Sehnen und Fett durchzogenes Fleisch, das sich sehr gut als **Suppenfleisch** und zum Schmoren eignet. Es wird jedoch selten im Handel angeboten, weil es meist zur Wurstherstellung verwendet wird. In anderen Ländern sind Teile des Bauchlappens jedoch beliebte Steaks, so wie z. B. das dünne **Flank Steak** aus den USA, das sich auch in Deutschland immer größerer Beliebtheit erfreut.

Hohe Rippe

Die Hohe Rippe oder Fehlrippe liegt zwischen dem ersten und dem achten Brustwirbel. Ihr Fleisch ist feinfaserig und fein marmoriert. Im Ganzen stellt sie einen sehr guten **Braten** dar oder lässt sich als **Suppenfleisch** verwenden. In Würfel geschnitten lässt sich die Hohe Rippe auch als **Gulasch** verwenden.

Innereien

Die Rinderleber ist die bekannteste und beliebteste Innerei des Rindes. Sie eignet sich vor allem zum Braten. Aus dem festen und kräftigen Muskelfleisch des Rinderherzes lassen sich Ragouts oder Schmorgerichte herstellen. Wird das Herz gebraten, sollte es nicht durchgegart werden, da es sonst zäh wird. Rindernieren werden meist zur Wurstherstellung verwendet, da sie im Gegensatz zu den Nieren anderer Tiere recht fest sind. Die Zunge besteht wie das Herz und der Magen aus einem festen Muskelfleisch, das meist für die Wurstherstellung verwendet wird, sich aber z. B. auch für Schmorgerichte eignet. Kutteln sind die Mägen von Wiederkäuern, die eine Garzeit von bis zu zehn Stunden nötig machen. Sie sind z. B. in Schwaben eine regionale Spezialität und lassen sich zu Ragouts, Eintöpfen, Suppen oder gebraten zubereiten.

Brust

Die Rinderbrust liegt unterhalb der Querrippe. Ihr Fleisch ist mäßig mit Fett durchzogen und langfaserig. Daher eignet sie sich für längere Garmethoden wie Kochen oder Schmoren. Rinderbrust wird mit oder ohne Knochen angeboten sowie frisch oder gepökelt. Sie dient überwiegend als **Suppenfleisch**. Außerdem ist sie die Grundlage für **Corned Beef**, das z. B. für Labskaus benötigt wird. Der vordere Teil, die Brustspitze, wird als **Brisket** bezeichnet und eignet sich zum langen Garen auf dem Grill.

Hals

Der Rindernacken ist wegen seiner Funktion mit vielen Sehnen durchzogen. Daher eignet er sich vor allem für längere Garzeiten wie Kochen oder Schmoren. Im Ganzen ist der Hals ideal für **Suppenfleisch** oder für Schmorbraten. In Würfel geschnitten lässt er sich zu **Gulasch** verarbeiten.

Querrippe

Die Querrippe ist der vordere Teil der Rinderrippen unterhalb des Halses und der Hochrippe. Wie der Hals wird dieses Stück vom Tier stark beansprucht, weshalb das feste Fleisch längere Garzeiten erforderlich macht. Es eignet sich im Stück als **Suppenfleisch** oder Braten und in Würfeln für **Gulasch**. Die Querrippe wird sowohl mit als auch ohne Knochen angeboten. Mit Knochen wird sie auch als Leiterstück bezeichnet.

Schwein

Kotelett

Das Kotelett gehört zu den edlen Teilen des Schweins und reicht üblicherweise vom fünften Brustwirbel bis zum fünften Lendenwirbel, an dessen Ende unterhalb das Filet liegt. Es eignet sich **in Scheiben** geschnitten mit oder ohne Knochen zum Kurzbraten z. B. als Schnitzel. **Im Stück** kann man Kotelett mit oder ohne Knochen als Braten zubereiten. Ist es gepökelt und geräuchert, wird es als Kassler-Kotelett angeboten. Das ausgelöste Stück Fleisch ohne Knochen, aus dem sich z. B. der Lachsschinken herstellen lässt, wird Lachs genannt. Das Kotelett ist ein zartes, mageres Fleisch, das aber aufgrund des geringen Fettgehalts dazu neigt, schneller trocken zu werden als z. B. Fleisch aus dem Nacken.

Nacken

Im Stück kann man Nacken mit oder ohne Knochen frisch als Braten oder gepökelt und geräuchert als Kasslernacken verwenden. **In Scheiben** geschnitten wird er ohne Knochen als Nackensteak und mit Knochen als Nackenkotelett angeboten. Nacken eignet sich durch seinen relativ hohen Fettgehalt sehr gut zum Grillen, Braten und Schmoren. Das Fleisch ist zart und geschmacklich intensiv.

Schulter

Bei der Schulter handelt es sich um den oberen Teil des Vorderbeins. Ihr Fleisch ist langfaserig und von Sehnen durchzogen. Daher eignet sie sich für lange Garverfahren wie Kochen, Braten und Schmoren **im Stück**. Sie wird aber auch für die Wurst- und Mettherstellung verwendet.

Keule

Der gesamte Oberschenkel des Hinterlaufs mit anschließender Hüfte bildet die Keule und ist das größte Teilstück des Schweins. Im Ganzen wird sie gesalzen und geräuchert zu **Schinken** verarbeitet. Die Keule teilt sich wiederum in vier Fleischstücke:

Die feinfaserige **Oberschale** ist das typische Schnitzelstück, das sich zum Kurzbraten eignet und beispielsweise zarter als das Nackenfleisch ist. Auch Geschnetzeltes und Gulasch lassen sich daraus schneiden.

Die **Unterschale** liegt unter der Oberschale, ist etwas fester und eignet sich somit zum Schmoren oder Braten im Stück.

Die **Kugel oder Nuss** ist etwas fester als die Oberschale, aber zarter als die Unterschale. Aus ihr kann z. B. Geschnetzeltes geschnitten werden oder sie wird in Wurst, z. B. in Bierschinken, verarbeitet. Auch zum Schmoren im Ganzen eignet sie sich.

Die **Hüfte** hat ähnliche Eigenschaften wie die Kugel. Aus ihr können z. B. Gulasch oder Schnitzel geschnitten werden. Einen Hüftbraten mit Speck bezeichnet man als Schinkenbraten.

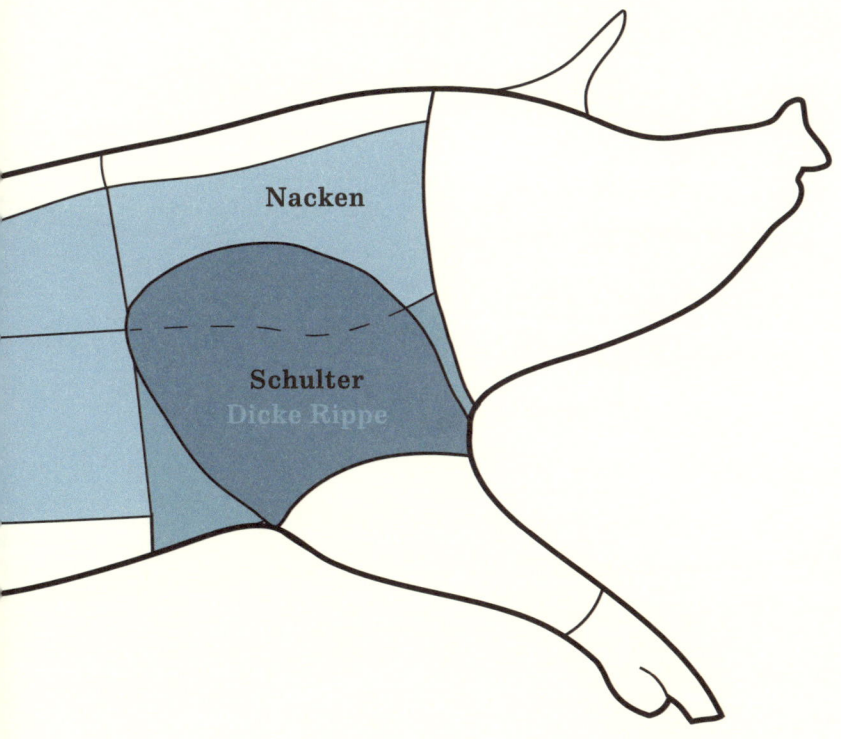

Dicke Rippe

Die dicke Rippe ist das Bruststück des Schweins und umfasst die ersten fünf Rippen bis zum Bauch. Sie liegt unterhalb des Schweinenackens bzw. der Schweineschulter und besitzt einen hohen Fettgehalt sowie ein langfaseriges Fleisch, das sich vor allem **zum Kochen und Schmoren** eignet. Häufig wird sie am Stück mit Knochen angeboten. Eine typische Zubereitungsart ist das Füllen mit anschließendem Schmoren im Ofen.

Bauch

Der Bauch ist ein kräftig mit Fett durchwachsenes Stück Fleisch, das sich auf vielfältige Weise zubereiten lässt. Frischer Bauch kann im Ganzen als Suppenfleisch gekocht oder **als Braten** zubereitet werden. **In Scheiben** eignet er sich zum Braten oder Grillen. Häufig wird er auch geräuchert als **durchwachsener Speck** angeboten. Dieser wiederum kann ebenfalls in Eintöpfen gekocht oder z. B. mit Bratkartoffeln gebraten werden. Im Gegensatz zum Rückenspeck ist er mit Fleisch durchzogen.

Filet

Das Filet ist das zarteste und somit das begehrteste Stück des Schweins. Es ist sehr saftig, fettarm und nicht mit Sehnen durchzogen, da es sich bei diesem Stück um einen kaum beanspruchten Muskel handelt. Es eignet sich zum Kurzbraten im Ganzen, in Scheiben oder als Geschnetzeltes. Aufgrund des geringen Fettgehalts ist jedoch Achtung geboten, da es zum Trockenwerden neigt.

Schweinefleisch spielt in der deutschen Küche traditionell eine größere Rolle als Rindfleisch. Zur Fleischerzeugung werden überwiegend Sauen, also weibliche Tiere, die bereits Nachwuchs bekommen haben, gehalten, da ihr Fleisch besser schmeckt als das der Eber. Eber sind männliche, nicht kastrierte Zuchtschweine, während kastrierte Tiere als Bork bezeichnet werden. Jungtiere mit einem Gewicht von bis zu fünf Kilogramm heißen Ferkel. Erreichen sie ein Gewicht von zwölf bis 20 Kilogramm, nennt man sie Spanferkel. Nach dem Schlachten werden Schweine in Hälften zerlegt, die bei einem ausgewachsenen Tier im Durchschnitt 50 Kilogramm wiegen. Anders als Rindfleisch darf Schweinefleisch maximal eine Woche reifen.

Nacken- & Rückenspeck

Der Nackenspeck ist fester als der Rückenspeck und wird für die Wurstherstellung, z. B. für Fleischwurst, verwendet. Roher, unverarbeiteter Rückenspeck heißt Grüner Speck. Wird er ausgelassen, spricht man von Schweineschmalz. Wird er gesalzen, gewürzt und anschließend geräuchert, nennt man ihn fetter Speck. Er eignet sich außerdem für Rohwürste wie Mettwurst und für Kochwürste. Speck sorgt außerdem bei der Wurstherstellung für die Bindung. In der Küche kann er sowohl grün als auch geräuchert, z. B. für Bratkartoffeln oder als Rouladenfüllung, verwendet werden. Im Gegensatz zum Bauchspeck ist er nicht mit Fleisch durchwachsen.

Schwanz

Rückenspeck

Eisbein

Fuß

Bauchlappen

Eisbein

Das Vordereisbein wird zum größten Teil für die Wurstherstellung verwendet. Es kann aber auch gekocht werden, bedarf allerdings einer langen Garzeit und ist etwas fester als das Hintereisbein. Das Hintereisbein oder die Haxe ist das kleine Eisbein, das ebenfalls gekocht und im Anschluss im Ofen geschmort werden kann.

Füße

Der Schweinefuß enthält nur sehr wenig Fleisch, dafür aber reichlich Bindegewebe, das sich während des Garvorgangs in Gelatine verwandelt. Er eignet sich daher zur Herstellung von Sülzen oder zum Eindicken von Suppen, Soßen oder Eintöpfen. In anderen Ländern gelten Schweinsfüße als Delikatesse, in Deutschland hingegen sind sie häufig Abfall oder werden für die industrielle Gelatineherstellung verwendet.

Kopf

Der Kopf wird meist gesalzen und gekocht für die Herstellung von Sülze und Grützwurst verwendet.

Die Backe wird zu Brühwurst wie Würstchen oder Aufschnitt verarbeitet. Das festere Fleisch der Zunge benötigt eine längere Garzeit und wird dann z. B. für Blutwurst verwendet.

Das Hirn kann zu Bregenwurst verarbeitet oder gebraten werden. Es besitzt eine weiche Konsistenz.

Die Ohren werden häufig getrocknet als Hundefutter verwendet. Sie können aber auch zu Wurst und Sülze verarbeitet werden.

Bauchlappen

Der Bauchlappen ist das dünne Gewebe an der Unterseite des Tieres. Er ist stark von Bindegewebe und Fett durchzogen. Daher eignet er sich nicht zum Kochen, sondern wird zur Wurstherstellung verwendet. In Leberwurst z. B. sorgt er für die Streichfähigkeit.

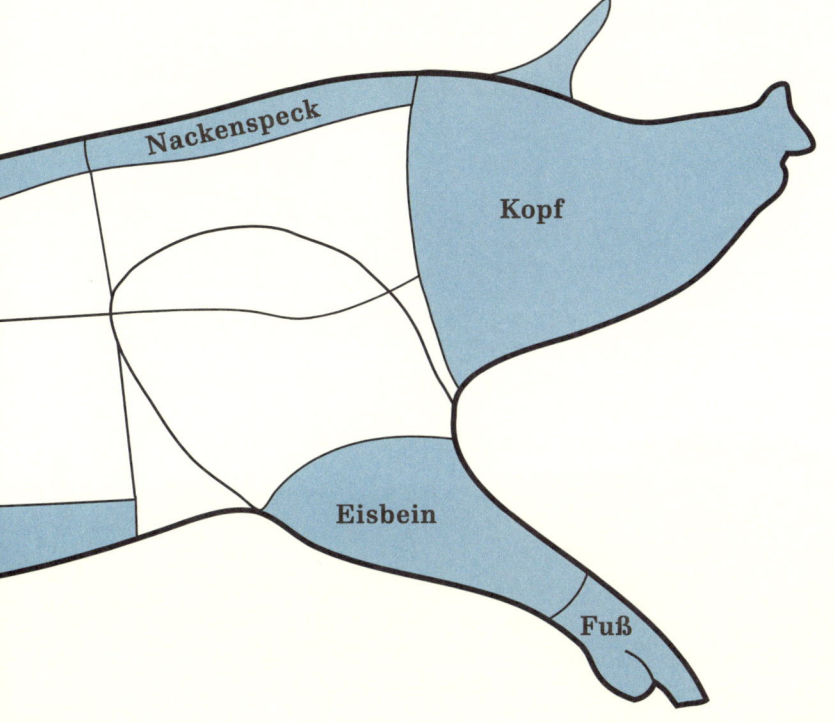

Schwarte

Schweineschwarte wird bei der Wurstherstellung als Bindemittel verwendet. Aus dem Bindegewebe in der Schweineschwarte wird außerdem Gelatine gewonnen.

Schwanz

Der Schwanz hat wie die Füße nur sehr wenig Fleisch. Er kann ebenfalls gekocht für die Bindung von Suppen und für Sülze verwendet werden. Auch zur industriellen Herstellung von Gelatine werden die Schwänze verwendet.

Innereien

Der Magen besteht aus festem Muskelfleisch, das z. B. zu Sülze verarbeitet werden kann.

Därme werden als Hülle für Würste verwendet. Sie werden gereinigt und auf links gedreht. Neben den Naturdärmen werden ebenso Kunstdärme eingesetzt.

Die Blase kann wie der Darm gefüllt werden.

Die Leber eignet sich zum Braten oder für die Wurstherstellung.

Die Nieren können gekocht zubereitet werden.

Das feste Muskelfleisch vom Herz benötigt eine längere Garzeit, kann aber beispielsweise zu Ragout verarbeitet werden. Vor allem in Wurst findet das Herz Verwendung.

Grützwurst
mit Kartoffelpüree und Apfelmus

Für 4 Personen:
8 Grützwürste

Für das Apfelmus:
4–6 Äpfel
1 El Zucker
Saft von ½ Zitrone
Zimt

Für das Kartoffelpüree:
750 g mehlig-
kochende Kartoffeln
350 ml warme Milch
150 g Butter
Muskatnuss
Salz

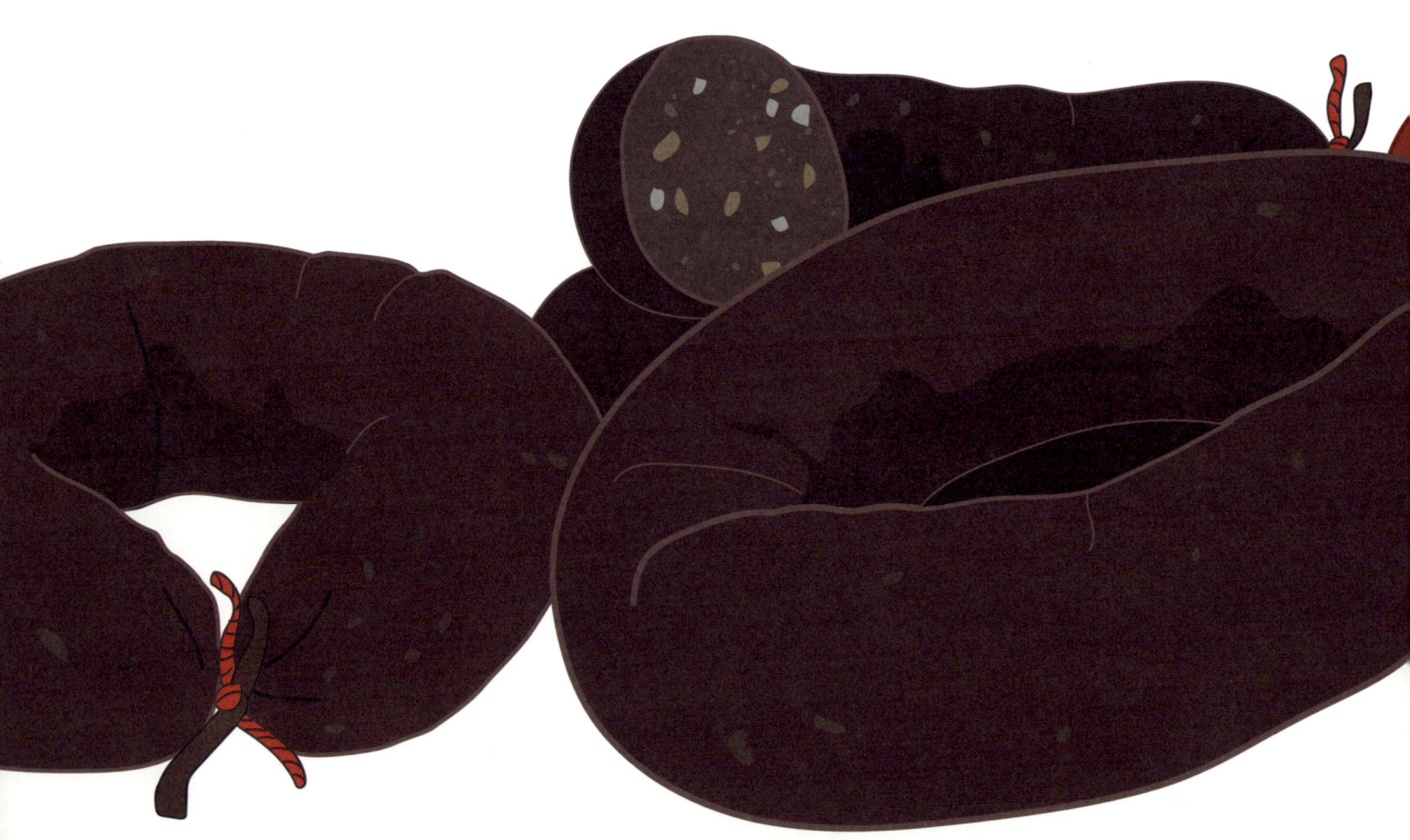

Zubereitung

Für das Apfelmus die Äpfel waschen, den Stiel und die Blüte entfernen und samt Schale und Kernen grob zerkleinern. Mit Zucker, Zitronensaft und Zimt kochen, bis sie weich sind und zerfallen. Durch eine Flotte Lotte drehen und auskühlen lassen. *Auf Seite 204 findet sich dazu ein ausführliches Rezept.*

Die Kartoffeln schälen und mit kaltem Wasser aufsetzen. 20–30 Minuten unter Zugabe von Salz kochen, bis sie weich sind. *Auf Seite 46 ist die Zubereitung näher beschrieben.*

In der Zwischenzeit die Grützwurst aus dem Darm pellen und in eine heiße Pfanne geben. Sie beginnt zunächst weich und recht flüssig zu werden, sollte aber am besten bei mittlerer Hitze gebraten werden, bis sie knusprige Stellen bekommt.

Zum Schluss die Kartoffeln stampfen, die warme Milch und die Butter hinzugeben und mit Salz und Muskatnuss abschmecken. Grützwurst, Kartoffelpüree und Apfelmus zusammen servieren.

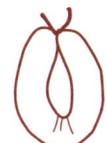

Grützwurst ist eine Blutwurst, die lose, ohne den Darm gebraten wird. Ihren Namen hat sie von der enthaltenen Grütze – grob zerkleinerte Getreidekörner zumeist vom Hafer. Es gibt sie in unterschiedlichen Varianten: Neben der dunklen, die ihre Farbe durch Blut erhält, gibt es sie auch in weiß sowie mit oder ohne Rosinen. Die verwendeten Zutaten unterscheiden sich regional. Neben der Grütze und dem Blut sind vorgekochtes Schweinefleisch und Schwarten enthalten, die durch den Fleischwolf gedreht und mit gekochter Grütze vermischt werden. Die Grützwurst ist in Sachsen unter dem Namen »Tiegelwurst« und in Nordostdeutschland als »Tote Oma« bekannt und wird dort nicht mit Apfelmus, sondern mit Sauerkraut serviert. Die Süße des Apfelmuses harmoniert allerdings sehr gut mit der deftigen Wurst und lässt sich mit dem rheinischen »Himmel und Erde« vergleichen. Regionale Varianten der Grützwurst sind z. B. Bremer Knipp oder westfälische Stippgrütze.

Königsberger Klopse
mit Roter Bete

Zubereitung

Kartoffeln für die Salzkartoffeln schälen und mit kaltem Wasser aufsetzen.

Das Brötchen vom Vortag in Wasser einweichen. Für das Hackfleisch die Zwiebel schälen und fein würfeln. In etwas Öl andünsten und abkühlen lassen. Das Brötchen ausdrücken, zu dem Hackfleisch geben und mit Zwiebeln, fein gehackten Sardellen, Zitronenschale, Salz, Pfeffer, Muskatnuss, Senf und Petersilie vermengen. Je nach gewünschter Größe 6–9 Klopse aus der Masse formen.

Die Gemüsebrühe kurz aufkochen und die Klopse darin unter dem Siedepunkt für etwa 10-15 Minuten garziehen lassen.

Für die Soße die Butter in einem Topf schmelzen. Mit Mehl bestäuben und zunächst 250 ml der Kochflüssigkeit der Klopse klumpenfrei einrühren.

Die Milch hinzugeben, aufkochen und etwa 10 Minuten unter Rühren köcheln lassen. Sardellen hinzugeben. Mit Salz, Zucker und Zitronensaft abschmecken. Erneut etwa 10 Minuten unter Rühren auf kleiner Stufe köcheln lassen. Die Soße sollte am Ende recht dickflüssig sein. Zum Schluss die Kapern in die fertige Soße geben.

Kurz vor dem Servieren die Kartoffeln nach Ende der Garzeit abgießen. Die Klopse zusammen mit der Soße und der eingelegten Roten Bete servieren.

Für die Klöpse:
500 g gemischtes Hack
1 altes Brötchen
1 kleine Zwiebel
6 Sardellen
Abrieb von ¼ Zitrone
1 El gehackte Petersilie
Muskatnuss
Salz, Pfeffer
1 Tl Senf
1 ½ l Gemüsebrühe

Für die Soße:
1 El Butter
2 El Mehl
250 ml Milch
3 Sardellen
2–3 El eingelegte Kapern
Zitronensaft

Und außerdem:
1 Glas eingelegte
Rote Bete (Rezept Seite 101)
Salzkartoffeln

Kassler
mit Sauerkraut

Für das Kassler:
500 g ausgelöstes Kassler-Kotelett
1 kleines Bund Suppengrün
1 Zwiebel
1 El Mehl

Für das Sauerkraut:
850 g Sauerkraut (z. B. von Seite 66)
1 Zwiebel
1 Lorbeerblatt
4 Wacholderbeeren
⅛ l Apfelsaft
2 El Zucker

Außerdem:
500 g Kartoffeln

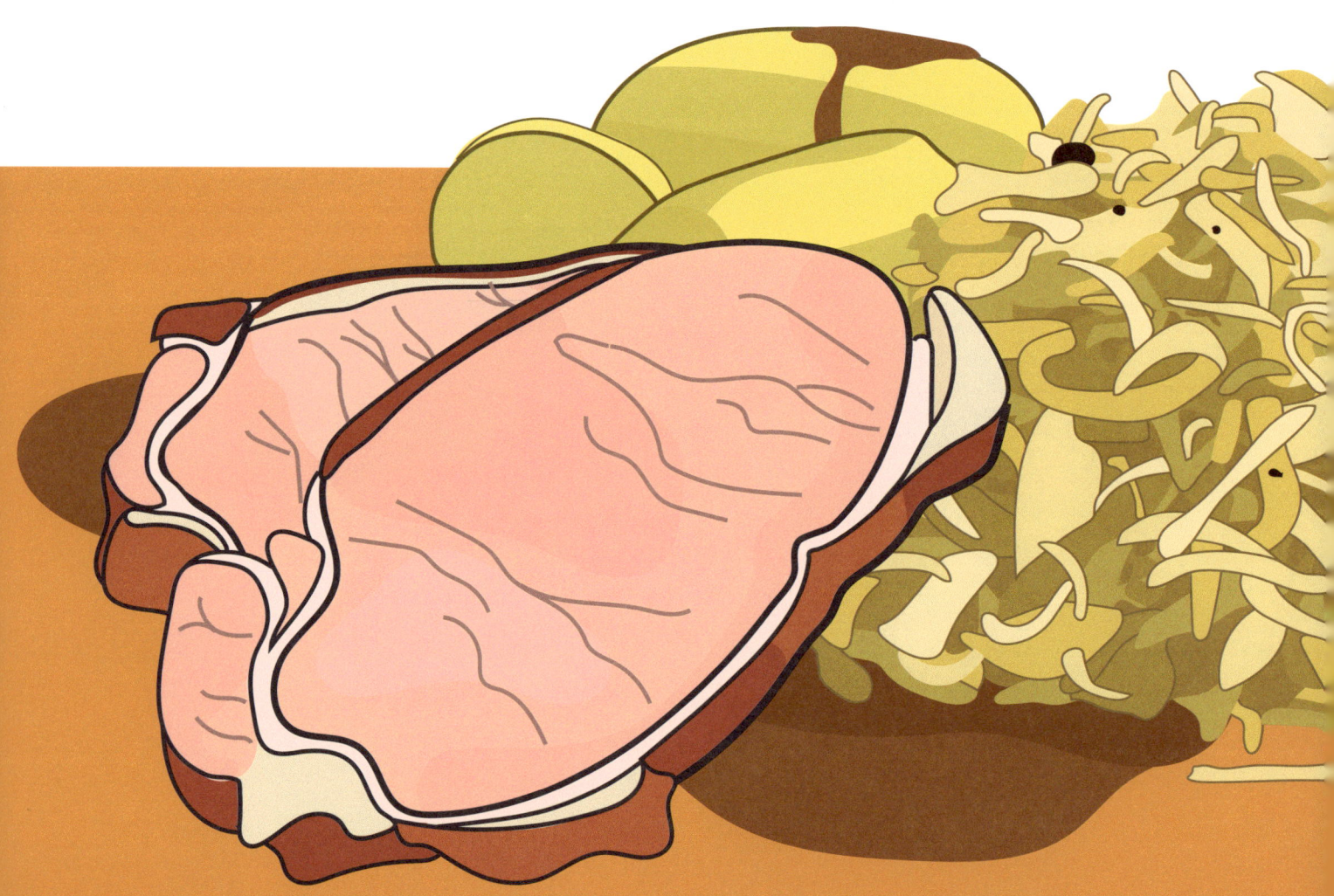

Zubereitung

Den Backofen auf 160 °C vorheizen. Das Suppengrün putzen, waschen und würfeln. Die Zwiebel pellen und grob würfeln. In einem großen Topf oder Bräter Öl oder Butterschmalz erwärmen und das Fleisch rundherum scharf anbraten. Das Gemüse hinzugeben, mit ¼ l Wasser ablöschen und 40–50 Minuten im offenen Topf im Ofen schmoren. Nach der Hälfte der Garzeit mit einem weiteren ¼ l Wasser aufgießen.

In der Zwischenzeit für das Sauerkraut die Zwiebel schälen und würfeln. Einen Topf mit Butterschmalz oder Öl erhitzen und die Zwiebel anbraten. Sobald sie Farbe zu nehmen beginnt, den Zucker hinzugeben und karamellisieren lassen. Das Sauerkraut mit dem Lorbeerblatt und den Wacholderbeeren in den Topf geben und mit Apfelsaft ablöschen.

Mindestens 30 Minuten schmoren. Kartoffeln schälen und mit kaltem Wasser aufsetzen. Zum Kochen bringen und dann Salz hinzufügen. Je nach Größe 15–25 Minuten garen.

Das Fleisch aus dem Ofen nehmen, warm stellen und den Bratenfond mit dem Gemüse durch ein Sieb streichen. Die Soße aufkochen, etwas einreduzieren lassen, bei Bedarf mit etwas Stärke oder Mehl binden und mit Salz und Pfeffer abschmecken. Das Sauerkraut ebenfalls abschmecken und mit Kartoffeln und Fleisch servieren.

Kassler oder Kasseler ist ein gepökeltes und geräuchertes Stück Fleisch vom Schwein. Für die Herstellung wird das Fleisch entweder in Pökellake eingelegt oder die Pökellake wird direkt ins Fleisch gespritzt. Danach wird es heiß geräuchert und eignet sich entweder wie in diesem Rezept als Braten oder für Eintöpfe. Es wird aus dem Kotelett, dem Nacken, der Schulter und dem Bauch hergestellt und trägt dann die entsprechende Bezeichnung. Außerdem wird es mit und ohne Knochen angeboten. Auf Seite 136–139 werden die Fleischteile erklärt.

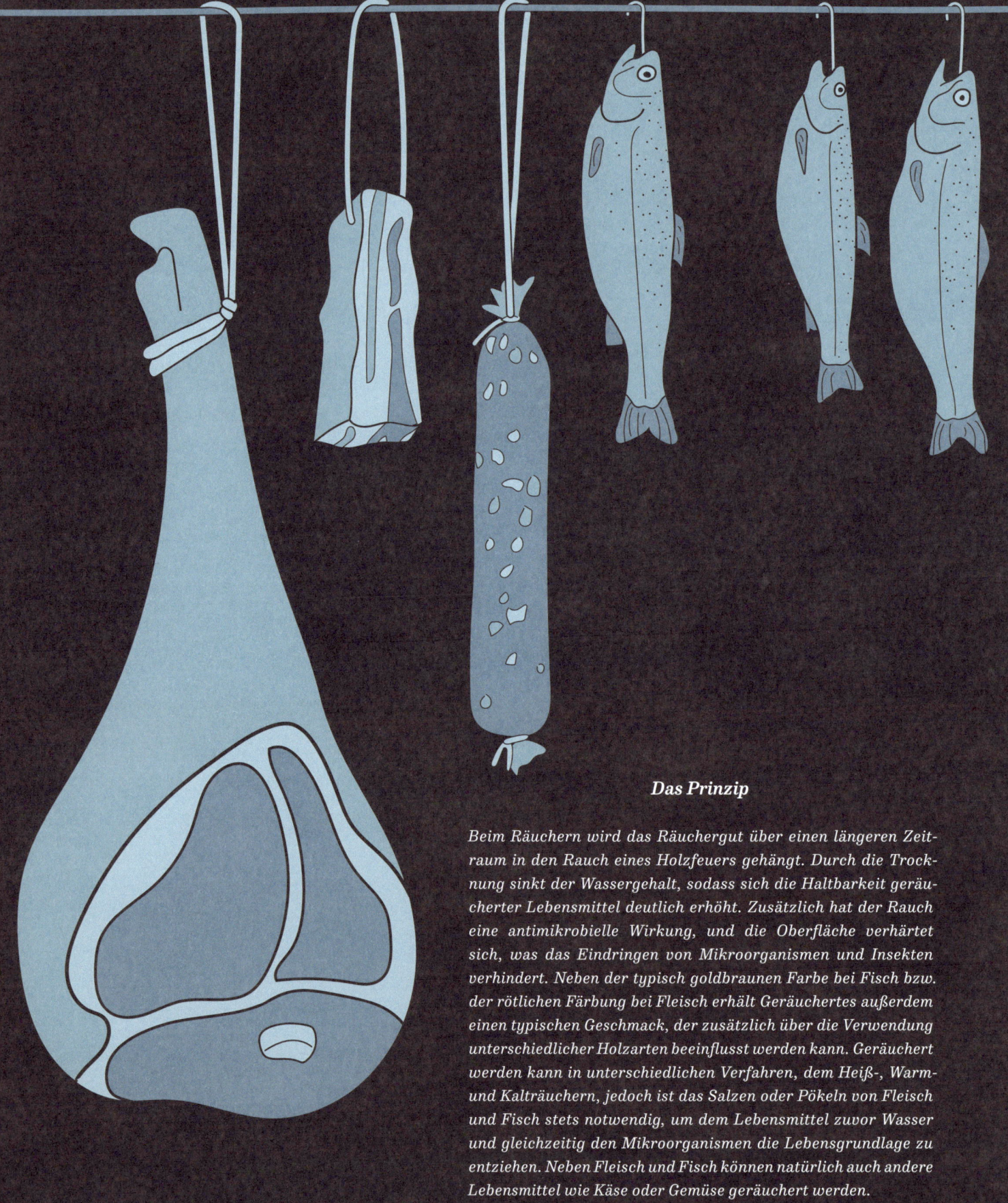

Das Prinzip

Beim Räuchern wird das Räuchergut über einen längeren Zeitraum in den Rauch eines Holzfeuers gehängt. Durch die Trocknung sinkt der Wassergehalt, sodass sich die Haltbarkeit geräucherter Lebensmittel deutlich erhöht. Zusätzlich hat der Rauch eine antimikrobielle Wirkung, und die Oberfläche verhärtet sich, was das Eindringen von Mikroorganismen und Insekten verhindert. Neben der typisch goldbraunen Farbe bei Fisch bzw. der rötlichen Färbung bei Fleisch erhält Geräuchertes außerdem einen typischen Geschmack, der zusätzlich über die Verwendung unterschiedlicher Holzarten beeinflusst werden kann. Geräuchert werden kann in unterschiedlichen Verfahren, dem Heiß-, Warm- und Kalträuchern, jedoch ist das Salzen oder Pökeln von Fleisch und Fisch stets notwendig, um dem Lebensmittel zuvor Wasser und gleichzeitig den Mikroorganismen die Lebensgrundlage zu entziehen. Neben Fleisch und Fisch können natürlich auch andere Lebensmittel wie Käse oder Gemüse geräuchert werden.

Räuchern
Geeignet für Fleisch, Wurst und Fisch

Salzen & Pökeln

Zur Vorbereitung muss Fisch vor dem Räuchern gesalzen (entweder mit purem Salz oder mit einer Salzlake) und Fleisch gepökelt werden, da das Salz Feuchtigkeit entzieht und das Räuchergut so länger haltbar macht. Man spricht von Pökeln, wenn dem Salz Natrium- oder Kaliumnitrat bzw. Natrium- oder Kaliumnitrit zugesetzt wird. Neben dem Entzug von Wasser führt das Pökeln zum sogenannten Umröten. Der rote Blutfarbstoff (Hämoglobin) verbindet sich mit dem Nitrit, sodass Geräuchertes unempfindlich gegen Hitze wird und das Fleisch seine rote Farbe behält, statt zu vergrauen. Während es beim Fisch genügt, ihn vor dem Räuchern ein paar Stunden in Salz zu legen, dauert das Pökeln von Fleisch je nach Verfahren zwischen einer und acht Wochen.

Heiß- und Warmräuchern

Beim Heißräuchern wird das Räuchergut bei einer recht hohen Temperatur von 50–85 °C nur für einige Stunden im Rauch gegart. Um diese Temperatur zu erreichen, ist allerdings eine zusätzliche Heizquelle nötig. Die so geräucherten Lebensmittel sind nur wenige Tage haltbar und müssen zügig verzehrt werden. Der Rauch ist hauptsächlich Geschmacksgeber und wird z. B. bei der Herstellung von gekochtem Schinken und Jagdwurst verwendet. Auch Aale, Makrele, Sprotten und Heilbutt werden so geräuchert. Das Warmräuchern dient wie das Heißräuchern ebenfalls mehr dem Geschmack als einer langen Konservierung. Dafür werden Temperaturen von 25–50 °C benötigt, in denen z. B. Frankfurter Würstchen geräuchert werden.

Kalträuchern

Im Gegensatz zum Heiß- und Warmräuchern sind kaltgeräucherte Lebensmittel über eine große Zeitspanne haltbar. Bei niedrigen Temperaturen von 15–25 °C wird das Räuchergut über eine längere Zeitspanne von mehreren Tagen oder Wochen mit unterbrechenden Frischluftphasen dem Rauch ausgesetzt. Typische Produkte für das Kalträuchern sind Schinken, Speck, Mettwurst oder Räucherlachs.

Flüssigrauchverfahren

In der industriellen Herstellung von Räucherware finden standardisierte Flüssigraucharomen aus kondensiertem und gereinigtem Rauch Verwendung, die in der Zutatenliste als Rauch oder Raucharomen gekennzeichnet sind. Solche Raucharomen beschleunigen den Fertigungsprozess, weil zur Herstellung des Räucherprodukts statt Tagen oder Wochen nur wenige Minuten nötig sind. Dabei geht allerdings auch der Konservierungseffekt verloren.

Leber
mit Kartoffelpüree und Röstzwiebeln

500 g Leber vom Rind oder Schwein
250 ml Milch
6 große Zwiebeln
40 g Mehl
2 El Butterschmalz
Salz und Pfeffer
Majoran

Zubereitung

Die Leber unter fließend kaltem Wasser abspülen, dann in Milch einlegen.

Nach etwa 30 Minuten herausholen, trocken tupfen und in Mehl wenden. Das Butterschmalz erhitzen und die Leberscheiben darin von beiden Seiten jeweils 4 Minuten braun braten. Nun die Leber mit Salz, Pfeffer und Majoran würzen. Anschließend aus der Pfanne nehmen und warm stellen.

Die Zwiebeln schälen, in Scheiben schneiden und in das Bratenfett geben. Mit Salz und Pfeffer würzen und unter Wenden bräunen lassen. Zwiebeln über die Leber verteilen und sofort servieren. Dazu passen entweder Salzkartoffeln oder Kartoffelpüree (siehe Seite 46/47).

Sonntagsbraten
vom Rind

Für den Braten und die Soße:
1 kg Rinderbraten aus der Keule (z. B. aus der Oberschale)
1 El Senf
50 g fetter Speck
1 Karotte
1 kleines Stück Sellerie
1 Zwiebel
½ Stange Lauch
1 El Tomatenmark
1 l Fleischfond
1 Lorbeerblatt
1–2 getrocknete Steinpilze
1 El saure Sahne

Außerdem:
Salzkartoffeln
1 Glas Rotkohl
(z. B. von Seite 64)
1 El Preiselbeerkompott

Zubereitung

Den Backofen auf 160 °C vorheizen. Die Karotte und den Sellerie schälen und würfeln. Die Zwiebel pellen, halbieren und in Streifen schneiden. Den Lauch halbieren, waschen und ebenfalls in halbe Ringe schneiden. Den fetten Speck fein würfeln.

Das Fleisch rundherum mit Senf einreiben. Kräftig mit Salz und Pfeffer würzen. Einen großen Bräter mit Fett erhitzen. Das Fleisch von allen Seiten scharf anbraten und wieder herausnehmen.

Den Speck auslassen und das vorbereitete Gemüse darin anbraten, bis es ein wenig Farbe nimmt. Das Tomatenmark kurz mitbraten. Mit dem Fleischfond ablöschen. Das Lorbeerblatt und die getrockneten Steinpilze hinzugeben und mit Salz und Pfeffer würzen. Den Braten wieder in den Topf geben, zudecken und im heißen Backofen für etwa 1–1½ Stunden schmoren.

Mit einem Fleischthermometer kann die Kerntemperatur und damit der Garzeitpunkt festgestellt werden. Bei Rindfleisch liegt diese für einen rosa Braten bei 65 °C und durchgegart bei 75 °C.

In der Zwischenzeit Kartoffeln schälen, mit kaltem Wasser aufsetzen und zum Kochen bringen. Den Rotkohl erwärmen und mit 1 El Preiselbeerkompott verfeinern.

Für die Soße nach Ende der Garzeit den Braten aus dem Ofen nehmen und ruhen lassen. Die Flüssigkeit mit dem Gemüse glatt pürieren und je nach Geschmack mit etwas Mehlbutter andicken. Mit Salz und Peffer abschmecken und 1 El saure Sahne hinzugeben.

Vor dem Servieren den Braten aufschneiden und alles zusammen anrichten.

Fisch

Hering

Zur Familie der Heringe zählen mehr als 180 Arten, von denen besonders der Atlantische Hering als Speisefisch von großer Bedeutung ist. Er kommt in großen Schwärmen in Nord- oder Ostsee und im gesamten Atlantik vor. Die Fische erreichen eine Größe von etwa 20 bis 25 cm, ernähren sich hauptsächlich von Plankton und kleinen Krebstieren und stellen ihrerseits eine wichtige Nahrung vieler Raubfische dar. Weltweit sind Heringe aufgrund ihres hohen Eiweißgehalts und der günstigen Zusammensetzung der Fettsäuren bedeutende Speisefische. Eine besondere Rolle spielt der Hering auch in der norddeutschen Küche. Neben dem frischen Hering, der mehliert und gebraten gegessen wird, werden aus ihm zahlreiche Spezialitäten wie Bismarckhering, Matjes, Rollmops, Heringssalat oder sauer eingelegter Brathering hergestellt. Früher galt der fetthaltige Hering als Arme-Leute-Essen. Die Heringsbestände in Ost- und Nordsee sind aufgrund von Überfischung sehr stark zurückgegangen, gelten im Moment aber als stabil. Auch Sprotten, die vor allem als Kieler Sprotten bekannt sind, gehören zu den Heringen. Sie werden geräuchert angeboten und können im Ganzen verspeist werden.

Stint

Eine besondere Spezialität in Norddeutschland ist der Stint. Über Jahrzehnte war er in Vergessenheit geraten, da er in stark verschmutzten Gewässern wie der Elbe nur in geringer Zahl vertreten war. Das änderte sich mit der Verbesserung der Wasserqualität. Der kleine silbrige, etwa 15 bis 20 cm große Fisch lebt in europäischen Küstengewässern und schwimmt zum Laichen in die Flüsse. Zwischen Februar und April wandern große Schwärme beispielsweise von der Nordsee die Elbe flussabwärts und läuten die Stint-Saison ein. Traditionell wird der Fisch in Roggenmehl gewendet, zusammen mit Speck gebraten und mit Kartoffelsalat oder Bratkartoffeln serviert. Er eignet sich aber auch zum Räuchern, Grillen oder Einlegen. Die Gräten und der Schwanz sind so zart, dass sie ebenfalls gegessen werden können. Da der Geruch von frischem Stint an Gurke erinnert, wird er auch Gurkenfisch genannt. Er ernährt sich von Planktonkrebsen, kleinen Bodentieren, aber auch von Jungfischen der eigenen Art.

Aal

Der europäische Aal gehört zur Familie der Flussaale und kommt in ganz Europa, Kleinasien sowie Nordafrika vor und ist sowohl ein Süß- als auch ein Salzwasserfisch. Aale ernähren sich vorwiegend von tierischer Nahrung wie Würmern, Krebsen, Insektenlarven und kleineren Fischen. Ausgewachsene Aale können eine Größe von bis zu 150 cm und ein Gewicht von 6 kg erreichen. Der Aal, der sowohl gebraten als auch gekocht zubereitet werden kann, ist aufgrund seines fettigen, schmackhaften Fleisches besonders in geräucherter Form ein beliebter Speisefisch. Inzwischen haben sich die Bestände des europäischen Flussaals so stark dezimiert, dass er vom Aussterben bedroht ist. Die Zucht von Aalen ist bisher nicht möglich. Es werden lediglich Jungfische, die sogenannten Glasaale, aus der Natur gefangen und gemästet. Aufgrund seiner schlangenähnlichen Form rankten sich vor allem im Mittelalter zahlreiche Mythen um diesen Fisch. Lange war auch die Art seiner Vermehrung nicht wissenschaftlich geklärt und belegt.

Hecht

Der Hecht gehört zu den am häufigsten vorkommenden und schmackhaftesten heimischen Raubfischen. Der Süßwasserfisch gilt als nicht gefährdet und kommt in Seen und Flüssen, vereinzelt aber auch im Brackwasser der Ostsee vor. Die meisten gefangenen Hechte besitzen eine Größe von 50 bis 100 cm, können aber bis zu 150 cm groß und über 20 kg schwer werden. Meist stammt der Raubfisch, der sich von Fischen, Fröschen, Vögeln und kleinen Säugetieren ernährt, aus Wildfängen der Binnenfischerei, da er aufgrund seines aggressiven und kannibalischen Verhaltens nur schwer in Aquakulturen zu züchten ist. Sein weißes Fleisch ist sehr fettarm, aber reich an Gräten, die sich allerdings gut entfernen lassen. Hecht kann gebraten, gekocht oder wie Hering sauer eingelegt werden. Da sein Fleisch aufgrund des geringen Fettgehalts dazu neigt, trocken zu werden, wird er häufig zu Fischbällchen verarbeitet.

Barsch

Der nicht als gefährdet eingestufte Flussbarsch gehört zur Familie der echten Barsche und wird umgangssprachlich nur als Barsch bezeichnet. Zu unterscheiden ist er von dem gefährdeten Wolfsbarsch, mit dem er nicht verwandt ist. Der Flussbarsch ist fast in ganz Europa verbreitet. Er ist ein äußerst anpassungsfähiger Süßwasserfisch, der aber zum Teil auch im Brackwasser der Ostsee vorkommt. Die ausgewachsenen Tiere sind Raubfische, die sich von kleineren Fischen ernähren, aber auch Bodentiere und Insekten stehen auf ihrem Speiseplan. Flussbarsche sind mit ihrem mageren, grätenarmen, weißen Fleisch ein wohlschmeckender Speisefisch, der sowohl gebraten als auch gedünstet werden kann. Die durchschnittliche Größe liegt bei 15 bis 30 cm.

Kabeljau

Kabeljau, der im Ostseeraum Dorsch genannt wird, kommt als Salzwasserfisch im gesammten Nordatlantik und -pazifik sowie in Nord- und Ostsee vor. Der Raubfisch ernährt sich von Heringen, anderen Fischen und Muscheln. Das durchschnittliche Gewicht des Kabeljaus in Deutschland liegt bei etwa 2 bis 4 kg, er kann allerdings auch bis zu zwei Meter groß und knapp 100 kg schwer werden. Sein festes weißes Fleisch schmeckt gekocht, gebraten oder gedünstet. Getrocknet ist er auch als Stockfisch vor allem in südeuropäischen Ländern eine Spezialität. Der Kabeljau zählt zu den wirtschaftlich bedeutendsten Speisefischen. Gehörte er früher zu den sogenannten Brotfischen, da er in so großer Zahl vorkam, ist er heute, wie andere Arten auch, durch Überfischung massiv bedroht. Besonders in der Ostsee ist der Dorsch aufgrund jahrelanger hoher Fangquoten fast ausgestorben. Eine nicht gefährdete Alternative stellt der norwegische Skrei oder Winterkabeljau dar, der in einem schonenden Verfahren und nur zwischen Januar und April gefangen wird.

Forelle

Die Forelle ist eine Art innerhalb der Familie der Lachsfische. Im Wesentlichen unterscheidet sie sich je nach Lebensraum in Bach-, Meer- und Seeforelle. Während die Meerforelle den größten Teil ihres Lebens im Salzwasser verbringt und nur zum Laichen in den Fluss zurückkehrt, lebt die Bachforelle ausschließlich im Süßwasser eines Flusses. In der Natur kommen Forellen beispielsweise in der Ostsee vor, wo sie stark überfischt sind. Und auch in den Binnengewässern sind sie durch die Zerstörung ihrer Lebensräume stark gefährdet. Die im Handel hauptsächlich erhältliche Art ist die Regenbogenforelle – ein Süßwasserfisch –, die ursprünglich aus Nordamerika stammt und in Europa als Zuchtfisch eingeführt wurde. Im Gegensatz zu ihren Verwandten ist diese Art unempfindlicher gegenüber der Wassertemperatur und -qualität. Sie ernährt sich vor allem von Insekten, Krebsen und kleineren Fischen. Der beliebte Speisefisch eignet sich für alle Zubereitungsarten und wird sehr häufig auch geräuchert angeboten.

Saibling

Saiblinge gehören wie die Forellen zur Familie der Lachsfische. Als Süßwasserfische kommen sie auf der gesamten Nordhalbkugel vor, einige Arten schwimmen zum Laichen ins Salzwasser. Saiblinge bevorzugen kaltes, klares Wasser und sind insgesamt recht anspruchsvoll, weshalb die Zucht schwieriger ist als die Züchtung von Regenbogenforellen. Der natürliche Bestand der Saiblinge ist ebenfalls bedroht. Das Fleisch des Saiblings, das dem der Regenbogenforelle ähnelt, gilt als noch schmackhafter als das der Verwandten. Saiblinge können ebenfalls gekocht, gebraten oder geräuchert werden.

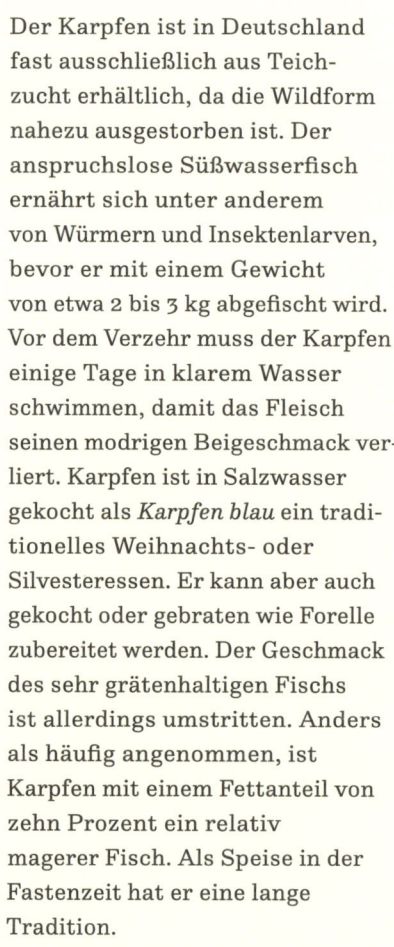

Karpfen

Der Karpfen ist in Deutschland fast ausschließlich aus Teichzucht erhältlich, da die Wildform nahezu ausgestorben ist. Der anspruchslose Süßwasserfisch ernährt sich unter anderem von Würmern und Insektenlarven, bevor er mit einem Gewicht von etwa 2 bis 3 kg abgefischt wird. Vor dem Verzehr muss der Karpfen einige Tage in klarem Wasser schwimmen, damit das Fleisch seinen modrigen Beigeschmack verliert. Karpfen ist in Salzwasser gekocht als *Karpfen blau* ein traditionelles Weihnachts- oder Silvesteressen. Er kann aber auch gekocht oder gebraten wie Forelle zubereitet werden. Der Geschmack des sehr grätenhaltigen Fischs ist allerdings umstritten. Anders als häufig angenommen, ist Karpfen mit einem Fettanteil von zehn Prozent ein relativ magerer Fisch. Als Speise in der Fastenzeit hat er eine lange Tradition.

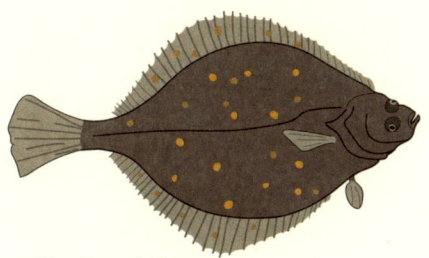

Scholle

Die Scholle, auch Goldbutt genannt, gehört zu den Plattfischen. Sie kommt an fast allen europäischen Küsten vor und ist ein reiner Salzwasserfisch. Charakteristisch für die ausschließlich am Boden lebenden Plattfische ist ihr asymmetrischer Körperbau mit Augen, die während des Wachstums auf eine Körperseite wandern. Nicht zu verwechseln ist die Scholle mit der sehr ähnlichen Flunder, die Brackwasser bevorzugt, aber auch Süßwasser verträgt. Ausgewachsene Schollen können eine Länge von 40 bis 70 cm erreichen, bis zu 7 kg schwer und bis zu 45 Jahren alt werden. Sie ernähren sich hauptsächlich von Bodentieren wie Muscheln, Schnecken und Würmern. Da sie spät geschlechtsreif, aber stark befischt werden, ist ihr Bestand vielerorts stark überfischt. Er wird jedoch von der Weltnaturschutzorganisation als nicht gefährdet eingestuft, während Umweltorganisationen wie der WWF eine andere Einschätzung haben. Als Speisefisch ist die Scholle aufgrund ihres zarten und fettarmen Fleischs sehr beliebt. Es ist sehr eiweißreich und leicht verdaulich. Häufig wird die Scholle gebraten, kann aber ebenso gebacken, geräuchert, gedünstet oder eingelegt werden. Eine besondere Spezialität ist außerdem die junge, zarte Maischolle, die ab April nur wenige Wochen angeboten wird.

Zander

Der Zander, der zur Familie der Barsche gehört, ist der größte im Süßwasser lebende Raubfisch Europas. Er kommt aber auch im Brackwasser der Ostsee vor. Sein Lebensraum sind fließende oder stehende Gewässer. Er kann bis zu 20 Jahre alt werden und eine Länge von 130 cm erreichen. Sein fettarmes, festes, aromatisches Fleisch erinnert an Hecht, ist aber viel grätenärmer. Zander wird meist gebraten oder gedünstet. Da die Bestände in vielen Gebieten stark überfischt sind, ist er im Handel hauptsächlich als Zuchtfisch erhältlich.

Fisch ist ein sehr gesundes Lebensmittel, dessen Verzehr aufgrund seiner Inhaltsstoffe einmal wöchentlich empfohlen wird. Allerdings sollte beim Einkauf auf die Herkunft geachtet werden und darauf, ob die Art bedroht ist. Was im Hinblick auf die Fanggebiete zu beachten ist, erläutert beispielsweise der jährlich erscheinende »Ratgeber Fisch des WWF«. Da laut WWF fast 30 Prozent der Speisefische überfischt sind, ist es sinnvoll, sich beim Einkauf am Gütesiegel MSC zu orientieren, das einen Hinweis auf nachhaltige Fischerei bietet. Da Fische in Aquakulturen aus konventioneller Zucht häufig mit Wildfang gefüttert werden, ist es außerdem sinnvoll, auf eine ökologische Haltung zu achten. Neben den hier angeführten populären heimischen Arten gibt es weltweit natürlich zahlreiche weitere.

Das klassische deutsche Labskaus, ein Eintopfgericht aus Seemannszeiten, ist an Niederelbe, Nord- und Ostsee sowie im nördlichen Niedersachsen zu Hause, aber auch in englischen Häfen beliebt. Schriftliche Erwähnung findet das Rezept erstmals zu Beginn des 18. Jahrhunderts. Traditionell wird es häufig auch mit Corned Beef aus der Dose zubereitet, jedoch ist die Variante mit frischer Rinderbrust schmackhafter. Klassischerweise kommen noch hinzu: Gewürzgurken, Hering, Rollmops oder Matjes und ein Spiegelei. Auch wenn das Gericht nicht sehr appetitlich aussieht, lohnt es sich, über den kulinarischen Schatten zu springen, es zu probieren und sich überzeugen zu lassen!

Labskaus
Ein Hamburger Original

750 g gepökelte Rinderbrust
1 Bund Suppengrün
1 Zwiebel
Lorbeerblatt, Pfefferkörner, Wacholderbeeren
500 g Rote Bete
800 g Kartoffeln
150 g Zwiebeln
50 g Butter
10 Gewürzgurken
4 Eier
8 Rollmöpse

Zubereitung

Die Rinderbrust gemeinsam mit dem geschnittenen Suppengrün, der Zwiebel, dem Lorbeerblatt, ein paar (4–6) Wacholderbeeren und Pfefferkörnern mit kaltem Wasser aufsetzen und zum Kochen bringen. Auf kleiner Flamme 1½–2 Stunden köcheln lassen, bis das Fleisch so weich ist, dass es beim Einstechen mit einer Gabel auseinanderfällt. Nun die Rinderbrust entlang ihrer Faser auseinanderzupfen und diese wiederum ganz fein hacken. Mit etwas Kochsud bedecken und beiseitestellen.

Die Rote Bete mit der Schale je nach Größe 30–50 Minuten garen. Um zu testen, ob sie gar ist, mit einem Messer hineinstechen. Ist kein Widerstand zu spüren, ist sie fertig. Abschrecken und schälen. Die Rote Bete im Mixer fein zerkleinern. Kartoffeln schälen und in Salzwasser je nach Größe 20–30 Minuten garen.

6 Gewürzgurken sehr fein würfeln. Zwiebeln pellen, fein würfeln und in einem großen Topf in der Butter bei niedriger Temperatur glasig dünsten. Das Fleisch zugeben und kurz mitschmoren. Rote Bete, einen Schluck Gurkenwasser und Gewürzgurken hinzugeben, verrühren und aufkochen. Die Kartoffeln zu Mus verarbeiten und mit dem Rest vermischen. Alles 2–3 Minuten unter Rühren dicklichcremig einkochen, bei Bedarf noch etwas Kochsud vom Fleisch hinzugeben und zum Schluss mit Salz und Pfeffer kräftig würzen. *Das fertige Labskaus mit Spiegelei, Rollmöpsen und Gewürzgurken servieren.*

Matjes
nach Hausfrauenart

250 g Magerquark
500 g Joghurt
¼ l Sahne
500 g Matjes
2 Zwiebeln
3 säuerliche Äpfel
½ Zitrone

Zubereitung

Die Zwiebeln schälen und in Ringe hobeln oder sehr fein schneiden. Die Äpfel waschen, vierteln und das Kerngehäuse entfernen. In Würfel schneiden. Die Matjesfilets in etwa 2 cm große Stücke schneiden.

Quark, Joghurt und Sahne in einem Topf verrühren. Mit Salz, Pfeffer, Zucker und Zitronensaft abschmecken. Zwiebeln, Äpfel und den Fisch hinzugeben. Alles miteinander vermengen.

Dazu passen dampfende Pellkartoffeln, Salzkartoffeln oder Bratkartoffeln. *Dieses Gericht kann auch gut bereits am Vortrag zubereitet werden.*

Eine Spezialität aus Hering ist der Matjes. Es handelt sich dabei um einen jungen Hering, der noch nicht gelaicht hat. Nach dem Fang werden den Fischen nur die Kiemen und die Innereien bis auf die Bauchspeicheldrüse entfernt. Danach kommen sie mit Salz, Haut, Kopf und Gräten eine Woche lang zur Reifung in ein Holzfass. Ein Enzym aus der Bauchspeicheldrüse verwandelt den Hering zusammen mit dem Salz in einen Matjes und gibt ihm seinen typischen Geschmack. Da echter Matjes noch keine Samen oder Eier gebildet haben darf, dauert die Matjes-Saison nur etwa zwei Monate.

Zubereitung

Kopfsalat putzen und Blätter vom Strunk lösen. Salatblätter gründlich waschen, trocken schleudern und in mundgerechte Stücke zupfen. Für das Dressing 1 Zitrone auspressen. Joghurt mit Öl und 2–3 El Zitronensaft glatt rühren. Mit 1 Prise Zucker, Salz und Pfeffer abschmecken. *Kopfsalat erst kurz vor dem Servieren mit dem Dressing mischen.*

Schollen kalt abwaschen und trockentupfen. Jeden Fisch von beiden Seiten mit restlichem Zitronensaft beträufeln, salzen und pfeffern. Die dunkle Hautseite der Schollen je dreimal diagonal mit einem scharfen Messer etwa 1 mm tief einschneiden. Speck fein würfeln. Mehl auf einen großen Teller streuen und die Schollen darin wenden. Überschüssiges Mehl leicht abklopfen.

Ofen auf 50 °C Umluft vorheizen. Schmalz in einer Pfanne erhitzen und die Schollen darin nacheinander auf der dunklen Hautseite bei mittlerer Hitze jeweils 4 Minuten braten, dann wenden und weitere 3 Minuten braten. Schollen auf Teller geben und im Ofen warm halten. Während die letzte Scholle in der Pfanne ist, Speckwürfel in einer zweiten Pfanne bei mittlerer Hitze auslassen, dann bei starker Hitze knusprig braten. Speckwürfel auf den Schollen verteilen und Speckfett darüberträufeln. Zitrone in Scheiben schneiden und die Schollen damit garnieren. Dazu passen Bratkartoffeln.

Benannt nach dem südlichen Hamburger Stadtteil Finkenwerder, das früher ein Fischerdorf war, wird die Scholle im Originalrezept mit ausgelassenem Speck (auch Speckstippe genannt) und Krabben gefüllt im Ofen gegart. Wird die Scholle nur mit Krabben gereicht, spricht man von »Scholle Büsumer Art«. Dafür einfach den Speck durch 300 g gepulte Nordseekrabben ersetzen und kurz in Butter anbraten. Mehr Wissenswertes über die Scholle auf Seite 155.

Scholle
nach Finkenwerder-Art

Für den Fisch:
4 Schollen mit Haut
1 Zitrone
Salz und Pfeffer
150 g geräucherter Speck
6 El Mehl
Butterschmalz

Als Beilagen:
1 Portion Bratkartoffeln
(Rezept Seite 48)
1 Kopfsalat
1 Zitrone
150 g Vollmilchjoghurt
2 El Öl
1 Prise Zucker

Hamburger Pannfisch
in Senfsoße

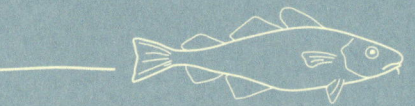

Fisch war in Hamburg früher in großer Menge verfügbar und somit günstig zu haben. Blieb etwas übrig, wurde er als Pfannengericht mit Senfsoße und Kartoffeln zubereitet. So ist der Hamburger Pannfisch ursprünglich ein Arme-Leute-Essen, das aus Fisch- und Kartoffelresten vom Vortag zubereitet wurde. Daher variieren die verwendeten Fischarten je nach Verfügbarkeit zwar, aber die Zubereitung in recht großen Stücken ist typisch.

Für den Fisch:
800 g festes, weißes Fischfilet (z. B. Skrei)
Salz, Pfeffer
4 El Dinkelmehl

Für die Kartoffeln:
750 g festkochende Kartoffeln
100 g geräucherter Bauchspeck
1 Zwiebel

Für die Soße:
1 kleine Zwiebel
1 El Butter
1 El Mehl
¼ l Milch
100 ml Schlagsahne
50 ml Weißwein
Abrieb von ½ Zitrone
3 El mittelscharfer, körniger Senf
Petersilie

Zubereitung

Die Kartoffeln schälen, waschen und längs vierteln. Die Viertel noch einmal quer halbieren. In einen Topf geben, mit kaltem Wasser knapp bedecken und etwa 15 Minuten bissfest garen. Sobald das Wasser zu kochen beginnt, etwas Salz hinzufügen. Die Kartoffeln abgießen und abdampfen lassen.

Für die Soße die Zwiebel pellen und fein würfeln. Die Butter in einem Topf schmelzen und die Zwiebeln bei mittlerer Hitze andünsten. Sobald sie weich sind, 1 El Mehl hinzufügen und kurz mit anschwitzen. Unter ständigem Rühren Mich und Sahne hinzufügen. Unter weiterem Rühren bei geringer Hitze etwa 5 Minuten köcheln lassen. Nun Wein, Zitronenabrieb und Senf einrühren. Mit Salz, Pfeffer und einer Prise Zucker abschmecken. Auf kleinster Stufe unter gelegentlichem Rühren köcheln lassen.

Die Zwiebel pellen, halbieren und in dünne Streifen schneiden. Den Speck würfeln. Eine Pfanne erhitzen und den Speck knusprig braten. Herausnehmen, nach Bedarf etwas Öl in die Pfanne geben und die Zwiebeln goldbraun braten. Ebenfalls beiseitestellen. Etwas Öl oder Butterschmalz in der Pfanne erhitzen, so viele Kartoffeln hineingeben, dass der Boden gerade bedeckt ist, und auf mittlerer Stufe von allen Seiten goldbraun braten. Mit den restlichen Kartoffeln ebenso verfahren.

In der Zwischenzeit den Fisch waschen, trockentupfen und in relativ große Stücke schneiden. Mit Salz und Pfeffer würzen und in Mehl wenden. Eine Pfanne mit Öl oder Butterschmalz erhitzen und die Fischstücke nach und nach darin braten.

Etwas Petersilie grob hacken. Den Speck und die Zwiebel zu den Kartoffeln geben und mit Salz und Pfeffer würzen. Kartoffeln und Fisch mit der Soße anrichten und mit Petersilie bestreuen.

Chancen und Nutzen
Biologische Lebensmittel

Lange wurde der Begriff *Bio* mit *Birkenstocksandalen*, *Körnerfresserei* und dem Einkauf im Reformhaus verbunden. Der Marktanteil von Bio-Lebensmitteln wächst allerdings seit Langem aus der Nische heraus – 2016 um fast 10 Prozent.[1] Immer mehr biologisch erzeugte Lebensmittel halten auch in konventionellen Supermärkten Einzug, und mit der Aufnahme von Bio-Lebensmitteln in das Sortiment der Discounter hat das frühere Exotenthema endgültig die Mitte der Gesellschaft erreicht. Jedoch wird die Diskussion über den Sinn oder Unsinn von Bio-Lebensmitteln häufig einseitig und mit einer gleichgültigen *Was-bringt-mir-das-Einstellung* geführt. Das Label *Bio* sei nur ein Marketingtrick, um Lebensmittel teurer zu verkaufen – so die oft gehörte Meinung von Bio-Skeptikern. Die Frage sollte aber eigentlich eher lauten: *Was bringt uns das?* Also, welchen Effekt auf die Umwelt und Gesellschaft hat eine biologische Landwirtschaft? Besteht nicht eine ökologische Notwendigkeit für biologische Produktion, die weit über die persönliche Komfortzone hinausreicht? Die intensive industrielle und hochtechnisierte Produktion von Lebensmitteln vom Acker bis auf den Teller mit riesigen Erntemengen pro Betrieb steht im krassen Gegensatz zu einer kleinbäuerlichen ökologischen Landwirtschaft. Um die wachsende Weltbevölkerung weiter zu ernähren, sei ein weiterer Produktivitätszuwachs aber notwendig, heißt es vielfach. Zwar sind die Ertragsmengen der industriellen Landwirtschaft Jahr um Jahr insgesamt gestiegen, jedoch ist der ökologische und soziale Preis dieses ressourcenvernichtenden Systems hoch. Und der Hunger der Welt ist dadurch nicht besiegt worden. Welches System wird in Zukunft ökologisch und sozial tragbar sein und dazu noch die Menschheit ernähren?

Die industrielle Landwirtschaft

Ein *natürliches Ökosystem* ist die Lebensgemeinschaft von mehreren Arten in einer räumlich definierten Struktur ihrer Umwelt, die in Wechselwirkung miteinander stehen und ein dynamisches Gleichgewicht bilden. Alle Stoffwechselprozesse erfolgen hier in einem geschlossenen Kreislauf.[2] Ein *Agrarökosystem* hingegen ist ein vom Menschen geschaffenes und von ihm abhängiges Nutzökosystem, das je nach Art der Bewirtschaftungsform unterschiedlich stark von einem natürlichen Ökosystem abweicht. Während sich traditionelle Agrarökosysteme eher am Nährstoffkreislauf natürlicher, geschlossener Systeme orientieren, hat die industrielle Landwirtschaft den Nährstoffkreislauf verlassen. Durch den Einsatz von Agrarchemikalien zur Ertragssteigerung wurde der Energieeinsatz je erzeugter Nahrungseinheit stark erhöht.[3] So liegt beispielsweise der Energieaufwand des modernen nordamerikanischen Maisanbaus im Vergleich zum Anbau um 1700 um ein Vielfaches höher: Um gerade einmal den dreieinhalbfachen Ertrag zu erwirtschaften, ist der Energieaufwand fast 15 mal so groß.[4]

Zwar ist die Landwirtschaft damit hinsichtlich des Ertrags und der Arbeitszeit produktiver, aber nicht effizienter im Hinblick auf die eingesetzten Ressourcen.⁵ Das Ökosystem einer intensiven, industriellen *High-Input-Landwirtschaft* zeichnet sich durch eine geringe biologische Vielfalt von Pflanzen und Tieren, die Anfälligkeit gegenüber Umweltbedingungen wie witterungsbedingtem Abtrag (Erosion) sowie eine Überlastung durch den Eintrag von überschüssigem Dünger und Pestiziden aus. Außerdem sind die Selbstregulierungsmechanismen verloren gegangen, weshalb der Erhalt des Systems von externen Faktoren wie Düngung und Saat abhängt.⁶ Statt also natürliche Kreisläufe zu berücksichtigen und den Boden als lebenden Organismus zu begreifen, behandelt ihn die industrielle Landwirtschaft als unbelebtes Ding, dessen vorrangige Funktion es ist, der Pflanze Halt zu geben und Nährstoffe zu ihren Wurzeln zu transportieren. Sind diese Nährstoffe erschöpft, müssen von außen neue Nährstoffe hinzugefügt werden. Dabei handelt es sich um Agrarchemikalien, die ungeachtet der Auswirkungen auf Klima, Wasser und Boden ausgebracht werden.⁷ Durch die Technisierung hat eine Entkopplung von der Natur stattgefunden, die auch die Land- und Lebensmittelwirtschaft immer mehr von den natürlichen Mechanismen der Natur löst. Inzwischen sind die drei elementaren Quellen für die Ernährung der Weltbevölkerung Boden, Wasser und Luft in ihrer Qualität extrem gefährdet. Die Fruchtbarkeit der Böden geht aufgrund mechanischer und chemischer Einwirkungen verloren, und das Ackerland wird für die Bewirtschaftung unbrauchbar. Die Gewässer sind durch die jahrzehntelange Entsorgung von chemischen Abfällen zum Teil stark belastet. Durch eine intensive Landwirtschaft mit Massentierhaltung, künstlicher Düngung und Pestizideinsatz kommt es nicht nur zu einer zusätzlichen Belastung der Wasserqualität, sondern auch zu einem enormen Wasserverbrauch.⁸ Ein Merkmal der industriellen Landwirtschaft ist darüber hinaus eine kapitalintensive, aber vergleichsweise arbeitssparende Betriebsstruktur. Im Pflanzenbau werden große Monokulturen gepflanzt, bei der Viehhaltung wird Massentierhaltung betrieben, und beide werden räumlich voneinander getrennt.⁹ In der Massentierhaltung spielt der Aspekt der artgerechten Haltung nur eine sehr geringe Rolle bzw. wird flexibel ausgelegt. Häufig werden dabei sogenannte *Anpassungen* vorgenommen.¹⁰ Dieser Begriff beschreibt euphemistisch die Verstümmelung von Tieren, um gegenseitige Verletzungen oder Selbstverletzungen auf engem Raum zu vermeiden. So wird bei Schnabeltieren wie Puten oder Hühnern der Schnabel, das empfindlichste Tastorgan, mit einem heißen Messer abgeschnitten. Bei Ferkeln erfolgt eine Kürzung der Schneidezähne und der Schwänze ohne Betäubung.¹¹ Betriebsmittel wie Dünger, Agrarchemikalien und Saatgut müssen zugekauft werden. Der Einsatz von Sorten bzw. Rassen ist auf besonders

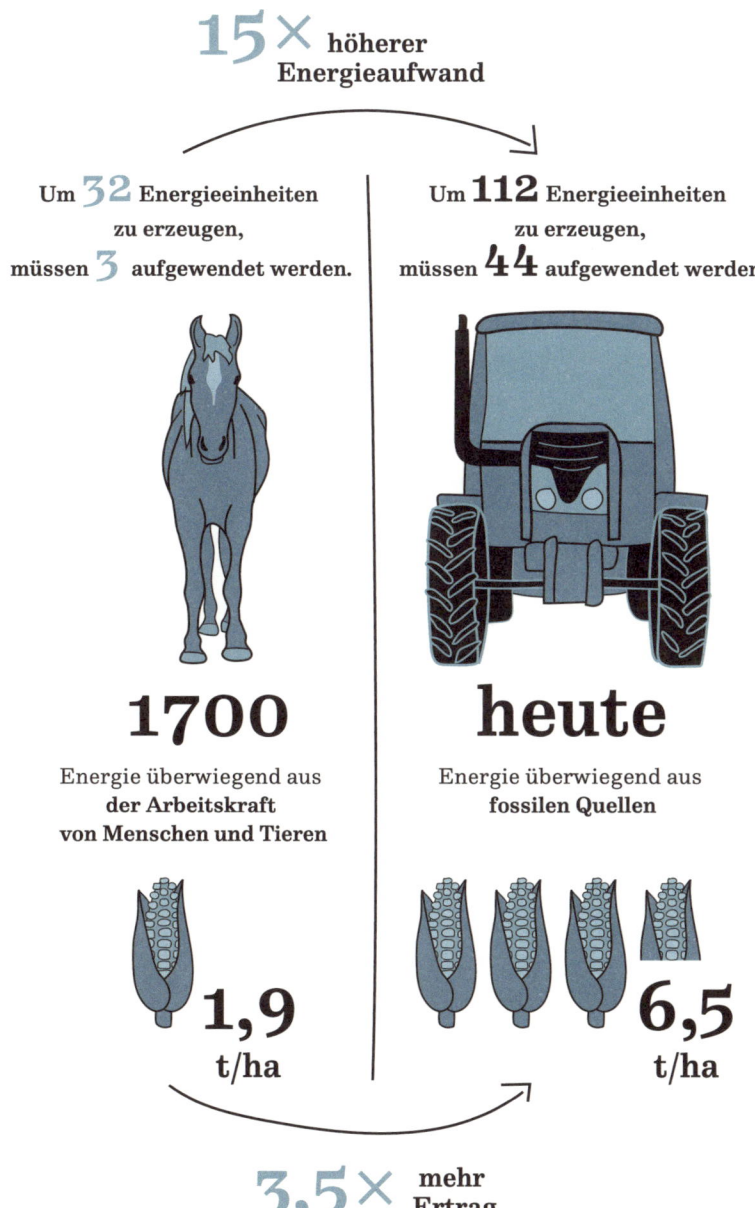

Vergleich von Energieaufwand und Ertrag bei der Maiserzeugung um 1700 und heute*¹

15× höherer Energieaufwand

Um **32** Energieeinheiten zu erzeugen, müssen **3** aufgewendet werden.

Um **112** Energieeinheiten zu erzeugen, müssen **44** aufgewendet werden.

1700
Energie überwiegend aus **der Arbeitskraft von Menschen und Tieren**

heute
Energie überwiegend aus **fossilen Quellen**

1,9 t/ha

6,5 t/ha

3,5× mehr Ertrag

ertragreiche Arten beschränkt. Das hat auch zur Folge, dass die Anbauflächen sehr einseitig bewirtschaftet werden. Als Konsequenz aus dieser vereinfachten Fruchtfolge ergibt sich eine erhöhte Anfälligkeit für Schädlinge und Unkrautvermehrung, die wiederum mit chemischen Methoden bekämpft werden. Ebenso ist ein erhöhter Einsatz von Düngemitteln notwendig, da die Bodenfruchtbarkeit nicht durch eine abwechslungsreiche Fruchtfolge verbessert wird. Insgesamt ist das vorrangige Ziel die Ertragssteigerung. Auswirkungen auf die Umwelt werden nicht oder nur eingeschränkt berücksichtigt.[12]

Die ökologische Landwirtschaft

Selbstverständlich ist jede Form der Landwirtschaft ein Eingriff in die Natur. Die ökologische Landwirtschaft ist jedoch im Gegensatz zur industriellen Bewirtschaftungsform darauf ausgerichtet, die natürlichen Wechselbeziehungen des Ökosystems zu berücksichtigen und zu fördern. Sie wird mit dem Ziel betrieben, den Betrieb als möglichst geschlossenes System zu führen, um natürliche Produktionsgrundlagen zu erhalten. Bodennutzung und Viehhaltung erfolgen individuell an den Standort angepasst und sind innerhalb des Betriebs organisatorisch miteinander verbunden. Um das Ideal eines möglichst geschlossenen Stoff- und Energiekreislaufs zu erreichen, wird auf den Einsatz von chemischen Pflanzenschutz- und Düngemitteln verzichtet. Stattdessen wird eine Stabilisierung des Agrarökosystems durch eine abwechslungsreiche Fruchtfolge – also die aufeinanderfolgende Pflanzung verschiedener Arten mit möglichst großen jährlichen Abständen, bei der die Nährstoffe des Bodens sowohl optimal ausgenutzt (zum Thema Mehrfelderwirtschaft siehe Seite 8) als auch erhalten werden, erreicht. Außerdem trägt die Fruchtfolge zu einer Verminderung artspezifischer Schädlinge bei. Der Einsatz von sogenannten *Leguminosen* beispielsweise reichert den Boden auf natürliche Weise mit Stickstoff an, statt ihm diesen zu entziehen, wie es bei den meisten anderen Pflanzen in unterschiedlichem Ausmaß der Fall ist. Bei Hülsenfrüchten wie Erbsen oder Rotklee z. B. handelt es sich um Leguminosen.[13] Die Zufuhr von Nährstoffen erfolgt neben Kompost und Mist lediglich über einige wenige erlaubte Stoffe wie Kupferdünger. Konventionelle Agrarchemikalien sind im Sinne der EU-Bio-Landbau-Richtlinien weitestgehend verboten. Die eingesetzten Dünge- und Pflanzenschutzmittel sind jedoch umweltverträglicher. Die Unkraut- und Schädlingsregulierung erfolgt zusätzlich durch mechanische Verfahren und den Einsatz von sogenannten *Nützlingen*, also Pflanzen- oder Tierarten, die in Wechselwirkung mit der Nutzpflanze das Wachstum der Schädlinge bzw. den Befall mit diesen einschränken oder verhindern. In der industriellen Landwirtschaft spielen solche Wechselwirkungen hingegen keine Rolle. Auch die Bodenbearbeitung der ökologischen Landwirtschaft erfolgt schonender, also nicht mit zu schwerem Gerät und mit nur flacher Pflügung, um das natürliche Gleichgewicht der Bodenlebewesen nicht durch einen zu tiefen Pflug zu zerstören.[14] Die Tierhaltung ist flächengebunden, wird also nur in dem Umfang betrieben, in dem der Betrieb die Tiere aus dem Ertrag der eigenen Flächen zu ernähren in der Lage ist. Somit verzichtet die ökologische Landwirtschaft auf importierte Futtermittel wie z. B. Soja aus Lateinamerika. Die tierischen Ausscheidungen werden nicht als Abfall angesehen, sondern in einem angemessenen Umfang als Dünger wieder auf die Felder gebracht. Außerdem können die Tiere ihre spezifischen Verhaltensweisen in einem größeren Maße ausleben als in der Massentierhaltung.[15] Und nicht zuletzt ist das Kennzeichen ökologischer Landwirtschaft die Vermeidung von Überschüssen. Statt ausschließlich von den Ressourcen einiger weniger großer Konzerne abhängig zu sein – das ist sie nämlich beispielsweise durch Kupferdünger und Saatgut auch –, setzt ökologische Landwirtschaft eher auf die Einbindung von lokal spezifischem Wissen sowie auf lokale Netzwerke durch Zusammenschlüsse von Nutzer- und Produktionsgemeinschaften.[16]

Schwarz-Weiß

Selbstverständlich lässt sich das Verhältnis von ökologischer und konventioneller Landwirtschaft nicht als reines Schwarz-Weiß-Bild zeichnen. Um aber den Kontrast zu veranschaulichen, stehen sich die beiden Systeme in dieser Darstellung in großer Deutlichkeit gegenüber. Denn in der Realität entsprechen immer weniger Betriebe dem Idealtyp des ökologischen Landbaus, weil auch hier der wirtschaftliche Druck wächst, der zu Rationalisierung und intensiverer Bewirtschaftung führt. Zwar ist beispielsweise der Einsatz chemischer Dünger reglementiert, jedoch liegt es im Ermessen des Landwirts, wie sehr er die Grenzen ausreizt. Andersherum gibt es auch in der konventionellen Landwirtschaft Bestrebungen, umweltverträglich zu wirtschaften.[17]

Missverhältnisse

Die industrielle Landwirtschaft stößt an ihre Grenzen. Zwar nicht unbedingt in puncto Produktivität, sondern vielmehr in Sachen Umweltverträglichkeit und Verteilungsgerechtigkeit. Die Konsequenzen aus den zunehmenden Eingriffen in die natürlichen Kreisläufe von Ökosystemen sind gravierend: Ursprünglich artenreiche Biotope werden durch Monokulturen, bestehend aus wenigen domestizierten Arten und ihren Begleitern wie z. B. Schädlingen, ersetzt, und es kommt zu einem massiven, unwiederbringlichen Verlust von Genmaterial. Schätzungen zufolge wurden seit Beginn des Ackerbaus etwa 5.000 Pflanzenarten, meist samen-, knollen- oder früchtespendende Arten, für die Lebensmittelerzeugung erschlossen. Heute spielen weltweit lediglich noch etwa 150 von ihnen eine Rolle.[18] Ökosysteme werden durch nicht oder nur sehr langsam abbaubare synthetische Substanzen aus ihrem natürlichen dynamischen Gleichgewicht gebracht. Durch die Absenkung des Grundwasserspiegels und die künstliche Bewässerung kommt es zu einer Versalzung der Böden und somit zur Degradation. Und nicht zuletzt entstehen massive Einwirkungen auf das Klima durch den Einsatz von Agrarchemie und die Tierhaltung. Durch die fortschreitende Abholzung von Wäldern zugunsten von Ackerflächen verschwinden nicht nur großräumige Wasser- und CO_2-Speicher, sondern durch den fehlenden Halt des Bodens auf trockenen und windoffenen Ackerflächen erodiert dieser auch zunehmend. Für die sich daraus ergebenden klimatischen Probleme, die das Pflanzenwachstum auf lange Sicht einschränken oder verhindern, müssen neue Lösungen gefunden werden. Statt aber das Problem an der Wurzel zu greifen, werden noch spezifischere, weiter angepasste Sorten *designt*, die den Einsatz von noch mehr Agrarchemie und Wasser erfordern.[19]

Bodenfruchtbarkeit
Synthetischer Dünger und natürlicher Humus

Pflanzen benötigen zum Wachsen neben anderen Nährstoffen vor allem Ionenverbindungen der Elemente Stickstoff, Phosphor und Kalium, die sie dem Boden entziehen. Bei intensiver Bewirtschaftung erhöht sich der Nährstoffbedarf, der in Form von Dünger wieder hinzugefügt werden muss, um weiteres Pflanzenwachstum zu ermöglichen.[*2] *Synthetische Volldünger bestehen aus Komponenten, die zum großen Teil auf Basis natürlich vorkommender Rohstoffe und technischer Abfallprodukte industriell hergestellt werden. Nutzbare Stickstoffverbindungen standen bis zur Entwicklung der sogenannten Haber-Bosch-Synthese am Anfang des 20. Jahrhunderts nur begrenzt in natürlicher Form zur Verfügung. Für die künstliche Herstellung von Ammoniak aus Luftstickstoff und Wasserstoff als Stickstofflieferant für Pflanzen ist jedoch ein sehr hoher Energieaufwand notwendig.*[*3] *Ein natürlicher Weg, die Bodenqualität zu verbessern, ist die Bildung von Humus durch den Eintrag von Pflanzenmaterial. Aus dem Abbau organischer Rückstände durch Bodentiere und Mikroorganismen entsteht Humus. Es bildet sich zunächst sogenannter Nährhumus, aus dem wiederum Dauerhumus entsteht. Dieser ist widerstandsfähig gegen den mikrobiellen Abbau und bindet Nährstoffe. Humose Böden weisen eine hohe Artenvielfalt auf, sind gut durchlüftet und besitzen die Fähigkeit, Wasser auch bei hohen Temperaturen länger zu binden als Böden mit einem geringen Humusanteil.*[*4] *Sie sind aber nicht nur in der Lage, die Bodenfruchtbarkeit auf natürliche Weise zu erhöhen. Der Dauerhumus im Speziellen kann CO_2 aus der Atmosphäre über einen sehr langen Zeitraum aufnehmen und speichern. Im Gegensatz zur industriellen Landwirtschaft, bei der nahezu keine Humusbildung erfolgt, werden durch die ökologische Landwirtschaft jährlich im Durchschnitt 1.000 Kilogramm Kohlenstoff pro Hektar gebunden. Das wirkt sich positiv auf das Klima aus.*[*5]

Auch mehr als 70 Jahre nachdem sich die Grüne Revolution mit einem vereinheitlichten Anbausystem von den USA über Lateinamerika nach Asien verbreitet hat, ist die Zahl von 800 Millionen Hungernden immer noch beträchtlich hoch. Weite Teile Afrikas sind dafür außerdem bisher nicht erschlossen, weil dort vor allem südlich der Sahara ungünstige Anbaubedingungen für die üblichen Züchtungen vorherrschen. Zwar hat die Grüne Revolution besonders zwischen 1960 und 1990 zu einer massiven Produktivitätssteigerung geführt und die Ernährungssituation vieler Menschen verbessert, jedoch hat sie auch zahlreiche Abhängigkeits- und Missverhältnisse geschaffen.[20] Das Agrobusiness ist beherrscht von wenigen großen multinationalen Konzernen, die durch ihre Machtposition sowohl die nationale und internationale Gesetzgebung beeinflussen als auch nach ihren Bedingungen in den Ländern des globalen Südens produzieren können – was nicht selten schlechte Arbeits- und Lohnbedingungen bedeutet. Die Ausbeutung dieser Länder hört jedoch bei den Menschen nicht auf. Auch der Boden und die gesamte Umwelt werden dort wie überall auf der Welt durch intensive Landwirtschaft mit ihren riesigen Monokulturen stark belastet oder zerstört, wodurch den Menschen wiederum ihre Ernährungsgrundlage entzogen wird. Die Rohstoffe, die schließlich in den Ländern des globalen Südens produziert werden, kommen dann nicht der lokalen Ernährung zugute, sondern sind für die reichen Industrieländer und deren Massentierhaltung bestimmt. Verantwortung für die ökologischen und sozialen Schäden, die sie global verursachen, übernehmen die Verursacher entweder gar nicht oder nur in geringem Maß.[21]

Als 1994 das Nordamerikanische Freihandelsabkommen (NAFTA) zwischen Kanada, den USA und Mexiko verabschiedet wurde, wurden damit zahlreiche Zölle abgeschafft oder zeitweilig ausgesetzt – mit recht einseitigem Nutzen. Für die USA bedeutete die Freihandelszone vor allem einen neuen Absatzmarkt. Die Folgen für Mexiko hingegen waren einschneidend. Billiger Mais aus den USA unterbot die Preise der einheimischen Bauern, sodass diese verarmten bzw. gezwungen waren, als Migranten in die Städte zu gehen. Häufig wanderten sie auch in die USA aus, wo diese Migrationsbewegungen besonders unter den aktuellen politischen Bedingungen bekämpft werden. Aus einem Land, das sich über Jahrhunderte mit seinem wichtigsten Grundnahrungsmittel Mais versorgte, wurde ein »hungriges Mais-Importland«.[22] Aber nicht nur Mais wurde günstig aus den USA importiert, sondern auch die Ernährungsgewohnheiten. Die Folge war eine rasche Zunahme des Anteils der Übergewichtigen. Ein weiteres Problem für Mexiko, das sich aus der Liberalisierungspolitik des NAFTA ergab, war die Rolle der Weltbank. Um die Kredite für die benötigten Nahrungsmittelimporte zu bekommen, musste das hochverschuldete Mexiko optimale Investitionsbedingungen für ausländisches Kapital bieten. Dementsprechend fielen riesige Mengen Land in die Hände von Großgrundbesitzern und Agrarkonzernen, wodurch etwa 1,3 Millionen Mexikaner – viele darunter Kleinbauern – ihr Land an die amerikanische Agrarindustrie verloren.[23] Die Karte auf Seite 37 verdeutlicht, welche Länder besonders reich an transnationalem Großgrundbesitz sind. Ein konkretes Beispiel für die Verdrängung traditioneller Anbaumethoden zugunsten der vermeintlich produktiveren industrialisierten Landwirtschaft sind die indigenen Bauern in der Region Chiapas im Süden von Mexiko. Ihre Form der Landwirtschaft gilt als rückständig, weil sie im Vergleich zu den sechs Tonnen Ertrag pro Hektar aus US-amerikanischer Monokultur lediglich zwei Tonnen Mais erwirtschaftet. Jedoch wird dieser Vergleich ungeachtet anderer wichtiger Umstände des Anbaus gezogen. Die Indios unterpflanzen die Maisstauden mit anderen Arten von Feldfrüchten wie Kürbis, Süßkartoffel, Tomaten und Bohnen. Daneben wird von den gleichen Feldern auch das Tierfutter gewonnen. Insofern liegt der indigene Hektarertrag in der Gesamtheit deutlich höher als der US-amerikanische und kommt zudem ohne Agrarchemie aus.[24] Traditionelle Bauern produzieren Nahrungsmittel in einem weitgehend geschlossenen System und sind nicht darauf angewiesen, Betriebsmittel in großem Umfang und regelmäßig hinzuzukaufen. Um allerdings eine rasche Verbreitung der neuen gezüchteten Hochertragssorten zu erreichen, wurden diese in einigen Ländern des globalen Südens zunächst kostenlos an die Kleinbauern abgegeben. Nach kurzer Zeit wurde daraus dann ein kombiniertes Paket aus Saatgut, Dünger und Pflanzenschutzmitteln.[25] Heute beginnt die Landwirtschaft »*in den Erzabbaugebieten, auf den Soja-, Ölpalmen- und Tapiokaplantagen in Übersee, geht über Raffinerien, Stahlküchen und Aluminiumhütten, Agrargift-, Kunstdünger- und Kunststoffwerke,*

Maschinenfabriken, Verpackung, große Mühlen und Schlachthäuser, Finanzsysteme, Handelsketten, Speditionsunternehmen, usw. Hinzurechnen muß man auch die [...] Vernichtung von Überschüssen.«[26] Im herrschenden Agrobusiness wird ein Bauer so zu einer sehr kleinen Nummer in einem ökonomischen System, das von den großen Konzernen der Chemieindustrie, des Maschinenbaus, der Nahrungsmittelverarbeitung und des -handels sowie des Finanzwesens bestimmt wird.[27]

Agrarrevolution 3.0

Wenn weder eine vereinheitlichte Form der industriellen Landwirtschaft noch externe Hilfe in Form von Nahrungsmittelimporten, die die einheimische Produktion schwächen und noch größere Abhängigkeiten vom Weltmarkt fördern, das Allheilmittel für ökologische Probleme und das Hungerproblem sind – wie kann dann erreicht werden, dass weltweit umweltverträglicher und mit mehr Verteilungsgerechtigkeit produziert wird? Bei allen Widersprüchlichkeiten, die sich im ersten Moment gerade im Kontrast zur hochgradig produktiven industriellen Landwirtschaft auftun, besitzt die kleinbäuerliche Landwirtschaft doch große Potenziale, einen Lösungsweg für diese Probleme zu finden. Zwar bringt sie kurzfristig unbestreitbar weniger Erträge, ist langfristig aber in der Lage, mehr soziale Gerechtigkeit zu schaffen und die Ressourcen Boden, Wasser, Luft sowie Energie und biologische Vielfalt von Pflanzen und Tieren zu schützen. Der Vorteil einer lokalen, kleinbäuerlichen Landwirtschaft liegt darin, dass Nahrungsmittel dort produziert werden, wo sie gebraucht werden, und lange Transportwege überflüssig werden. Dazu gehört natürlich auch, Strukturen zu schaffen, die es den Bauern ermöglichen, am Gewinn ihrer Produkte angemessen zu partizipieren und mithilfe einer ausgebauten Infrastruktur neue Wert-

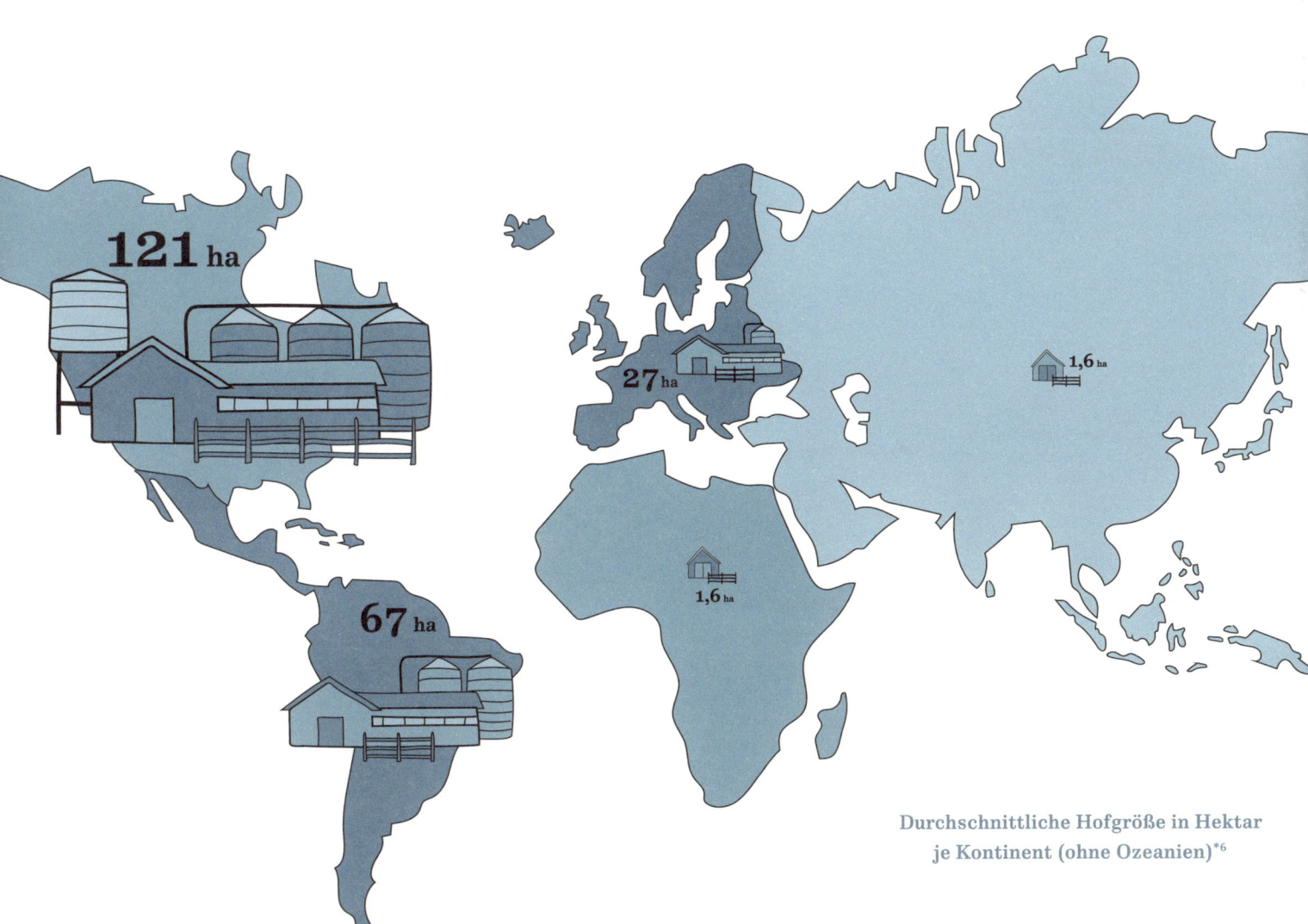

Durchschnittliche Hofgröße in Hektar je Kontinent (ohne Ozeanien)[*6]

schöpfungsketten zu etablieren. Es muss also ein politischer Rahmen auf nationaler und internationaler Ebene geschaffen werden, der die Ernährungssouveränität einzelner Länder gewährleistet. Ebenso ist es notwendig, für eine entsprechende landwirtschaftliche Ausbildung zu sorgen. Eine Flächenstruktur, die ebendiese Versorgung durch die kleinbäuerliche Form der Landwirtschaft möglich machen würde, ist bereits vorhanden: In Asien und Afrika befinden sich etwa 95 Prozent aller Bauernhöfe der Welt. Sie besitzen zudem durchschnittlich eine Größe von 1,6 Hektar.[28]

Die ökologische Chance einer kleinbäuerlichen Landwirtschaft liegt vor allem in ihrer individuellen Anpassung an den jeweiligen Standort, die auf dezentralisierte Vielfalt statt auf zentralisierte Vereinheitlichung der Arten setzt. Statt generalisierte, verlustanfällige Sorten zu verwenden, die von wenigen Unternehmen aufwendig produziert und patentiert werden, ist sie in der Lage, die Vielfalt von robusten, an spezifische Standorte angepassten pflanzen- und tiergenetischen Ressourcen als Grundlage für zukünftige Züchtungen aufrecht- und auch außerhalb von Genbanken verfügbar zu erhalten.[29] Bedingt durch die Verbreitung einiger weniger Hochertragssorten im Zuge der Grünen Revolution ist z. B. die Reisproduktion stark vereinheitlicht worden. So wachsen inzwischen auf 99 Prozent der pakistanischen Anbauflächen nur noch vier Sorten, in Kambodscha auf 90 Prozent nur noch eine, und auf den Philippinen finden sich ebenfalls nur noch vier Sorten auf 50 Prozent der Äcker. Traditionelle Reissorten, die durch zum Teil jahrhundertelange Züchtung an spezielle Standortbedingungen angepasst sind, besitzen dagegen den Vorteil, dass sie eine größere Ernährungssicherheit gewährleisten. Wird z. B. auf einem Feld zugleich eine Sorte Reis ange-

EU-Biosiegel

Ein Lebensmittel darf erst dann als *Bio* oder *Öko* bezeichnet werden, wenn mindestens 95 Prozent seiner Zutaten aus ökologischer Erzeugung stammen. Diese müssen dann auf der Zutatenliste kenntlich gemacht werden. Zudem ist es verpflichtend, die Kennziffer der zuständigen Öko-Kontrollstelle anzugeben und darzustellen, ob die Produkte aus der EU- oder der Nicht-EU-Landwirtschaft kommen. Ein Produkt stammt demnach aus EU-Landwirtschaft, wenn mindestens 98 Prozent der Inhaltsstoffe in den Mitgliedsländern der EU produziert wurden. Produkte mit einem Bio-Anteil zwischen 50 und 95 Prozent dürfen zwar nicht das Bio-Logo der EU tragen, aber in der Zutatenliste die Bio-Qualität ausweisen.

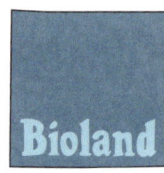

Bioland

Der Verband existiert seit 1971. Bioland-Kriterien gehen über die gesetzlichen EU-Standards hinaus. Bioland legt besonderen Wert auf Regionalität und artgerechte Tierhaltung und zeichnet nur Erzeugerbetriebe in Deutschland und Südtirol aus.

Biosiegel

Das Biosiegel wurde im Jahr 2002 vom Verbraucherschutzministerium geschaffen und kann für alle Bio-Produkte verwendet werden, die gemäß der EG-Verordnung produziert werden. Es steht im Sinne der EU-Gesetze jedem offen, das Zeichen ohne weitere Herkunftsbezeichnung der Produkte zu verwenden.

Demeter

Der Verband wurde bereits 1924 gegründet. Die vom Demeter-Landbau zugrunde gelegten Kriterien sind wesentlich strenger als die EU-Standards und berücksichtigen Nachhaltigkeitsaspekte wie Kreislaufwirtschaft oder faire Handelspartnerschaften. Demeter zählt zu den Anbauverbänden mit den strengsten Vorgaben. Die sogenannte biologisch-dynamische Demeter-Wirtschaftsweise gilt als eine der nachhaltigsten Formen der Landwirtschaft.

pflanzt, die tolerant gegenüber Trockenheit ist, und eine zweite, die gut mit viel Feuchtigkeit umgehen kann, so werden zwar keine überdurchschnittlichen Hektarerträge erzielt, jedoch wird die Ernährung damit gesichert. Das Risiko, einen kompletten Ernteausfall zu erleiden, ist deutlich geringer. Darüber hinaus sind die traditionellen Reissorten deutlich reicher an Proteinen, Mineralstoffen sowie Vitaminen und besitzen zum Teil nachweislich eine längere Sättigungsdauer, da ihre Stärkezusammensetzung so beschaffen ist, dass der Reis langsamer verdaut wird als jener der Hochertragssorten.[30] Auf den Philippinen wurde 2007 über den Zeitraum eines Jahres eine Studie durchgeführt, die ökologisch geführte Höfe mit solchen verglich, die eine konventionelle Strategie verfolgen. Dabei stellte sich heraus, dass die Bauern, die verschiedene Pflanzen und innerhalb derselben Art mehrere Sorten anbauen, nicht nur einen vielfältigeren Speiseplan hatten, sondern auch eine bessere Gesundheit aufweisen. Darüber hinaus wurde festgestellt, dass die Erträge beider Anbaumethoden sich nicht signifikant unterscheiden. Der Vorteil, der sich für die ökologisch wirtschaftenden Bauern daraus zusätzlich ergibt, sind die Ersparnisse beim Kauf von Saatgut, das sie selbst gewinnen, und von Agrarchemikalien, die durch andere, der ökologischen Landwirtschaft entsprechende Verfahren zur Förderung der Bodenfruchtbarkeit ersetzt werden.[31] Wenn bei der Bewirtschaftung insgesamt auf Vielfalt statt auf Einheit gesetzt wird, birgt das große Chancen sowohl für die Artenvielfalt als auch für die Ernährungssicherung:

»*Wenn die Vielfalt an Kulturen und an Sorten so organisiert ist, dass zu jedem Zeitpunkt ein Auswuchs den Boden bedeckt, erfüllt das zwei Ziele: Die Zeit, in der es etwas zu ernten gibt, verlängert sich oder dauert in einem frostfreien Klima sogar zwölf Monate an. Für Bauern, deren Nahrungsgrundlage die Selbstversorgung*

Auswahl von verbreiteten Biosiegeln im Vergleich[*7]

Naturland

Naturland gibt es seit 1982. Die Standards des Verbands sind ebenfalls höher, als die EU-Richtlinien es vorschreiben. Sie berücksichtigen zudem soziale Aspekte wie den Ausschluss von Kinderarbeit und die Wahrung der Menschenrechte.

Herstellermarken

Die Hersteller von Unternehmen, die ausschließlich Bio-Produkte anbieten, helfen bei der Orientierung des Verbrauchers. Meist gehen die Ansprüche der Hersteller über die EU-Standards hinaus. Rapunzel besitzt beispielsweise ein eigenes Fairhandelsprogramm.

Fair Trade

Das Fair-Trade-Logo gewährleistet, dass die Produkte aus fairem, kontrolliertem Handel stammen, bei dem den Erzeugern ein Mindestpreis gezahlt wird, der über dem herkömmlichen Marktpreis liegt. Außerdem müssen bei Fairtrade-Produkten die Menschenrechte eingehalten sowie das Verbot von Kinderarbeit und Sklaverei beachtet werden. In der FLO, der internationalen Dachorganisation, sind alle nationalen Fairhandelsorganisationen zusammengeschlossen. Sie werden mit dem normierten Gütesiegel ausgezeichnet. Eine Erzeugung in biologischer Landwirtschaft ist meist nicht vorgeschrieben, jedoch ist der Einsatz bestimmter Pestizide untersagt. Neben den Löhnen, die das Überleben der Produzenten sichern, fördert Fair Trade gezielt politische Bewegungen in den Herkunftsländern.

Handelsmarken

Inzwischen hat praktisch jedes Unternehmen im Lebensmitteleinzelhandel eigene Bio-Marken. Da sie als *Bio* ausgezeichnet wurden, müssen sie den EU-Richtlinien entsprechen, aber keine höheren Anforderungen erfüllen. Dies ist ansonsten durch eine Auszeichnung mit einem zusätzlichen Verbandszeichen kenntlich gemacht.

ist, sind kontinuierliche Nahrungsquellen in Ergänzung zu lagerfähigen Grundnahrungsmitteln wichtiger als Maximalerträge. Da die Abfälle aus der Lebensmittelverarbeitung [...] für Nutztiere Verwendung finden, sorgt die Vielfalt auch für eine kontinuierliche Versorgung des Viehs. Und weil auf diese Weise immer irgendetwas auf dem Boden wächst, ihn bedeckt und beschattet, wird das Bodenleben gefördert, die Bodenstruktur verbessert und die Erde vor Erosion durch Wind und Wasser geschützt.«[32]

Der kubanische Weg

Ein besonderes Beispiel für das Gelingen der Ernährungssicherung durch ökologische und kleinbäuerliche Landwirtschaft, die zudem mitten in einer Stadt mit zweieinhalb Millionen Einwohnern liegt, ist Havanna. In der kubanischen Hauptstadt wird in mehr als 1.000 öffentlichen Gärten, die über 200.000 Menschen beschäftigen, frisches Obst und Gemüse angebaut. Dafür wurde Kuba 2010 mit dem *Goldman Environmental Prize* – dem weltweit bedeutendsten Umweltpreis – ausgezeichnet.[33] Dass sich in Kuba eine urbane Landwirtschaft in diesem Ausmaß entwickelte, entstand aus der sprichwörtlichen Not, die erfinderisch macht. Nach dem Zerfall der Sowjetunion Anfang der 1990er Jahre kam im sozialistischen Kuba die staatliche Versorgung nahezu vollständig zum Erliegen, und die Ernährungslage erreichte einen kritischen Zustand. Durch den Verlust der Sowjetunion als Handelspartner fielen die Lebensmittel-, Waren- und Ölimporte schlagartig weg. Wo zuvor großflächige, konventionelle Landwirtschaft betrieben wurde, fehlte in der Wirtschaftskrise Treibstoff für Erntemaschinen, Dünger und Pestizide. Da die Nahrungsmittel vor allem in der Stadt bedenklich knapp wurden, begannen die Menschen, selber Gemüse anzubauen und Tiere zu halten. Der Staat leitete dann 1993 die dritte Agrarrevolution des Landes ein, indem von einer großflächigen intensiven Landwirtschaft auf eine kleinteilige, ökologische Landwirtschaft umgestellt wurde, um Nahrungsmittel dort zu produzieren, wo sie gebraucht werden. Durch gezielte Entwicklungshilfe mit dem Zweck, Hilfe zur Selbsthilfe zu leisten, wurde die Umstellung gefördert. Heute stammen zwei Drittel des verkauften Gemüses in Havanna direkt aus der Stadt.[34] Und die Ernte steigt durch die ökologische Landwirtschaft von Jahr zu Jahr an. Allein von 1994 bis 2001 wuchs der Ertrag pro Quadratmeter von 1,5 Kilogramm auf fast 26 Kilogramm. Im Jahr 2011 wurde allein in Havanna eine Million Tonnen Gemüse produziert.[35]

Bio im Supermarkt

Die Entscheidung für oder gegen biologisch erzeugte Lebensmittel ist keine individuelle Glaubensfrage und keine Privatangelegenheit. Die Entscheidung, nachhaltig produzierte Lebensmittel zu kaufen, ist nicht nur eine Entscheidung, bereit oder in der Lage zu sein, etwas mehr Geld für Produkte auszugeben, die nicht unbedingt immer anders schmecken oder wissenschaftlich nachweisbar gesünder sind. Es ist vielmehr eine Entscheidung *für* oder *gegen* ein Ernährungssystem, das überwiegend entweder positive oder negative Auswirkungen auf die Umwelt und die Lebensbedingungen anderer Menschen hat.

Aber nicht zwangsläufig jedes Bio-Produkt weist automatisch eine bessere Klimabilanz auf, da durch den wachsenden Markt zunehmend auch übersaisonale und überregionale Produkte nachgefragt werden. Insofern ist es wichtig, beim Kauf das Herkunftsland und die Saison zu beachten, auch wenn die gestiegene Nachfrage in Deutschland es im Moment schwierig macht, den Bedarf an Bio-Lebensmitteln ausschließlich über nationale Waren zu decken. Zudem ist es sinnvoll, beim Einkauf auch auf *Fairtrade-Siegel* zu achten. Das gilt besonders für Produkte wie Schokolade, Tee oder Kaffee.[36] Der Einzug von Bio-Lebensmitteln in das Sortiment der Discounter hat zwar dazu geführt, dass nun mehr Verbraucher erreicht werden und sich die Menge der abgesetzten Bio-Produkte erhöht, jedoch üben die Supermärkte des niedrigen Preissegments aufgrund ihrer Marktposition einen zusätzlichen Druck besonders auf diejenigen Betriebe in der Bio-Branche aus, die sich vor allem am Absatz des Lebensmitteleinzelhandels orientieren.[37]

Eine Täuschung durch die Bezeichnung *Bio* ist inzwischen weitestgehend ausgeschlossen, da die Verwendung des Begriffs seit 2016 gesetzlich geregelt ist und sich die Erzeuger an die betreffende EU-Bio-Landwirtschaftsverordnung halten müssen.

Es ist als tatsächlich Bio drin, wo Bio draufsteht. Jedoch können geschickte Formulierugen aus dem Marketing wie z. B. *aus umweltschonendem Landbau, aus integrierter Landwirtschaft* oder *aus kontrolliertem Anbau* irreführend sein, weshalb Siegel wie die beschriebenen zuverlässiger sind.[38] Seit 1991 hält eine EU-Verordnung fest, dass der ökologische Landbau mit seiner umweltschonenden Wirtschaftsweise an die Erfüllung gewisser Mindestbedingungen gebunden ist. Grundsätzlich wird die ökologische Landwirtschaft klar von der konventionellen Bewirtschaftungsform abgegrenzt. Die Verordnung definiert Bio-Produkte nicht über die Betrachtung des Endprodukts, sondern legt prozessorientierte Definitionen zugrunde, also solche über die Produktionsfaktoren. Über diese Mindeststandards hinaus setzen nationale Bio-Landbau-Verbände wie z. B. Demeter eigene Standards für ihre Produkte, die darüber hinausgehen. Ihre Verbandszeichen sind dabei von Bio-Herstellern oder Handelsmarken zu unterscheiden. Es handelt sich um Kennzeichnungen von Bio-Landwirtschaftsverbänden, die nach Abschluss entsprechender Verträge und Einhaltung der jeweilgen Richtlinien von den Erzeugern in Verkehr gebracht werden dürfen.[39]

Getreide

Dinkel

Dinkel ist eine nährstoffhaltigere Urform des Weizens, der besondere gesundheitliche Vorteile zugeschrieben werden. Er besitzt einen höheren Glutengehalt als der Weizen, jedoch ist das enthaltene Gluten anders aufgebaut, weshalb Dinkel durch seine geringere Formstabilität und höhere Reißempfindlichkeit bei der Teigherstellung schwieriger handhabbar ist. Da er weniger Wasser binden kann als Weizen und Roggen, wird Dinkelgebäck schneller trocken. Wird er schon vor der Reife geerntet, bezeichnet man ihn als Grünkern, der z. B. zu Suppe verarbeitet werden kann. Im 20. Jahrhundert verlor Dinkel für die Landwirtschaft an Attraktivität, da er geringere Ernteerträge aufweist als Weizen und die Entfernung des mit dem Korn verwachsenen Spelzes (Getreidehülle) aufwendiger ist. Weniger wirtschaftlich ist Dinkel für die konventionelle Landwirtschaft auch, weil durch Kunstdünger kaum Ertragssteigerung zu erzielen ist. Erst in jüngster Vergangenheit hat der Dinkel aufgrund seiner Inhaltsstoffe eine Renaissance erlebt.

Hafer

Der Hafer gehört wie der Roggen und die Gerste zu den Süßgräsern. Er ist besonders reich an Ballaststoffen und B-Vitaminen sowie Eiweiß, Eisen, Magnesium und Zink. Hafer besitzt einen positiven Effekt auf die Verdauung und eine blutzuckersenkende Wirkung, weshalb er besonders für Diabetiker geeignet ist. Vor der Erfindung des künstlichen Insulins wurden den Patienten sogenannte Hafertage verordnet. Zum sortenreinen Backen eignet sich der Hafer aufgrund seines geringen Glutengehalts nicht und muss mit anderen Mehlsorten gemischt werden. In Form von Haferflocken kann er z. B. als Müsli, Haferbrei oder als Teigbeigabe dienen. Haferflocken werden aus dem gewalzten ganzen Haferkorn hergestellt.

Gerste

Gerste ist mit dem Weizen verwandt und wird als Winter- und Sommergerste angebaut. Die Wintergerste, die überwiegend als Tierfutter verwendet wird, hat einen höheren Eiweißgehalt und erzielt höhere Erträge. Die Sommergerste wird zum größten Teil zum Bierbrauen verwendet, da sie einen geringen Eiweißgehalt, aber viel Stärke besitzt. Auch Grütze, Graupen, Gerstenflocken oder Mehl können aus ihr hergestellt werden. In Form von Malzkaffee stellt Gerste die Grundlage für ein koffeinfreies Kaffeersatzgetränk dar. Heute ist sie aufgrund ihrer schlechteren Backeigenschaften als Brotgetreide relativ unbekannt, war aber bis ins 16. Jahrhundert die wichtigste und verbreitetste Getreideart in Deutschland. Schon Hippokrates beschrieb die Heilwirkung der Gerste. Wie auch der Hafer besitzt sie eine cholesterinsenkende Wirkung.

Weizen

Weizen beschreibt in der Botanik eine ganze Gattung, zu der auch Dinkel, Emmer, Einkorn und Kamut gehören. Wenn umgangssprachlich von Weizen die Rede ist, ist damit der Weichweizen gemeint. Dieser ist ein Ergebnis aus der Züchtung eines Wildgrases und dem Emmer. Als heute wirtschaftlich bedeutendste Getreideart ist der Weizen Gegenstand vieler züchterischer Unternehmungen. Unter den Getreiden ist er in Hinblick auf Klima, Boden und Wasser die anspruchsvollste Pflanze und wird durch Züchtung dauernd an andere Standortbedingungen angepasst. Weizen ist in vielen Ländern ein Grundnahrungsmittel und besitzt eine große Bedeutung in der Tiermast. Als eine der *Cash Crops* (Geldpflanzen) wird er wie andere Agrarrohstoffe auch an der Börse gehandelt. Der weltweit größte Weizenproduzent ist China, gefolgt von Indien, Russland und den USA. Neben Mehl wird aus Weizen auch Grieß, Couscous und Bulgur gewonnen. Zudem findet er Verwendung in der Alkoholdestillation. Entscheidend für die große Bedeutung des Weizens sind seine hervorragenden Backeigenschaften, die auf die günstige Zusammensetzung des Glutens zurückzuführen sind.

Roggen

Roggen ist vor allem als Brotgetreide bekannt. Das Mehl ist dunkler und lässt Brote im Geschmack kräftiger und in der Konsistenz kompakter werden. Roggen enthält mehr Mineralien und Ballaststoffe als der Weizen, besitzt aber weniger Stärke und Gluten. Durch die enthaltenen Schleimstoffe kann der Roggen zwar kein eigenes Klebergerüst aufbauen, ist dadurch jedoch in der Lage, deutlich mehr Wasser aufzunehmen als Weizen, wodurch das Brot länger saftig bleibt. Um den hohen Mineralstoff- und Vitamingehalt für den Menschen nutzbar zu machen, ist eine Versäuerung des Teiges notwendig. Neben Mehl lässt sich der Roggen auch zu Flocken oder zu Alkohol verarbeiten. Die Pflanze ist recht anspruchslos, resistent und besitzt eine positive Auswirkung auf den Boden. Winterroggen wird daher auch zur Gründüngung eingesetzt. Deutschland ist der weltweit größte Roggenproduzent – auf dem Weltmarkt spielt Roggen aber kaum noch eine Rolle.

Einkorn & Emmer

Emmer und Einkorn sind die ältesten Arten, die aus dem wilden Weizen kultiviert wurden. Wenn in Aufzeichnungen aus dem alten Rom von Weizen die Rede ist, ist damit der Emmer gemeint, wohingegen die heutige Form des Weizens eine relativ junge Züchtung ist. Waren sie lange in Vergessenheit geraten, erleben die alten Arten heute vor allem im ökologischen Landbau eine Renaissance. Emmer und Einkorn gedeihen mit einem geringen Nährstoffbedarf auch auf trockenen, mageren Böden. Der Ertrag von Einkorn pro Hektar entspricht maximal einem Viertel des Weizenertrags, der von Emmer ist etwas höher. Beide Arten besitzen mehr Nährstoffe und gute Backeigenschaften. Emmer hat einen höheren Glutengehalt als Weizen und verleiht Gebäck eine dunkle Färbung sowie ein würziges Aroma. Einkorn besitzt ebenso gute Backeigenschaften und gibt Gebäck eine goldgelbe Färbung sowie ein nussiges Aroma.

Der Begriff Getreide bezeichnet Gräser, die aufgrund ihrer Körnerfrüchte kultiviert werden. Dem Getreide kommt nicht nur als Grundnahrungsmittel eine große Bedeutung zu, sondern es spielt auch als Tierfutter und in der Industrie eine große Rolle. Neben den hier beschriebenen Arten gibt es noch einige weitere bedeutsame Getreidearten wie z.B. Hirse. Und auch Reis und Mais zählen zum Getreide. So vielfältig die Einsatzgebiete sind, findet Getreide in der Küche hauptsächlich als Mehl Verwendung. Dabei gibt die Mehltype an, wie viele Mineralstoffe pro 100 Gramm Mehl enthalten sind. Um dies festzustellen, werden exakt 100 g verbrannt, und das übrig gebliebene Gewicht ergibt die Mehltype. Für Vollkornmehle wird das ganze Korn einschließlich des Keimlings gemahlen. So kann man der Mehltype auch den Nährstoffgehalt entnehmen. Zwar sind Mehle mit einer hohen Typenzahl gesünder, jedoch besitzen sie schlechtere Backeigenschaften.

Sauerteigansatz
für einen Weizensauerteig

{ 200–250 g *Weizenvollkornmehl* }
{ 200–250 g *Wasser* }

Zubereitung

Um den Sauerteig anzusetzen, wird ein luftdicht verschließbares Gefäß mit etwa 1.000 ml Fassungsvermögen benötigt. Das Gefäß sowie den Schneebesen vor Beginn mit kochendem Wasser abspülen und an der Luft trocknen lassen, um Fremdkeime von einem Geschirrtuch zu vermeiden.

Am ersten Tag 50 g Mehl und 50 g lauwarmes Wasser (35–40 °C) zu einem dickflüssigen Teig verrühren. Den Teig für 12 Stunden bei circa 30 °C ruhen lassen. *Diese Temperatur lässt sich leicht durch das eingeschaltete Backofenlicht erreichen.* Dann mit einem abgekochten Schneebesen kräftig Luft hineinschlagen, um den Stoffwechsel der Mikroorganismen anzuregen. Nach weiteren 12 Stunden erneut 50 g Mehl und 50 g lauwarmes Wasser hinzugeben.

In den nächsten 3–5 Tagen alle 24 Stunden erneut Mehl und Wasser unterrühren und alle 12 Stunden Luft hineinschlagen.

Der Teig beginnt nach einigen Tagen Blasen zu bilden und aufzugehen. Zunächst riecht er säuerlich und etwas unangenehm, später bekommt er ein angenehmes Aroma. Den fertigen Sauerteig erkennt man an dem Geruch nach frisch geschnittenem Apfel und an einer hellen Farbe. Von diesem Sauerteig werden 100 g abgenommen, in ein sauberes Gefäß gefüllt und wie rechts beschrieben im Kühlschrank gelagert.

Bildet der Sauerteig während der Herstellung Schimmel, stinkt auch nach 4–5 Tagen stark oder verfärbt sich rot, grün, blau oder schwarz, ist der Ansatz misslungen, da unerwünschte Mikroorganismen in den Teig gelangt sind. Dann muss von vorn begonnen werden.

Wunderbar für Brotfans ist das Brotbackbuch Nr. 1 von Lutz Geißler (Verlag Eugen Ulmer). Dort findet sich Wissen rund um das Thema Brotbacken mit großer Detailtiefe. Die Sauerteigherstellung und das Rezept für das Krustenbrot folgen weitgehend seinen Rezepten. Weitere Backanleitungen und Tipps sowie das Franzbrötchenrezept auf: www.ploetzblog.de.

Sauerteigführung

Ein Sauerteig benötigt regelmäßige Pflege, die aber in wenigen Minuten erledigt ist. Eine mögliche Auffrischungsabfolge aus dem sogenannten im Kühlschrank gelagerten »Anstellgut« kann alle ein bis zwei Wochen wie folgt aussehen:

- **Schritt 1:** 50 g Weizenmehl 1050 mit 50 g Wasser und 10 g Anstellgut (vom alten Sauerteig) in einem neuen, sauberen, luftdicht verschließbaren Gefäß verrühren.
- **Schritt 2:** 10–14 Stunden bei Raumtemperatur (20–22 °C) oder 6–8 Stunden bei 26–28 °C abgedeckt reifen lassen. Dabei vergrößert er sein Volumen.
- **Schritt 3:** Bei 4–8 °C im Kühlschrank lagern (Der Sauerteig fällt ein und wird flüssiger).
- **Schritt 4:** Da mit zunehmendem Alter die Aktivität der Mikroorganismen und somit die Triebkraft abnimmt, sollte nach maximal 7–14 Tagen in einem neuen Behälter die Schritte 1–4 wiederholt werden. Den Rest des alten Anstellguts entsorgen oder weiterverarbeiten (z. B. als Aromasauer in einem Brotteig)

- Für ein Brot verwendet man nun immer die im Rezept benötigte Menge Anstellgut aus dem Kühlschrank. Da für einen stabilen Sauerteig eine kritische Masse an Mikroorganismen vorhanden sein muss, sollte, wenn viel gebacken wurde, ein neuer Teig angesetzt werden.

- Ein Weizensauerteig kann einfach in einen Roggensauerteig umgezüchtet werden, indem man statt des Weizenmehls in Schritt 1 Roggenmehl 1150 verwendet. Mit jeder weiteren Auffrischung verringert sich der Fremdmehlanteil.

- Setzt sich eine gräuliche Flüssigkeit auf dem Teig nach längerer Lagerung ab, ist dies unbedenklich. Es handelt sich um Fuselalkohole, die sich bei der Gärung bilden und abgeschöpft bzw. untergerührt werden können.

Warum Sauerteig?
Was beim Versäuern passiert und welche Vorteile Sauerteig hat

Sauerteig zum Backen kann man zwar auch im Reformhaus oder beim Handwerksbäcker kaufen, allerdings spart man sich dann auch das Erfolgserlebnis eines eigenen Sauerteigansatzes. Die Herstellung ist nämlich sehr einfach. Sie erfordert lediglich ein wenig Zeit und Geduld. Ist der Sauerteig gelungen, kann man ihn für bis zu 15 Jahre pflegen. Bei der Sauerteigherstellung wird der Prozess der Fermentation genutzt. Während der Gärung produzieren Milchsäurebakterien Essig- und Milchsäure. Dabei bestimmt dieses Verhältnis den Geschmack des Brotes, was sich über Temperatur und Gärzeit steuern lässt. Denn höhere Temperaturen fördern z. B. die Essigsäurebildung. Sauerteigbrote sind aufgrund der langen Reifephasen nicht nur aromatischer, sondern auch leichter verdaulich, denn Sauerteig macht gewisse Inhaltsstoffe – besonders aus Roggenmehl – erst für den menschlichen Körper nutzbar. Darüber hinaus verbessert Sauerteig die Teigeigenschaften, und im Gegensatz zu Hefebrot bleibt Sauerteigbrot deutlich länger saftig. Und dann ist nichts köstlicher als der Geruch von frisch gebackenem Brot! Ein gutes Brot aus Sauerteig zu backen ist viel einfacher, als man denkt. Beim ersten Versuch wird es noch nicht perfekt sein, aber es wird mit Sicherheit ein essbares Brot entstehen. Backt man das gleiche Rezept mehrmals hintereinander, verbessert sich die Technik rasch. Wichtig ist außerdem, dem Teig viel Aufmerksamkeit zu schenken und durch Beobachtung zu lernen. Denn allein durch das Kneten verändert sich die Teigkonsistenz stark. Viele Teige, aus denen am Ende ein gutes Brot wird, besitzen eine im ersten Moment vielleicht ungewöhnlich weiche Konsistenz. Davon sollte man sich weder beirren lassen, noch sollte man Mehl hinzufügen, sondern einfach weiter kneten und im Zweifelsfall die Wassermenge beim nächsten Mal um 10 Prozent reduzieren.

Reife- und Knetzeiten spielen beim Brotbacken eine wesentliche Rolle für die Entwicklung guter Teigeigenschaften. Wenn langes Kneten erforderlich ist, empfiehlt sich daher der Einsatz einer Küchenmaschine. Dieses Brotrezept benötigt aufgrund seines hohen Roggenanteils allerdings keine allzu lange Knetphase. Der Teig wird lediglich gerührt und im Laufe der Gärphase mehrmals gefaltet. Aufgrund der guten Handhabung eignet sich dieser Teig daher sehr gut für Sauerteig-Einsteiger.

Krustenbrot
aus Roggen und Weizen

Für den Weizensauerteig:
190 g Weizenmehl 1050
160 g Wasser (50 °C)
20 g Anstellgut vom Weizensauer

Für den Autolyse-Teig:
90 g Weizenvollkornmehl
60 g Wasser (20 °C)

Für den Hauptteig:
Weizensauerteig
Autolyse-Teig
150 g Roggenvollkornmehl
250 g Roggenmehl 1150
260 g Wasser (50 °C)
5 g Frischhefe
13 g Salz

Zubereitung

Für den Sauerteig am Vortag das Wasser in ein luftdicht verschließbares Gefäß geben. Das Mehl hinzufügen und beides mit einem Löffel kurz verrühren, damit es für die Mikroorganismen nicht zu warm wird. Nun das Anstellgut hinzugeben, gut verrühren und zugedeckt bei Raumtemperatur (etwa 20–22 °C) 12–20 Stunden reifen lassen. Der Teig vergrößert dabei sein Volumen und ist von Blasen durchzogen.

Der sogenannte Autolyse-Teig sorgt für eine höhere Dehnbarkeit des Teiges und eine schnelle Verkettung des Glutens beim Kneten. So verkürzt sich durch ihn die Knetzeit. Für den Autolyse-Teig am Backtag Mehl und Wasser zu einem Teigklumpen verrühren und bei Raumtemperatur 30 Minuten abgedeckt ruhen lassen.

Für den Hauptteig zunächst Salz und Wasser und Mehl kurz verrühren. Nun die Hefe und die beiden Vorteige in die Schüssel geben und mit einem stabilen Holzlöffel 5 Minuten zu einer homogenen, klebrigen Masse verrühren.

Den Teig zugedeckt insgesamt 2 Stunden bei Raumtemperatur gehen lassen. In dieser Zeit den Teig alle 30 Minuten, also insgesamt dreimal falten, um dem Teig Stabilität zu verleihen. Dafür mit einem nassen Teigschaber den Teig auf einer Seite fassen, dehnen und zur gegenüberliegenden Seite ziehen. Die Schüssel dabei gleichmäßig drehen. Nach jedem Faltdurchgang sollte der Teig straffer wirken und sich langsam als Kugel vom Boden lösen.

Einen runden Gärkorb (*alternativ einen kleinen, mit einem Leinengeschirrtuch ausgelegten Topf*) mit Mehl ausstreuen. Die Arbeitsfläche ebenfalls gut bemehlen und den Teig daraufgeben. Kurz und kräftig durchkneten. Den Teig formen, indem immer ein Stück des Teiges vom Rand zur Mitte gezogen und angedrückt wird. Unter Drehen diesen Vorgang wiederholen, bis ein runder, straffer Laib entstanden ist. Den Laib mit dem Abschluss nach oben in den Gärkorb legen und 35 Minuten ruhen lassen.

Inzwischen den Backofen auf 250 °C Ober- und Unterhitze vorheizen. Den Teigling auf ein Backblech stürzen und wie auf der vorherigen Seite erläutert nach Wunsch etwa 5 mm tief einschneiden. Insgesamt 50 Minuten backen. Für eine knusprige Kruste zu Beginn ein kleines Glas Wasser in den Backofen gießen. Nach 10 Minuten die Backofentür öffnen, um den Dampf abzulassen und anschließend bei 200 °C weiter backen. In den letzten 5 Minuten die Ofentür einen Spalt breit öffnen. Das Brot ist gar, wenn es beim Draufklopfen hohl klingt. Vor dem Anschneiden vollständig abkühlen lassen.

Für den Vorteig:
100 g Weizenmehl 550
100 g Milch
0,1 g Frischhefe
(ein etwa reiskorngroßes Stück)

Für das Mehlkochstück:
25 g Weizenmehl 550
125 g Milch
5 g Salz

Für den Hauptteig:
Vorteig
Mehlkochstück
200 g Dinkelmehl 630
175 g Weizenmehl 550
30 g Milch (3,5% Fett)
2 Eier
60 g Zucker
60 g Butter
8 g Frischhefe

Und außerdem:
250 g Butter
200 g Zucker
3 Tl Zimt

Zubereitung

Am Vortag die Vorteigzutaten verrühren und etwa 20 Stunden bei Raumtemperatur stehen lassen.

Für das Mehlkochstück Mehl, Milch und Salz vermischen und unter Rühren erhitzen. *Die Masse darf nicht kochen.* Sobald die Masse andickt, den Topf vom Herd nehmen und 1–2 Minuten weiter rühren. Das kalte Mehlkochstück 4 Stunden im Kühlschrank ruhen lassen.

Für den Hauptteig alle Zutaten außer Butter und Zucker 15–20 Minuten per Hand kneten. 60 g Butter in Stücken zugeben und weitere 10 Minuten kneten. Zum Schluss den Zucker 2 Minuten auf zweiter Stufe einkneten. Der Teig ist nun elastisch und locker und muss 90 Minuten im Kühlschrank ruhen.

In der Zwischenzeit 250 g Butter am besten zwischen Klarsichtfolie auf eine Größe von 20 × 25 cm ausrollen und im Kühlschrank lagern.

Den Teig auf 30 × 25 cm Größe ausrollen, die Butterplatte mit der langen Kante an die kurze Kante des Teiges legen, sodass noch etwa ein Drittel des Teiges unbedeckt ist. Diesen Teiglappen auf die Butter klappen und anschließend die noch offen liegende Butterseite darüberschlagen (wie beim Falten eines Papierbogens in Drittel). Den Teig nun auf 30 × 50 cm ausrollen und erneut zu je einem Drittel einschlagen. Mit Folie abdecken und 60 Minuten im Kühlschrank ruhen lassen.

Inzwischen eine feuerfeste Schale auf den Boden des Backofens stellen und diesen auf 200 °C Ober- und Unterhitze vorheizen.

Den Teig auf 40 × 60 cm ausrollen, mit Wasser bestreichen und kräftig mit Zimtzucker bestreuen. Nun von der langen Seite her straff aufrollen und anschließend mit einem scharfen Messer mit dem Abschluss nach unten in 4 cm dicke Scheiben schneiden. Mit einem Kochlöffelstiel jede Scheibe mittig parallel zu den Schnittflächen bis zum Boden eindrücken, damit die sich die einzelnen Teiglagen an den Zimtzuckerbahnen nach außen schieben. Die Scheiben auf zwei Blechen 60 Minuten bei Raumtemperatur gehen lassen.

Die Franzbrötchen in den Ofen schieben, einen Schluck Wasser in die Schale gießen und sofort die Ofentür schließen. Etwa 20 Minuten backen, bis sie goldbraun sind.

Franzbrötchen
aus Plunderteig

Franzbrötchen sind wohl die bekannteste und beliebteste Hamburger Spezialität. Eine von mehreren Theorien zur Entstehung von Franzbrötchen besagt, dass ein Hamburger Bäcker während der französischen Besatzungszeit das Gebäck erfand, als er versuchte, nach französischer Art Croissants zu backen. Wie genau sie entstanden sind, lässt sich allerdings nicht zweifelsfrei belegen. Sicher ist allerdings: Die perfekten Franzbrötchen sind außen fein-knusprig und innen saftig-klebrig. Traditionell bestehen sie aus Plunderteig und werden mit reichlich Zimt und Zucker bestreut. Plunderteig ist ein Hefeteig, der ähnlich wie Blätterteig mit Butter mehrmals gefaltet wird und so aus mehreren Schichten besteht.

Sylter Windbeutel
mit Erdbeer-Sahne Füllung
aus Brandteig

Für den Teig:
250 ml Wasser
65 g Butter
1 El Vanillezucker
1 Prise Salz
150 g Mehl
4 Eier

Für die Füllung:
400 g Schlagsahne
250 g Erdbeeren
4 El Vanillezucker oder Zucker

Den Backofen auf 225 °C vorheizen. In einem Topf Wasser, Butter, Zucker und Salz kurz aufkochen. Den Herd ausschalten, aber den Topf auf der Platte lassen. Das Mehl auf einmal zufügen und mit einem Kochlöffel zügig zu einer Masse rühren, die sich als Kloß vom Boden löst. Unter ständigem Kneten mit dem Kochlöffel die Masse kurz abbrennen *(aber nicht anbrennen)* lassen. Nun den Topf vom Herd nehmen, am besten mit den Knethaken des Handrührgeräts zügig ein Ei unterrühren und so lange rühren, bis wieder ein Kloß entstanden ist.

Den Teig in eine Rührschüssel geben und etwas abkühlen lassen, bis er nicht mehr heiß, sondern nur noch lauwarm ist. Nun die restlichen Eier nacheinander mit den Knethaken unterrühren. Jedesmal sollte wieder eine homogene Masse entstanden sein. *Am Ende ist der gelungene Teig zäh und klebrig.*

Den Brandteig nun in einen Spritzbeutel mit großer Stern- oder Lochtülle füllen. *Alternativ geht auch ein Gefrierbeutel, in den in eine Ecke eine Tülle gesteckt oder ein Loch geschnitten wurde.* Um das Befüllen zu erleichtern, den Beutel mit der Tülle nach unten in ein hohes Gefäß stecken und über den Rand stülpen. Nun den Teig hineingeben und 12 kleine oder 9 große Teigtupfen kreisförmig auf ein Backblech spritzen, dabei die Mitte ein wenig erhöhen. Es genügt, wenn eine Höhe von etwa 2 cm erreicht wird, da der Teig im Ofen sehr stark aufgeht.

Im vorgeheizten Backofen je nach Größe 25–30 Minuten backen, bis die Windbeutel goldbraun sind. Sollten die Spitzen zu dunkel werden, mit Backpapier abdecken. Aus dem Ofen nehmen und sofort die Deckel aufschneiden. Am besten geht das mit einer sauberen Küchenschere. Die Hälften auskühlen lassen.

Für die Füllung die Sahne mit dem Zucker steif schlagen. Die Erdbeeren waschen, putzen und je nach Geschmack in Würfel oder Scheiben schneiden. Die Erdbeeren unter die Sahne heben, dabei ein paar zum Dekorieren aufheben. *Um die Sahne etwas zu marmorieren, kann man auch einen Teil der Beeren pürieren und am Ende leicht unter die Masse heben.* Wer es etwas feiner mag, kann die Sahne auch mit einem Spritzbeutel in die Windbeutel bringen. Die Erdbeerstückchen sollten dann aber so klein sein, dass sie die Tülle nicht verstopfen. Zum Schluss mit Puderzucker bestäuben und servieren.

Super zu den Erdbeeren schmeckt auch das Rhabarberkompott von Seite 194. Es müssen aber auch nicht immer Erdbeeren sein. Ist die Erdbeerzeit vorbei, nimmt man ein Glas Kirschkompott von Seite 193, befüllt die untere Hälfte damit und gibt Sahne obendrauf. An Feiertagen eine halbe Vanilleschote aufschneiden und das Mark mit der Sahne steif schlagen.

Beeren- & Steinobst

Erdbeere

Erdbeeren gehören zu den Rosengewächsen. Botanisch gesehen ist ihre Scheinfrucht keine Beere, sondern eine Sammelnussfrucht, deren kleine, gelbe Nüsschen die eigentlichen Früchte darstellen. Heutige Gartenerdbeeren sind eine Kreuzung aus europäischer Walderdbeere und zwei größeren süd- und nordamerikanischen Arten. Erdbeeren enthalten sehr viel Vitamin C sowie Folsäure, die in der Schwangerschaft besonders wichtig ist, und weitere Mineralstoffe wie Calcium, Kalium, Eisen, Zink und Kupfer. Die enthaltene Salicylsäure lindert die Symptome von Gicht und Rheuma. Die Erdbeere ist die beliebteste Beere der Deutschen. Die unzähligen Sorten unterscheiden sich in Form, Geschmack, Farbe, Reifezeit und Inhaltsstoffen. Die Erdbeere besitzt außerdem eine umfangreiche Symbolik. In der Antike war sie ein Attribut von Liebesgöttinnen wie der Venus und damit Ausdruck sexueller Lust und Sinnlichkeit. In der christlichen Kunst gilt die Erdbeere als Paradiespflanze und aufgrund des nach unten hängenden, roten Fruchtkörpers als Symbol für das vergossene Blut Christi.

Himbeere

Himbeeren gehören wie Erdbeeren zur Familie der Rosengewächse und wie die Brombeere zur Gattung der Rubus. Botanisch sind sie keine Beeren, sondern Sammelsteinfrüchte. Sie weisen einen hohen Gehalt der Vitamine A, C und jenen der B-Gruppe sowie der Mineralstoffe Kalium, Phosphor, Calcium und Magnesium auf. Der Himbeere und ihren Blättern, die als Tee verwendet werden, werden als Heilpflanze zahlreiche positive Eigenschaften zugeschrieben. Sie kann die Abwehrkräfte stärken, die Wundheilung fördern, Verdauungsbeschwerden und Entzündungen im Mund- und Rachenraum lindern. Außerdem hilft sie bei den Symptomen von Rheuma und beugt Herz-Kreislauf-Erkrankungen vor. Auch Menstruationsbeschwerden soll der Tee lindern können. Es gibt rote und gelbe Arten, deren Sträucher unterschiedliche Wuchshöhen haben. Man unterscheidet zwischen Sommer- und Herbsthimbeeren.

Brombeere

Brombeeren gehören wie Erdbeeren zur Familie der Rosengewächse, wie die Himbeeren zur Gattung der Rubus und sind aus botanischer Sicht ebenfalls Sammelsteinfrüchte und keine Beeren. Brombeeren besitzen unter den Beerenfrüchten den höchsten Gehalt an Vitamin A und sind außerdem reich an Vitamin C, E und den Vitaminen der B-Gruppe sowie Mineralstoffen wie Kalium, Calcium und Magnesium. Wie die Blätter der Himbeere werden wohlschmeckende Brombeerblätter, die am besten in der ersten Maihälfte gepflückt werden, als Tee verwendet. Brombeerblätter können gegen Durchfall und gegen Entzündungen im Mund- und Rachenraum eingesetzt und äußerlich zur Waschung bei chronischen Hauterkrankungen dienen. Brombeeren wirken sich außerdem positiv auf das Herz-Kreislauf-System aus und helfen, den Cholesterinspiegel zu regulieren. Es gibt sie in unterschiedlichen Wuchshöhen und als dornenlose Züchtungen.

Stachelbeere

Stachelbeeren gehören zur Familie der Stachelbeergewächse und zur Gattung der Johannisbeeren. Mit ihrem hohen Ballaststoffanteil und den Schleimstoffen aus den Kernchen begünstigen sie die Verdauung. Außerdem enthalten sie viel Kalium, Phosphor und Calcium sowie verschiedene Vitamine – besonders Vitamin C. Stachelbeeren gibt es in roten bis violetten oder grünen bis gelben Ausprägungen. Die Früchte sind süß-säuerlich bis sauer. Je reifer, desto süßer. Nach Weintrauben besitzen sie unter den heimischen Früchten den zweithöchsten Zuckergehalt. Das Besondere an der Stachelbeerernte ist die sogenannte Grünpflücke – die Ernte von unreifen, noch nicht roh genießbaren Früchten, um aus ihnen Marmelade oder Saft herzustellen. Anders als der Name vermuten lässt, besitzen Stachelbeeren statt Stacheln eine feste, haarige Haut. In Deutschland weniger populär als anderes Beerenobst, erfreuen sie sich in Großbritannien großer Beliebtheit.

Johannisbeere

Johannisbeeren gehören zur Familie der Stachelbeergewächse. Die Gattung der Johannisbeeren umfasst weltweit etwa 140 bis 160 Arten. Neben den roten Johannisbeeren gibt es außerdem schwarze und weiße Sorten. Während die weiße Johannisbeere eine Variante der roten und dieser sehr ähnlich ist, sind die größeren schwarzen zwar weniger sauer, besitzen aber ein herberes, bitteres Aroma. Sie werden in der Regel nicht pur verzehrt oder zum Backen verwendet, sondern dienen eher der Saftgewinnung. Ein bekanntes Produkt aus schwarzen Johannisbeeren ist der französische Cassis-Likör. Alle Johannisbeeren besitzen viel Vitamin A und C, Kalium und Calcium, jedoch ist die enthaltene Menge bei der schwarzen Sorte deutlich höher. Durch ihren hohen Ballaststoffgehalt wirken Johannisbeeren sich positiv bei Verdauungsproblemen aus.

Heidelbeere

Heidel- oder Blaubeeren gehören zur Familie der Heidekrautgewächse. Die in Deutschland im Handel erhältlichen Kulturheidelbeeren stammen allerdings von der Amerikanischen Heidelbeere und nicht von der in Europa heimischen Sorte ab. Im Unterschied zur Amerikanischen sind die Beeren der sogenannten Echten Heidelbeere deutlich kleiner, aromatischer und bis ins Fruchtfleisch blau durchgefärbt. Heidelbeeren besitzen einen hohen Gehalt an Vitamin A, C, E und B-Vitaminen. Die blaue Farbe, die vom Pflanzenfarbstoff der sogenannten Antocyane herrührt, soll zum Zellschutz beitragen und entzündungshemmende Eigenschaften besitzen. Getrocknet sind Heidelbeeren ein Heilmittel gegen Durchfall.

Holunder

Der Holunder ist eine Pflanzengattung, die zur Familie der Moschuskrautgewächse gehört. Er wird auch Fliederbeere genannt. Die bekannteste in Deutschland vorkommende Art ist der Schwarze Holunder. Holunder ist sehr reich an Vitamin C und B2 sowie Mineralstoffen und sekundären Pflanzenstoffen, die möglicherweise als Schutz vor Krebs und Herzleiden dienen. Holundersaft wird wegen seiner immunsystemstärkenden Wirkung als Hausmittel verwendet. Tee aus den Blüten wirkt entwässernd und fiebersenkend. Da die reifen Früchte roh leicht giftig sind, sollten sie erhitzt werden. Der Saft des Holunders wird entweder zu Gelee oder zu Suppe verarbeitet. Aus den Blütenständen lässt sich Sirup herstellen. Um den Holunder ranken sich zahlreiche volkstümliche und religiöse Mythen, Motive des Aberglaubens und Bräuche. In der nordischen Mythologie ist der Holunderbusch z. B. der Wohnsitz der Göttin Freya, der Beschützerin von Haus und Hof. Bei den Griechen, Römern und Germanen gab es die Vorstellung, dass im Holunder die guten Geister wohnen, weshalb es sich empfahl, einen Holunder in der Nähe des Hauses zu pflanzen. Im Christentum hingegen trägt er den Beinamen *Baum des Teufels*, weil Judas sich nach dem Verrat an Jesus an einem Holunder erhängte.

Kirsche

Kirschen gehören zur Familie der Rosengewächse und sind ein Steinobst. Botanisch unterscheidet man sie in Süß- und Sauerkirschen. Die Süß- oder Vogelkirschen einerseits gibt es in den Zuchtformen Knorpel- und Herz-Kirsche. Die Sauerkirschen andererseits werden in Glaskirschen, Süßweichseln und Schattenmorellen unterteilt. Die Färbung der unterschiedlichen Sorten kann von gelb und hellrot bis dunkelviolett reichen. Wie die Bezeichnungen beider Arten verraten, hat die eine einen eher süßen Geschmack, während die andere sauer ist. Somit eignen sich die beiden Sorten jeweils für andere Zubereitungen. Süßkirschen schmecken z. B. pur oder in Eis, während Sauerkirschen sich gut für Marmeladen, Kompott und zum Backen eignen. Kirschen besitzen Calcium, Kalium, Magnesium, Eisen und Zink sowie Vitamin C und Vitamine der B-Gruppe. Die enthaltene Folsäure ist besonders in der Schwangerschaft wichtig, da sie für die Zellteilung benötigt wird und die Blutbildung anregt. Von dem Farbstoff der Kirsche, dem Anthocyan, wird eine entzündungshemmende und Krebs vorbeugende Wirkung angenommen.

Preiselbeere

Preiselbeeren gehören zur Gattung der Heidelbeeren und somit zur Familie der Heidekrautgewächse. Neben viel Vitamin C enthalten Preiselbeeren auch Vitamine der B-Gruppe und Vitamin A sowie Kalium, Calcium, Magnesium und Phosphat. Von ihrem Gehalt an Anthocyan, einem wasserlöslichen Pflanzenfarbstoff, wird angenommen, dass er vor Blasen- und Niereninfektionen schützt. Die Preiselbeere wird aufgrund ihres herb-sauren Geschmacks eher nicht roh gegessen, sondern häufig als Beilage zu Wildgerichten zu Kompott verarbeitet. Stößt man auf die Marketingbezeichnung Kulturpreiselbeere, ist damit keine Preiselbeere, sondern eine Moosbeere (englisch Cranberry) gemeint. Sie gehört zwar der gleichen Gattung an wie die Preiselbeere, beschreibt jedoch eine andere Pflanzenart.

Pflaume

Die Pflaume gehört zur Familie der Rosengewächse und ist ein Steinobst. Pflaumen sind rund bis eiförmig, die Farbausprägungen reichen von gelb, blau über rot und violett bis hin zu fast schwarz. Sie sind recht süß und saftig, lassen sich meist aber nur schwer vom Stein lösen. Eine Unterart der Pflaumen ist die Zwetsch(g)e. Zwetschgen sind etwas kleiner, an den Enden spitz zulaufend und dunkler als Pflaumen, in ihrer Farbe bläulich-violett. Das gelbe Fruchtfleisch ist fester als das der Pflaume und in der Regel etwas säuerlicher. Meist lässt sich das Fruchtfleisch auch leichter vom Stein lösen. Aufgrund ihres geringeren Wassergehalts eignen sich Zwetschgen besser zum Backen, während man Pflaumen eher zu Marmelade oder Kompott verarbeitet. Eine bekannte Spezialität sind die Dörrpflaumen. Beide Früchte besitzen einen hohen Gehalt an Vitamin A und B-Vitaminen, die sich positiv auf den Stoffwechsel auswirken, Mineralstoffe und Spurenelemente wie Bor, Calcium, Kupfer und Zink. Ebenfalls zur selben Art gehört die gelbe Mirabelle, die deutlich kleiner und runder ist als ihre Artverwandten. Sie wird vorrangig in südlicheren Gebieten angebaut und meist zu Marmelade oder Mirabellenbrand verarbeitet.

Weintraube

Die Weintraube oder Weinbeere ist die Frucht der Weinrebe. Außer Kalium, das entwässernd wirkt, besitzt sie keine nennenswerten Mengen an Vitaminen und Mineralstoffen. Jedoch haben die meisten Pflanzenteile einen medizinischen Nutzen. Die Blätter werden z. B. zur Behandlung von Erkrankungen der Beinvenen eingesetzt, Inhaltsstoffe in der Traubenschale können Krebs vorbeugen sowie Herz- und Blutgefäße schützen. Traubenkernextrake besitzen eine antioxidative, zellschützende Wirkung. Man unterscheidet zwischen Tafel- und Keltertrauben, die jeweils hellgrün, rot oder violett sein können. Als Tafeltrauben werden diejenigen Traubenfrüchte bezeichnet, die unverarbeitet verspeist werden können. Aus Keltertrauben werden Wein, Saft und Rosinen gewonnen, aus ihren Kernen wird Traubenkernöl erzeugt.

Unter Beerenobst werden Obstarten zusammengefasst, die sich in ihren Fruchteigenschaften ähneln, botanisch – wie beispielsweise die Erdbeere – aber nicht zwangsläufig zu den Beeren zählen. Ebenfalls ähnliche Eigenschaften besitzt das Steinobst, das sich durch seinen Kern von den Beeren unterscheidet. Beeren und Steinobst sind typische Sommerfrüchte. Allen diesen Obstarten gemeinsam ist die geringe Lagerfähigkeit, da sie durch ihren hohen Wassergehalt schnell verderben. Gleichzeitig eignet sich dieses Obst hervorragend zur Konservierung der Sommerernte (wie auf Seite 190/191). Die meisten der Beerenobstsorten können zwar auch pur verzehrt oder zum Backen verwendet werden, aber in Form von Kompott, Marmelade, Saft oder Spirituosen stehen viele geeignete Konservierungsmöglichkeiten zur Verfügung. Während Beeren ehemals reine Waldfrüchte waren, die an niedrigen, mehrjährigen Pflanzen oder Sträuchern wachsen, gedeiht Steinobst an Sonne liebenden Bäumen.

Obstboden
aus Biskuitteig

Für den Teig:
2 Eier
75 g Zucker
100 g Mehl
1 El Backpulver
1 Prise Salz

Für den Vanillepudding:
¼ l Milch
¼ Vanilleschote
1 El Zucker
1 Eigelb
1 gehäufter El Speisestärke

Für den Belag:
150 g Erdbeeren
100 g Blaubeeren
100 g Himbeeren

Zubereitung

Eine Obstbodenform fetten und mit Mehl ausstäuben. Den Backofen auf 200 °C Ober- und Unterhitze vorheizen. Die Eier trennen.

Das Eiweiß mit der Prise Salz und 2 El kaltem Wasser steif schlagen. Nach und nach den Zucker einrieseln lassen. Ist der Zucker gelöst, Eigelb unterrühren. Gesiebtes Mehl und Backpulver zügig und nur kurz unterrühren. Den Teig in die Form geben, glatt streichen und im vorgeheizten Backofen 10–15 Minuten backen. Kurz auskühlen lassen und stürzen. *Löst sich der Teig nicht, einen kalten Lappen auf den Boden der gestürzten Form legen.*

Für den Vanillepudding die Vanilleschote halbieren, das Mark herauskratzen und zusammen mit der Milch und dem Zucker aufkochen. In der Zwischenzeit das Eigelb mit der Stärke und einem Schuss Milch glatt rühren. Beginnt die Milch zu kochen, Temperatur herunterstellen, die Ei-Stärke-Milch unter Rühren für etwa eine Minute köcheln lassen.

Den heißen Pudding auf den ausgekühlten Biskuitboden streichen und kurz abkühlen lassen. In der Zwischenzeit die Beeren waschen und putzen. Die Erdbeeren halbieren und zusammen mit den Himbeeren und Blaubeeren auf dem Boden verteilen. *Je nach Geschmack kann man auch etwas Tortenguss über die Früchte ziehen.*

Je nach Geschmack und Saison kann man den Obstboden mit verschiedenen Früchten belegen. Typisch ist z. B. auch ein Obstboden mit Erdbeeren. Der Vanillepudding schmeckt übrigens auch als Nachtisch sehr lecker!

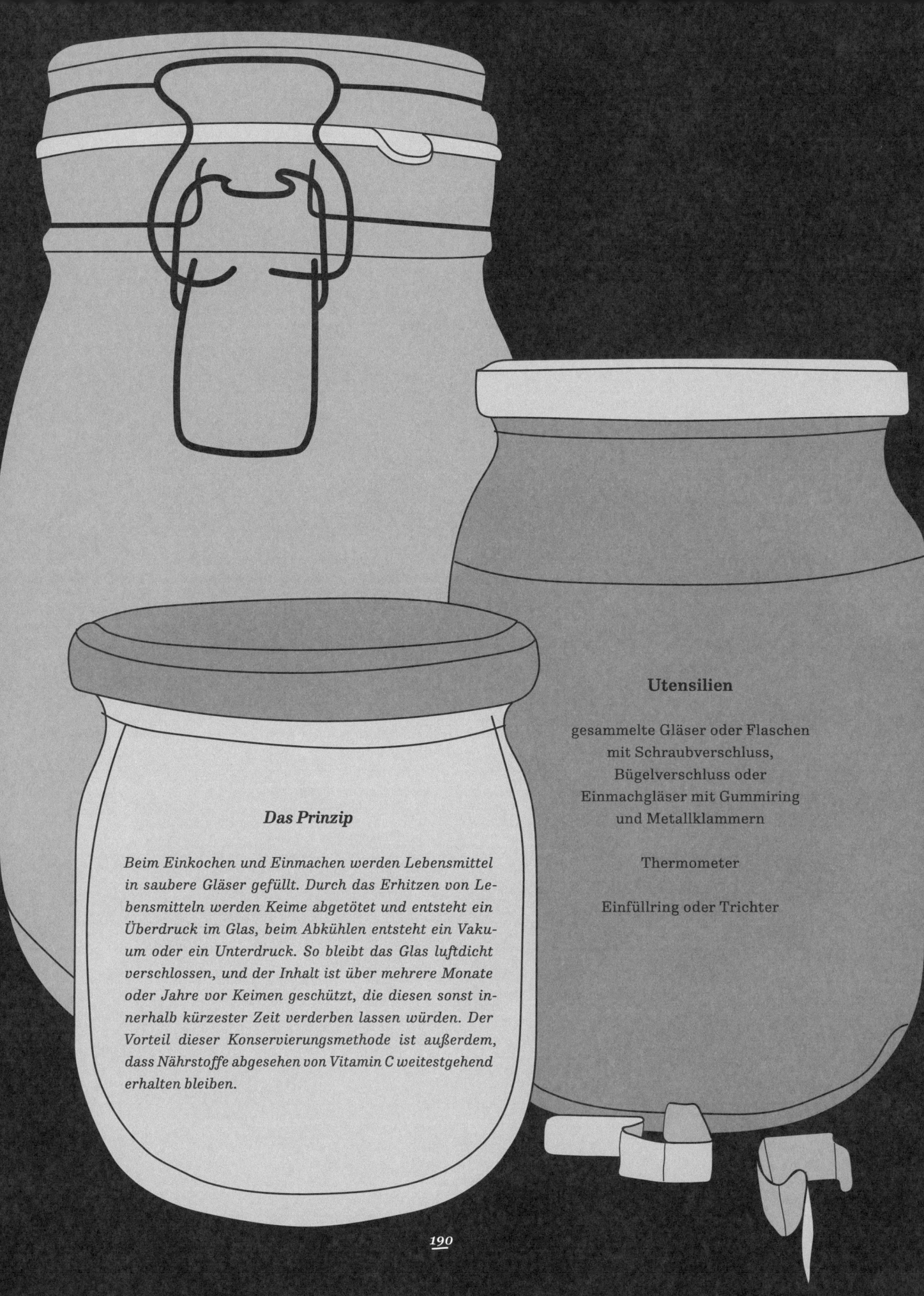

Das Prinzip

Beim Einkochen und Einmachen werden Lebensmittel in saubere Gläser gefüllt. Durch das Erhitzen von Lebensmitteln werden Keime abgetötet und entsteht ein Überdruck im Glas, beim Abkühlen entsteht ein Vakuum oder ein Unterdruck. So bleibt das Glas luftdicht verschlossen, und der Inhalt ist über mehrere Monate oder Jahre vor Keimen geschützt, die diesen sonst innerhalb kürzester Zeit verderben lassen würden. Der Vorteil dieser Konservierungsmethode ist außerdem, dass Nährstoffe abgesehen von Vitamin C weitestgehend erhalten bleiben.

Utensilien

gesammelte Gläser oder Flaschen mit Schraubverschluss, Bügelverschluss oder Einmachgläser mit Gummiring und Metallklammern

Thermometer

Einfüllring oder Trichter

Einkochen & Einmachen
Geeignet für Marmelade, Kompott, Säfte, Kuchen, Gemüse, Soßen und Brühe, Vorgekochtes, Wurst und Fleisch

Einkochen

Beim Einkochen (oder auch Einwecken) wird das Einkochgut roh oder gekocht, heiß oder kalt, in ein sauberes Einmachglas mit Gummiring gefüllt, verschlossen und in einem geschlossenen Topf oder im Backofen **über eine längere Dauer auf mindestens 100 °C erhitzt.** Der Vorteil dieses Verfahrens, das man Sterilisieren nennt, besteht darin, dass sämtliche Mikroorganismen abgetötet werden. Allerdings gehen Vitamine durch das lange Erhitzen verloren. **Die Haltbarkeit beträgt mehrere Jahre.**

- Sauberkeit garantiert den Erfolg. Deshalb müssen alle Gegenstände und die Gläser vor dem Einkochen mit kochendem Wasser sterilisiert werden. Die Gummibänder sollten zusätzlich einige Minuten in Essig gekocht werden.
- Das Einkochgut auf Basis des Rezepts vorbereiten (z. B. wie auf Seite 193) und mit 1 cm Luft in die Gläser füllen. Dabei darauf achten, dass die Ränder der Gläser sauber bleiben.
- **Für das Einkochen in einem Topf** die Gläser übereinander in einen Kochtopf oder einen speziellen Einkochtopf schichten und so viel Wasser auffüllen, dass die obere Schicht der Gläser zu 2/3 bedeckt ist. **Beim Einkochen im Ofen** werden die Gläser in einem tiefen Backblech etwa 2 cm tief in Wasser gestellt. Bei beiden Varianten ist es wichtig, heiße Gläser in heißes, kalte Gläser in kaltes Wasser zu stellen, die Temperatur mit einem Thermometer zu überprüfen und zu beachten, dass die Einkochzeit erst beginnt, wenn das Einkochgut im Glas siedet.
- Nach dem Einkochen müssen die Gläser langsam bei Raumtemperatur abkühlen. Erst dann werden verwendete Klammern entfernt.

Einmachen

Beim Einmachen wird das kochend heiße Einmachgut in vorbereitete Gläser mit Schraubverschluss gefüllt. **Der Vorgang des Einmachens besteht darin, die Lebensmittel durch eine kurze Kochdauer bei 90–100 °C zu pasteurisieren,** wodurch Bakterien abgetötet werden. Keime und Pilzsporen sterben allerdings erst durch das Einkochen bei über 100 °C. Der Vorteil des Einmachens im Vergleich mit dem Einkochen ist, dass Vitamine und Nährstoffe weitestgehend erhalten bleiben. **Die Haltbarkeit liegt bei mindestens einem Jahr.**

- Um Lebensmittel erfolgreich einzumachen, ist Sauberkeit oberstes Gebot. Deshalb müssen alle Gegenstände und die Gläser inklusive Deckel zuvor mit kochendem Wasser abgekocht werden.
- Einmachgut nach Rezept (z. B. wie auf Seite 192) vorbereiten und kochend heiß in die vorbereiteten Gläser füllen. Dafür am besten einen Einfüllring oder Trichter verwenden, damit der Rand sauber bleibt. Die Gläser sofort verschließen und ein paar Minuten auf den Kopf stellen.
- Langsam auskühlen lassen und überprüfen, ob sich der Deckel in der Mitte nach innen gezogen hat. Ist der Deckel nach außen gewölbt und lässt sich eindrücken, ist kein Unterdruck entstanden und der Inhalt sollte zügig verbraucht werden.

Erdbeermarmelade

1 kg Erdbeeren
1 unbehandelte Zitrone
1 Vanilleschote
500 g Gelierzucker 2 : 1

Zubereitung

Erdbeeren waschen, putzen und vierteln. Die Zitrone heiß waschen und ein Stück von der Schale dünn abschneiden. Den Saft auspressen. Die Vanilleschote längs halbieren und das Mark herauskratzen. Alles zusammen mit dem Gelierzucker in einem Topf mischen und etwa eine Stunde ziehen lassen.

In der Zwischenzeit zum Einmachen 5–6 Gläser mit Schraubverschluss in heißem Wasser abkochen.

Die Erdbeeren zum Kochen bringen und etwa 5 Minuten kochen lassen. Je nach Geschmack die Marmelade nun glatt pürieren oder stückig belassen. Kochend heiß in die Gläser füllen, sofort verschließen und für einige Minuten auf den Kopf stellen.

Zu den Erdbeeren passt auch Rhabarber sehr gut. Dafür einfach je nach Geschmack einen Teil der Erdbeeren durch Rhabarber ersetzen und nach Bedarf eventuell noch etwas Zucker hinzufügen. Grundsätzlich lässt sich aus allen Früchten Marmelade kochen. Damit es nicht zu süß wird, eignet sich Gelierzucker für das Verhältnis 2 : 1 (zwei Teile Obst, ein Teil Zucker) am besten. Während Marmelade aus ganzen Früchten gekocht wird, verwendet man für Gelee den Saft.

Kirschkompott

Zubereitung
~

In einem Topf Wasser zum Kochen bringen und die Gläser darin sterilisieren. Die Kirschen sorgfältig waschen und den Stein entfernen. *Dafür entweder einen speziellen Entsteiner verwenden oder die Kirsche mit dem Stielansatz nach oben auf eine Flasche legen und mit einem Strohhalm den Stein in die Flasche drücken.* Die Kirschen bis etwa 2 cm unter den Rand in die Einmachgläser füllen.

1 l Wasser je nach Geschmack mit Gewürzen aufkochen, den Zucker hinzugeben und so lange unter Rühren kochen, bis sich der Zucker gelöst hat. Die Kirschen bis etwa 5 mm unter den Rand mit dem Sirup aufgießen, sodass sie vollständig bedeckt sind. Die Gläser mit einem sauberen Tuch abwischen und fest verschließen.

Nun werden die Kirschen nach einem der drei auf Seite 191 beschriebenen Verfahren für 30 Minuten eingekocht. Nachdem sie bei Raumtemperatur vollständig abgekühlt sind, können verwendete Klammern entfernt werden.

Bei Bedarf können die Kirschen aufgekocht, nach Belieben verfeinert und mit 1 El Speisestärke angedickt werden.

1 kg Kirschen
1 l Wasser
400 g Zucker
4 Weckgläser à 500 ml
Zimt, Nelken, Anis oder Orangenschale

Für das Kompott:
800 g Rhabarber
50 g Zucker
½ Vanilleschote
2 Tl Speisestärke

Für die Vanillesoße:
500 ml Milch
2 El Zucker
½ Vanilleschote
4 Eier
1 gehäufter El Speisestärke

Zubereitung

Für das Kompott den Rhabarber putzen und in etwa 4 cm lange Stücke schneiden. Die Vanilleschote längs einschneiden und das Mark herausschaben. Alle Zutaten zusammen in einem Topf gut vermischen und mindestens 30 Minuten stehen lassen.

Den Rhabarber bei mittlerer Hitze zum Kochen bringen. Zugedeckt etwa 5 Minuten köcheln lassen. Dabei nicht rühren, sondern den Topf ab und zu schwenken, so zerfällt der Rhabarber nicht zu stark. 2 Tl Speisestärke mit 2 El kaltem Wasser glatt rühren, vorsichtig zum kochenden Rharbarber geben und unter vorsichtigem Rühren erneut gut aufkochen. In einer Schüssel abkühlen lassen oder sofort heiß in ausgekochte Gläser geben. *Was zu beachten ist, um das Kompott haltbar zu machen, ist auf Seite 191 nachzulesen.*

Für die Vanillesoße die Vanilleschote halbieren und das Mark herauskratzen. Etwa 450 ml Milch in einen Topf füllen, das Vanillemark inklusive der ausgekratzten Schote dazugeben und den Zucker hineinstreuen. Zum Kochen bringen.

In der Zwischenzeit die Eier trennen. Das Eigelb und die Stärke in die verbleibende Milch rühren, bis sich alle Klümpchen gelöst haben. *(Das Eiweiß beiseitestellen und daraus mit zwei ganzen Eiern z. B. Rührei machen.)* Sobald die Milch kurz aufgekocht ist, den Herd ausschalten, den Topf auf der Platte stehen lassen, unter ständigem Rühren die Eiermilch einrühren und etwa eine Minute weiter kochen lassen.

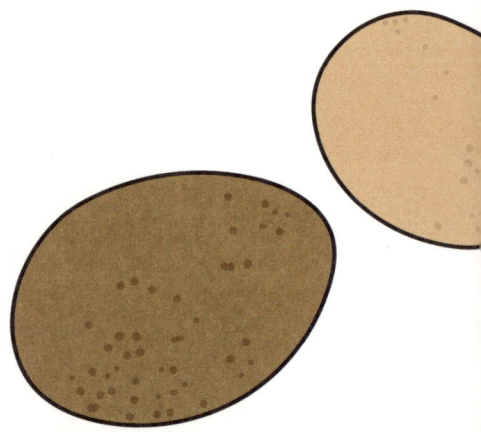

Rhabarberkompott
mit Vanillesoße

Einen guten Vanillepudding oder eine Vanillesoße zu kochen ist in Wahrheit gar keine Hexerei. Im Gegenteil: Eigentlich ist die Zubereitung ebenso simpel wie die mit Tütenpulver, nur dass man statt eines fertigen Pulvers frisches Ei und Stärke in die Milch rührt. Um aus den gleichen Zutaten statt einer Soße einen Pudding herzustellen, einfach die Menge der Stärke verdoppeln und auf dieselbe Art zubereiten.

Hamburger Rote Grütze
mit Sommerbeeren

250 g Kirschen
250 g Erdbeeren
250 g Himbeeren
250 g Johannisbeeren
250 g Brombeeren
750 ml Fruchtsaft

200 g Zucker
1 Päckchen Vanillezucker
1 ausgekratzte Vanilleschote
1 kleine Zimtstange
4 El Speisestärke

Zubereitung

Die Beeren waschen, putzen und die Kirschen entkernen. Große Erdbeeren halbieren.

Fruchtsaft, Zucker, Zimtstange, Vanillemark und die ausgekratzte Vanilleschote in einen Topf geben und zum Kochen bringen. Die Hälfte der Früchte hinzugeben und auf niedriger Stufe köcheln lassen.

Die Speisestärke mit etwas kaltem Wasser anrühren und unter die Fruchtmasse ziehen. Einmal aufkochen lassen und gut verrühren, bis die Masse bindet.

Die restlichen Beeren unterheben und die Rote Grütze abkühlen lassen. Zimtstange entfernen. In eine große Schüssel oder Portionsgläser füllen und bis zum Verzehr kühl stellen.

Die Rote Grütze mit Milch oder der Vanillesoße von Seite 194 servieren. Aber auch Schlagsahne oder Vanilleeis passen sehr gut dazu.

Fliederbeersuppe
mit Grießklößen

Für die Suppe:
1 l Fliederbeersaft
375 ml Apfelsaft
8–10 El Zucker
1 Zimtstange
1 Nelke
1 Pimentkorn
1 ½ El Speisestärke
(etwa 30 g)
2 säuerliche Äpfel

Für die Klöße:
1/4 l Milch
20 g Butter
1 El Vanillezucker
120 g Weichweizengrieß
2 Eier
Salz

Zubereitung

Für die Suppe den Fliederbeersaft und den Apfelsaft in einen Topf geben. Zucker und die Gewürze hinzugeben und mit einem Deckel zugedeckt zum Kochen bringen.

In der Zwischenzeit die Äpfel waschen, vierteln und das Kerngehäuse herausschneiden. Die Viertel der Länge nach dritteln und recht dünne Stücke herunterschneiden. Die Speisestärke mit etwas kaltem Wasser klumpenfrei anrühren.

Sobald der Saft zu kochen beginnt, die Temperatur herunterdrehen, die Stärke unter ständigem Rühren etwa eine Minute aufkochen. Die Konsistenz sollte leicht sämig sein. Ist sie noch zu flüssig, weitere Stärke hinzufügen. *Aber Achtung: Kühlt die Suppe ab, dickt sie noch etwas nach.* Nun die Äpfel in den Topf geben und bei geringer Hitze ziehen lassen, bis die Äpfel weich, aber nicht matschig sind.

Für die Grießklöße Milch, Butter und Vanillezucker aufkochen. Die Eier in einen Becher schlagen. Den Topf vom Herd nehmen und den Grieß unter ständigem Rühren einstreuen. So lange rühren, bis sich die Masse als Kloß vom Topfboden löst. Kurz weiterrühren, damit die Masse ein wenig abkühlt. Unter Rühren zügig erst ein Ei unter die Masse rühren, dann das zweite. Ist die Masse zu flüssig, um die Klöße zu formen, etwas abkühlen lassen.

Einen Topf mit leicht gesalzenem Wasser einmal sprudelnd aufkochen und ausschalten. Nun mit zwei angefeuchteten Löffeln von der Grießmasse Nocken abstechen. *Je nach gewünschter Größe dafür Tee- oder Esslöffel verwenden.* In das leicht siedende, aber nicht kochende Wasser die Klöße hineingleiten lassen und mit einer Schaumkelle herausnehmen, sobald sie aufsteigen.

Die Suppe heiß oder kalt mit den Klößen servieren. *Bleibt etwas übrig, je nach Geschmack die Gewürze entfernen oder weiter in der Suppe ziehen lassen.*

Heidesandgebäck
aus Mürbeteig

- *250 g Butter*
- *250 g Zucker*
- *1 El Vanillezucker*
- *1 Prise Salz*
- *375 g Mehl*

Heidesandgebäck ist ein typisches Weihnachtsgebäck aus Niedersachsen, das seinen Namen der Ähnlichkeit mit den sandigen Heideböden verdankt. Das Geheimnis dieses Kekses sind die gebräunte Butter und eine lange Kühlphase.

Zubereitung

Die Butter in einen Topf geben, bei mittlerer Hitze schmelzen und leicht bräunen. 60 Minuten kalt stellen. Die Butter schaumig schlagen und dabei nach und nach Zucker, Vanillezucker und Salz hinzugeben. ⅔ des Mehls portionsweise unterrühren. Das restliche Mehl hinzugeben und mit den Händen zu einem glatten Teig verkneten. Den Teig zu mehreren gleichmäßigen Rollen mit einem Durchmesser von 3 cm formen. Über Nacht, aber mindestens 4 Stunden kalt stellen.

Am nächsten Tag den Backofen auf 170 °C vorheizen. Die Teigrollen in etwa 0,5 cm dicke Scheiben schneiden, auf Backbleche legen und nacheinander 20–25 Minuten backen, bis sie goldbraun sind. Da die Kekse sehr weich sind, wenn sie aus dem Ofen kommen, müssen sie vollständig auskühlen, bis sie zur Aufbewahrung in gut verschließbare Dosen gepackt werden können. *Zunächst sind sie recht knusprig, nach einigen Tagen dann aber schön weich und mürbe.*

Kernobst

Apfel

Äpfel sind eine Gattung innerhalb der Kernobstgewächse in der Familie der Rosengewächse. Die Art des Kulturapfels umfasst allein in Deutschland etwa 1.500 Sorten, von denen aber nur 60 wirtschaftlich bedeutend sind und etwa fünf bis sechs im Supermarkt angeboten werden. Neben Vitamin C besitzt der Apfel u. a. Kalium, Calcium und Magnesium. Der regelmäßige Verzehr von Äpfeln hat einen positiven Effekt auf die Gesundheit: Sie reduzieren z. B. das Risiko von Herzerkrankungen, Asthma, Diabetes sowie von Krebs. Äpfel können roh, zum Kochen (z. B. als Gänsebratenfüllung), zum Backen, für Mus, Saft und zur Alkoholherstellung verwendet werden. Für jeden dieser Zwecke gibt es jeweils geeignete Sorten. Diese können klein oder groß, rundlich oder oval und von grün über gelb bis rot sein. Äpfel setzen bei ihrer Nachreifung Ethylen frei, das andere Früchte schneller verderben lässt, sodass sich die getrennte Aufbewahrung empfiehlt. Winteräpfel sind sehr lagerfähig. In vorindustriellen Zeiten war der Apfel das übers Jahr am längsten verfügbare Obst. Heute ist er wirtschaftlich sehr bedeutend. Äpfel haben zudem eine umfangreiche Symbolik für Sexualität, Fruchtbarkeit und Leben, Erkenntnis und Entscheidung sowie Reichtum.

Birne

Birnen bilden eine Gattung innerhalb der Familie der Rosengewächse und sind ein Kernobst. Sie besitzen die Vitamine C und die Vitamine der B-Gruppe und enthalten Bor, Eisen, Kalium, Kupfer, Jod, Magnesium, Phosphat und Zink. Wie beim Apfel befinden sich die meisten Nährstoffe unter der Schale. Durch ihren hohen Ballaststoffanteil wirken Birnen verdauungsfördernd. Sie können roh, gekocht (z. B. zu Wildgerichten), zum Backen sowie zur Saft- und Alkoholherstellung verwendet werden. Unterschieden wird zwischen den härteren, kleineren Kochbirnen, die sich auch zum Backen eignen, Mostbirnen, Dörrbirnen und den Tafelbirnen. Wie bei den Äpfeln gibt es zahlreiche Sorten, von denen im Handel nur ein Bruchteil angeboten wird. Sie können in ihrer Form klein, groß, länglich oder rundlich sein und sich in ihrer Farbe von braungrün über gelb bis hin zu rötlich zeigen. Und ebenfalls wie bei den Äpfeln unterscheidet man nach Sommer-, Herbst- und Winterbirnen, von denen letztere die beste Lagerfähigkeit aufweisen.

Quitte

Die Quitte gehört wie Apfel und Birne zur Gattung der Kernobstgewächse innerhalb der Rosengewächse. Sie ist für ihren hohen Vitamin-C-Gehalt bekannt und besitzt viel Kalium, Natrium, Zink, Eisen, Kupfer, Mangan und Fluor. Aus den Quittensamen werden Cremes und Hustenmittel hergestellt. Durch ihren hohen Anteil an Ballast- und Schleimstoffen sind sie gut für die Verdauung. Charakteristisch für die Quitte ist ihr intensiver Geruch. Die in Deutschland verbreiteten Sorten sind wegen ihrer Härte und Bitterkeit für den Rohverzehr nicht geeignet, Sorten z. B. aus der Türkei können aber roh gegessen werden. Man unterscheidet Quitten in Birnenquitte und Apfelquitte. Je nach Sorte sind sie hell- oder dunkelgelb. Aus ihnen wird vornehmlich Marmelade, Kompott, Saft oder Alkohol hergestellt. An einem kühlen Ort können sie getrennt von Äpfeln und Birnen bis zu zwei Monate gelagert werden. Quitten gelten als Symbol für Liebe, Fruchtbarkeit, Glück, Klugheit, Schönheit, Beständigkeit und Unvergänglichkeit. Ihr portugiesischer Name Marmelo ist Namensgeber für die Marmelade.

Für den Teig:
125 g weiche Butter
100 g Zucker
Abrieb von ½ Zitrone
1 El Vanillezucker
1 Prise Salz
2 Eier
3 El Rum
2 El Milch

175 g Mehl
1 Tl Backpulver
1 Prise Zimt

Für den Belag:
5 Äpfel
Saft von ½ Zitrone
20 g Mandelblättchen

Altländer Apfelkuchen
aus Rührteig

Zubereitung

Die Zitrone auspressen und in einer Schale mit einem Schuss Wasser verdünnen. Äpfel waschen, schälen, vierteln und das Kerngehäuse entfernen. Die Oberseite der Äpfel längs mit einem Messer mehrmals in kleinen Abständen einschneiden und im Zitronensaft wenden.

Den Backofen auf 175 °C vorheizen. Den Boden einer Springform mit Backpapier auslegen und die Ränder einfetten. Die Butter mit Zucker, Salz und Zitronenabrieb weiß-schaumig aufschlagen, bis sich der Zucker gelöst hat. Die Eier nacheinander unterrühren. Mehl, Backpulver und Zimt mischen und nach und nach im Wechsel mit Rum und Milch unterrühren, bis ein gleichmäßiger, fester Rührteig entstanden ist. *Das Geheimnis eines guten Rührteigs liegt übrigens in der Geduld beim Schlagen der Butter.*

Den Teig in die Springform geben und glatt streichen. Die Äpfel gleichmäßig mit den Einschnitten nach oben darauf verteilen und den Rand mit Mandelblättchen bestreuen. Im vorgeheizten Backofen etwa 40–45 Minuten backen. *Um zu überprüfen, ob der Kuchen gar ist, mit einem Holzstäbchen hineinstechen. Bleibt noch Teig kleben, etwas weiter backen.* Auskühlen lassen und vor dem Servieren nach Geschmack mit Puderzucker bestäuben und mit Schlagsahne anrichten.

Apfelmus

Für Apfelmus eignen sich vor allem mürbe Herbstäpfel. Aus einer bunten Mischung von verschiedenen Äpfeln, gesammelt am Wegesrand oder von einer Streuobstwiese, lässt sich schnell leckeres Apfelmus kochen. Aber auch Fallobst oder Lagerobst, das am Ende des Winters zu weich geworden ist, lässt sich sehr gut als Mus verwerten. Das größte Obstanbaugebiet in Deutschland ist das Alte Land entlang des südlichen Elbufers in Niedersachsen und zum kleinen Teil auf Hamburger Landesgebiet liegend. Die Anbaufläche im Alten Land beträgt rund 10.700 Hektar. Dort wurde bereits im 17. Jahrhundert Obst angebaut.

{ 1 kg mürbe Äpfel
200 g Zucker
1 Zitrone }

Zubereitung

Die Äpfel waschen, vierteln und nur Stiel und Blüte entfernen. In grobe Stücke schneiden und zusammen mit Zucker und Zitronensaft in einen Topf geben. Bei mittlerer Hitze langsam zum Kochen bringen. Gelegentlich umrühren und etwa 20 Minuten kochen lassen, bis die Äpfel zerfallen.

Den Topf vom Herd nehmen und nach und nach durch eine Flotte Lotte drehen, damit ein glattes Mus entsteht und auch die Kerne herausgesiebt werden. Das Apfelmus entweder sofort servieren oder erneut aufkochen, um es in abgekochte Gläser zu füllen (siehe Seite 191).

Pflaumenmus

Zubereitung
~

Den Backofen auf 150 °C vorheizen. Die Pflaumen waschen, halbieren und entsteinen. Dabei einen Teil der Kerne aufheben. Die Nelken in einen Teebeutel geben und diesen zubinden. Die Pflaumen zusammen mit den Zimtstangen, 100 g Zucker, den Nelken und 10 Pflaumenkernen in einen großen Bräter geben. *Die Pflaumenkerne sorgen dabei für ein nussiges Aroma. Statt Nelken können auch z. B. Sternanis und Vanilleschote verwendet werden.*

Die Pflaumen etwa 3 ½ Stunden im Ofen einkochen. Dabei alle 30 Minuten jeweils 75 g Zucker hinzufügen und umrühren. Anschließend noch einmal weitere 3 Stunden einkochen lassen und besonders in den letzten 1–2 Stunden häufiger umrühren, damit das Pflaumenmus nicht anbrennt.

In der Zwischenzeit 6–7 Marmeladengläser mit kochendem Wasser abkochen. Das fertige Pflaumenmus mit dem Rum abschmecken und Nelken, Zimt und die Kerne entfernen. Sofort in die Gläser füllen, gut verschließen und einige Minuten auf den Kopf stellen.

4 kg Pflaumen oder Zwetschgen
8–10 Nelken
4 Zimtstangen
400 g Zucker
3 El Rum

Das Prinzip

Beim Dörren wird Lebensmitteln durch Trocknung 80–90 Prozent des enthaltenen Wassers entzogen. Die Temperatur ist beim Trocknen von Obst und Gemüse entscheidend. Ist die Temperatur zu hoch, gehen Inhaltsstoffe verloren, und auch der Geschmack leidet. Bei einer zu niedrigen Temperatur besteht die Gefahr der Schimmelbildung. Die optimale Temperatur liegt zwischen 30 und 60 °C. Das am weitesten verbreitete Dörrgut sind getrocknete Pflaumen, Weintrauben (Rosinen) und Äpfel. Aber im Prinzip ist es möglich, jedes Obst oder auch Gemüse zu trocknen. Der Vorteil des Verfahrens ist die Konzentration der Aromastoffe, während die Inhaltsstoffe erhalten bleiben. Neben pflanzlicher Nahrung können auch Fleisch und Fisch getrocknet werden. Dörrfisch oder Dörrfleisch stellen in einigen Regionen der Welt eine Spezialität dar.

Vorbereitung

✗ Das möglichst frisch geerntete Obst und Gemüse zunächst waschen, putzen und schneiden. Kerne sollten entfernt werden, Schale hingegen nicht, denn sie verlängert zwar die Trockenzeit, jedoch sind in ihr besonders viele Nährstoffe enthalten. Grundsätzlich gilt: Je dünner das Dörrgut geschnitten ist, desto kürzer ist die Dörrzeit.

✗ Je nach Verfahren das Dörrgut nun entweder auf eine Schnur aufziehen oder auf ein Gitter legen. Dabei sollten sich die Scheiben des Dörrguts auf keinen Fall berühren, weil sie dann nicht gleichmäßig trocknen.

Dörren
Geeignet für Obst und Gemüse

Lufttrocknung

Das vorbereitete Obst und Gemüse kann für die Lufttrocknung entweder an einer Schnur aufgehängt oder auf ein Trockensieb gelegt werden, sodass für eine ausreichende Belüftung gesorgt ist. Zwar wird keinerlei Energie benötigt, um Lebensmittel an der Luft zu trocknen, da der Vorgang jedoch recht lange dauert, besteht die Gefahr von Schimmelbildung. Das Dörrgut sollte deshalb zum Trocknen an einen gut durchlüfteten, trockenen und warmen Ort gestellt oder gehängt werden. Aus diesem Grund eignen sich Lebensmittel, die keinen sehr hohen Wassergehalt aufweisen, wie Äpfel, Kräuter oder Pilze für dieses Verfahren besser als z. B. Tomaten. Das Trocknen dauert mehrere Tage, und das Dörrgut sollte währenddessen von Zeit zu Zeit kontrolliert werden, um schimmelige Stücke gegebenenfalls aussortieren zu können.

Im Backofen

Der Vorteil des Trocknens im Backofen im Vergleich mit der Lufttrocknung ist die Erhöhung der Umgebungstemperatur und somit die Beschleunigung des Dörrvorgangs. Gitter eignen sich zum Trocknen besser als Bleche. Grundsätzlich sollte die Backofentür stets einen Spalt geöffnet bleiben, damit die Feuchtigkeit entweichen kann. Umluft verbessert die Luftzirkulation. Jedoch lässt sich die Temperatur nicht exakt steuern, und der Energieverbrauch ist bei einer Trocknungszeit von mehreren Stunden relativ hoch. Bei einer zu hohen Temperatur gehen außerdem die Vitamine verloren.

Im Dörrautomaten

Mit einem Dörrautomaten lässt sich im Vergleich zum Backofen die Temperatur gezielter steuern, außerdem ist eine gleichmäßige Luftzirkulation gewährleistet. Jedoch ist der Automat in der Anschaffung recht kostenintensiv und verbraucht ebenfalls Strom. So benötigen Pflaumen bei 40 °C etwa 24 Stunden, um zu trocknen.

Lagerung

Die Trocknung ist abgeschlossen, wenn auf Druck kein Saft mehr austritt. Damit die getrockneten Lebensmittel lange haltbar sind, sollten sie dunkel und kühl, aber vor allem vor Feuchtigkeit geschützt aufbewahrt werden. Eine gute Möglichkeit bieten beispielsweise Gläser mit Bügelverschluss, die aufgrund des Gummirings gut abdichten. Die Haltbarkeit getrockneter Lebensmittel variiert je nach Lebensmittel. Während getrocknete Kräuter oder Pilze abgesehen vom Aromaverlust quasi uneingeschränkt haltbar sind, sollten Obst und Gemüse, die eine Restfeuchte besitzen, innerhalb von einigen Monaten verzehrt werden.

Butterkuchen
aus Hefeteig

Für den Teig:
500 g Weizenmehl
1 Würfel Hefe
50 g Zucker
1 El Vanillezucker
1 Prise Salz
1 Ei
250 ml Milch
100 g Butter

Für den Belag:
200 g Butter
70 g Zucker
2 El Vanillezucker
150 g gehobelte Mandeln
200 g Puderzucker

Zubereitung

Für den Teig die Milch lauwarm erwärmen. *Damit die Hefepilze nicht abgetötet werden, dabei unbedingt darauf achten, dass sie nicht zu heiß wird.* Den Zucker und die Hefe in der Milch auflösen und 10 Minuten zugedeckt gehen lassen.

In der Zwischenzeit die Butter schmelzen und auch dabei auf die Temperatur achten, bevor die Butter mit der Hefe in Berührung kommt. Mehl, Vanillezucker, Salz, Ei und die Butter in eine Schüssel geben. Die Hefemilch hinzugeben und mit den Händen etwa 10 Minuten lang zu einem glatten Teig verkneten. *Dabei ist zu beachten, dass dieser weder zu feucht noch zu trocken sein darf. Löst er sich ohne zu kleben vom Boden der Schüssel, bleibt er beim Hineingreifen noch leicht an den Fingern haften und bekommt während des Knetens eine samtige Oberfläche, ist er perfekt.* Beim Bearbeiten den Teig immer wieder übereinanderfalten, um Luft hineinzukneten. Den fertigen Teig zugedeckt an einem warmen Ort 60 Minuten gehen lassen.

Den Teig aus der Schüssel nehmen und zu einer Kugel formen. Nun nicht mehr zu stark kneten. Auf einer leicht bemehlten Arbeitsfläche zunächst eine Rolle in etwa der Länge des Backblechs formen und mit einem Nudelholz ausrollen. Der Teig sollte etwa eine Dicke von 2 cm behalten. Nun erneut mit einem Tuch abgedeckt 30 Minuten gehen lassen.

Den Backofen auf 200 °C Ober- und Unterhitze vorheizen *(Umluft trocknet den Teig zu sehr aus)*. Mit den Fingern unregelmäßige Mulden in den Teig drücken. Kleine Butterflöckchen von der Butter abzupfen und gleichmäßig auf dem Teig verteilen. Den Zucker, den Vanillezucker und die Mandeln über den Kuchen streuen. Im heißen Backofen 15–20 Minuten auf mittlerer Schiene backen. Wird der Kuchen zu dunkel, mit einem Stück Backpapier abdecken.

Den Kuchen aus dem Ofen nehmen, kurz abkühlen lassen. Den Puderzucker mit 2–3 El Wasser zu einem recht dickflüssigen Guss verrühren. Mit einem Löffel gleichmäßig über dem Kuchen verteilen.

Wer keinen Zuckerguss auf dem Butterkuchen mag, streut vor dem Backen etwas mehr Zucker auf den Teig.

Dieser Hefeteig eignet sich als Grundrezept für weitere Blechkuchen. Ein Boden für einen köstlichen Pflaumenkuchen lässt sich aus der Hälfte der Teigzutaten herstellen. Für den Belag benötigt man etwa 1 kg entsteinte Pflaumen oder Zwetschgen sowie Zimt und Zucker zum Bestreuen.

Von Optimierung und Zweifeln
Ich und mein Essen

Das Thema Essen ist allgegenwärtig. Auf allen Kanälen spielt es eine Rolle. Ständig wird die Frage nach dem *richtigen* und dem *guten* Essen gestellt. Foodblogger verdienen sich eine goldene Nase, und der Markt für Kochbücher boomt. Besonders vegane Kochbücher oder solche, in denen es im weitesten Sinne um einen gesundheitsbewussten Lebensstil geht, haben in den letzten Jahren eine Konjunktur erlebt, von der die restliche Buchbranche nur träumen kann. Dabei ist die Zeit, in der beispielsweise Vegetarier lächerlich gemacht werden konnten, gar nicht so lange her. Heute gehören sie irgendwie dazu, ja sind sogar Trendsetter. Neben den Vegetariern gibt es auch noch diejenigen, die gänzlich auf tierische Produkte verzichten. Oder die, für die eine gesunde Ernährung aus extra viel Fleisch und anderen tierischen Proteinen besteht. Und während vor nicht allzu langer Zeit noch Fette als die Manifestation des Bösen galten, die krank und dick machen, haben nun Zucker und Kohlenhydrate diese Rolle übernommen. Während die einen auf den Verzicht von Gluten schwören, bekommen die anderen schon Bauchschmerzen, wenn sie das Wort Laktose nur hören. Was vor einigen Jahren noch Nischenprodukte waren, füllt inzwischen ganze Supermarktregale. Chiasamen und Gojibeeren, die wir bis vor Kurzem nicht kannten, sind uns heute vertraut. Wieso ist es so wichtig geworden, was wir essen? Wie können wir angesichts der vielen widersprüchlichen Versprechungen zu einer guten Ernährung finden? Wieso denken wir so viel über das Essen nach? Und woher kommt der Glaube, dass wir uns durch das, was wir essen, optimieren können?

Historische Askese und Völlerei

Das große Fressen und der eiserne Verzicht stehen historisch in einem interessanten Wechselverhältnis. Die Völlerei und Genusssucht der Oberschicht, die sich in Form einer offenbaren Fehlernährung schon in der Antike äußerte, verurteilten etwa Platon und Aristoteles scharf. Die beiden Philosophen lassen sich als Vertreter der klassischen Diätmoral betrachten, die das Körperliche und das Geistige strikt voneinander trennte. Die Nahrungsaufnahme betrachteten sie als biologisch notwendige Bedürfnisbefriedigung, die der Tugend der Selbstbeherrschung mit einer reduzierten Diät zu folgen habe. Ziel der Einhaltung eines vernünftigen Mittelmaßes ist die körperliche Gesundheit. Das moralisch *richtige* Essverhalten besteht in der Mäßigung, das *gute* Essen in rein funktionaler Sättigung. Genuss ist allein den geistigen Formen des Lebens vorbehalten. Damit richtete sich diese Diätmoral gegen den Hedonismus, der dem Essen im Alltag einen weit größeren Wert beimisst.[1] Hippokrates als bedeutendster Arzt der Antike, der heute als Begründer der Medizin gilt, nahm diese Trennung von Körper und Geist hingegen nicht vor, sondern betrachtete in seiner Säftelehre den Körper als ein Ganzes, das nur gesund sein kann, wenn die Körpersäfte im Gleichgewicht sind. Er sprach sich deshalb klar gegen eine doktrinär festgelegte und für alle Menschen gleiche Ernährung aus und entwickelte eine medizinische Ernährungslehre, die sich an den individuellen Lebensumständen orientiert. Verschiedene Lebensmittel besitzen demnach unterschiedliche Eigenschaften, die je nach Zubereitungsart und Lebensphase des Essenden einen anderen Effekt auf den Körper haben. Die hippokratische Diätmoral formuliert also kein pauschalisiertes Tugendgebot, sondern rät zu einem eigenverantwortlichen, vernünftigen und maßvollen Genuss, der durch den richtigen Umgang mit Lebensmitteln den Körper gesund erhält.[2] Erstmals emanzipierte sich der Mensch damit von seinem gesundheitlichen Schicksal, sein Wohlbefinden war nun nicht mehr von Opfergaben und den Göttern abhängig, sondern konnte aktiv durch die eigene Verhaltensweise beeinflusst werden.[3] Die hippokratische Gleichsetzung einer Ethik des guten Lebens mit einer Diätetik des gesunden Lebens hat noch immer einen folgenreichen Einfluss auf die westliche Kultur. Zum einen wurde durch sie das Essen zu einem individuellen Akt erklärt, der in der Verantwortung des Einzelnen liegt und dessen Mittelpunkt das individuelle Wohl darstellt. Zum anderen wurde der Mensch unter dem Einfluss der platonischen Lehre in einen »*sich ernährenden Körper*« und in einen »*denkenden Geist*« aufgespalten, eine Trennung, die sich durch die reine Betrachtung des Physischen in der hippokratischen Ernährungslehre verstärkt.[4] Dieser sogenannte *Leib-Seele-Dualismus* bestimmt die westliche Kultur seit mehr als 2.500 Jahren. Dabei wird der sterbliche, vergängliche Körper als *Gefängnis der Seele* begriffen, der durch Mäßigung unter Kontrolle gehalten werden muss, um den Geist nicht zu gefährden. Das Christentum ergänzte die Naturbeherrschung mittels der Beherrschung des Körpers noch um einen entscheidenden Faktor: die Verurteilung der Körperlichkeit als Sitz des Bösen.[5] Im Mittelalter verschärfte sich die antike Diätmoral unter dem Einfluss der Religion zu einer *heiligen Anorexie* – Fasten und freiwilliges Hungern, die vollständige Verweigerung oder die extreme Minimierung des Essens wurden zu einem Ideal im Kampf gegen die Todsünde der Genussgier und der Völlerei. Das Leibliche, der mit Sünden beladene Körper, sollte mitsamt seinen Begierden bezwungen und abgetötet werden, um die Seele zu befreien.[6]

Das Zeitalter der Wissenschaft

»*Wie jedes technische System, das Arbeit verrichtet, muss auch der Mensch Kraftstoff aufnehmen. Von effizienten Maschinen unterscheidet ihn die Tatsache, dass er auch im Stand-by-Modus eine große Energiemenge benötigt.*«[7] Dieses Zitat aus einem Lehrbuch für angehende Lebensmittelmanager aus dem Jahr 2013 führt die Tradition eines Körperverständnisses fort, das seine Ursprünge bereits vor mehr als 200 Jahren hat. Im 19. Jahrhundert setzte mit der Industrialisierung eine Verwissenschaftlichung der Lebenswelt ein, die auch ein neues medizinisch-wissenschaftliches Körperbild prägte. Ernährung wurde Gegenstand naturwissenschaftlicher Forschung, in der die soziale und kulturelle Funktion des Essens keine zentrale Rolle spielt. Im Zentrum stehen normative Ernährungsempfehlungen.[8] Die Erfindung der Dampfmaschine, die die industrielle Revolution ermöglichte, war dabei auch für den menschlichen Körper ein bedeutender Einschnitt. Denn von der Wärmekraftmaschine wurde ein Rückschluss auf die menschlichen Körperfunktionen getroffen: Ähnlich wie die Maschine »*schien auch der Körper durch die Produktion von Wärme und mechanische Arbeit beschreibbar*«[9]. Dieses Verständnis drückt sich noch immer im Begriff der Kalorien (Wärmeeinheiten) und der Bezeichnung des Brennwerts von Nahrungsmitteln aus. Auch die Annahme, Gewichtsreduktion lasse sich allein durch eine geringere Kalorienzufuhr herbeiführen, lässt sich mit der »*Verkürzung des Leiblichen auf die Funktionsprinzipien von Dampfmaschinen*«[10] erklären. Mit dem Wandel des Körperverständnisses vom Körper zur *Körpermaschine* verbreitete sich die Auffassung, dass der Körper Nahrung vor allem benötige, um die durch Arbeit verloren gegangene Energie zu ersetzen. Durch die Etablierung eines Verständnisses des Stoffwechsels – maßgeblich durch den Chemiker Justus von Liebig –, wonach die Nahrung sich in die Bestandteile Kohlenhydrate, Fett und Eiweiß unterteilt und diesen Elementen jeweils eigene Funktionen zugeschrieben werden können, wurde Ernährung zu einem Vorgang der Aufnahme, Umwandlung und Ausscheidung stofflicher Bestandteile.[11] Die Arbeitsleistung durch eine geeignete Nahrung zu optimieren war ein vorrangiges Ziel Liebigs.[12] Mit der nun gegebenen Möglichkeit, den Wert von Nahrung anhand von quantifizierbaren Stoffbestandteilen zu messen und zu vergleichen, entwickelte die Münchener physiologische Schule aus diesem Verständnis das *Voitsche Kostmaß*, das ab den 1870er Jahren verwendet wurde, um die Idealzusammensetzung des Speiseplans zu bestimmen. Mit dem Kalorienmodell wurden Nahrungsaufnahme und Muskelarbeit in Zusammenhang gesetzt, und es versprach, die Ernährung objektiv bilanzierbar zu machen.[13] Indem Nahrung in ihre einzelnen Bestandteile zerlegt wurde, entstand der Nutritionismus, also die Fixierung auf Inhaltsstoffe statt der Betrachtung des Lebensmittels im Ganzen. Gemeinsam mit der Diätmoral spiegelt sich dieses Körperverständnis heute im Erfolg von funktionalem Essen, dem *Functional Food* und Nährarzneimitteln, sogenannten *Nutraceuticals*, wider. Das moralische Diätbewusstsein wird also zusätzlich von »*dem Gebot einer gesunden Ernährung in der pragmatischen Form eines nutritiven Funktionalismus geleitet*«[14].

Körperbilder

Das Körperverständnis, das sich aus der Übertragung der Prinzipien der Thermodynamik und der Ernährungswissenschaft ergab, war das eines formbaren und somit optimierbaren Körpers. Jedoch begann sich um die Wende vom 19. zum 20. Jahrhundert die sogenannte *Lebensreformbewegung* zu formieren. Ihre Anhänger kritisierten zum einen die fleischlastige Kost in der Tradition Liebigs sowie eine durch den wachsenden Wohlstand generell fehlgeleitete Ernährung, die zu Übergewicht und Krankheit führe. Zum anderen stellten die Lebensreformer eine Gegenbewegung zum technischen Fortschrittsoptimismus ganz allgemein dar. Ihr Programm kreiste um die Wiederherstellung der Verbindung zur Natur, die sie durch die industrielle Revolution verloren gegangen sahen.[15] Es begann »*ein Kampf um die Formung tatsächlich neuer Körper durch die Umformung eines alten und mangelhaften Körpers*«[16]. Gegen Modernisierungserscheinungen wie Konsumismus, Materialismus und Individualismus entwickelten sie das Konzept einer naturverbundenen Lebensweise, durch die das Zusammenleben, die Medizin, der Körper und die Ernährung reformiert werden sollten. Praktiken, die zu diesem Zweck erprobt wurden, waren unter anderem die Naturheilkunde, eine neue Körper- und Freikörperkultur, Abstinenz, die Reform von Sexualität und Kleidung, der Vegetarismus und das Leben in neu gegründeten Siedlungsgenossenschaften und Gartenstädten.[17] »Der in metaphorischer Breite zum Überfluss neigende, tendenziell disziplinlose Konsumkörper musste, wenn er nicht gänzlich verhindert werden konnte, zumindest diätetisch und gymnastisch kontrolliert und diszipliniert werden.«[18] Obwohl die Lebensreform sich eigentlich gegen die Moderne und speziell gegen die Technisierung wandte, formte sie letztlich das heutige Körperverständnis aktiv mit, indem sie die reformerischen, naturheilkundlichen Versuche der Reinigung des Körpers mit den naturwissenschaftlichen Optimierungsbestrebungen rund um den menschlichen Körper seit Mitte des 19. Jahrhunderts verband. Auf dem Weg zu einem leistungsfähigen, neuen Menschen muss der Körper beobachtet, gereinigt, intensiviert und gepflegt werden.[19] Ein leistungsfähiger *Produktionskörper* wird zum Gegenbild eines *hedonistischen Konsumkörpers*.[20] Heute ist der perfekte Mensch zugleich ein perfekter Konsument. Der Konsumkörper ist optimiert, unauffällig und normalisiert, in keinem Falle sind daran die Spuren des Lebens und der Arbeit sichtbar. Das Idealbild ist ein normalisierter Wunschkörper.[21] Zu diesem Bild des Idealkörpers hat auch die Idee vom *Idealgewicht* beigetragen. Mitte des 19. Jahrhunderts schuf der französische Chirurg und Anthropologe Pierre Paul Broca eine weitere Grundlage für die Normierung des Körpers, indem er eine Faustformel zur Bestimmung des Normalgewichts entwickelte: den *Body Mass Index* (BMI). Indem das Normale nunmehr mathematisch und nach einheitlicher Norm festgestellt werden konnte, ließ sich von nun an auch die Abweichung von dieser Norm genau bestimmen.[22]

Bedeutungswandel des Essens

Die Haltung zu und der Umgang mit dem Essen hat sich besonders in den letzten 70 Jahren stark gewandelt. Aufgrund der Versorgung durch Supermärkte hat sich der Ursprung von Nahrungsmitteln denkbar weit vom Menschen entfernt. Die Wahrnehmung dessen, was gegessen wird, wird maßgeblich durch die Lebensmittelindustrie und den Lebensmitteleinzelhandel bestimmt. Durch die Veränderung der Gesellschaftsstruktur von der Großfamilie zur Kleinfamilie und zum Single-Haushalt sowie durch die zunehmende Berufstätigkeit von Frauen hat sich zudem ein Funktions- und Bedeutungswandel des Essens vollzogen. Die Zahl der Mahlzeiten, die zu geregelten Zeiten gemeinsam am Tisch eingenommen werden, verringert sich deutlich. Ersetzt werden sie durch Fertiggerichte, Außer-Haus-Versorgung in Form von Mensen, durch Schulessen und den Snack zwischendurch.[23] Ging es in der Mangelgesellschaft noch in erster Linie um Sättigung durch Kalorienaufnahme, so treten in der Wohlstandsgesellschaft die symbolisch-kommunikativen Funktionen des Essens mehr in den Vordergrund.[24] Essen ist heute Teil einer Lebenseinstellung, durch die Fragen der Gesundheit, der Lebensqualität, von Ethik und Status ausgehandelt werden.[25] Während in Zeiten des Mangels Lebensmittel als ideal galten, die einen hohen Nährwert besitzen, hat sich diese Anforderung vor dem Hintergrund einer allgemeinen Überversorgung fast ins Gegenteil verkehrt. Das ideale Nahrungsmittel wirkt sich heute nicht negativ auf die schlanke Linie aus und besitzt durch seine Inhaltsstoffe zusätzlich noch einen besonderen gesundheitlichen Nutzen. Vom Essen wird nicht mehr nur erwartet, dass es satt macht, sondern dass es einen Mehrwert besitzt. Etwa seit Mitte der 1980er Jahre ist der Anteil der gesundheitsbewussten Verbraucher deutlich gestiegen.[26] Mit dem Wandel der Haushaltsstrukturen und der Lebensgewohnheiten ändert sich die Küchenökonomie insgesamt, sodass die Alltagsküche zunehmend an Bedeutung verliert und von verarbeiteten, energiedichten und damit ressourcenintensiven Fertiggerichten oder Außer-Haus-Essen ersetzt wird. Gekocht wird zwar seltener, aber wenn, dann häufig mit einer ganz anderen Repräsentationsfunktion. Die Folge ist der Verlust von Koch- und Geschmackskompetenzen in breiten Teilen der Bevölkerung, die sich nicht nur individuell in Fehlernährung niederschlägt, sondern auch Auswirkungen auf Umwelt und Klima hat.[27]

Verunsicherung rund ums Essen

Frittierte Insekten aus Thailand, französische Froschschenkel und Schnecken, gegrillte Ratten aus Kambodscha, Hundesuppe aus Korea, chinesischer Quallensalat oder schwedischer vergorener Hering – das sind nur ein paar Beispiele für Delikatessen aus anderen Ländern, die bei vielen Menschen Ekel hervorrufen. Denn Ernährungsgewohnheiten unterscheiden sich kulturell stark. Sie sind nicht ausschließlich durch das vorhandene Nahrungsangebot, sondern auch durch die Kultur bestimmt. Und wie Gesellschaften über die Ernährung denken, ist nicht statisch, sondern verändert sich im Laufe der Zeit. Dafür verantwortlich sind verschiedene Einflussfaktoren wie gesellschaftliche Werte, wissenschaftliche Erkenntnisse und ökonomische Zusammenhänge.[28]

In den heutigen Gesellschaften der Industrieländer ist Essen für den Großteil der Bevölkerung zu jeder Zeit und fast an jedem Ort in irgendeiner Form zu einem günstigen Preis verfügbar. Die Nahrungsaufnahme hat sich von festen Zeiten, Orten und sozialen Kontexten gelöst. Was vormals durch gesellschaftliche Normen klar geregelt und durch die jeweilige Verfügbarkeit von Nahrung bestimmt war, ist nun dem Individuum überlassen. Dadurch wird ein Trieb, der noch stärker wirkt als der Sexualtrieb, dereguliert. Die Herausforderung dabei besteht darin, »*ein tief sitzendes anthropologisches Bedürfnis außer Kraft zu setzen, das Menschen im Überlebenskampf veranlasste, immer dann viel zu essen, wenn es zur Verfügung stand*«[29]. Hinzu kommt, dass der Umbruch vom Mangel zum Überfluss zeitlich mehr oder weniger mit der Abnahme der körperlichen Arbeit zusammenfiel.[30] Angesichts des medial vermittelten Bilds vom schlanken, gesunden, fitten, sportlichen Körper geraten das Individuum und seine Ernährung in Konflikt mit dem Streben nach diesem Idealbild und den Verlockungen der Ernährungsindustrie.[31] Die Schlankheitsnorm stellt ein ideales Instrument dar, um das Essverhalten kollektiv zu kontrollieren. Um dieses Idealbild zu erreichen, so wird suggeriert, sei es am besten, möglichst wenig zu essen, und Übergewicht wird sozial stigmatisiert. Schließlich ist es die Pflicht des Einzelnen, sich aktiv um seine Gesundheit zu kümmern. Wer die kollektive Norm der Schlankheit verfehlt, erfährt gesundheitliche oder soziale Nachteile, die als selbst verschuldet gelten.[32] Folgen dieser sozialen Erwartung sind u. a. Krankheitsbilder wie *Magersucht*, *Bulimie* und *Orthorexie*. Der Ernährungspsychologe Christoph Klotter bezeichnet ihre Erscheinungsformen nicht als Abweichung, sondern als Überrepräsentation, als Karikatur des vorherrschenden Körperbildes: Durch Magersucht drückt sich das Ideal der Schlankheit in überspitzter Form aus, Bulimie verlagert die Impulsausbrüche des unkontrollierten Essens hinter die Kulissen und trägt die Tugend der Selbstbeherrschung nach außen. Und zuletzt repräsentiert Orthorexie – als der Zwang, sich gesund zu ernähren – übermäßiges Gesundheitsbewusstsein und den Wunsch bzw. die Pflicht, sich mittels des Essens selbst zu verwirklichen.³³ Das andere Extrem, die entgegengesetzte Abweichung von der Gewichts- bzw. Essnorm, äußert sich in Form von Übergewicht. Trotz der Omnipräsenz von industriell verarbeitetem – häufig hochkalorischem Essen – wird es aufgrund der gleichzeitig herrschenden Wahlfreiheit, die das Individuum zwischen gesundem und ungesundem Essen der gängigen Meinung nach besitzt, als Versagen und als Fehlverhalten bewertet, wenn man zu dick ist. Jedoch lässt sich Fettleibigkeit mit dem Ernährungswissenschaftler und Gastrosophen Harald Lemke nicht nur als »*Abweichung von der Norm, sondern ganz im Gegenteil [als] Überanpassung*«³⁴ deuten. Letztendlich stehen sich hier zwei nahezu unvereinbare Normen gegenüber. Einerseits das Idealbild des schlanken Körpers, andererseits die herrschende Doktrin des Konsums. An die Stelle des überflüssig gewordenen arbeitsfähigen Produktionskörpers, der im 19. Jahrhundert das Leitbild darstellte, ist ein bereitwillig konsumierender Konsumkörper getreten, der ein System stützt, »*das vom unersättlichen Konsum der Massen profitiert*«³⁵.

Industriell gefertigte Nahrungsmittel sind häufig salzig, fettig und mit zahlreichen künstlichen oder sogenannten *natürlichen* Aromen ausgestattet. Das bleibt nicht ohne Folgen: Einerseits besitzen diese Lebensmittel häufig eine sehr hohe Energiedichte, die bei übermäßigem Verzehr zu Übergewicht führt. Außerdem schränkt der häufige Verzehr industriell hergestellter Produkte den natürlichen Geschmackssinn ein, sodass schließlich Industriearomen gegenüber den natürlichen bevorzugt werden und Kenntnisse über die natürlichen Eigenschaften der Lebensmittel verloren gehen.³⁶ Zunehmend werden Fertiggerichte aber nun auch mit Vitaminen, Omega-3-Fettsäuren, Proteinen oder Probiotika versetzt, sodass diese Lebensmittel einen Mehrwert erhalten, indem sie als besonders gesund beworben werden können. So liefern die Lebensmittelkonzerne den Konsumenten eine vermeintlich gesunde *Alternative* für ernährungsbedingte Probleme, für deren Ursache sie selbst mitverantwortlich sind. Gesundheitsbewusster Konsum ist so zu einem besonders lohnenswerten Geschäft für die Konzerne geworden.³⁷ Ihre Versprechen zu verkaufen ist die Aufgabe von Verpackungen und Werbebotschaften, die weit mehr über den Kauf entscheiden als der tatsächliche Inhalt oder die Produktionsbedingungen.³⁸ Anstelle von Produktwissen ist Markenwissen getreten, das den Konsumenten ein Lebensmittel anhand von Markennamen, Mindesthaltbarkeitsdaten und Zutatenlisten beurteilen lässt, statt auf die eigenen Sinne zu vertrauen – Geschmack, Geruch und Haptik werden zweitrangig.³⁹ Mit diesen Lebensmitteln, oder besser gesagt anhand ihres *Images*, lassen sich Handlungs- und Deutungsmuster für den Konsumenten erzeugen. Häufig wird bei gesundheitsbewussten Lebensmitteln die »*›Sorge um sich‹, um Essende zu Besitzern und Meistern ihrer Körper zu machen*«⁴⁰, ins Zentrum der Werbebotschaft gestellt. Die Verpackungen beschreiben nicht die Eigenschaften des Lebensmittels, sondern folgen einer geltenden gesellschaftlichen Gesundheitsnorm, der folgend das Essverhalten zum Zwecke der Leistungssteigerung und Gesunderhaltung dient.⁴¹ Attribute wie *garantiert, kontrolliert, ausgewogen, natürlich, weniger Zucker, ohne künstliche Zusatzstoffe* vermitteln ein Gefühl von Kontrolle und Sicherheit, das richtige Produkt zu kaufen. Sie vermitteln: Je mehr Gedanken ich mir über meine Ernährung mache, desto höher ist mein Gesundheitsstatus, der mit sozialer Anerkennung einhergeht. Die individuelle Gesundheit wird zur Option, zur Aufgabe des Individuums, das in Eigenverantwortung gesundheitliche Risiken selber abschätzen können muss und selbst die Schuld trägt, wenn ihm dies nicht gelingt.⁴²

Die Sorge um sich

Lebensmitteltrends werden von der Lebensmittelindustrie entweder geschaffen oder verstärkt und beruhen häufig auf der gerade herrschenden Doktrin der Ernährungswissenschaft. Ein gutes Beispiel dafür ist das *Cholesterin*. Über Jahrzehnte hinweg wurde ein durch fettreiche Ernährung erhöhter Cholesterinspiegel mit Herz-Kreislauf-Erkrankungen in Verbindung gebracht. In der Folge ging der Eierkonsum stark zurück, präventiv cholesterinsenkende Medikamente wurden verschrieben, und Produkte wie cholesterinfreie Margarine boomten.

Inzwischen wird allerdings bezweifelt, dass es einen stabilen Zusammenhang von ernährungsbedingten Cholesterinwerten und koronaren Herzerkrankungen gibt, was selbstverständlich von dem unwiderlegbaren Zusammenhang zwischen Übergewicht und den dadurch auftretenden sogenannten *Zivilisationskrankheiten* wie Diabetes zu unterscheiden ist. Als Antwort der Lebensmittelindustrie auf die epidemische Verbreitung des Übergewichts kamen seit den 1980er Jahren vermehrt fettreduzierte *Light-Produkte* auf den Markt, die dem Konsumenten suggerierten, er könne beim Verzehr dieser Produkte ungehindert weiter seinen Essgewohnheiten folgen und dabei zugleich sein Gewicht reduzieren oder nehme zumindest nicht weiter zu. Statt aber das Gewicht durch eine reduzierte Fettzufuhr zu senken, tritt beim Konsum dieser Produkte häufig das Gegenteil ein. Denn in den Light-Produkten wird das fehlende Fett meist durch Zucker ersetzt, und die fehlende Energie wird durch eine erhöhte Nahrungsaufnahme ausgeglichen.⁴³ Inzwischen sind diese Light-Produkte ein wenig aus der Mode gekommen, jedoch ist die Zahl der Trends rund um das Essen so zahlreich und unübersichtlich wie nie. Ernährung ist zur Glaubensfrage geworden, und die Leitlinien der entsprechenden

Superduperfood

und was hat es eigentlich mit Functional Food auf sich?

Eine besondere Bedeutung für die Optimierung durch die Nahrungsaufnahme haben funktionale Lebensmittel, das Functional Food. Functional Food sind Lebensmittel, die mit zusätzlichen Inhaltsstoffen angereichert sind und mit dem Versprechen um einen positiven Effekt auf die Gesundheit beworben werden. Allerdings sind Lebensmittel, die eine besondere Wirkung besitzen, nichts Neues. Hausmittel und pflanzliche Heilmittel benutzt der Mensch nachweislich seit einigen Jahrtausenden.*³ Auch könnte man demnach jodiertes Speisesalz als Functional Food bezeichnen, da das Jod dem Salz hinzugefügt wurde und es zur Verminderung von Jodmangel und den damit verbundenen Krankheiten beigetragen hat. Jedoch versteht man unter Functional Food gängigerweise vor allem solche Lebensmittel, die zur Prävention der Zivilisationskrankheiten beitragen.*⁴ Als Superfood hingegen gelten gemeinhin solche Lebensmittel, die bereits von Natur aus einen hohen Gehalt von wenigstens einem Inhaltsstoff besitzen, der sich positiv auf die Gesundheit auswirkt. Beispiele dafür sind Quinoa, Gojibeeren, Chiasamen, Aronia und Matcha. Gibt es Functional Food etwa seit Mitte der 1980er Jahre, ist Superfood ein relativ neuer Trend. Häufig ist die Wirkung dieser exotischen Lebensmittel nicht nur fraglich, sondern aufgrund von Belastungen mit toxischen oder anderweitig schädlichen Rückständen gesundheitlich bedenklich. Ganz abgesehen von der schlechten Klimabilanz durch die langen Transportwege.*⁵ Obwohl heimische Lebensmittel wie Äpfel, Grünkohl, diverse Beeren, Knoblauch und Leinsamen ebenfalls durch gewisse Inhaltsstoffe das Potenzial zum Superfood besitzen, ist der Trend rund um die vielversprechenden exotischen Lebensmittel ungebrochen.*⁶

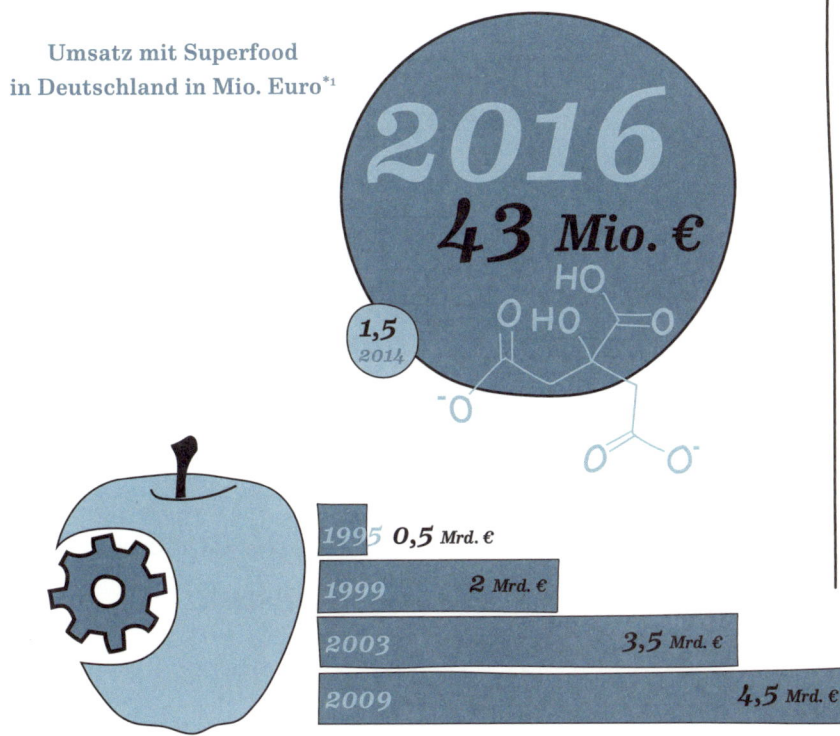

Umsatz mit Superfood in Deutschland in Mio. Euro*¹

2016 — 43 Mio. €
1,5 — 2014

1995 — 0,5 Mrd. €
1999 — 2 Mrd. €
2003 — 3,5 Mrd. €
2009 — 4,5 Mrd. €

Umsatz mit Functional Food in Deutschland*²

Trends stehen einander zum Teil völlig konträr gegenüber: Der *Paleo*-Trend, die sogenannte *Steinzeitdiät* beispielsweise, setzt auf unverarbeitete Lebensmittel, auf den Verzicht von Getreide und vor allem auf viel Fleisch. Der *Vegetarismus* dagegen verzichtet auf Fleisch und der *Veganismus* auf tierische Produkte ganz allgemein, wobei auch Getreideprodukte erlaubt sind. Während die einen auf eine *laktosefreie* Ernährung schwören, suchen wieder andere ihr Heil in dem Verzicht auf das Getreideeiweiß *Gluten*. Eine Website, die sich selbst *Zentrum der Gesundheit* nennt, beschreibt Gluten beispielsweise wie folgt: »*Wenn man – meist kurze Zeit nach dem Essen – das Gefühl hat, das eigene Gehirn befinde sich in einem Nebel, wenn man sich einfach nicht konzentrieren und auch nicht mehr klar denken kann, wenn man sich fühlt, als habe man Drogen genommen, obwohl das keineswegs der Fall war, dann ist man nicht unbedingt in der Anfangsphase einer Demenz oder gar geisteskrank. Es könnte ganz einfach eine Glutenunverträglichkeit dahinterstecken. Gluten ist zudem sehr gesundheitsschädlich.*«[44] Natürlich kann sowohl der Milchzucker als auch das Getreideeiweiß bei einigen Menschen Unverträglichkeiten und gesundheitliche Probleme auslösen, jedoch gilt dies keineswegs so generell, wie heute vielfach geglaubt wird. Kurzum, solche zur Allgemeingültigkeit erhobenen, scheinbar wissenschaftlichen, aber einander widersprechenden Wahrheiten führen zu einer erheblichen Verunsicherung rund um das Thema Essen.

Soziale Funktion des Essens

Was *kann* und vor allem was *darf* ich essen? Das ist heute für viele Menschen eine zentrale Frage. Aber wieso scheint es für immer mehr Menschen so attraktiv, den Trends, die diese Fragen zu beantworten versprechen, zu folgen? Zum einen bieten Ernährungstrends angesichts der großen Unübersichtlichkeit im Angebot von Nahrungsmitteln und Ernährungsempfehlungen bei gleichzeitigem Verlust individueller Ernährungskompetenz praktische Handlungsvorlagen, während das Wissen um eine gesunde Ernährung einem ständigen Wandel unterliegt. Gesunde Ernährung ist für viele Menschen zu einem Selbstzweck geworden, und das Gesundheitsversprechen vieler Trends scheint den Weg zu

»*Zu welchem Ernährungstyp zählst du?*«

Umfrage zu den Ernährungsgewohnheiten im Jahr 2016[*7]

3 % ... *Hauptsache schnell*

5 % ... *Hauptsache kalorienarm*

4 % ... *Hauptsache günstig*

41 % ... *Hauptsache lecker*

45 % ... *Hauptsache gesund*

weisen, sich selbst zu optimieren. Funktionale Lebensmittel leisten dazu einen entscheidenden Beitrag.[45] Zum anderen ist Ernährung ein Mittel zur sozialen Abgrenzung und Identitätsbildung geworden. Mit dem, was gegessen oder getrunken wird, lässt sich soziale Zugehörigkeit demonstrieren. Seit nicht mehr Geburt und Stand darüber entscheiden, was jemand isst, muss sich das Individuum auch in diesen Fragen durch eine entsprechende Wahl bewähren. In der Formung des Selbst- und Fremdbildes liegt das Streben nach möglichst großer sozialer Anerkennung begründet.[46] Sich für einen bestimmten Ernährungsstil zu entscheiden ermöglicht dabei nicht nur, Zugehörigkeit zu einer Gruppe zu erlangen und sich auf diese Weise selbst zu definieren, sondern scheint auch eine Alternative zur unmittelbaren politischen Partizipation zu bieten – zumindest auf den ersten Blick, solange man nämlich die Kontexte, in denen Ernährung passiert, außer Acht lässt.

Was tun?

Wie aber kann eine Lösung dieser Misere aussehen? Durch die schnelle und vermeintlich kostengünstige Vollversorgung mit Lebensmitteln in Form von Fertigessen, das nur wenige Handgriffe bis zur Verzehrfertigkeit verlangt, ist es zu einem Verlust von Geschmacks- und Kochkompetenz gekommen, die zu einer starken Gewöhnung an industriell hergestellte Lebensmitteln geführt hat. Gleichzeitig hat sich dadurch auch die Bereitschaft vergrößert, den Werbeversprechen für diese Produkt zu glauben. Angesichts von individueller Verantwortung für die Gesundheit, zunehmenden Übergewichts in der Bevölkerung, durch Lebensmittelskandale und die vielen widersprüchlichen Botschaften rund um das Thema Ernährung entsteht zusammen mit der Entfremdung von der Herstellung und Erzeugung der Lebensmittel eine Verunsicherung darüber, was man essen kann, darf und sollte.[47] Auch die Empfehlung, vor allem einzelne Nährstoffe und nicht mehr ganze Lebensmittel zu essen, trägt entscheidend dazu bei. »*Wir essen nicht mehr, was unsere Mütter gegessen und für uns gekocht haben. Sondern wir müssen erst Journalisten, Ärzte, Ernährungswissenschaftler oder staatliche Ernährungsempfehlungen konsultieren, bevor wir einkaufen.*«[48] Ein Ausweg aus dieser Situation könnte sein, sich mit dem, was man isst, tatsächlich aktiv auseinanderzusetzen, sich also über den Ursprung der Nahrung Gedanken zu machen und den Konsum verarbeiteter Lebensmittel zu reduzieren. Und nicht zuletzt sollte man sich auf seine Sinne verlassen, statt den letztlich doch ziemlich durchsichtigen Marketingversprechen zu vertrauen.

Und jetzt?
Zum Schluss

»Wie sonst soll sich ›die Welt‹ verändern, wenn nicht dadurch, dass wir selbst das, was wir tun können und tun müssen, damit sich die Dinge verändern, tatsächlich auch tun: so etwa die Dinge und die Welt eines falschen Essens durch unsere eigene bessere Esskultur verändern – mit all den unvermeidbaren Widersprüchen und Konflikten, die dies nach sich zieht.«[1]

Eines sollten die Texte in diesem Buch gezeigt haben: Essen ist weit mehr als eine Privatangelegenheit, sondern durch die Globalisierung in einen komplexen sozialen und kulturellen Kontext eingebunden, der schon eine einfache Tomate zu einem politischen Gegenstand machen kann. Mit dem, was wir essen, stellen wir Bezüge zu anderen Menschen in anderen Ländern, der eigenen Gesellschaft und der Umwelt her. Ernährungsverhältnisse müssen deshalb im gesellschaftlichen Ganzen wahrgenommen und Zusammenhänge transparent gemacht werden. Nur Wissen, aus dem dann Taten erwachsen, kann aus der Unüberschaubarkeit dieser Verhältnisse und unserer Verunsicherung als Verbraucher über ein angemessenes Handeln heraushelfen. Wer sich daranmacht, sein Kauf- und Essverhalten zu ändern, bekommt es ganz sicher mit vielen Widersprüchen zu tun und wird nicht gleich die eine richtige Lösung für sich finden. Statt sich aber ideologisch in Einzelfragen zu verkämpfen, wie dies etwa Vegetarier und Fleischesser in ihren Auseinandersetzungen immer wieder tun, sollten wir versuchen, das System als Ganzes zu begreifen. Dabei ist es wichtig, dass wir uns mit der Herkunft und der Beschaffenheit der Nahrungsmittel insgesamt auseinandersetzen, um uns so in die Lage zu versetzen, beim Einkauf bewusste Entscheidungen zu treffen und nicht essensvergessen zu bloßen Konsumenten von Inhaltsstoffen zu werden. Es macht nämlich in der Tat einen großen Unterschied, ob wir unser Essen als Konsumgut begreifen, dessen Wert wir nach seinem Preis und seiner Funktion beurteilen, oder ob wir dabei noch andere Maßstäbe anlegen. Reduziert man sein Essen ausschließlich auf den Nährwert, verliert man im funktionalistischen Fahrwasser der Lebensmittelchemie die Kontexte des Essens und die ursprünglichen Produkte aus den Augen. Der Weg, der eine Lösung für ein besseres Essen bieten kann, ist dabei keineswegs der bloße Verzicht. Es geht nämlich nicht darum, auf Genuss zu verzichten. Ganz im Gegenteil. Es geht darum, Essverhältnisse bewusster zu machen und dadurch zu besseren, nicht zuletzt wohlschmeckenderen Alternativen zu gelangen. Auch geht es nicht darum, von nun an nur noch Bio-Produkte zu kaufen, denn auch die Umstellung auf biologische Landwirtschaft ist nicht die Lösung aller Probleme. Man muss noch nicht einmal von heute auf morgen seine Gewohnheiten radikal ändern und zum Veganer werden. Vielmehr hat es schon einen großen Einfluss, wenn jeder Einzelne mit kleinen Beiträgen beginnt. Wenn jeder Mensch in den westlichen Industrieländern beispielsweise einmal öfter wöchentlich auf Fleisch verzichten würde oder bereit wäre, einen Euro mehr für den Liter Milch zu bezahlen, wären das kleine Dinge, die große Veränderungen bewirken können. Oder wie ein afrikanisches Sprichwort sagt: *Wenn viele kleine Leute an vielen kleinen Orten viele kleine Dinge tun, können sie das Gesicht der Welt verändern.*

Genieße und verbessere die Welt!

Durch verantwortungsbewusstes kulinarisches Handeln, das zugleich genussvoll ist, lässt sich die Welt tatsächlich ein Stück weit verändern. Dafür müssen wir lediglich die Maßstäbe, nach denen wir Genuss bewerten, an anderen, auch ethischen

Fragen ausrichten. Wenn Genuss bedeutet, Berge von billigem Fleisch, von tierischen Proteinen zu verzehren, wenn Genuss heißen soll, möglichst preisgünstig, möglichst bequem und in größtmöglicher Menge zu essen, dann muss die Idee einer ernährungs- und umweltgerechten Landwirtschaft eine Utopie bleiben. Wenn Genuss aber heißt, sozial gerecht produziertes, möglichst unverarbeitetes, regional und umweltverträglich erzeugtes Essen mit Originalzutaten zu verzehren und zu begreifen, dass Ernährung nicht erst auf dem eigenen Teller beginnt, dann lassen sich durch individuelles Handeln tatsächlich Veränderungen anstoßen.

»Was uns zunehmend fehlt in unserer von Zeitbanditen (das sind wir übrigens selber) bedrohten Welt, sind Muße und Wertschätzung für Einkauf und Hausarbeit. Nur deshalb können Convenience-Produkte so erfolgreich sein – selbst im Biosektor.«[2]

Das Wissen um Zubereitungsmöglichkeiten, um die Zutaten und energieextensive Konservierungsmethoden stellt das wesentliche Instrument dar, um aus guten Absichten eine dauerhafte Praxis zu machen. Wer in der Lage ist, auf industriell hergestelltes, geschmacksnormiertes Fertigessen zu verzichten, tut dadurch nicht nur etwas für die eigene Gesundheit, sondern entscheidet sich aktiv gegen ein Ernährungssystem, das ausschließlich Wachstum und Gewinnmaximierung anstrebt. Selbst zu kochen ist eine aktive Entscheidung gegen ein System, das sich die eine Hälfte der Welt fast zu Tode fressen und die andere Hälfte zu Tode hungern lässt und dabei Klima, Wasser und Böden als die existenziellen Lebensgrundlagen nicht nachhaltig nutzt, sondern nachhaltig schädigt. Die eigene Verantwortung für die Entscheidung in Essensfragen bequem an die Fremdversorger abzugeben, weil man diese Entscheidung für unbedeutend oder Essen als allenfalls notwendige Sache geringschätzt, bedeutet, sich für ein System zu entscheiden, das durch häufig allzu schlecht bezahlte Dienstleistungen das Essen kommerzialisiert hat. Sicherlich ist es bequem, sich sein Essen von anderen zubereiten zu lassen und dadurch Zeit zu gewinnen. Aber wofür nutzen wir die gewonnene Zeit letztendlich? Und zu welchem Preis? Betrachtet man die Wertschöpfungskette, entlang der die Lebensmittel entstehen, so verlagert man als privilegierter Bewohner der westlichen Industrieländer die ungeliebte Tätigkeit der Nahrungserzeugung und -zubereitung an häufig sozial marginalisierte und unterprivilegierte Menschen, die oft selbst nichts zu essen haben, weil wir zu viel davon haben. Zugleich geben wir so die eigene Entscheidungsfreiheit über unsere Nahrung ab. Es macht also einen großen Unterschied, ob man Kochen als eine Beschäftigung begreift, der man etwas Zeit *widmet* und dabei gewinnt, oder als eine Tätigkeit, die bloß Zeit *stiehlt*. Selbst zu kochen bedeutet, Zeit für sich selbst zu nutzen, für das eigene Wohl selbst zu sorgen und die Essenszubereitung nicht an schlechtbezahlte Dritte zu delegieren. Kochen ist also ein Mittel, sich einerseits auf mündige Weise zu ernähren und dadurch andererseits in der Lage zu sein, das eigene Verhalten mit erheblichen Auswirkungen auf Andere besser zu verstehen und dadurch Veränderungen anzustoßen.

Kaufen oder Gärtnern?

»Der Münsteraner Chemiker Josef König, zentrale Figur der Nahrungsmittelchemie im Deutschen Kaiserreich, pointierte 1906, dass es den Nahrungsmittelfabrikanten vielfach wie den Kleidermachern gehe, erst schaffen sie die Moden, nachher sagen sie, das sei gebräuchlich, das Publikum verlange es so. Als man die Anilinfarbstoffe, den Stärkesirup und die Salicylsäure noch gar nicht gekannt habe, so König, da sei es in der Nahrungsmittelindustrie auch recht gut ohne diese Hilfsmittel gegangen. Als man dann aber erkannt habe, dass sich unter ihrer Anwendung Nahrungs- und Genussmittel auf viel billigere Weise herstellen ließen, sei man zu ihrer Verwendung übergegangen. Weil die mit diesen künstlichen Mitteln hergestellten Waren häufig sogar ein besseres Aussehen und eine anscheinend gehaltreichere Beschaffenheit als reine Naturerzeugnisse gezeigt hätten, habe man beifällige Annahme der Waren in der Bevölkerung gefunden und behaupte jetzt, das müsse so sein.«[3]

Die Industrie und der Markt antworten selbstverständlich stets auf eine Nachfrage, jedoch wird diese durch Trends und geschicktes Marketing beeinflusst, verstärkt und mitunter auch erst hervorgerufen. Nach der herrschenden wirtschaftlichen Logik stellt die Industrie ausschließlich das her, was für sie lukrativ ist und sich im Rahmen der Produktionsbedingungen herstellen lässt bzw. – mit Blick auf pflanzliche Lebensmittel – eine gute Transport- und Lagerfähigkeit hat. Auf diese Weise wird nicht nur die Vielfalt beschnitten, sondern auch der Geschmack durch wenige internationale Konzerne bestimmt und vereinheitlicht. Fragen nach geschmacklicher und damit nach biologischer Vielfalt, nach Nachhaltigkeit und sozial gerechten Produktionsbedingungen sind für die Herstellung von Lebensmitteln oft keine relevanten Kriterien. Zugleich hat der Lebensmitteleinzelhandel eine so große Marktmacht aufgebaut, dass er Preise für die Herstellung diktieren kann und nur diejenigen Lebensmittel auf die Teller der Konsumenten gelangen, die eine große Gewinnspanne versprechen und auf diese Weise wiederum andere vom Markt verschwinden lassen. Sich dieser Mechanismen bewusst zu sein und dementsprechend als informierter Käufer zu handeln, ist die eine Sache, löst jedoch noch nicht das Problem der fehlenden Nachvollziehbarkeit der Herstellungsbedingungen von Lebensmitteln. Denn die Produktion entlang der globalen Wertschöpfungskette zu verfolgen ist für den einzelnen Konsumenten kaum möglich. Allerdings kann die verloren gegangene Verbindung zur Herkunft der Lebensmittel durch die eigene Harke wiederhergestellt werden. Durch den unabhängigen Anbau von eigenem Gemüse lässt sich ein neuer Bezug zu den Lebensmitteln und ihrem Ursprung gewinnen und zugleich ein Essen erzeugen, das man nicht kaufen muss. Eine Rückkehr zur teilweisen Selbstversorgung sollte deshalb nicht als Rück-, sondern als Fortschritt begriffen werden. Außerdem wurzelt in dieser Versorgungsweise das Verständnis, dass die Erzeugung von Lebensmitteln ein Prozess ist, der der Natur entspringt und nicht durch die Industrie aus dem Nichts geschaffen wird; dass nur durch die Achtung der natürlichen Ressourcen, durch einen umweltschonenden Anbau von pflanzlicher Nahrung und eine umweltverträgliche Tierproduktion die Nahrungs- und Lebensgrundlage der Welt weiterhin gesichert werden kann. Und nicht zuletzt bietet das Gärtnern eine aktive, weitgehend kostenlose Möglichkeit zur Partizipation.

Und jetzt?

Wieder einen Bezug zu den Lebensmitteln zu bekommen, die uns Tag für Tag ernähren, kann also entweder durch den eigenen Anbau gelingen – und seien es nur ein paar Tomaten auf der Fensterbank – oder dadurch, dass wir einfache Fragen stellen und unser eigenes Umfeld etwas genauer betrachten. Wer füttert die Kühe, die meine Milch geben? Wie leben die Hühner, die meine Eier legen? Wie werden die Tiere, die ich esse, geschlachtet und weiterverarbeitet? Backt der Bäcker nebenan gutes Brot? Kommen die Tomaten, die Kartoffeln vom anderen Ende der Welt? Muss ich auch Tomaten im Winter essen, wenn sie sowieso nicht schmecken, und müssen Avocados unbedingt zu meinem täglichen Speiseplan gehören oder ist es nicht auch in Ordnung, wenn ich sie mir als gelegentliche Besonderheit genehmige? Wenn etwas immer und zu jeder Zeit verfügbar ist, wird es selbstverständlich und verliert schnell seinen Wert. Ist es dann nicht eigentlich viel besser, weniger Fleisch zu essen, aber dafür gutes, das wirklich schmeckt und von dem ich weiß, wo und vor allem wie das Tier gelebt hat? Schmecken Sommererdbeeren und selbstgekochte Marmelade nicht sowieso viel besser als etwas, das wir für Erdbeere halten, weil es auf der Verpackung steht, aber nicht danach schmeckt oder sogar gar nicht ist? Solche bewussten Einschränkungen sind nicht nur für die eigene Gesundheit gut, sondern wirken sich auch positiv auf die Umwelt und die Erzeuger am Anfang der Nahrungskette aus. Und das Beste ist: Sich daran aktiv zu beteiligen ist keine Frage des Portemonnaies, des sozialen Status, des Geschlechts oder des Alters. Ja, es hängt noch nicht mal von der verfügbaren Zeit ab, sondern von den eigenen Prioritäten.

Wir leben in einer Konsumgesellschaft, in der wir vergessen haben, danach zu fragen, woher die Produkte kommen, die wir konsumieren, und auf wessen Kosten das geht. Das betrifft nicht nur die ökologischen Folgen, die sich aus der Art und Weise, wie wir uns ernähren, ergeben. Auch ein erheblicher Teil der weltweiten Armutsprobleme, die vermeintlich weit weg sind und scheinbar nichts mit uns zu tun haben, hängt mit unserer Art des Lebensmittelkonsums zusammen und betrifft uns deshalb viel unmittelbarer, als es uns erscheint.

Sich daran durch die eigene Ernährungsweise zu beteiligen oder auch nicht liegt in der Verantwortung des Einzelnen. Um diese Verantwortung übernehmen zu können, ist aber zunächst wichtig, die Grundzüge des Systems zu durchschauen und die Konsequenzen zu ziehen, statt es zu stützen und weiter zu konsumieren wie bisher. Nur wer sich die Zusammenhänge bewusst macht, kann aktiv sinnvolle Entscheidungen treffen und helfen, alternative Marktstrukturen zum bestehenden Ernährungssystem zu etablieren. Deshalb gilt frei nach Kant: *Habe Mut, dich deines eigenen Kochlöffels zu bedienen.*

Einzelnachweise
nach Kapiteln

Geschichte und Zahlen
Eine Bestandsaufnahme

1. vgl. **Achilles, W:** Deutsche Agrargeschichte im Zeitalter der Reformen und der Industrialisierung. S. 215
2. **Zitiert nach: ebd.** S. 215
3. vgl. **Walter, R:** Wirtschaftsgeschichte. Vom Merkantilismus bis zur Gegenwart. S.83 f.
4. vgl. **Achilles, W:** Deutsche Agrargeschichte im Zeitalter der Reformen und der Industrialisierung. S. 226-231
5. vgl. **Besch, M:** Globalisierung und Regionalisierung in der Ernährung. In: Gedrich, K & Oltersdorf, U (Hg.): Ernährung und Raum. Regionale und ethnische Ernährungsweisen in Deutschland. S. 6 ff.
6. vgl. **Fuchs, R:** Gen-Food. S. 276
7. vgl. **Achilles, W:** Deutsche Agrargeschichte im Zeitalter der Reformen und der Industrialisierung. S. 226-231
8. vgl. **Dubos, R & Ward, B:** Wie retten wir unsere Erde? Umweltschutz: Bilanz und Prognose. S. 48
9. **Bundesministerium für Ernährung und Landwirtschaft:** Ernährungstrends im Wandel der Zeit. Zugriff am 13. September 2015. Verfügbar unter http://multimedia.gsb.bund.de/BMEL/Zeitreise/#58
10. vgl. **Birchler, H:** Landwirtschaft in der DDR. S. 17-28
11. vgl. **Schneider, G:** Wirtschaftswunder DDR. S. 22
12. vgl. **Heinrich-Böll-Stiftung:** Fleischatlas. S. 33
13. vgl. **Birchler, H:** Landwirtschaft in der DDR. S. 96 f.
14. vgl. **ebd.** S. 113 ff.
15. vgl. **ebd.** S. 115 ff.
16. vgl. **ebd.** S. 137
17. vgl. **Schneider, G:** Wirtschaftswunder DDR. S. 22
18. vgl. **Mohanty, S & Zeigler, R:** Support for international agricultural research: current status and future challenges. S. 566 f.
19. vgl. **Hahlbrock, K:** Kann unsere Erde die Menschen noch ernähren? Bevölkerungsexplosion, Umwelt, Gentechnik. S. 255
20. vgl. **Spangenberg, J:** Umwelt und Entwicklung. Argumente für eine globale Entwicklungsstrategie. S. 113-115
21. **ebd.** S. 113
22. **Langer, L:** Revolution im Einzelhandel. Die Einführung der Selbstbedienung in Lebensmittelgeschäften der Bundesrepublik Deutschland (1945-1973). S. 87
23. vgl. **Haupt, H:** Konsum und Handel. Europa im 19. und 20. Jahrhundert. S. 66 f.
24. vgl. **Kuhn, A:** Verkauf von Waren und Träumen. Die Warenhausgesellschaft. In: Jahrhundertwende. Der Aufbruch in die Moderne 1880-1930. S. 62-67
25. **ebd.** S. 62
26. **Langer, L:** Revolution im Einzelhandel. Die Einführung der Selbstbedienung in Lebensmittelgeschäften der Bundesrepublik Deutschland (1945-1973). S. 73 ff., S. 88
27. **Statista:** Anzahl der Artikel in einem Supermarkt in Deutschland nach Sortiment im Jahr 2012. Zugriff am 13. September 2017. Verfügbar unter https://de.statista.com/statistik/daten/studie/294107/umfrage/artikel-in-einem-supermarkt-in-deutschland-nach-sortiment/.
28. **Haupt, H:** Konsum und Handel. S. 159 f.
29. vgl. **ebd.**
30. vgl. **Schneider, G:** Wirtschaftswunder DDR. S. 120 ff.
31. vgl. **Kaminsky, A:** Illustrierte Konsumgeschichte der DDR. S. 47
32. vgl. **ebd.** S. 130 f.
33. vgl. **Kuhn, A:** Verkauf von Waren und Träumen. Die Warenhausgesellschaft. In: Jahrhundertwende. Der Aufbruch in die Moderne 1880-1930. S. 71
34. vgl. **Gorz, A:** Kritik der ökonomischen Vernunft. S. 218 f.
35. **Ebd.** S. 219
36. vgl. **Schmitzberger, S:** Der Einfluss vorgefertigter Nahrungsmittel auf die Gestaltung der täglichen Mahlzeiten in Österreich von 1950 bis in die Gegenwart. S. 35

37. **Statista:** Deutsches Tiefkühlinstitut. n.d. Pro-Kopf-Verbrauch von Tiefkühlkost in Deutschland in den Jahren 1978 bis 2016 (in Kilogramm). Zugriff am 13. September 2017. Verfügbar unter https://de.statista.com/statistik/daten/studie/37571/umfrage/pro-kopf-verbrauch-von-tiefkuehlkost/.
38. **Statista:** Umsatz von Convenience-Produkten in Deutschland. Zugriff am 13. September 2017. Verfügbar unter https://de.statista.com/outlook/40080000/137/convenience/deutschland#
39. vgl. **Lemke, H:** Die Kunst des Essens. S. 134
40. vgl. **Kuhn, A:** Verkauf von Waren und Träumen. Die Warenhausgesellschaft. In: Jahrhundertwende. Der Aufbruch in die Moderne 1880-1930. S. 62; Haupt, H: Konsum und Handel. Europa im 19. und 20. Jahrhundert. S. 103 f.
41. vgl **Gorz, A:** Kritik der ökonomischen Vernunft. S. 218 f.
42. **ebd.** S. 221
43. **ebd.** S. 219
44. **ebd.** S. 223
45. **ebd.** S. 223
46. vgl. **Lemke, H:** Die Kunst des Essens. S. 135
47. **GfK:** Kochen. Einstellung und Zeitaufwand in Deutschland. Zugriff am 14. September 2017. Verfügbar unter: http://www.gfk.com/de/insights/infographic/deutsche-verbringen-wenig-zeit-mit-kochen/
48. **Bundesministerium für Ernährung und Landwirtschaft:** Deutschland, wie es isst. Der BMEL-Ernährungsreport 2017. S. 2
49. vgl. **Geyer, S:** Essen und Kochen im Alltag. S. 65
50. **ebd.** S. 68 f.
51. vgl. **Lemke, H:** Die Kunst des Essens. S. 133 f.
52. vgl. **Klotter, C:** Essen als individuelle Freiheit – Essen als sozialer Zwang. S. 133
53. vgl. **Ploeger, A et al. (Hg.):** Die Zukunft auf dem Tisch. S. 15
54. vgl. **Wilk, N:** Wie (funktionalisierte) Lebensmittel mit uns „reden". S. 262-265
55. vgl. **Rückert-John, J et al.:** Nachhaltige Ernährung außer Haus – der Essalltag von morgen. S. 43
56. **ebd.** S. 44
57. **Rützler, H & Reiter, W:** Foodreport 2016. S. 3
58. vgl. **Rückert-John, J et al.:** Nachhaltige Ernährung außer Haus – der Essalltag von morgen. S.43

Randnotizen und Grafiken

*1 **Mein schöner Garten:** Die richtige Fruchtfolge im Gemüsegarten. Zugriff am 16. September 2017. Verfügbar unter https://www.mein-schoener-garten.de/gartenpraxis/nutzgaerten/fruchtfolge-im-gemuesegarten-5996

*2 **Achilles, W:** Deutsche Agrargeschichte im Zeitalter der Reformen und der Industrialisierung. S. 223

*3 Eigene Darstellung nach: **Statista:** Fleischkonsum pro Kopf in Deutschland in den Jahren 1991 bis 2016. Abgerufen am 13. September 2017. Verfügbar unter: https://de.statista.com/statistik/daten/studie/36573/umfrage/pro-kopf-verbrauch-von-fleisch-in-deutschland-seit-2000/

*4 Eigene Darstellung nach: **Statista:** Anteil der Ausgaben der privaten Haushalte in Deutschland für Nahrungsmittel, Getränke und Tabakwaren an den Konsumausgaben in den Jahren 1850 bis 2016. Abgerufen am 13. September 2017. Verfügbar unter: https://de.statista.com/statistik/daten/studie/75719/umfrage/ausgaben-fuer-nahrungsmittel-in-deutschland-seit-1900/

*5 vgl. **Breitenacher, M & Täger, U:** Branchenuntersuchung Ernährungsindustrie. S. 90-103

*6 Eigene Darstellung. Daten Hunger: **World Food Programme:** Welthungerkarte. Abgerufen am 13. September 2017. Verfügbar unter: http://documents.wfp.org/stellent/groups/public/documents/newsroom/wfp271776.pdf Daten Übergewicht: Süddeutsche Zeitung: Die Verfettung der Welt. Abgerufen am 15. Oktober 2017. Verfügbar unter: http://www.sueddeutsche.de/gesundheit/uebergewicht-die-verfettung-der-welt-1.3335705

*7 Eigene Darstellung nach: **Bundesministerium für Ernährung und Landwirtschaft:** Ernährungstrends im Wandel der Zeit. Abgerufen am 13. September 2017. Verfügbar unter: http://www.bmel.de/DE/Ministerium/zeitreise_node.html

Strukturen und Marktmacht
Das industrielle Ernährungssystem

1. vgl. **Hamatschek, J:** Lebensmittelmanagement. S. 22 f.
2. vgl. **Baldenhofer, K:** Lexikon des Agrarraums. S. 215 f.
3. vgl. **Hamatschek, J:** Lebensmittelmanagement. S. 23
4. vgl. **Baldenhofer, K:** Lexikon des Agrarraums. S. 49
5. vgl. ebd. S. 50
6. vgl. **Hamatschek, J:** Lebensmittelmanagement. S. 63
7. vgl. ebd. S. 62
8. vgl. ebd. S. 67
9. vgl. ebd. S. 23.
10. vgl. ebd. S. 62
11. vgl. **Breitenacher, M et al.:** Branchenuntersuchung Ernährungsindustrie. S. 181
12. **Heinrich-Böll-Stiftung et al.:** Konzernatlas. S. 31
13. **Lück, W:** Lexikon der Betriebswirtschaft. S. 616
14. ebd. S. 812
15. vgl. **Fenner, T:** Flaggschiff Nescafé. S. 20
16. vgl. **Heinrich-Böll-Stiftung et al.:** Konzernatlas. S. 20
17. vgl. ebd. S. 28
18. vgl. ebd. S. 29
19. vgl. ebd. S. 20
20. **Handelsblatt:** Kartellwächter geben grünes Licht für Milliardenfusion. Zugriff am 20. September. Verfügbar unter: http://www.handelsblatt.com/my/unternehmen/industrie/syngenta-und-chemchina-kartellwaechter-geben-gruenes-licht-fuer-milliardenfusion-/19617702.html
21. **Handelsblatt:** Es brodelt bei Dow-DuPont. Zugriff am 20. September. Verfügbar unter: http://www.handelsblatt.com/my/unternehmen/industrie/fusion-der-chemieriesen-gestartet-es-brodelt-bei-dow-dupont/20270684.html
22. vgl. **Heinrich-Böll-Stiftung et al.:** Konzernatlas. S. 20
23. vgl. ebd. S. 18
24. vgl. ebd. S. 26
25. ebd. S. 26 f.
26. vgl. ebd. S. 36
27. vgl. ebd.
28. vgl. ebd. S. 28 f.
29. vgl. **Hahlbrock, K:** Kann unsere Erde die Menschen noch ernähren? S. 104
30. vgl. **Heinrich-Böll-Stiftung et al.:** Konzernatlas. S. 6

Randnotizen und Grafiken

*1 Eigene Darstellung nach: **Hamatschek, J:** Lebensmittelmanagement. S. 22
*2 **Wagenitz, G:** Wörterbuch der Botanik. S. 150 f.
*3 vgl. **Hahlbrock, K:** Kann unsere Erde die Menschen noch ernähren? S. 136
*4 vgl. ebd. S. 133
*5 vgl. ebd. S. 136 f.
*6 vgl. ebd. 134
*7 **Baldenhofer, K:** Lexikon des Agrarraums. S. 213
*8 vgl. ebd. S. 214
*9 vgl. **Hahlbrock, K:** Kann unsere Erde die Menschen noch ernähren? S. 129
*10 vgl. **Baldenhofer, K:** Lexikon des Agrarraums. S. 50 f.
*11 vgl. **Baldenhofer, K:** Lexikon des Agrarraums. S. 51
*12 vgl. **Heinrich-Böll-Stiftung et al.:** Konzernatlas. S. 22
*13 **Lutzenberger, J & Gottwald, F:** Global denken, lokal Essen. S. 16
*14 **Umweltinstitut München:** Patente auf Pflanzen und Tiere. Zugriff am 20. September. Verfügbar unter: http://www.umweltinstitut.org/themen/landwirtschaft/patente-auf-leben.html
*15 vgl. **Hahlbrock, K:** Kann unsere Erde die Menschen noch ernähren? S. 48
*16 vgl. **Heinrich-Böll-Stiftung et al.:** Konzernatlas. S. 23
*17 Eigene Darstellung nach: **Statista:** Umsatz der führenden Saatgut- und Herbizidhersteller weltweit im Jahr 2016. Abgerufen am 20. September 2017. Verfügbar unter: https://de.statista.com/statistik/daten/studie/195674/umfrage/umsatz-fuehrender-saatguthersteller-weltweit/
(Anmerkung: Monsanto wurde im Juni 2018 von der Bayer AG übernommen.)
*18 Eigene Darstellung nach: **WWF Deutschland:** Klimawandel auf dem Teller. S. 11 f.

*19 vgl. WWF Deutschland: Klimawandel auf dem Teller. S. 11-14
*20 vgl. ebd. S. 19
*21 vgl. ebd. S. 21 ff.
*22 Eigene Darstellung nach den Grafiken in: Heinrich-Böll-Stiftung et al.: Konzernatlas.

Konsum und Werbung
Die Supermarktkultur

1. vgl. Lemke, H: Politik des Essens. S. 202-203
2. ebd. 203
3. vgl. Lemke, H: Ethik des Essens. S. 172 f.
4. vgl. Lemke, H: Politik des Essens. S. 204
5. World Food Programme: Grafiken zum Thema Welthunger. Abgerufen am 21. September 2017. Verfügbar unter: http://de.wfp.org/welthungergrafiken
6. vgl. Haupt, H: Konsum und Handel. S. 151 f.
7. vgl. König, W: Geschichte der Konsumgesellschaft. S. 96 f.
8. vgl. ebd. S.102
9. vgl. ebd. S.101
10. vgl. Fenner, T: Flaggschiff Nescafé. S. 22 f.
11. vgl. König, W: Geschichte der Konsumgesellschaft. S. 94
12. vgl. ebd. S. 97
13. vgl. Breitenacher, M & Täger, U: Branchenuntersuchung Ernährungsindustrie. S. 183
14. vgl. ebd. S. 183 ff.
15. vgl. Fink-Kießler, A: Zurück in die Städte mit Qualität und Vielfalt? S. 306
16. vgl. Breitenacher, M & Täger, U: Branchenuntersuchung Ernährungsindustrie. S. 158
17. vgl. Fink-Kießler, A: Zurück in die Städte mit Qualität und Vielfalt? S. 307
18. vgl. ebd.
19. Heinrich-Böll-Stiftung et al.: Konzernatlas. S. 30
20. vgl. ebd. S. 30 f.
21. vgl. ebd. S. 28
22. vgl. ebd. S. 11
23. König, W: Geschichte der Konsumgesellschaft. S. 453
24. vgl. ebd. S. 159
25. vgl. Haug, W: Kritik der Warenästhetik. S. 27
26. vgl. und Zitat König, W: Geschichte der Konsumgesellschaft. S. 163
27. vgl. ebd. S. 162 f.
28. vgl. Busse, T: Die Ernährungsdiktatur. S. 41
29. vgl. Haug, W: Kritik der Warenästhetik. S. 23 f.
30. ebd. S. 24
31. vgl. König, W: Geschichte der Konsumgesellschaft. S. 160
32. Stoff, H: Gift in der Nahrung. S. 29
33. Bundesministerium der Justiz und für Verbraucherschutz: Lebensmittel-, Bedarfsgegenstände- und Futtermittelgesetzbuch. § 11 Vorschriften zum Schutz vor Täuschung. Abgerufen am 21. September 2017. Verfügbar unter: https://www.gesetze-im-internet.de/lfgb/__11.html
34. vgl. Bode, T: Abgespeist. S. 28
35. vgl. Busse, T: Die Ernährungsdiktatur. S. 56
36. vgl. König, W: Geschichte der Konsumgesellschaft. S. 406
37. vgl. Bode, T: Die Essensfälscher. S. 40-45
38. Burdick, Bernhard et al.: Zwischen Superfood und Verschwendung. S. 295
39. vgl. Lemke, H: Politik des Essens. S. 66 ff.
40. vgl. Wiener, S: Zukunftsmenü. Position 1318 e-Book

Randnotizen und Grafiken

*1 Wispor: Das Schlaraffenland. Abgerufen am 21. September 2017. Verfügbar unter: http://www.wispor.de/w-g-sach.htm
*2 Eigene Darstellung nach: Breitenacher, M & Täger, U: Branchenuntersuchung Ernährungsindustrie. S. 183
*3 Eigene Darstellung nach: WWF Deutschland: Das Große Wegschmeißen. S. 41
*4 vgl. König, W: Geschichte der Konsumgesellschaft. S. 124 ff.
*5 vgl. ebd. S. 127
*6 vgl. ebd. S. 128
*7 vgl. König, W: Geschichte der Konsumgesellschaft. S. 137
*8 Lemke, H: Politik des Essens. S. 204
*9 ebd. 209 f.

*10 vgl. ebd. S. 207
*11 vgl. ebd. S. 210
*12 vgl. König, W: Geschichte der Konsumgesellschaft. S. 7
*13 vgl. Haug, W: Kritik der Warenästhetik. S. 395
*14 vgl. ebd. S. 129
*15 ebd.
*16 ebd. S. 142
*17 vgl. ebd. 131
*18 vgl. ebd. 142
*19 ebd. S. 148
*20 Zitiert nach König, W: Geschichte der Konsumgesellschaft. S. 419
*21 vgl. WWF Deutschland: Tonnen für die Tonne. S. 20 ff.
*22 Eigene Darstellung nach: Statista: Lebensmitteleinzelhandel in Deutschland. Marktanteile führender Unternehmen in Jahr 2016. Abgerufen am 21. September 2017. Verfügbar unter: https://de.statista.com/statistik/daten/studie/4916/umfrage/marktanteile-der-5-groessten-lebensmitteleinzelhaendler/

Globale Zusammenhänge
Kartoffeln aus Peru

1. **Deutsche Welthungerhilfe e.V. (Hg.):** Handbuch Welternährung. S. 15
2. **World Food Programme:** Grafiken zum Thema Welthunger. Abgerufen am 21. September 2017. Verfügbar unter: http://de.wfp.org/welthungergrafiken
3. vgl. **Deutsche Welthungerhilfe e.V. (Hg.):** Handbuch Welternährung. S. 15
4. vgl. ebd. S. 20
5. **Lemke, H:** Politik des Essens. S. 51
6. vgl. ebd.
7. **Welthungerhilfe:** Hunger. Verbreitung, Ursachen und Folgen. Abgerufen am 27. September 2017. Verfügbar unter: https://www.welthungerhilfe.de/hunger.html
8. **König, W:** Geschichte der Konsumgesellschaft. S. 154
9. vgl. ebd. S. 155
10. vgl. **Lemke, H:** Politik des Essens. S. 51
11. vgl. ebd.
12. vgl. **Deutsche Welthungerhilfe e.V. (Hg.):** Handbuch Welternährung. S. 81 f.
13. vgl. **Heinrich-Böll-Stiftung et al.:** Konzernatlas. S. 12
14. vgl. **Löwenstein, F:** Es ist genug da. S. 25
15. **Statista:** Anzahl der Menschen, die durch einen Landwirt in Deutschland ernährt werden, in den Jahren 1949 bis 2014. Abgerufen am 28. September 2017. Verfügbar unter: https://de.statista.com/statistik/daten/studie/201243/umfrage/anzahl-der-menschen-die-durch-einen-landwirt-ernaehrt-werden/
16. vgl. Text „Bestandsaufnahme": S. 8 f.
17. **Lutzenberger, J & Gottwald, F:** Global denken, lokal Essen. S. 9
18. vgl. ebd.
19. vgl. **Löwenstein, F:** Es ist genug da. S. 31
20. vgl. **Baldenhofer, K:** Lexikon des Agrarraums. S. 96 f.
21. vgl. **Heinrich-Böll-Stiftung et al.:** Konzernatlas. S. 33
22. vgl. **Baldenhofer, K:** Lexikon des Agrarraums. S. 191 ff.
23. vgl. **Heinrich-Böll-Stiftung et al.:** Konzernatlas. S. 16
24. vgl. **Baldenhofer, K:** Lexikon des Agrarraums. S. 193
25. **WWF:** Wir düngen uns kaputt. Abgerufen am 28. September. Verfügbar unter: http://www.wwf.de/themen-projekte/landwirtschaft/internationale-agrarpolitik/bodenpolitik/
26. **Statista:** Konsum von Getreide weltweit nach Verwendungsbereichen in den Jahren 2013/2014 bis 2017/2018 (in Millionen Tonnen). Abgerufen am 28. September 2017. Verfügbar unter: https://de.statista.com/statistik/daten/studie/456458/umfrage/konsum-von-getreide-weltweit-nach-verwendungs-bereichen/
27. vgl. **Deutsche Welthungerhilfe e.V. (Hg.):** Handbuch Welternährung. S. 76 f.
28. vgl. **Löwenstein, F:** Es ist genug da. S. 36 f.
29. vgl. **Deutsche Welthungerhilfe e.V. (Hg.):** Handbuch Welternährung. S. 50 f.

30. vgl. **Spangenberg, J:** Umwelt und Entwicklung. S. 42 f.
31. vgl. **Busse, T:** Die Ernährungsdiktatur. S. 114 f.
32. vgl. **Spangenberg, J:** Umwelt und Entwicklung. S. 45
33. vgl. **Deutsche Welthungerhilfe e.V. (Hg.):** Handbuch Welternährung. S. 71 f.
34. vgl. **Löwenstein, Felix:** Es ist genug da. S. 19 f.
35. vgl. **Busse, T:** Die Ernährungsdiktatur. S. 117 f.
36. vgl. **Deutsche Welthungerhilfe e.V. (Hg.):** Handbuch Welternährung. S. 75 f.
37. vgl. **Lemke, H:** Politik des Essens. S. 55
38. vgl. **Deutsche Welthungerhilfe e.V. (Hg.):** Handbuch Welternährung. S. 30
39. vgl. **ebd.** S. 31
40. vgl. **Lemke, H:** Politik des Essens. S. 205
41. vgl. **Heinrich-Böll-Stiftung et al.:** Konzernatlas. S. 30
42. vgl. **ebd.**
43. vgl. **ebd.** S. 30 f.
44. vgl. **ebd.** S. 31.
45. vgl. **ebd.** S. 38
46. vgl. **Busse, T:** Die Ernährungsdiktatur. S. 14-16
47. vgl. **ebd.** S. 44.
48. vgl. **ebd.** S. 39
49. vgl. **Süddeutsche Zeitung:** Alles im grünen Bereich. Die Avocado ist beliebt wie nie. Ihr Erfolg basiert auf viel Werbung, gutem Timing – und purem Zufall. Abgerufen am 29. September 2017. Verfügbar unter: http://sz-magazin.sueddeutsche.de/texte/anzeigen/43041/Alles-im-gruenen-Bereich
50. **Statista:** Avocado boomt. Aufgerufen am 29. September 2017. Verfügbar unter: https://de.statista.com/infografik/9841/deutschland-importiert-immer-mehr-avocados/
51. vgl. **Die Zeit:** Das Märchen von der guten Avocado. Abgerufen am 29. September 2017. Verfügbar unter: http://www.zeit.de/2016/43/avocado-superfood-anbau-oekologie-trend
52. vgl. **Deutsche Welthungerhilfe e.V. (Hg.):** Handbuch Welternährung. S. 54
53. vgl. **ebd.** S. 164

Randnotizen und Grafiken

*1 **Deutsche Welthungerhilfe e.V. (Hg.):** Handbuch Welternährung. S. 22
*2 **Eigene Grafik nach: Landmatrix:** Global Map of Investments. Abgerufen am 27. September 2017. Verfügbar unter: http://www.landmatrix.org/en/get-the-idea/global-map-investments/#
*3 **Eigene Grafik nach: Heinrich-Böll-Stiftung et al.:** Konzernatlas. S. 16
*4 **Eigene Grafik nach: Statista:** Konsum von Getreide weltweit nach Verwendungsbereichen in den Jahren 2013/2014 bis 2017/2018. Abgerufen am 28. September 2017. Verfügbar unter: https://de.statista.com/statistik/daten/studie/456458/umfrage/konsum-von-getreide-weltweit-nach-verwendungsbereichen/
*5 **Eigene Grafik nach: Lutzenberger, J & Gottwald, F:** Global denken, lokal essen. S. 50
*6 **Eigene Darstellung nach: Heinrich-Böll-Stiftung et al.:** Konzernatlas. S. 38
*7 vgl. **Lemke, H:** Politik des Essens. S. 111 f.
*8 vgl. **Deutsche Welthungerhilfe e.V. (Hg.):** Handbuch Welternährung. S. 36 f.

Saisonalität und Saatgutsouveränität
Tomaten im Winter

1. **Statista:** Pro-Kopf-Konsum von Gemüse in Deutschland nach Art in den Jahren 2013/14 bis 2015/16 (in Kilogramm). Abgerufen am 13. Oktober 2017. Verfügbar unter: https://de.statista.com/statistik/daten/studie/318586/umfrage/pro-kopf-konsum-von-gemuese-in-deutschland-nach-art/
2. vgl. **Le Monde diplomatique:** Für eine Handvoll Tomaten. Abgerufen am 13. Oktober 2017. Verfügbar unter: http://www.monde-diplomatique.de/pm/2010/03/12/a0060.text
3. vgl. **Koch, A & Reese, S:** Nachhaltige Tomaten aus Almeria. S. 123 ff.
4. vgl. **Hahlbrock, K:** Kann unsere Erde die Menschen noch ernähren? S. 271 f.

5. vgl. **Koch, A & Reese, S:** Nachhaltige Tomaten aus Almeria. S. 123
6. vgl. **Heinrich-Böll-Stiftung et al.:** Konzernatlas. S. 16 f.
7. vgl. **Koch, A & Reese, S:** Nachhaltige Tomaten aus Almeria. S. 124 f.
8. **Le Monde diplomatique:** Für eine Handvoll Tomaten. Abgerufen am 13. Oktober 2017. Verfügbar unter: http://www.monde-diplomatique.de/pm/2010/03/12/a0060.text
9. **Süddeutsche Zeitung:** Wie Monsanto am perfekten Gemüse arbeitet. Abgerufen am 13. Oktober 2017. Verfügbar unter: http://www.sueddeutsche.de/wirtschaft/lebensmittelindustrie-wie-monsanto-am-perfekten-gemuese-arbeitet-1.3462019
10. **Zeit Online:** Wasserbomben. Abgerufen am 13. Oktober 2017. Verfügbar unter: http://www.zeit.de/2017/37/tomaten-supermarkt-geschmack/seite-2
11. vgl. **WWF Deutschland:** Das Große Wegschmeißen. S. 9
12. **Plantura:** Tomatensorte. Einblicke in die Vielfalt und Biodiversität. Abgerufen am 13. Oktober 2017. Verfügbar unter: https://www.plantura.garden/sortenvielfalt/tomatensorten-die-beste-aus-deutschland?gclid=CjwKCAjwyIHPBRAIEiwAHPS-GADwIlQaY-29UiB_EYEU_VuE11Bwhwa9OK00JVp5UP-K72ifMIa6bmBoCivUQAvD_BwE
13. vgl. **Bundessortenamt:** Abgerufen am 13. Oktober 2017. Verfügbar unter: http://www.bundessortenamt.de/internet30/index.php?id=3
14. **Tomaten Retter:** Abgerufen am 13. Oktober 2017. Verfügbar unter: https://www.tomatenretter.de
15. **Saatgutkampagne:** Abgerufen am 13. Oktober 2017. Verfügbar unter: http://www.saatgutkampagne.org
16. **Statista:** Erntemenge von Tomaten in Deutschland in den Jahren 2001 bis 2016. Abgerufen am 13. September 2017. Verfügbar unter: https://de.statista.com/statistik/daten/studie/162319/umfrage/entwicklung-der-erzeugung-von-tomaten/
17. **Bundesministerium für Landwirtschaft und Ernährung.** Abgerufen am 16. Oktober 2017. Verfügbar unter: https://berichte.bmel-statistik.de/AHT-0033455-0000.pdf
18. **Statista:** Erntemenge von Tomaten in Deutschland in den Jahren 2001 bis 2016. Abgerufen am 13. September 2017. Verfügbar unter: https://de.statista.com/statistik/daten/studie/206617/umfrage/importmenge-von-obst-und-gemuese-nach-deutschland/
19. **Wirtschaftswoche:** Sind Äpfel aus Neuseeland Klimakiller? Abgerufen am 16. Oktober 2017. Verfügbar unter: http://www.wiwo.de/technologie/green/living/frage-der-woche-sind-aepfel-aus-neuseeland-klimakiller/13546620.html

Randnotizen und Grafiken

*1 **Statista:** Benötigtes Wasser bei der Gewinnung oder Herstellung von ausgewählten Lebensmitteln weltweit im Jahr 2012 (in Liter pro Kilogramm). Abgerufen am 16. Oktober 2017. Verfügbar unter: https://de.statista.com/statistik/daten/studie/36791/umfrage/wasser-fussabdruck-von-lebensmitteln-und-konsumguetern/
*2 **Bundesministerium für Landwirtschaft und Ernährung.** Abgerufen am 16. Oktober 2017. Verfügbar unter: https://berichte.bmel-statistik.de/AHT-0033455-0000.pdf

---

Regionalität und Partizipation
Eigenes Gemüse

1. **Lemke, H:** Politik des Essens. S. 131
2. **Statista:** Anteil der in Städten lebenden Bevölkerung in Deutschland und weltweit von 1950 bis 2030. Abgerufen am 3. Oktober 2017. Verfügbar unter: https://de.statista.com/statistik/daten/studie/152879/umfrage/in-staedten-lebende-bevoelkerung-in-deutschland-und-weltweit/
3. vgl. **Lemke, H:** Politik des Essens. S. 116
4. **ebd.** S. 133
5. **ebd.**
6. **Lemke, H:** Politik des Essens. S. 113
7. vgl. **ebd.** S. 114

8. vgl. ebd. S. 115
9. vgl. **Müller, C:** Urban Gardening. S. 10
10. vgl. ebd. S. 22
11. vgl. **Egnolff, M:** Die Sehnsucht nach dem Ideal. S. 60-69
12. vgl. **Lemke, H:** Politik des Essens. S. 152
13. vgl. ebd. S. 148
14. vgl. **Morawski, T:** Reclaim your City. S. 63 ff.
15. **Müller, C:** Urban Gardening. S. 11
16. vgl. ebd. S. 23
17. vgl. **Lemke, H:** Politik des Essens. S. 147 f.
18. **Müller, C:** Urban Gardening. S. 25
19. vgl. **Haide, E:** Die neuen Gartenstädte. S. 7
20. vgl. **Lemke, H:** Politik des Essens. S. 152
21. vgl. ebd. 163
22. **Busse, T:** Die Ernährungsdiktatur. S. 35
23. vgl. ebd. S. 289
24. **Lemke, H:** Politik des Essens. S. 163
25. vgl. **Böge, S:** Erfassung und Bewertung von Transportvorgängen. Die produktbezogene Transportkettenanalyse. S. 27
26. **WWF Deutschland:** Klimawandel auf dem Teller. S. 8
27. vgl. **Lutzenberger, J & Gottwald, F:** Global denken, lokal essen. S. 73
28. vgl. **Bund Ökologische Lebensmittelwirtschaft e.V. (Hg.):** Nachgefragt. S. 38
29. vgl. **Geier, B:** Überleben unsere Lebens-Mittel? S. 159
30. vgl. **Bund Ökologische Lebensmittelwirtschaft e.V. (Hg.):** Nachgefragt. S. 38
31. **Ermann, U:** Regional Essen. S. 124
32. vgl. ebd.
33. vgl. **Lemke, H:** Politik des Essens. S. 135 f.
34. vgl. ebd. S. 136
35. vgl. ebd.
36. vgl. ebd. S. 137

Randnotizen und Grafiken

*1 Eigene Darstellung nach: **Böge, S:** Erfassung und Bewertung von Transportvorgängen. Die produktbezogene Transportkettenanalyse. S. 27

Für und Wider
Unser täglich Fleisch

1. **Stoff, H:** Gift in der Nahrung. S. 38
2. vgl. ebd.
3. **Osietzki, M:** Körpermaschinen und Dampfmaschinen. S. 113 f.
4. vgl. ebd. S. 321
5. vgl. ebd. S. 343
6. zitiert nach: ebd.
7. vgl. ebd. S. 344
8. ebd. S. 344
9. vgl. ebd. S. 345 f.
10. vgl. **Klotter, C:** Identitätsbildung über Essen. S. 33 ff.
11. vgl. **Haupt, H:** Konsum und Handel. S. 31 ff.
12. vgl. **König, W:** Geschichte der Konsumgesellschaft. S. 149
13. **Spiller, A & Schulze, B (Hg.):** Zukunftsperspektiven der Fleischwirtschaft. S. 242
14. vgl. **Blume, P:** Ein tierisches Problem. S. 71 f.
15. **Deutsche Gesellschaft für Ernährung:** Vollwertig essen und trinken nach den 10 Regeln der DGE. Abgerufen am 8. Oktober 2017. Verfügbar unter: http://www.dge.de/ernaehrungspraxis/vollwertige-ernaehrung/10-regeln-der-dge/
16. vgl. **WWF Deutschland:** Fleisch frisst Land. S. 20
17. vgl. **Blume, P:** Ein tierisches Problem. S. 72
18. vgl. **Kindel, C:** Weder Fisch noch Fleisch. S. 123
19. vgl. ebd. S. 127
20. vgl. **WWF Deutschland:** Fleisch frisst Land. S. 23 ff.
21. vgl. ebd. S. 56 f.
22. vgl. ebd. S. 9
23. **WWF:** Fleisch. Vom Klimawandel und dem Tellerrand. Abgerufen am 9. Oktober 2017. Verfügbar unter: http://www.wwf.de/themen-projekte/landwirtschaft/ernaehrung-konsum/fleisch/fleisch-frisst-land/
24. vgl. **Heinrich-Böll-Stiftung:** Fleischatlas. S. 28
25. vgl. **WWF Deutschland:** Klimawandel auf dem Teller. S. 36
26. vgl. **Löwenstein, F:** Es ist genug da. S. 41 f.

27. vgl. **WWF Deutschland:** Fleisch frisst Land. S. 23 ff.
28. vgl. **Löwenstein, F:** Es ist genug da. S. 77
29. vgl. **Heinrich-Böll-Stiftung:** Fleischatlas. S. 28
30. vgl. **ebd.** S. 18 f.
31. **WWF Deutschland:** Klimawandel auf dem Teller. S. 29
32. vgl. **Heinrich-Böll-Stiftung:** Fleischatlas. S. 6 f.
33. vgl. **ebd.** S. 8
34. vgl. **Busse, T:** Die Ernährungsdiktatur. S. 221
35. vgl. **Löwenstein, F:** Es ist genug da. S. 73
36. vgl. **Heinrich-Böll-Stiftung:** Fleischatlas. S. 32
37. vgl. **ebd.** S. 42
38. **Handelsblatt:** Schlechte Karten für das Fleischer-Handwerk. Abgerufen am 9. Oktober 2017. Verfügbar unter: http://www.handelsblatt.com/unternehmen/mittelstand/nachfolge-im-betrieb-schlechte-karten-fuer-das-fleischer-handwerk/19658282.html
39. vgl. **Heinrich-Böll-Stiftung:** Fleischatlas Extra. S. 10
40. vgl. **WWF Deutschland:** Tonnen für die Tonne. S. 25
41. vgl. **Heinrich-Böll-Stiftung:** Fleischatlas Extra. S. 4 f.
42. **WWF:** Fleisch. Vom Klimawandel und dem Tellerrand. Abgerufen am 9. Oktober 2017. Verfügbar unter: http://www.wwf.de/themen-projekte/landwirtschaft/ernaehrung-konsum/fleisch/fleisch-frisst-land/
43. vgl. **WWF Deutschland:** Fleisch frisst Land. S. 63
44. **Lemke, H:** Politik des Essens. S. 22
45. **ebd.**
46. vgl. **Löwenstein, F:** Es ist genug da. S. 46

Randnotizen und Grafiken

*1 **Statistisches Bundesamt:** Fleischverbrauch in Deutschland 20-mal höher als in Indien. Abgerufen am 8. Oktober 2017. Verfügbar unter: https://www.destatis.de/DE/ZahlenFakten/ImFokus/Internationales/Fleischverbrauch.html
*2 **Statista:** Fleischkonsum pro Kopf in Deutschland in den Jahren 1991 bis 2016. Abgerufen am 8. Oktober 2017. Verfügbar unter: https://de.statista.com/statistik/daten/studie/36573/umfrage/pro-kopf-verbrauch-von-fleisch-in-deutschland-seit-2000/
*3 **Statistisches Bundesamt:** Fleischproduktion sinkt im 1. Halbjahr 2017. Abgerufen am 8. Oktober 2017. Verfügbar unter: https://www.destatis.de/DE/ZahlenFakten/Wirtschaftsbereiche/LandForstwirtschaftFischerei/TiereundtierischeErzeugung/AktuellSchlachtungen.html
*4 vgl. **Kindel, C:** Weder Fisch noch Fleisch. S. 120
*5 **Süddeutsche Zeitung:** GfK-Studie: Mehr bekennende Flexitarier. Abgerufen am 8. Oktober 2017. Verfügbar unter: http://www.sueddeutsche.de/news/wirtschaft/ernaehrung-gfk-studie-mehr-bekennende-flexitarier-dpa.urn-newsml-dpa-com-20090101-160506-99-854242
*6 vgl. **Kindel, C:** Weder Fisch noch Fleisch. S. 120
*7 vgl. **Lemke, H:** Ethik des Essens. S. 82
*8 vgl. **ebd.** S. 526
*9 **Stoff, H:** Gift in der Nahrung. S. 41
*10 **ebd.** S. 44
*11 vgl. **ebd.** S. 41 f.
*12 vgl. **ebd.** S. 40
*13 Eigene Darstellung nach: **Statistisches Bundesamt:** Fleischverbrauch in Deutschland 20-mal höher als in Indien. Abgerufen am 8. Oktober 2017. Verfügbar unter: https://www.destatis.de/DE/ZahlenFakten/ImFokus/Internationales/Fleischverbrauch.html
*14 Eigene Darstellung nach: **1950+1970: WWF Deutschland:** Fleisch frisst Land. S. 17
1991-2016: Statista: Fleischkonsum pro Kopf in Deutschland in den Jahren 1991 bis 2016. Abgerufen am 8. Oktober 2017. Verfügbar unter: https://de.statista.com/statistik/daten/studie/36573/umfrage/pro-kopf-verbrauch-von-fleisch-in-deutschland-seit-2000/
*15 Eigene Darstellung nach: **Statista:** Pro-Kopf-Konsum von Fleisch in Deutschland nach Art in den Jahren 2014 und 2016. Abgerufen am 19. Oktober 2017. Verfügbar unter: https://de.statista.com/statistik/daten/studie/311479/umfrage/pro-kopf-konsum-von-fleisch-in-deutschland-nach-arten/
*16 Eigene Darstellung nach: **Deutsche Gesellschaft für Ernährung:** Vollwertig essen und trinken nach den 10 Regeln der DGE. Abgerufen am 8. Oktober 2017. Verfügbar unter: http://www.dge.de/ernaehrungspraxis/vollwertige-ernaehrung/10-regeln-der-dge/
*17 Eigene Darstellung nach: **Löwenstein, F:** Es ist genug da. S. 41
*18 Eigene Darstellung nach: **für Soja: WWF:** Soja als Futtermittel. Abgerufen am 19. Oktober 2017. Verfügbar unter: http://www.wwf.de/themen-projek-

te/landwirtschaft/ernaehrung-konsum/fleisch/soja-als-futtermittel/
für Getreide: Statista: Konsum von Getreide weltweit nach Verwendungsbereichen in den Jahren 2013/2014 bis 2017/2018. Abgerufen am 19. Oktober 2017. Verfügbar unter: https://de.statista.com/statistik/daten/studie/456458/umfrage/konsum-von-getreide-weltweit-nach-verwendungsbereichen/
*19 Eigene Darstellung nach: Weizen: Statista: Anbaufläche von Weizen weltweit in den Jahren 2000/01 bis 2017/2018. Abgerufen am 19. Oktober 2017. Verfügbar unter: https://de.statista.com/statistik/daten/studie/456443/umfrage/anbauflaeche-von-weizen-weltweit/
Mais: Statista: Anbaufläche von Mais weltweit in den Jahren 2000/2001 bis 2017/2018. Abgerufen am 19. Oktober 2017. Verfügbar unter: https://de.statista.com/statistik/daten/studie/456578/umfrage/anbauflaeche-von-mais-weltweit/
Soja: Statista: Anbaufläche von Sojabohnen weltweit in den Jahren 2004/05 bis 2017/18. Abgerufen am 19. Oktober 2017. Verfügbar unter: https://de.statista.com/statistik/daten/studie/443191/umfrage/anbauflaeche-von-sojabohnen-weltweit/
*20 Eigene Darstellung nach: Heinrich-Böll-Stiftung: Fleischatlas Extra. S. 9
*21 vgl. Sächsische Landesanstalt für Landwirtschaft (Hg.): Fleischqualität. S. 3
*22 vgl. Bundesinstitut für Risikobewertung: Keine Gefährdung des Verbrauchers durch COP aus verpacktem Fleisch. Abgerufen am 9. Oktober 2017. Verfügbar unter: http://www.bfr.bund.de/de/presseinformation/2010/12/keine_gefaehrdung_des_verbrauchers_durch_cop_aus_verpacktem_fleisch-51914.html
*23 vgl. Kauf ne Kuh: Iss weniger Fleisch, aber dafür nur gutes und zurückverfolgbares. Abgerufen am 9. Oktober 2017. Verfügbar unter: https://www.kaufnekuh.de

---

Chancen und Nutzen
Biologische Lebensmittel

1. Bund Ökologische Lebensmittelwirtschaft e.V. (Hg.): Die Bio-Branche 2017. S. 14
2. Vgl. Baldenhofer, K: Lexikon des Agrarraums. S. 315
3. vgl. ebd. S. 26
4. vgl. ebd. S. 221
5. vgl. Löwenstein, F: Es ist genug da. S. 54
6. vgl. Baldenhofer, K: Lexikon des Agrarraums. S. 26
7. vgl. Löwenstein, F: Es ist genug da. S. 138
8. vgl. Lutzenberger, J & Gottwald, F: Global denken, lokal essen. S. 42 ff.
9. vgl. Baldenhofer, K: Lexikon des Agrarraums. S. 233
10. vgl. Bund Ökologische Lebensmittelwirtschaft e.V. (Hg.): Nachgefragt. S. 16 f.
11. vgl. Löwenstein, F: Es ist genug da. S. 10
12. vgl. Baldenhofer, K: Lexikon des Agrarraums. S. 233
13. vgl. Bund Ökologische Lebensmittelwirtschaft e.V. (Hg.): Nachgefragt. S. 16 f
14. vgl. Baldenhofer, K: Lexikon des Agrarraums. S. 312
15. vgl. Bund Ökologische Lebensmittelwirtschaft e.V. (Hg.): Nachgefragt. S. 16 f.
16. vgl. Deutsche Welthungerhilfe e.V. (Hg.): Handbuch Welternährung. S. 100 ff.
17. vgl. Bund Ökologische Lebensmittelwirtschaft e.V. (Hg.): Nachgefragt. 28 Antworten zum Stand des Wissens rund um Öko-Landbau und Bio-Lebensmittel. S. 17
18. vgl. Löwenstein, F: Es ist genug da. S. 88
19. vgl. Hahlbrock, K: Kann unsere Erde die Menschen noch ernähren? S. 94
20. vgl. Löwenstein, F: Es ist genug da. S. 95 ff.
21. vgl. Heinrich-Böll-Stiftung et al.: Konzernatlas. S. 11
22. Lemke, H: Politik des Essens. S. 95
23. vgl. Lemke, H: Politik des Essens. S. 96
24. vgl. Lutzenberger, J & Gottwald, F: Global denken, lokal essen. S. 13 ff.
25. Hahlbrock, K: Kann unsere Erde die Menschen noch ernähren? S. 255
26. ebd. S. 120
27. vgl. ebd.

28. vgl. Deutsche Welthungerhilfe e.V. (Hg.): Handbuch Welternährung. S. 100 ff.
29. vgl. Löwenstein, F: Es ist genug da. S. 72 ff.
30. vgl. ebd. S. 97 ff.
31. vgl. ebd. S. 104 ff.
32. ebd. S. 103
33. vgl. Lemke, H: Politik des Essens. S. 169 f.
34. Welthungerhilfe: Mit Regenwürmern zum Erfolg. Abgerufen am 18. Oktober 2017. Verfügbar unter: https://www.welthungerhilfe.de/kuba-biobauern-urban-gardening.html
35. vgl. Lemke, H: Politik des Essens. S. 169
36. vgl. Bund Ökologische Lebensmittelwirtschaft e.V. (Hg.): Nachgefragt. S. 38 f.
37. vgl. ebd. S. 8
38. vgl. ebd. S. 13
39. vgl. ebd. S. 11 f.

Randnotizen und Grafiken

*1 Eigene Darstellung; vgl. Baldenhofer, K: Lexikon des Agrarraums. S. 221
*2 WWF: Wir düngen uns kaputt. Abgerufen am 29. September 2017. Verfügbar unter: http://www.wwf.de/themen-projekte/landwirtschaft/internationale-agrarpolitik/bodenpolitik/
*3 vgl. Hahlbrock, K: Kann unsere Erde die Menschen noch ernähren? S. 108
*4 vgl. Baldenhofer, K: Lexikon des Agrarraums. S. 212
*5 vgl. Bund Ökologische Lebensmittelwirtschaft e.V. (Hg.): Die Bio-Branche 2016. S. 24
*6 vgl. Deutsche Welthungerhilfe e.V. (Hg.): Handbuch Welternährung. S. 99
*7 vgl. Bund Ökologische Lebensmittelwirtschaft e.V. (Hg.): Nachgefragt. S. 12 f.

Von Optimierung und Zweifeln
Ich und mein Essen

1. vgl. Lemke, H: Ethik des Essens. S. 80 f.
2. vgl. ebd. S. 403
3. vgl. Endres, E: Genussrevolte. S. 11
4. vgl. Lemke, H: Ethik des Essens. S. 421
5. vgl. Klotter, C: Identitätsbildung über Essen. S. 34
6. vgl. Lemke, H: Ethik des Essens. S. 203 ff.
7. Hamatschek, J: Lebensmittelmanagement. S. 40
8. vgl. Endres, E: Genussrevolte. S. 44
9. vgl. Osietzki, M: Körpermaschinen und Dampfmaschinen. S. 313
10. vgl. ebd. S. 313
11. vgl. Stoff, H: Gift in der Nahrung. S. 38
12. vgl. ebd. S. 343
13. vgl. Stoff, H: Gift in der Nahrung. S. 38 f.
14. vgl. Lemke, H: Ethik des Essens. S. 421 f.
15. vgl. Stoff, H: Gift in der Nahrung. S. 40 f.
16. Stoff, H: Ewige Jugend. S. 289
17. vgl. Stoff, H: Gift in der Nahrung. S. 41.
18. Stoff, H: Ewige Jugend. S. 294
19. vgl. ebd. S. 344 ff.
20. vgl. ebd. S. 270
21. vgl. ebd. S. 514
22. vgl. Lemke, H: Politik des Essens. S. 208
23. vgl. Tappeser, B: Globalisierung in der Speisekammer. S. 8
24. König, W: Geschichte der Konsumgesellschaft. S. 138
25. vgl: Reiter, W & Rützler, H: Vorwärts zum Ursprung. S. 83
26. vgl. Tappeser, B et al.: Globalisierung in der Speisekammer. S. 11
27. vgl: Reiter, W & Rützler, H: Vorwärts zum Ursprung. S. 83
28. vgl. Rose, L & Sturzenhecker, B (Hg.): Erst kommt das Fressen. S. 381
29. Rose, L & Sturzenhecker, B (Hg.): Erst kommt das Fressen. S. 383
30. vgl. ebd.
31. vgl. Breitenacher, M & Täger, U: Branchenuntersuchung Ernährungsindustrie. Struktur und Wachstum. S. 56
32. vgl. Klotter, C: Essen als individuelle Freiheit – Essen als sozialer Zwang. S. 125 f.
33. vgl. Klotter, C: Identitätsbildung über Essen. S. 19
34. vgl. Lemke, H: Politik des Essens. S. 210
35. vgl. ebd.
36. vgl. Tappeser, B et al.: Globalisierung in der

Speisekammer. S. 20
37. vgl. Heinrich-Böll-Stiftung et al.: Konzernatlas. S. 29
38. vgl. Wilk, N: Wie (funktionalisierte) Lebensmittel mit uns „reden". S. 254
39. vgl. Busse, T: Die Ernährungsdiktatur. S. 81
40. Wilk, N: Wie (funktionalisierte) Lebensmittel mit uns „reden". S. 261
41. vgl. ebd. S. 262 ff.
42. vgl. ebd. S. 264 ff.
43. vgl. Tappeser, B et al.: Globalisierung in der Speisekammer. S. 18 f.
44. Zentrum der Gesundheit: Gluten vernebelt die Sinne. Abgerufen am 12. Oktober 2017. Verfügbar unter: https://www.zentrum-der-gesundheit.de/gluten.html
45. Bundeszentrum für Ernährung: Ernährungstrends sind IN. Abgerufen am 12. Oktober 2017. Verfügbar unter: https://www.bzfe.de/inhalt/ernaehrungstrends-sind-in-28649.html
46. vgl. ebd. S. 6 f.
47. vgl. Lemke, H: Politik des Essens: S. 215
48. Busse, T: Die Ernährungsdiktatur. S. 88

Randnotizen und Grafiken

*1 Eigene Darstellung: Statista: Gesamter Umsatz mit Superfood im Lebensmitteleinzelhandel in Deutschland in den Jahren 2014 und 2016. Abgerufen am 19. Oktober 2017. Verfügbar unter: https://de.statista.com/statistik/daten/studie/710725/umfrage/gesamter-umsatz-mit-superfood-im-lebensmitteleinzelhandel-in-deutschland/
*2 Eigene Darstellung: Statista: Umsatz mit Functional Food in Deutschland in den Jahren 1995 bis 2009. Abgerufen am 19. Oktober 2017. Verfügbar unter: https://de.statista.com/statistik/daten/studie/173289/umfrage/functional-food-umsatz-in-deutschland-zeitreihe/
*3 vgl. **Tappeser, B et al.:** Globalisierung in der Speisekammer. S. 58
*4 vgl. **Kunz, C:** Functional Food. S. 44 ff.
*5 Burdick, B et al.: Zwischen Superfood und Verschwendung. S. 294 ff.
*6 vgl. **Tappeser, B et al.:** Globalisierung in der Speisekammer. S. 59
*7 Eigene Darstellung nach: Statista: Verteilung der Ernährungstypen in Deutschland im Jahr 2016. Abgerufen am 19. Oktober 2017. Verfügbar unter: https://de.statista.com/statistik/daten/studie/262648/umfrage/esstypen-in-deutschland/

Und jetzt?
Zum Schluss

1. Lemke, H: Politik des Essens. S. 167
2. Geier, B: Überleben unsere Lebens-Mittel? S. 320
3. Stoff, H: Gibt in der Nahrung. S. 30

Literatur zum Weiterlesen

Achilles, Walter: *Deutsche Agrargeschichte im Zeitalter der Reformen und der Industrialisierung.* Stuttgart: Ulmer, 1993

Adorno, Theodor W. & Horkheimer, Max: *Dialektik der Aufklärung.* Frankfurt am Main: Fischer, 1988, 21. Auflage 2013

Baldenhofer, Kurt: *Lexikon des Agrarraums.* Gotha: Klett, 1999

Besch, Michael: *Globalisierung und Regionalisierung in der Ernährung.* In: Gedrich, Kurt & Oltersdorf, Ulrich (Hg.): Ernährung und Raum. Regionale und ethnische Ernährungsweisen in Deutschland. Karlsruhe: Bundesforschungsanstalt für Ernährung, 2002

Birchler, Hans: *Landwirtschaft in der DDR. Agrarpolitik, Betriebe, Produktionsgrundlagen und Leistungen.* Berlin: Gebrüder Holzapfel Verlag, 1991

Blume, Patrick: *Ein tierisches Problem.* In: Geo Wissen Ernährung Nr. 1 (2016), S. 66-75

Bode, Thilo: *Abgespeist. Wie wir beim Essen betrogen werden und was wir dagegen tun können.* Frankfurt am Main: S. Fischer, 2007
– *Die Essensfälscher. Was uns die Lebensmittelkonzerne auf den Teller lügen.* Frankfurt am Main: S. Fischer, 2010

Böge, Stefanie: *Erfassung und Bewertung von Transportvorgängen. Die produktbezogene Transportkettenanalyse.* Dortmund, 1992

Breitenacher, Michael & Täger, Uwe Christian: *Branchenuntersuchung Ernährungsindustrie. Struktur und Wachstum.* Reihe Industrie, Heft 48. Berlin: Duncker & Humblot, 1996

Bund Ökologische Lebensmittelwirtschaft e.V. (Hg.): *Die Bio-Branche 2016.* Berlin: 2016
– *Die Bio-Branche 2017.* Berlin: 2017
– *Nachgefragt. 28 Antworten zum Stand des Wissens rund um Öko-Landbau und Bio-Lebensmittel.* Berlin: 2012

Burdick, Bernhard et al.: *Zwischen Superfood und Verschwendung. Trends und fehlende Transparenz.* In: Der kritische Agrarbericht 2017. Konstanz: ALB Verlag, 2016. S. 291-299

Busse, Tanja: *Die Ernährungsdiktatur. Warum wir nicht länger essen dürfen, was uns die Industrie auftischt.* München: Blessing, 2010

Deutsche Welthungerhilfe e.V. (Hg.): *Handbuch Welternährung.* Frankfurt am Main: Campus Verlag, 2011

Dubos, René & Ward, Barbara: *Wie retten wir unsere Erde? Umweltschutz: Bilanz und Prognose.* Freiburg: Herder, 1972

Egnolff, Mareike: *Die Sehnsucht nach dem Ideal. Landlust und Urban Gardening in Deutschland.* Saarbrücken: Universität des Saarlands, 2015

Endres, Eva-Maria: *Genussrevolte. Von der Diät zu einer neuen Esskultur.* Berlin, Springer Verlag, 2012

Ermann, Ulrich: *Regional Essen. Wert und Authentizität der Regionalität von Nahrungsmitteln.* In: Gedrich, Kurt & Oltersdorf, Ulrich (Hg.): Ernährung und Raum. Regionale und ethnische Ernährungsweisen in Deutschland. Karlsruhe: Bundesforschungsanstalt für Ernährung, 2002. S. 121-140

Fenner, Thomas: *Flaggschiff Nescafé. Nestlés Aufstieg zum größten Lebensmittelkonzern der Welt.* Baden: Hier und Jetzt, 2015

Fink-Kießler, Andrea: *Zurück in die Städte mit Qualität und Vielfalt? Über neue Tendenzen im Lebensmitteleinzelhandel.* In: Der kritische Agrarbericht 2016. Konstanz: ALB Verlag, 2016. S. 306-309

Fuchs, Richard: *Gen-Food. Ernährung der Zukunft?* Berlin: Ullstein, 1997

Gedrich, Kurt & Oltersdorf, Ulrich (Hg.): *Ernährung und Raum. Regionale und ethnische Ernährungsweisen in Deutschland.* Karlsruhe: Bundesforschungsanstalt für Ernährung, 2002

Geier, Bernward: *Überleben unsere Lebens-Mittel? Ernährung und Eßkultur in Europa.* In: Lutzenberger, José & Gottwald, Franz-Theo: Ernährung in der Wissensgesellschaft. Vision informiert essen. Frankfurt am Main/New York: Campus, 1999

Geyer, Sonja: *Essen und Kochen im Alltag.* In: Brunner, Karl-Michael et al.: Ernährungsalltag im Wandel. Chancen für Nachhaltigkeit. Wien: Springer-Verlag, 2007. S. 61-79

Gorz, André: *Kritik der ökonomischen Vernunft.* Berlin: Rotbuch, 1989. 2. Auflage

Hahlbrock, Klaus: *Kann unsere Erde die Menschen noch ernähren? Bevölkerungsexplosion, Umwelt, Gentechnik.* Frankfurt am Main: Fischer, 2007. 4. Auflage 2009

Haide, Ella von der: *Die neuen Gartenstädte.* Kassel: 2014

Heinrich-Böll-Stiftung et al.: *Fleischatlas Extra. Abfall und Verschwendung.* Berlin, 2014
– *Fleischatlas. Daten und Fakten über Tiere als Nahrungsmittel.* Berlin, 2016. 3. Auflage
– *Konzernatlas. Daten und Fakten über die Agrar- und Lebensmittelindustrie.* Berlin, 2017

Hamatschek, Jochen: *Lebensmittelmanagement.* Stuttgart: Ulmer, 2013

Haug, Wolfgang Fritz: *Kritik der Warenästhetik.* Frankfurt am Main: Suhrkamp, 1971

Haupt, Heinz-Gerhard: *Konsum und Handel. Europa im 19. und 20. Jahrhundert.* Göttingen: Vandenhoeck & Ruprecht, 2003

Kaminsky, Anette: *Illustrierte Konsumgeschichte der DDR.* Erfurt: Landeszentrale für politische Bildung, 1999

Kindel, Constanze: *Weder Fisch noch Fleisch.* In: Geo Wissen Ernährung 1 (2016), S. 118-127

Klotter, Christoph: *Essen als individuelle Freiheit. Essen als sozialer Zwang.* In: Ploeger, Angelika et al. (Hg): Die Zukunft auf dem Tisch. Analysen, Trends und Perspektiven der Ernährung von morgen. Wiesbaden: VS Verlag für Sozialwissenschaften, 2011. S. 125-138
– *Identitätsbildung über Essen.* Wiesbaden: Springer Verlag, 2016
– *Mehr Gelassenheit.* In: Der Spiegel Wissen 1 (2017), S. 11

Koch, Alexander & Reese, Steffen: *Nachhaltige Tomaten aus Almeria.* In: Der kritische Agrarbericht 2017. Konstanz: ALB Verlag, 2016. S. 123-126

König, Wolfgang: *Geschichte der Konsumgesellschaft.* Stuttgart: Franz Steiner Verlag, 2000

Kuhn, Axel: *Verkauf von Waren und Träumen. Die Warenhausgesellschaft.* In: Nitschke, August et al. (Hg.): Jahrhundertwende. Der Aufbruch in die Moderne 1880-1930. Band 2. Reinbek: Rowohlt, 1990

Kunz, Clemens: *Functional Food. Konzepte, Hypothesen, Realität.* Justus-Liebig-Universität: Gießen, 2001

Langer, Lydia: *Revolution im Einzelhandel. Die Einführung der Selbstbedienung in Lebensmittelgeschäften der Bundesrepublik Deutschland (1945-1973).* Köln: Böhlau, 2013

Lemke, Harald: *Die Kunst des Essens. Eine Ästhetik des kulinarischen Geschmacks.* Bielefeld: Transcript, 2007
– *Politik des Essens. Wovon die Welt von morgen lebt.* Bielefeld: Transcript, 2012
– *Ethik des Essens. Einführung in die Gastrosophie.* Bielefeld: Transcript, 2016

Löwenstein, Felix von: *Es ist genug da. Für alle. Wenn wir den Hunger bekämpfen, nicht die Natur.* München: Knaur, 2015

Lück, Wolfgang: *Lexikon der Betriebswirtschaft.* Landsberg am Lech: Verl. Moderne Industrie, 1983

Lutzenberger, José & Gottwald, Franz-Theo: *Global denken, lokal essen.* In: Lutzenberger, José & Gottwald, Franz-Theo: Ernährung in der Wissensgesellschaft. Vision informiert essen. Frankfurt am Main / New York: Campus, 1999

Mohanty, Samarendu & Zeigler, Robert: *Support for international agricultural research: current status and future challenges.* In: New Biotechnology, Band 27, Nr. 5, 30. November 2010, S. 565-572

Morawski, Tobias: *Reclaim your City.* Berlin; Hamburg: Assoziation A, 2014

Müller, Christa (Hg.): *Urban Gardening. Über die Rückkehr der Gärten in die Stadt.* München: Oekom Verlag, 2012

Osietzki, Maria: *Körpermaschinen und Dampfmaschinen. Vom Wandel der Physiologie und des Körpers unter dem Einfluß von Industrialisierung und Thermodynamik.* In: Sarasin, Philipp (Hg.): Physiologie und industrielle Gesellschaft. Studien zur Verwissenschaftlichung des Körpers im 19. Und 20. Jahrhundert. Frankfurt am Main: Suhrkamp, 1998. S. 313-346

Ploeger, Angelika et al. (Hg): *Die Zukunft auf dem Tisch. Analysen, Trends und Perspektiven der Ernährung von morgen.* Wiesbaden: VS Verlag für Sozialwissenschaften, 2011

Reiter, Wolfgang & Rützler, Hanni: *Vorwärts zum Ursprung. Gesellschaftliche Megatrends und ihre Auswirkung auf eine Veränderung unserer Esskulturen.* In: Ploeger, Angelika et al. (Hg): Die Zukunft auf dem Tisch. Analysen, Trends und Perspektiven der Ernährung von morgen. Wiesbaden: VS Verlag für Sozialwissenschaften, 2011. S. 77-122

Rose, Lotte & Sturzenhecker, Benedikt (Hg.): *Erst kommt das Fressen. Über Essen und Kochen in der sozialen Arbeit.* Wiesbaden: Springer, 2009

Rückert-John, Jana et al.: *Nachhaltige Ernährung außer Haus – der Essalltag von morgen.* In: Ploeger, Angelika et al. (Hg): Die Zukunft auf dem Tisch. Analysen, Trends und Perspektiven der Ernährung von morgen. Wiesbaden: VS Verlag für Sozialwissenschaften, 2011. S. 41-55

Rützler, Hanni & Reiter, Wolfgang: *Foodreport 2016.* Frankfurt am Main: Zukunftsinstitut, 2015

Sächsische Landesanstalt für Landwirtschaft (Hg.): *Fleischqualität. Grundbegriffe, Qualitätsmängel, Einflussfaktoren.* Dresden, 2006

Schneider, Gernot: *Wirtschaftswunder DDR. Anspruch und Realität.* Köln: Bund-Verlag, 1988

Spangenberg, Joachim: *Umwelt und Entwicklung. Argumente für eine globale Entwicklungsstrategie.* Marburg: Schüren, 1991

Spiller, Achim & Schulze, Birgit (Hg.): *Zukunftsperspektiven der Fleischwirtschaft. Verbraucher, Märkte, Geschäftsbeziehungen.* Göttingen: Universitätsverlag, 2008

Stoff, Heiko: *Ewige Jugend. Konzepte der Verjüngung vom 19. Jahrhundert bis ins Dritte Reich.* Köln: Böhlau, 2004
– *Gift in der Nahrung. Zur Genese der Verbaucherpolitik Mitte des 20. Jahrhunderts.* Stuttgart: Franz Steiner Verlag, 2015

Tappeser, Beatrix et al.: *Globalisierung in der Speisekammer.* Freiburg: Öko-Institut e.V., 1999

Wagenitz, Gerhard: *Wörterbuch der Botanik.* Berlin: Spektrum, 2003, 2. Auflage

Walter, Rolf: *Wirtschaftsgeschichte. Vom Merkantilismus bis zur Gegenwart.* In: Jenks, Stuart et al.: Wirtschafts- und sozialhistorische Studien, Band 4. Köln; Weimar; Wien: Böhlau, 1995

Waskow, Frank & Rehaag, Regine: *Globaler Ernährungswandel zwischen Hunger und Übergewicht.* In: Ploeger, Angelika et al. (Hg.): Die Zukunft auf dem Tisch. Analysen, Trends und Perspektiven der Ernährung von morgen. Wiesbaden: VS Verlag für Sozialwissenschaften, 2011. S. 143-164

Wiener, Sarah: *Zukunftsmenü. Was ist unser Essen wert?* München: Goldmann, 2013

Wilk, Nicole: *Wie (funktionalisierte) Lebensmittel mit uns „reden".* In: Ploeger, Angelika et al. (Hg): Die Zukunft auf dem Tisch. Analysen, Trends und Perspektiven der Ernährung von morgen. Wiesbaden: VS Verlag für Sozialwissenschaften, 2011. S. 253-268

WWF Deutschland: *Fleisch frisst Land. Ernährungsweisen, Fleischkonsum, Flächenverbrauch.* Berlin, 2011
– *Klimawandel auf dem Teller. Ernährung, Nahrungsmittelverluste, Klimawirkung.* Berlin, 2012
– *Tonnen für die Tonne. Ernährung, Nahrungsmittelverluste, Flächenverbrauch.* Berlin, 2012
– *Das Große Wegschmeißen. Vom Acker bis zum Verbraucher. Ausmaß und Umwelteffekte der Lebensmittelverschwendung in Deutschland.* Berlin, 2015

Danke

*Ich danke von Herzen allen, die mich
bei diesem Herzensprojekt auf so vielfältige Weise
unterstützt haben.
Besonders Tobi, Hanka & Achim Trebeß,
meinen lieben Eltern,
Maraike, Dana, Tami, Mila & Ellen,
meinen Alex-Zander,
Steffi, Susi & Eckard Mixdorf
und nicht zuletzt Björn & seiner Familie.*

Junius Verlag GmbH
Stresemannstraße 375
22761 Hamburg
www.junius-verlag.de

© 2019 by Junius Verlag GmbH
© für Illustrationen: **Christin Kosbab**
© für Texte: **Christin Kosbab**
Alle Rechte vorbehalten

Design, Layout & Satz: **Christin Kosbab**
Gesetzt aus der FF **Hertz** von Jens Kutilek (2015)
Gedruckt auf **Fly extraweiß** 115g/m²
Druck und Bindung: **Gräfisches Centrum Cuno GmbH & Co. KG**

Printed in Germany
1. Auflage 2019
ISBN 978-3-96060-509-6

Die Deutsche Nationalbibliothek verzeichnet diese Publikation in der Deutschen Nationalbibliografie; detaillierte bibliografische Daten sind im Internet über **http://dnb.dnb.de** abrufbar.